2025

공인노무사

1차 10개년 기출요해
[선택과목]

편저 PY경제경영연구소

博 英 社

정오표

차례

기출문제

제5과목

경제학원론

081 ☐☐☐   ○ △ ✕

재화 X의 시장균형에 관한 설명으로 옳지 <u>않은</u> 것은? (단, 수요곡선은 우하향하고, 공급곡선은 우상향한다)

① 수요의 감소와 공급의 증가가 발생하면 거래량이 증가한다.
② 수요와 공급이 동일한 폭으로 감소하면 가격은 변하지 않는다.
③ 생산요소의 가격하락은 재화 X의 거래량을 증가시킨다.
④ 수요의 증가와 공급의 감소가 발생하면 가격이 상승한다.
⑤ 수요와 공급이 동시에 증가하면 거래량이 증가한다.

해설

① (✕) ② (○) ⑤ (○) 주어진 조건하에서 <u>수요감소는 거래량의 감소요인이고, 공급증가는 거래량의 증가요인이다. 따라서 수요감소와 공급증가가 (동시에) 발생하면 그 차이에 따라 거래량은 증가할 수도, 불변일 수도, 감소할 수도 있다.</u>

[보충] 수요감소와 공급증가의 관계
• 수요감소 > 공급증가 → 거래량 감소
• 수요감소 = 공급증가 → 거래량 불변
• 수요감소 < 공급증가 → 거래량 증가

③ (○) 생산요소의 가격하락은 생산비 감소를 유발함으로써 공급을 증가시키므로, 거래량도 증가하게 된다.
④ (○) 수요증가와 공급감소는 모두 가격의 상승요인이다.

정답 ①

082 ☐☐☐   ○ △ ✕

소비자잉여와 생산자잉여에 관한 설명으로 옳은 것을 모두 고른 것은? (단, 수요곡선은 우하향하고, 공급곡선은 우상향한다)

> ㄱ. 시장균형보다 낮은 수준에서 가격상한제를 실시하면 생산자잉여의 일부분이 소비자잉여로 이전된다.
> ㄴ. 최저임금을 시장균형보다 높은 수준에서 설정하면 생산자잉여가 감소한다.
> ㄷ. 만약 공급곡선이 완전탄력적이면 생산자잉여는 0이 된다.

① ㄱ   ② ㄴ   ③ ㄷ
④ ㄱ, ㄷ   ⑤ ㄴ, ㄷ

해설

ㄱ (○) 시장균형보다 낮은 수준에서 가격상한제를 실시하면 다음의 그림과 같다.

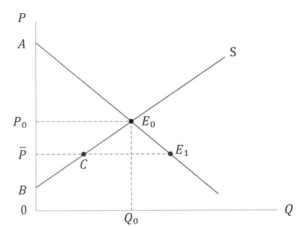

가격상한제를 실시하기 전의 소비자잉여는 $\triangle AE_0P_0$, 생산자잉여는 $\triangle P_0E_0B$이고, 가격상한제를 실시한 후의 소비자잉여는 $\triangle AE_1\overline{P}$, 생산자잉여는 $\triangle \overline{P}CB$이다. 따라서 시장균형보다 낮은 수준에서 가격상한제를 실시하면, <u>생산자잉여의 일부분인 사다리꼴 $P_0E_0C\overline{P}$ 부분이 소비자잉여로 이전된다.</u>

ㄴ (✕) 최저임금을 시장균형보다 높은 수준에서 설정하면 다음의 그림과 같다.

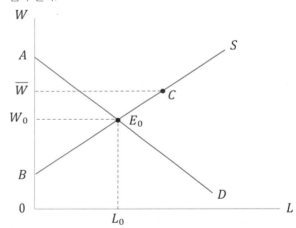

최저임금제를 실시하기 전의 생산자잉여는 $\triangle W_0E_0B$이고, 최저임금제를 실시한 후의 생산자잉여는 $\triangle \overline{W}CB$이다. 따라서 최저임금을 시장균형보다 높은 수준에서 설정하면, <u>생산자잉여는 사다리꼴 $\overline{W}CE_0W_0$만큼 증가한다.</u>

ㄷ (○) 생산자잉여는 공급곡선이 완만하여질수록 작아지므로, 만약 <u>공급곡선이 완전탄력적이면 이는 수평선임을 의미하고, 따라서 생산자잉여는 0이 된다.</u>

정답 ④

083 □□□ ○ △ ✕

시장실패가 발생하는 경우로 옳지 않은 것은?

① 불완전경쟁이 존재하는 경우

② 규모에 따른 수확체감 현상으로 자연독점이 발생하는 경우

③ 재화가 비경합적이고 배제불가능한 경우

④ 전력생산에서 발생하는 대기오염물질의 피해비용이 전기요금에 반영되지 않는 경우

⑤ 역선택이나 도덕적 해이로 완벽한 보험제공이 어려운 경우

해설

② (✕) 자연독점은 규모에 따라 평균생산비용이 지속적으로 하락하는 경우에 발생하는데, 이는 수확체증 현상이 원인이다.

[보충] 시장실패의 원인
- 불완전경쟁시장(독과점)
- 외부효과
- 공공재
- 정보의 비대칭성

정답 ②

084 □□□ ○ △ ✕

기업 A의 생산함수가 $Q = \sqrt{2K+L}$ 이다. 이에 관한 설명으로 옳은 것은? (단, Q는 산출량, K는 자본, L은 노동이다)

① 생산함수는 규모에 대한 수확불변이다.

② 등량곡선의 기울기는 -4이다.

③ 두 생산요소는 완전보완재이다.

④ 등량곡선과 등비용곡선의 기울기가 다르면 비용최소화점에서 한 생산요소만 사용한다.

⑤ 한계기술대체율은 체감한다.

해설

④ (○) 주어진 생산함수를 변형하면 다음과 같다.

$$Q = \sqrt{2K+L} \Rightarrow Q^2 = 2K+L$$
$$\Rightarrow q = 2K+L \; (\because \; Q^2 = q)$$
$$\Rightarrow K = \frac{q}{2} - \frac{1}{2}L$$

따라서 주어진 생산함수는 기울기가 항상 $-1/2$인 선형함수이고, 한계기술대체율 역시 항상 $-1/2$로 일정하며, 생산함수가 선형함수이므로 두 생산요소는 완전대체재이다.

- 자본과 노동이 동시에 t배만큼 증가하면 생산량은 $\sqrt{t}$ 배만큼 증가하므로, 주어진 생산함수는 규모에 대한 수확체감 현상을 보인다.

$$Q = \sqrt{2K+L} \Rightarrow \sqrt{t2K+tL}$$
$$\Rightarrow \sqrt{t(2K+L)}$$
$$\Rightarrow \sqrt{t}\sqrt{2K+L} = \sqrt{t}Q$$

- 비용최소화점은 다음과 같이 결정된다.
  - 등량곡선기울기 > 등비용선기울기: 노동만을 투입
  - 등량곡선기울기 = 등비용선기울기: 등비용선상의 모든 점이 비용최소화점
  - 등량곡선기울기 < 등비용선기울기: 자본만을 투입
  여기서, 등량곡선기울기 = 한계기술대체율이고, 등비용선기울기 = P_L / P_K이다.

정답 ④

085 □□□ ○ △ ✕

이윤을 극대화하는 독점기업 A의 평균총비용함수는 $ATC = \dfrac{20}{Q} + Q$이고, 시장수요함수는 $P = 200 - 4Q$일 때 독점이윤은? (단, Q는 거래량, P는 가격이다)

① 800   ② 1,600   ③ 1,980

④ 2,490   ⑤ 2,540

해설

③ (○) 주어진 조건을 전제로 이윤극대화 생산량(Q)과 가격(P)을 구하면 다음과 같다.

- 한계수입: $MR = 200 - 8Q$ ($\because$ 시장수요함수가 선형함수이면, 한계수입함수는 절편은 같고 기울기 2배)
- 총비용: $TC = Q \times ATC = 20 + Q^2$
- 한계비용: $MC = \dfrac{dTC}{dQ} = 2Q$
- 이윤극대화: $MR = MC \Rightarrow 200 - 8Q = 2Q \Rightarrow 10Q = 200$
  $\Rightarrow Q = 20, \; P = 120$

위에서 도출된 결과로써 독점이윤을 구하면 다음과 같다.

- 총수입: $TR = P \times Q = 120 \times 20 = 2,400$
- 총비용: $TC = 20 + 20^2 = 20 + 400 = 420$
- (독점)이윤: 총수입 − 총비용 $= 2,400 - 420 = 1,980$

정답 ③

086 □□□ ○ △ ✕

가격하락에 따른 소득효과와 대체효과에 관한 설명으로 옳지 않은 것을 모두 고른 것은?

> ㄱ. 기펜재의 수요량은 감소한다.
> ㄴ. 두 재화가 완전보완재일 경우 소득효과는 항상 0이다.
> ㄷ. 열등재는 소득효과가 음(−)이기 때문에 수요곡선이 우상향한다.
> ㄹ. 정상재인 경우, 대체효과와 소득효과 모두 수요량을 증가시킨다.

① ㄱ, ㄹ   ② ㄴ, ㄷ   ③ ㄱ, ㄴ, ㄷ

④ ㄱ, ㄴ, ㄹ   ⑤ ㄴ, ㄷ, ㄹ

해설

가격하락에 따른 가격효과(= 소득효과 + 대체효과)를 표로 정리하면 다음과 같다. 단, 표에서 부호는 가격의 변화방향과 수요량의 변화방향 간의 관계를 나타낸다.

구분	소득효과	대체효과	가격효과
정상재	−	−	−
일반 열등재	+	−	−
특수 열등재	+	−	+

여기서, 특수 열등재는 기펜재를 의미한다.

ㄴ (×) 두 재화가 완전보완재일 경우, 재화 간 대체가 불가능하므로 대체효과는 항상 0이고, 이에 따라 가격효과와 소득효과가 일치하게 된다.

ㄷ (×) 열등재라고 하더라도 부(−)의 대체효과가 정(+)의 소득효과보다 크면, 가격효과가 부(−)가 되어 수요곡선은 우하향한다.

정답 ②

087 □□□ ○ △ ×

A국과 B국은 전기차산업 육성을 위하여 수출보조금 지급 전략을 선택한다. 두 국가가 아래와 같이 3개의 보조금전략과 보수행렬을 갖는 경우, 내쉬균형은? (단, 1회성 동시게임이고, 괄호 안의 왼쪽 값은 A국, 오른쪽 값은 B국의 보수이다)

		B국		
		높은 보조금	중간 보조금	낮은 보조금
A국	높은 보조금	(600, 100)	(400, 200)	(100, 650)
	중간 보조금	(300, 300)	(550, 500)	(350, 350)
	낮은 보조금	(100, 750)	(300, 350)	(200, 550)

① A국 높은 보조금, B국 높은 보조금
② A국 낮은 보조금, B국 낮은 보조금
③ A국 중간 보조금, B국 중간 보조금
④ A국 낮은 보조금, B국 높은 보조금
⑤ A국 중간 보조금, B국 낮은 보조금

해설

③ (○) 내쉬균형에 도달하는 경로를 정리하면 다음과 같다.

A국 높은 보조금(A국 보수 600) → B국 낮은 보조금(B국 보수 650) → A국 중간 보조금(A국 보수 350) → B국 중간 보조금(B국 보수 500) → A국 중간 보조금 유지(A국 보수 550): 내쉬균형 도달(A국 보수 550, B국 보수 500)

정답 ③

088 □□□ ○ △ ×

완전경쟁시장에서 한 기업의 평균가변비용은 $AVC = 3Q + 5$(Q는 생산량)이고, 고정비용이 12이다. 이 기업의 손익분기점에서의 가격과 조업중단점에서의 가격은?

① 15, 5   ② 15, 12   ③ 17, 5
④ 17, 12   ⑤ 19, 0

해설

③ (○) 손익분기점은 평균비용(AC) 최저점, 조업중단점은 평균가변비용(AVC) 최저점이다. 고정비용(TFC)이 12인 경우, AC의 최저점을 구하면 다음과 같다.

- $TC = TFC + TVC(= AVC \times Q) = 12 + 5Q + 3Q^2$
- $AC = \dfrac{TC}{Q} = \dfrac{12}{Q} + 5 + 3Q = 12Q^{-1} + 5 + 3Q$
- $\dfrac{dAC}{dQ} = -12Q^{-2} + 3 = 0 \Rightarrow \dfrac{12}{Q^2} = 3 \Rightarrow Q^2 = 4 \Rightarrow Q = 2$
- $Q = 2$, $AC = \dfrac{12}{Q} + 5 + 3Q = \dfrac{12}{2} + 5 + 3 \times 2 = 17$(최솟값)

AVC의 최저점을 구하면 다음과 같다.

$$AVC = 3Q + 5 \Rightarrow Q = 0, \ AVC = 5\text{(최솟값)}$$

따라서 손익분기점에서의 가격은 17, 조업중단점에서의 가격은 5이다.

정답 ③

089 □□□ ○ △ ×

기업 A, B는 생산 1단위당 폐수 1단위를 방류한다. 정부는 적정수준의 방류량을 100으로 결정하고, 두 기업에게 각각 50의 폐수방류권을 할당했다. A의 폐수저감 한계비용은 $MAC_A = 100 - Q_A$, B의 폐수저감 한계비용은 $MAC_B = 120 - Q_B$인 경우, 폐수방류권의 균형거래량과 가격은? (단, Q_A, Q_B는 각각 A, B의 생산량이다)

① 5, 60   ② 10, 60   ③ 10, 80
④ 20, 80   ⑤ 20, 100

해설

② (○) 기업 A, B가 각각 50의 폐수방류권을 할당받았으므로, 폐수저감 한계비용은 $MAC_A = 50$, $MAC_B = 70$이다. 따라서 기업 A는 폐수방류권 가격이 50보다 높으면 매각하는 것이 유리하고, 기업 B는 폐수방류권 가격이 70보다 낮으면 매입하는 것이 유리하다.

- 기업 A가 10의 폐수방류권을 매각하면 폐수방류 가능량은 40이 되고, 폐수저감 한계비용은 60이 된다.
- 기업 B가 10의 폐수방류권을 매입하면 폐수방류 가능량은 60이 되고, 폐수저감 한계비용은 60이 된다.

결국 10의 폐수방류권이 거래될 경우, 가격은 두 기업의 폐수저감 한계비용인 60이 된다.

참고로, 다음과 같은 접근도 가능하다.

- $Q_A + Q_B = 100 \Rightarrow Q_B = 100 - Q_A$
- $MAC_A = MAC_B \Rightarrow 100 - Q_A = 120 - Q_B$
  $\Rightarrow 100 - Q_A = 120 - (100 - Q_A)$
  $\Rightarrow 2Q_A = 80$
  $\Rightarrow Q_A = 40, \ Q_B = 60$

정부가 두 기업에게 각각 50의 폐수방류권을 할당하였으므로, 위 결과로써 A기업은 10만큼을 매각하고, B기업은 10만큼을 매입한 다는 사실을 알 수 있다. 결국 두 기업의 MAC는 모두 60으로 일치하고, 이 수준에서 폐수방류권이 거래된다.

정답 ②

090 ☐☐☐   ○ △ ✕

불완전경쟁시장에 관한 설명으로 옳은 것은? (단, 수요곡선 은 우하향한다)
① 독점기업의 공급곡선은 우상향한다.
② 베르트랑(Bertrand) 과점모형은 상대기업 산출량이 유지된다는 기대하에 자신의 행동을 선택한다.
③ 독점기업은 이부가격제를 통해 이윤을 추가적으로 얻 을 수 있다.
④ 러너(Lerner)의 독점력지수는 이윤극대화점에서 측정 되는 수요의 가격탄력성과 같은 값이다.
⑤ 독점적 경쟁시장에서 수평적 차별화는 소비자가 한 상 품이 비슷한 다른 상품보다 품질이 더 좋은 것으로 인 식하도록 하는 것이다.

해설
① (✕) 독점기업의 생산량은 시장에서 주어진 가격수준이 아닌 이윤 극대화 조건인 $MR = AC$ 수준에서 결정된다. 즉, 시장가격에 따 라 생산량이 결정되는 공급곡선이 존재하지 아니한다.
② (✕) 산출량이 아닌 가격이 유지된다는 기대하에 자신의 행동을 선택한다.
③ (○) 독점기업은 소비자잉여에 해당하는 기본요금을 책정하고, 한 계비용과 일치하는 가격을 부가하면 더 큰 이윤을 얻을 수 있다.
④ (✕) 러너의 독점력지수는 다음의 식으로 측정된다.

$$\frac{P - MR}{P} = \frac{P - MC}{P}$$

위 식에 아모로소-로빈슨(Amoroso-Robinson) 공식인 다음의 식 을 대입하여 정리하면, 러너의 독점력지수는 이윤극대화점에서 측정되는 수요의 가격탄력성(E_p)의 역수와 같은 값이다.

$$MR = P\left(1 - \frac{1}{E_p}\right)$$

⑤ (✕) 독점적 경쟁시장에서 수평적 차별화는, 상품 간의 품질이 아 닌 전혀 다른 가치, 예컨대 맛, 향, 디자인 등으로 경쟁상품과의 차이점을 인식토록 하는 것이다. 라면을 예로 들면, 젊은 소비자층 이 선호하는 매운맛 라면을 개발하여 판매하는 것이 수평적 차별 화에 해당한다 할 것이다.

정답 ③

091 ☐☐☐   ○ △ ✕

X재와 Y재를 소비하는 어떤 소비자의 효용함수가 $U = X^{1/3} Y^{2/3}$이고, P_Y는 P_X의 2배이다. 효용극대화 행동에 관한 설명으로 옳은 것은? (단, P_X, P_Y는 각 재화 의 가격이며, MU_X, MU_Y는 각 재화의 한계효용이다)
① 두 재화의 수요량은 같다.
② 소득이 증가할 경우 소비량의 증가분은 X재가 Y재보 다 더 작다.
③ Y재의 가격이 하락하면 X재의 수요량이 증가한다.
④ 현재 소비조합에서 MU_X / MU_Y가 1/2보다 작다면 X재 의 소비를 늘려야 한다.
⑤ 만약 두 재화의 가격이 같다면 두 재화의 수요량도 같다.

해설
① (○) 효용함수가 콥-더글라스 효용함수($U = AX^\alpha Y^\beta$)의 형태인 경우, 효용극대화 수준에서 각 재화의 수요량은 다음과 같다.

- $X = \dfrac{\alpha I}{(\alpha + \beta) P_X} = \dfrac{\frac{1}{3} \times I}{1 \times P_X} = \dfrac{1}{3} \times \dfrac{I}{P_X}$

- $Y = \dfrac{\beta I}{(\alpha + \beta) P_Y} = \dfrac{\frac{2}{3} \times I}{1 \times P_Y} = \dfrac{2}{3} \times \dfrac{I}{2P_X} = \dfrac{1}{3} \times \dfrac{I}{P_X}$
  $(\because \ P_Y = 2P_X)$

위 결과는 효용극대화 수준에서 두 재화의 수요량이 같음을 의미 한다.
② (✕) 소득이 증가할 경우, X재와 Y재의 소비량은 동일하다.
③ (✕) Y재의 가격변동은 X재의 수요량에 영향을 주지 아니하고, 반 대도 마찬가지이다.
④ (✕) 위 경우, 다음과 같다.

$$\frac{MU_X}{MU_Y}(= MRS_{XY}) < \frac{1}{2}\left(= \frac{P_X}{P_Y} = \frac{P_X}{2P_Y}\right)$$
$$\Rightarrow \text{X재 소비} \downarrow, \ \text{Y재 소비} \uparrow$$

⑤ (✕) 위 경우, 다음과 같다.

- $X = \dfrac{\alpha I}{(\alpha + \beta) P_X} = \dfrac{\frac{1}{3} \times I}{1 \times P_X} = \dfrac{1}{3} \times \dfrac{I}{P_X}$

- $Y = \dfrac{\beta I}{(\alpha + \beta) P_Y} = \dfrac{\frac{2}{3} \times I}{1 \times P_Y} = \dfrac{2}{3} \times \dfrac{I}{P_X} = 2 \times \dfrac{1}{3} \times \dfrac{I}{P_X} = 2X$
  $(\because \ P_Y = P_X)$

따라서 두 재화의 가격이 같다면, Y재의 수요량은 X재의 수요량의 두 배가 된다.

정답 ①

092 □ □ □　　　　　　　　　　　○ △ ×

전기차 제조업체인 A의 생산함수는 $Q = 4K + L$이다. 노동(L)의 단위가격은 3, 자본(K)의 단위가격은 9라고 할 때, 생산량 200을 최소비용으로 생산하기 위해 필요한 노동의 투입액과 자본의 투입액은?

① 0, 450　　　② 60, 360　　　③ 90, 315
④ 210, 180　　　⑤ 600, 0

해설

① (○) 생산함수가 선형함수이고 다음이 성립한다.

$$MRTS_{L,K}\left(=\frac{1}{4}\right) < \frac{1}{3}\left(=\frac{P_L}{P_K}=\frac{3}{9}\right)$$

여기서, $MRTS_{L,K}$: 자본에 대한 노동의 한계기술대체율
P_L: 노동의 단위가격, P_K: 자본의 단위가격

이는 오직 자본만을 투입하여 생산이 이루어짐을 의미하므로, 노동(L)의 투입액은 0이다.

$$Q = 4K + L \Rightarrow 200 = 4K \; (\because L = 0) \Rightarrow K = 50$$

따라서 자본(K)의 투입액은 450(= 9 × 50)이다.

정답 ①

093 □ □ □　　　　　　　　　　　○ △ ×

X재와 Y재만을 소비하는 소비자의 가격소비곡선과 수요곡선에 관한 설명으로 옳은 것은? (단, 가로축은 X재, 세로축은 Y재이다)

① X재의 가격탄력성이 1이라면 가격소비곡선은 수평선이다.
② X재의 가격탄력성이 1인 경우, X재의 가격이 상승하면 Y재의 수요량이 증가한다.
③ X재의 가격탄력성이 1보다 작을 경우, X재의 가격이 하락하면 Y재의 수요량이 감소한다.
④ X재의 가격탄력성이 1보다 작다면 가격소비곡선은 우하향한다.
⑤ 가격소비곡선에 의해 도출된 수요곡선은 보상수요곡선이다.

해설

① (○) ② (×) 가격소비곡선이 수평선이라 함은, X재의 가격이 변동한다고 하더라도 Y재의 수요량은 불변임을 의미한다. 즉, X재의 가격변동과 상관없이 X재에 대한 소비지출액이 일정하므로, X재의 (수요의) 가격탄력성은 항상 1이다.
③ (×) 위 경우, 가격소비곡선은 우상향한다. 따라서 X재의 가격이 하락하면 Y재의 수요량은 증가한다.
④ (×) 우하향이 아닌 우상향한다.
⑤ (×) 가격효과가 반영된 가격소비곡선에 의하여 도출된 수요곡선은 통상수요곡선이다.

참고로, 가격효과 중 대체효과만을 전제로 도출된 수요곡선은 보상수요곡선이다.

정답 ①

094 □ □ □　　　　　　　　　　　○ △ ×

수요곡선이 우하향하는 직선이며, 이 곡선의 가로축과 세로축의 절편이 각각 a, b라고 할 때 수요의 가격탄력성(E_P)에 관한 설명으로 옳지 않은 것은? (단, 가격과 수요량이 0보다 큰 경우만 고려한다)

① 어떤 가격에서의 수요량이 a/2보다 작다면 $E_P > 1$이다.
② 가격이 0에서 b에 가까워질수록 E_P가 더 커진다.
③ 현재의 가격에서 $E_P > 1$인 경우, 기업이 가격을 올리면 총수입이 증가한다.
④ b가 일정할 경우, 동일한 수요량에서는 a가 클수록 E_P가 더 크다.
⑤ a가 일정할 경우, 동일한 가격에서는 b가 클수록 E_P가 더 작다.

해설

① (○) ② (○) ③ (×) 주어진 조건을 반영하여 수요의 가격탄력성과 기업의 총수입 간의 관계를 그림으로 나타내면 다음과 같다.

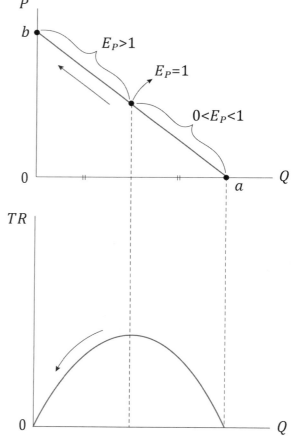

따라서 현재의 가격에서 $E_P > 1$인 경우, 기업이 가격을 올리면 총수입은 감소한다.

④ (O) b가 일정할 경우, 동일한 수요량에서 수요의 가격탄력성을 그림으로 나타내면 다음과 같다.

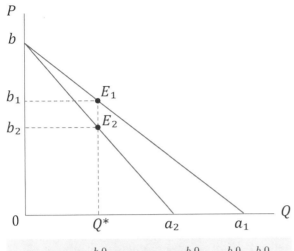

$$E_1(a_1):\ E_p = \frac{b_1 0}{bb_1},\ \ E_2(a_2):\ E_p = \frac{b_2 0}{bb_2} \Rightarrow \frac{b_1 0}{bb_1} > \frac{b_2 0}{bb_2}$$

⑤ (O) a가 일정할 경우, 동일한 가격에서 수요의 가격탄력성을 그림으로 나타내면 다음과 같다.

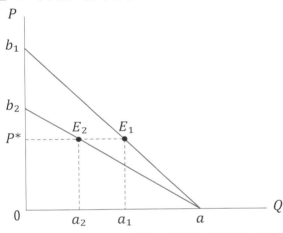

$$E_1(b_1):\ E_p = \frac{a_1 a}{0a_1},\ \ E_2(b_2):\ E_p = \frac{a_2 a}{0a_2} \Rightarrow \frac{a_1 a}{0a_1} < \frac{a_2 a}{0a_2}$$

정답 ③

☐ ☐ ☐   ○ △ ×

갑은 회사취업 또는 창업을 선택할 수 있다. 각 선택에 따른 결과로 고소득과 저소득의 확률(P)과 보수(R)가 아래와 같을 때, 이에 관한 설명으로 옳지 않은 것은?

	고소득(P, R)	저소득(P, R)
회사취업	(0.9, 600만 원)	(0.1, 300만 원)
창업	(0.2, 1,850만 원)	(0.8, 250만 원)

① 갑이 위험기피자라면 창업을 선택한다.
② 회사취업을 선택하는 경우, 기대소득은 570만 원이다.
③ 창업이 회사취업보다 분산으로 측정된 위험이 더 크다.
④ 갑의 효용함수가 소득에 대해 오목하다면 회사취업을 선택한다.
⑤ 창업을 선택하는 경우, 기대소득은 570만 원이다.

해설

① (×) 회사취업 또는 창업 시 각 기대소득은 다음과 같다.

- 회사취업: 0.9 × 600 + 0.1 × 300 = 540 + 30 = <u>570만 원</u>
- 창업: 0.2 × 1,850 + 0.8 × 250 = 370 + 200 = <u>570만 원</u>

회사취업 또는 창업 시 각 분산은 다음과 같다.

$$E(X^2) - [E(X)]^2$$
- 회사취업: $(0.9 × 600^2 + 0.1 × 300^2) - 570^2 = 8,100$만 원
- 창업: $(0.2 × 1,850^2 + 0.8 × 250^2) - 570^2 = 409,600$만 원

참고로, 실제 분산을 구하지 아니하여도 회사취업에 비하여 창업의 경우, 소득의 변동폭이 지나치게 크게 제시되어 있으므로, 창업의 분산이 더 큼을 직관적으로 파악할 수 있다.
갑의 효용함수가 소득에 대하여 오목하다면 위험기피자임을 의미하므로, 위험도가 큰 창업이 아닌 회사취업을 선택할 것이다.

정답 ①

☐ ☐ ☐   ○ △ ×

수요가 가격에 대해 완전탄력적이고 공급함수는 $Q = \frac{1}{2}P - 6$(P는 가격, Q는 수량)일 때 시장균형에서 거래량이 5라고 하자. 생산자에게 단위당 2의 물품세를 부과할 경우에 관한 설명으로 옳지 않은 것은?

① 거래량은 4가 된다.
② 조세수입은 8이다.
③ 생산자잉여는 9만큼 감소한다.
④ 자중손실(deadweight loss)은 생산자잉여의 감소분과 일치한다.
⑤ 소비자에게 조세부담 귀착은 발생하지 않는다.

해설

시장균형거래량 5를 공급함수에 대입하면 $P = 22$를 도출할 수 있고,

경제학원론

수요곡선은 $P=22$ 수준에서 수평선임을 알 수 있다.

① (○) 생산자에게 단위당 2의 물품세를 부과할 경우, 공급함수는 다음과 같다.

$$Q=\frac{1}{2}(P-2)-6 \Rightarrow Q=\frac{1}{2}P-7$$

$P=22$를 위에서 도출한 조세부과 후의 공급함수에 대입하면, 균형거래량 $Q=4$를 도출할 수 있다.

참고로, 주어진 조건을 그림으로 나타내면 다음과 같다.

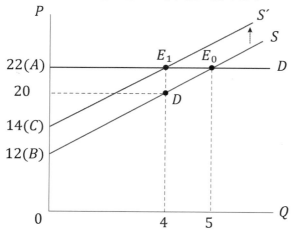

② (○) 생산자에게 단위당 2의 물품세를 부과할 경우, 거래량은 5에서 4로 감소한다. 이때 조세수입은 거래량 × 단위당 조세 = 4 × 2 = 8이고, 자중손실은 $\triangle E_1 E_0 D = 2 \times 1 \times 1/2 = 1$이다.

③ (○) 생산자에게 단위당 2의 물품세를 부과할 경우, 생산자잉여는 $\triangle AE_0B (= 5 \times 10 \times 1/2 = 25)$에서 $\triangle AE_1C (= 4 \times 8 \times 1/2 = 16)$로 9만큼 감소한다.

④ (×) 자중손실(= 1)은 생산자잉여의 감소분(= 9)과 일치하지 아니한다.

⑤ (○) 수요가 가격에 대하여 완전탄력적이므로, 조세는 모두 생산자에게 귀착되고, 소비자에게는 전가되지 아니한다.

정답 ④

097 ☐☐☐　　　　　　　　　　○ △ ✕

거시경제지표의 문제점에 관한 설명으로 옳지 않은 것은?

① 전년에 비하여 범죄율이 높아져 경찰장비 구매가 증가했다면 전년보다 GDP는 증가하지만 삶의 질은 저하된 것이다.

② 소비자들이 가격이 오른 제품을 상대적으로 저렴해진 제품으로 대체하는 경우, 소비자물가 상승률은 실제 생활비 상승률을 과대평가한다.

③ 취업이 어려워 구직활동을 중단한 실망노동자는 잠재적 실업자이지만 비경제활동인구로 분류된다.

④ 자원봉사활동은 가치를 창출하지만 GDP에 포함되지 않는다.

⑤ 소비자물가지수에는 환율변화로 인한 수입재 가격변화가 반영되지 않는다.

해설

⑤ (×) 라스파이레스 방식에 의하여 도출되는 소비자물가지수는 파세 방식에 의하여 도출되는 GDP디플레이터와 달리 수입재 가격변화가 반영된다.

정답 ⑤

098 ☐☐☐　　　　　　　　　　○ △ ✕

인플레이션의 비용에 관한 설명으로 옳지 않은 것은?

① 가격을 변경하는 데 따른 메뉴비용이 발생한다.

② 누진세제에서 세율등급 상승이 발생하여 세후 실질소득이 감소할 수 있다.

③ 현금보유를 줄이기 위한 비용이 발생한다.

④ 예상치 못한 인플레이션은 채권자에게 이익을 주고, 채무자에게 손해를 준다.

⑤ 높고 변동성이 큰 인플레이션은 장기계획의 수립을 어렵게 만든다.

해설

④ (×) 예상치 못한 인플레이션은 채권자에게 손해를 주고, 채무자에게 이익을 줌으로써 부를 재분배한다.

참고로, 인플레이션을 예상한다고 하더라도 가격을 변경하는 데 드는 메뉴비용과, 현금보유를 줄이기 위한 비용, 즉 구두창비용은 발생한다. 다만, 그 크기는 미미하다.

[보충] 인플레이션의 사회적 비용

• 메뉴비용: 새로운 메뉴판을 인쇄하는 데 드는 비용으로, 인플레이션에 따라 변동되는 가격을 조정하는 데 드는 모든 비용, 즉 메뉴판 인쇄비, 광고비, 가격인상에 대한 소비자의 불만대응 등을 의미한다.

• 구두창비용: 잦은 은행방문으로 빨리 닳는 구두 밑창을 교체하는 데 드는 비용으로, 인플레이션이 예상되어 현금보유를 줄이는 과정에서 소요되는 모든 비용, 즉 시간, 교통비, 수수료 등을 의미한다.

다만, 디지털 메뉴판이나 키오스크의 등장, 현금사용량 급감 등을 이유로 현재와는 맞지 아니한 비유라는 의견이 다수이다.

정답 ④

099 ☐☐☐   ○ △ ✕

소비이론에 관한 설명으로 옳지 않은 것은?

① 케인즈의 소비함수는 평균소비성향이 장기적으로 일정하다는 현상을 설명하지 못한다.
② 기간 간 최적 소비선택모형에서 이자율이 상승하면 현재소비는 감소한다.
③ 생애주기가설에 따르면, 강제적 공적 연금저축은 민간의 연금저축을 감소시킨다.
④ 항상소득가설에 따르면, 일시적 소득이 증가하는 호경기에는 평균소비성향이 감소한다.
⑤ 리카도 대등정리는 항상소득가설에 따른 소비결정이론과 부합한다.

해설

② (✕) 대부자(貸付者)의 경우, 기간 간 최적 소비선택모형에서 이자율이 상승하면, 대체효과는 상대가격 상승에 따라 현재소비를 감소시키고, 소득효과는 실질소득 증가에 따라 현재소비를 증가시킨다. 따라서 대체효과와 소득효과의 상대적 크기에 따라 현재소비는 증가할 수도, 불변일 수도, 감소할 수도 있다.

정답 ②

100 ☐☐☐   ○ △ ✕

한 국가의 총생산(Y) 함수가 $Y = AK^{0.4}L^{0.6}$이고, 총생산 증가율이 0.02, 솔로우잔차(Solow residual)가 0.05, 노동투입 증가율이 −0.08이라면, 성장회계식으로 계산한 자본투입 증가율은? (단, K는 자본투입, L은 노동투입이며, $A > 0$이다)

① 0.02   ② 0.025   ③ 0.03
④ 0.04   ⑤ 0.045

해설

⑤ (○) 주어진 조건으로 성장회계식을 도출하면 다음과 같다.

$$\frac{\triangle Y}{Y} = \frac{\triangle A}{A} + \alpha \times \frac{\triangle K}{K} + \beta \times \frac{\triangle L}{L}$$

⇒ 총생산증가율 = 솔로우잔차 + 자본량지수 × 자본투입 증가율 + 노동량지수 × 노동투입 증가율

$$\Rightarrow 0.02 = 0.05 + 0.4 \times \frac{\triangle K}{K} + 0.6 \times (-0.08)$$

$$\Rightarrow 0.4 \times \frac{\triangle K}{K} = 0.02 - 0.05 + 0.048$$

$$\Rightarrow 0.4 \times \frac{\triangle K}{K} = 0.018$$

$$\Rightarrow \frac{\triangle K}{K} = 0.045$$

정답 ⑤

101 ☐☐☐   ○ △ ✕

자산을 채권과 화폐만으로 보유할 때, 보몰-토빈(Baumol-Tobin) 화폐수요모형에 관한 설명으로 옳은 것은? (단, 채권을 화폐로 전환할 때마다 매번 b만큼의 고정비용이 발생한다)

① b가 클수록 평균화폐보유액이 감소한다.
② 이자율이 높을수록 평균화폐보유액이 증가한다.
③ 소득수준이 높을수록 평균화폐보유액이 감소한다.
④ b가 클수록 전환횟수는 증가한다.
⑤ b가 클수록 1회당 전환금액은 증가한다.

해설

보몰-토빈의 화폐수요(M_D)함수는 다음과 같다.

$$\left(\frac{M}{P}\right)^D = \sqrt{\frac{bY}{2r}}$$

여기서, b: 거래비용, Y: 소득, r: 이자율

① (✕) 거래비용(b)이 클수록 평균화폐보유액이 증가한다.
② (✕) 이자율(r)이 높을수록 평균화폐보유액이 감소한다.
③ (✕) 소득(Y)수준이 높을수록 평균화폐보유액이 증가한다.
④ (✕) 거래비용(b)이 클수록 비용부담으로 인하여 전환횟수는 감소한다.
⑤ (○) 거래비용(b)이 크다 함은 1회당 전환금액(거래비용)이 증가함을 의미한다.

정답 ⑤

102 ☐☐☐   ○ △ ✕

자본이동이 완전히 자유롭고 물가수준이 고정되어 있는 먼델-플레밍(Mundell-Fleming)모형에서 고정환율제를 채택하고 있는 소규모 개방경제에 관한 설명으로 옳은 것을 모두 고른 것은?

> ㄱ. 정부지출이 증가하면 국민소득이 증가한다.
> ㄴ. 정부지출이 증가하면 정부가 외환을 매입하여 외환보유고가 증가한다.
> ㄷ. 확장적 통화정책은 국민소득을 증가시킨다.
> ㄹ. 통화가치의 평가절상은 순수출을 증가시킨다.

① ㄱ, ㄴ   ② ㄷ, ㄹ   ③ ㄱ, ㄴ, ㄷ
④ ㄱ, ㄴ, ㄹ   ⑤ ㄴ, ㄷ, ㄹ

해설

ㄷ (✕) 주어진 조건하에서 확장적 재정정책과 확장적 통화(금융)정책의 전달경로를 나타내면 다음과 같다.

- 확장적 재정정책: 정부지출 증가 → 국민소득 증가, 이자율 상승 → 국제수지 흑자 → 환율하락압력 증가 → 외환시장 안정을 위하여 중앙은행 외환 매입 → 중앙은행 외환보유고 증가, 통화량 증가 → 국민소득 증가
- 확장적 통화정책: 통화량 증가 → 국민소득 증가, 이자율 하락 → 국제수지 적자 → 환율상승압력 증가 → 외환시장 안정을

위하여 중앙은행 외환 매각 → 중앙은행 외환보유고 감소, 통화
량 감소 → 국민소득 감소

ㄹ. (✕) 통화당국에 의한 인위적 (자국)통화가치의 평가절상은 곧 환
율하락을 의미하고, 환율하락은 순수출 감소를 초래한다.

정답 ①

103 □□□   ○ △ ✕

A국의 완전고용국민소득은 2,000이고, 소비함수는 $C = 100 + 0.8Y_d$, 투자는 300, 정부지출과 조세는 각각 200이
다. 이에 관한 설명으로 옳은 것을 모두 고른 것은? (단,
C는 소비, Y_d는 가처분소득이다)

> ㄱ. 정부지출승수는 5이다.
> ㄴ. 조세승수는 -2이다.
> ㄷ. 경기침체갭(recessionary gap)이 존재한다.
> ㄹ. 총생산갭(output gap)의 절댓값은 200이다.

① ㄱ, ㄴ   ② ㄱ, ㄹ   ③ ㄴ, ㄷ
④ ㄴ, ㄹ   ⑤ ㄷ, ㄹ

해설

ㄴ. (✕) 한계소비성향(MPC)이 0.8이므로, 정부지출승수와 조세승
수는 다음과 같다.

> • 정부지출승수: $\dfrac{1}{1-MPC} = \dfrac{1}{1-0.8} = \dfrac{1}{0.2} = 5$
>
> • 조세승수: $-\dfrac{MPC}{1-MPC} = -\dfrac{0.8}{1-0.8} = -\dfrac{0.8}{0.2} = -4$

따라서 정부지출승수는 5, 조세승수는 -4이다.

ㄷ. (✕) 주어진 조건에 따른 균형국민소득을 구하면 다음과 같다.

> $Y = C + I + G \Rightarrow Y = 100 + 0.8(Y-200) + 300 + 200$
> $\Rightarrow 0.2Y = 440$
> $\Rightarrow Y = 2,200$

완전고용국민소득이 2,000이므로, 현재 경제는 200만큼의 총생산
갭(경기확장갭)이 존재한다.

정답 ②

104 □□□   ○ △ ✕

총 생산함수가 $Y = 2K^{0.5}L^{0.5}E^{0.5}$인 솔로우(Solow) 경제
성장모형에서, 인구 증가율과 노동자의 효율성(E) 증가율
이 각각 -3%와 5%이다. 균제상태(steady state)에서 도출
된 각 변수의 성장률로 옳지 않은 것은? (단, Y는 총생산량,
K는 총자본량, L은 총노동량, $L \times E$는 유효노동 투입량
이다)

① 유효노동 1단위당 자본량: 0%
② 총생산량: 2%
③ 노동자 1인당 생산량: 5%
④ 유효노동 1단위당 생산량: 0%
⑤ 노동자 1인당 자본량: 3%

해설

① (○) ④ (○) 일반적인 솔로우모형의 균제상태에서 1인당 자본량
(k) 변화율과 1인당 생산량(y) 변화율은 불변이고, 이는 노동자의
효율성이 도입된 경우에도 마찬가지이다. 따라서 노동자의 효율성
이 도입된 경우, 유효노동 1단위당 자본량(k_E) 변화율과 유효노동
1단위당 생산량(y_E) 변화율은 $\triangle k_E / k_E = 0\%$와 $\triangle y_E / y_E = 0\%$가
성립한다.

② (○) 노동자의 효율성이 도입된 경우, 총생산량(Y)과 총생산량
변화율($\triangle Y / Y$)은 다음과 같다.
단, $\triangle L / L$은 인구증가율, $\triangle E / E$는 노동자의 효율성증가율이다.

> $y_E = \dfrac{Y}{L \times E} \Rightarrow Y = y_E \times L \times E$
>
> $\Rightarrow \dfrac{\triangle Y}{Y} = \dfrac{\triangle y_E}{y_E} + \dfrac{\triangle L}{L} + \dfrac{\triangle E}{E}$
>
> $\Rightarrow \dfrac{\triangle Y}{Y} = 0\% - 3\% + 5\% = 2\%$

③ (○) 노동자의 효율성이 도입된 경우, 유효노동 1단위당 생산량
(y_E)과 노동자 1인당 생산량(y)은 다음과 같다.

> $y_E = \dfrac{Y}{L \times E} \Rightarrow \dfrac{Y}{L}(=y) = y_E \times E$
>
> $\Rightarrow \dfrac{\triangle y}{y} = \dfrac{\triangle y_E}{y_E} + \dfrac{\triangle E}{E}$
>
> $\Rightarrow \dfrac{\triangle y}{y} = 0\% + 5\% = 5\%$

⑤ (✕) 노동자의 효율성이 도입된 경우, 유효노동 1단위당 자본량
(k_E)과 노동자 1인당 자본량(k)은 다음과 같다.

> $k_E = \dfrac{K}{L \times E} \Rightarrow \dfrac{K}{L}(=k) = k_E \times E$
>
> $\Rightarrow \dfrac{\triangle k}{k} = \dfrac{\triangle k_E}{k_E} + \dfrac{\triangle E}{E}$
>
> $\Rightarrow \dfrac{\triangle k}{k} = 0\% + 5\% = 5\%$

정답 ⑤

105 □□□ ○ △ ×

갑국의 생산함수는 $y = Ak$이고 저축률(s), 감가상각률(δ), 인구증가율(n)이 상수일 때 이 경제의 성장경로에 관한 설명으로 옳은 것을 모두 고른 것은? (단, y, k는 각각 1인당 총생산, 1인당 자본, A는 양(+)의 상수이고, $sA > n + \delta$이다)

> ㄱ. 저축률이 높아지면 1인당 총생산증가율이 높아진다.
> ㄴ. 인구증가율이 높을수록 1인당 총생산증가율이 높아진다.
> ㄷ. 균형성장경로에서는 1인당 자본의 증가율과 1인당 총생산의 증가율이 동일하다.
> ㄹ. 이 경제는 항상 균형성장경로에 있다.

① ㄱ, ㄴ ② ㄱ, ㄷ ③ ㄴ, ㄹ
④ ㄱ, ㄷ, ㄹ ⑤ ㄴ, ㄷ, ㄹ

해설

ㄱ (○) ㄹ (○) 주어진 생산함수 양 변에 인구(L)를 곱하면, 다음의 식을 도출할 수 있다.

$$Y = AK$$
여기서, Y: 총생산, K: 총자본량

따라서 위 경우, 내생적 성장이론을 설명하는 AK모형으로 접근 가능한데, AK모형에서는 $sA - \delta > n(sA > n + \delta)$이 성립하는 한 1인당 총생산이 지속적으로 증가하는 균형성장경로에 있게 된다. 이때 $sA - \delta = n(sA = n + \delta)$인 균제상태에서 저축률($s$)이 높아지면, 경제는 $sA - \delta > n(sA > n + \delta)$이 성립하게 되어 1인당 총생산증가율이 높아진다.

ㄴ (×) $sA - \delta = n(sA = n + \delta)$인 균제상태에서 인구증가율($n$)이 높아지면, 경제는 $sA - \delta < n(sA < n + \delta)$이 성립하게 되어 1인당 총생산증가율은 낮아진다.

ㄷ (○) 생산함수가 $y = Ak$이므로, 다음이 성립한다.

$$\frac{\Delta y}{y} = \frac{\Delta A}{A} + \frac{\Delta k}{k} \Rightarrow \frac{\Delta y}{y} = \frac{\Delta k}{k} \quad (\because \Delta A/A = 0\%)$$

따라서 1인당 자본증가율($\Delta k/k = 0\%$)과 1인당 총생산증가율($\Delta y/y = 0\%$)은 동일하다 할 것이다.

정답 ④

106 □□□ ○ △ ×

폐쇄경제 IS-LM모형에 관한 설명으로 옳은 것은?

① 유동성함정은 화폐수요의 이자율탄력성이 0인 경우에 발생한다.
② LM곡선이 수직선이고 IS곡선이 우하향할 때 완전한 구축효과가 나타난다.
③ 피구효과는 소비가 이자율의 함수일 때 발생한다.
④ IS곡선이 수평선이고 LM곡선이 우상향할 때 통화정책은 국민소득을 변화시킬 수 없다.
⑤ 투자의 이자율탄력성이 0이면 IS곡선은 수평선이다.

해설

① (×) 0이 아닌 무한대인 경우에 발생한다.
② (○) 화폐수요의 이자율탄력성이 완전비탄력적인 경우에 LM곡선은 수직선이다. 이때 확장적 재정정책을 실시하면, 이자율만 상승할 뿐 총수요는 전혀 증가하지 아니하는 완전한 구축효과가 나타난다.
③ (×) 이자율의 함수가 아닌 실질자산[= (금융)자산 / 물가]의 증가함수일 때 발생한다.
참고로, 피구효과는 물가가 하락하는 경우, 실질자산이 증가함으로써 소비가 증가할 때 나타난다.
④ (×) 위 경우, 통화정책은 이자율의 변화 없이 국민소득을 증가시킬 수 있다.
⑤ (×) 투자의 이자율탄력성이 비탄력적일수록 IS곡선은 가파른 기울기를 갖게 되므로, 투자의 이자율탄력성이 0으로서 완전비탄력적이면 IS곡선은 수직선이다.

정답 ②

107 □□□ ○ △ ×

통화공급은 외생적으로 결정되며, 실질화폐수요는 명목이자율의 감소함수이고, 실질국민소득의 증가함수일 때 화폐시장만의 균형에 관한 설명으로 옳은 것을 모두 고른 것은?

> ㄱ. 중앙은행이 통화량을 증가시키면 명목이자율은 하락한다.
> ㄴ. 물가수준이 상승하면 명목이자율은 하락한다.
> ㄷ. 실질국민소득이 증가하면 이자율은 상승한다.

① ㄱ ② ㄴ ③ ㄱ, ㄴ
④ ㄱ, ㄷ ⑤ ㄴ, ㄷ

해설

통화공급이 외생적으로 결정되므로 화폐공급곡선은 수직선이고, 실질화폐수요가 명목이자율의 감소함수이므로 화폐수요함수는 우하향한다. 이는 케인즈의 유동성선호설에서 확인할 수 있는 내용이다.

ㄱ (○) 중앙은행 통화량 증가 → 화폐공급곡선 우측이동 → 명목이자율 하락
ㄴ (×) 물가수준 상승 → 실질통화량 감소 → 화폐공급곡선 좌측이동 → 명목이자율 상승
ㄷ (○) 실질국민소득 증가 → (실질)화폐수요곡선 우측이동 → 명목이자율 상승

정답 ④

108 ☐☐☐ ○ △ ✕

고정환율제와 변동환율제에 관한 설명으로 옳지 않은 것은?

① 고정환율제에서는 독립적인 통화정책을 수행하기 어렵다.
② 고정환율제에서도 과도한 무역수지 불균형이 장기간 지속되면 환율이 조정될 수 있다.
③ 변동환율제에서 유가상승으로 인하여 무역적자가 발생하면 통화가치는 상승한다.
④ 변동환율제에서도 환율의 안정성 제고를 위해 정부가 외환시장에 개입할 수 있다.
⑤ 고정환율제와 변동환율제 모두 환율변동을 활용하여 이익을 얻으려는 행위가 발생할 수 있다.

해설

① (○) 고정환율제에서는 외환시장 안정을 위하여 중앙은행이 개입함으로써 통화량이 내생적으로 변동하게 되므로, 독립적인 통화정책을 수행하기 어렵다.
참고로, 통화량이 내생적으로 변동한다 함은 중앙은행의 의도적 통화량 변동이 어렵다는 의미이다.
② (○) 위 경우, 설정된 고정환율 수준을 상향조정하거나 하향조정할 수 있다.
③ (✕) 변동환율제에서 유가상승으로 인하여 무역적자가 발생하면, 외환시장에서 환율이 상승(자국통화가치 하락)한다.
④ (○) 주로 외환시장에서 과도한 환율변동이 나타나게 되는 경우, 정부가 개입한다.
⑤ (○) 다만, 그 정도는 변동환율제에서 절대적으로 빈번하게 이루어진다.

정답 ③

109 ☐☐☐ ○ △ ✕

경제학파에 관한 설명으로 옳은 것을 모두 고른 것은?

ㄱ. 정책무력성정리(policy ineffectiveness proposition)는 새고전학파이론에 속한다.
ㄴ. 총수요외부성(aggregate demand externalities)이론은 실물경기변동이론에 속한다.
ㄷ. 케인즈학파는 경기침체의 원인이 총수요의 부족에 있다고 주장한다.
ㄹ. 비동조적 가격설정(staggered price setting)모형은 새케인즈학파이론에 속한다.

① ㄱ, ㄴ　　　② ㄱ, ㄹ　　　③ ㄴ, ㄷ
④ ㄴ, ㄹ　　　⑤ ㄱ, ㄷ, ㄹ

해설

ㄴ (✕) 총수요외부성이론은 새케인즈학파의 경기변동이론, 실물경기변동이론은 새고전학파의 경기변동이론에 속한다.

참고로, 비동조적 가격설정모형은 중첩가격설정모형이라고도 하는데, 현실에서는 모든 기업이 가격을 동시에 조정하지 아니하므로, 물가상승요인이 존재한다고 하더라도 물가수준 조정은 서서히 이루어진다고 주장한다(가격경직성).

[보충] 총수요외부성
총수요외부성은 가격설정에서 발생하는 외부성을 전제한다. 예컨대, 모든 기업이 가격을 동시에 내린다면, 물가수준 하락에 따라 총생산량이 증가하게 되고, 이는 기업의 이윤증가를 가져오며, 해당 기업과 연관된 가계의 효용증가로 이어지는데, 이를 총수요외부성이라고 한다.

정답 ⑤

110 ☐☐☐ ○ △ ✕

A국과 B국에서 X재와 Y재 각 1단위를 생산하는 데 필요한 노동량이 아래 표와 같다. A국의 총노동량이 20, B국의 총노동량이 60이라고 할 때, 이에 관한 설명으로 옳지 않은 것은?

	X재	Y재
A국	2	4
B국	4	6

① A국은 X재와 Y재 각각의 생산에서 B국보다 절대우위가 있다.
② A국에서 X재 1단위 생산의 기회비용은 Y재 1/2단위이다.
③ A국에서는 X재 6단위와 Y재 2단위를 생산할 수 있다.
④ B국에서 Y재 1단위에 대한 X재의 상대가격은 3/2이다.
⑤ 완전특화가 이루어지면, B국은 비교우위를 가지고 있는 재화를 10단위 생산한다.

해설

① (○) 노동투입량이 작은 상품에 절대우위가 있다.
② (○) ④ (✕) 주어진 조건을 각 재화의 기회비용(상대가격)으로 정리하면 다음과 같다.
참고로, Y재 1단위에 대한 X재의 상대가격은 X재 1단위 생산의 기회비용과 같으므로, 3/2이 아닌 2/3이다.

> • Y재 수량으로 나타낸 X재 1단위 생산의 기회비용 = X재 노동투입량 / Y재 노동투입량
> 　[A국] 2/4 = 1/2단위　　　　[B국] 4/6 = 2/3단위
> • X재 수량으로 나타낸 Y재 1단위 생산의 기회비용 = Y재 노동투입량 / X재 노동투입량
> 　[A국] 4/2 = 2단위　　　　[B국] 6/4 = 3/2단위

③ (○) A국의 총노동량이 20이므로, A국에서는 X재 6단위(= 총노동투입량 12)와 Y재 2단위(= 총노동투입량 8)의 생산이 가능하다.
⑤ (○) 비교우위 재화는 기회비용(상대가격)이 작은 재화이다. 따라서 완전특화가 이루어지면, B국은 총노동량 60으로 Y재 10단위를 생산한다.

정답 ④

111 □□□ ○ △ ×

현재 한국과 미국의 햄버거 가격이 각각 4,800원과 4달러이고, 명목환율(원/달러)이 1,300이며, 장기적으로 구매력평가설이 성립할 때 이에 관한 설명으로 옳은 것은? (단, 햄버거는 대표상품이며 변동환율제도를 가정한다)

① 실질환율은 장기적으로 1보다 크다.

② 양국의 현재 햄버거 가격에서 계산된 구매력평가환율은 1,250이다.

③ 양국의 햄버거 가격이 변하지 않는다면 장기적으로 명목환율은 하락한다.

④ 미국의 햄버거 가격과 명목환율이 변하지 않는다면 장기적으로 한국의 햄버거 가격은 하락한다.

⑤ 한국의 햄버거 가격이 변하지 않는다면 장기적으로 명목환율과 미국의 햄버거 가격은 모두 상승한다.

해설

① (×) ② (×) 장기적으로 구매력평가설이 성립하므로 실질환율은 1이고, 구매력평가환율은 다음과 같이 도출된다.

$$P_K = E \times P_A$$

여기서, P_K: 한국의 햄버거 가격, E: 구매력평가환율, P_A: 미국의 햄버거 가격

따라서 구매력평가환율은 1,200원/달러(= 4,800원 / 4달러)이다.

③ (○) 구매력평가설은 명목환율(1,300원/달러)이 구매력평가환율(1,200원/달러)과 같지 아니하면, 장기적으로 명목환율은 구매력평가환율에 수렴한다고 설명한다. 따라서 위 경우, 장기적으로 명목환율은 하락한다.

④ (×) ⑤ (×) 구매력평가설은 장기적으로 양국의 햄버거 가격은 동일해진다고 설명한다. 따라서 명목환율하에서 양국의 햄버거 가격은 미국(가격 × 명목환율 = 5,200원) > 한국(4,800원)이므로, 미국의 햄버거 가격과 명목환율이 변하지 아니한다면, 장기적으로 한국의 햄버거 가격은 상승하고, 한국의 햄버거 가격이 변하지 아니한다면, 장기적으로 명목환율과 미국의 햄버거 가격은 모두 하락한다.

정답 ③

112 □□□ ○ △ ×

다음 거시경제모형에서 잠재GDP가 1,500이라면, 잠재GDP를 달성하기 위해 정부지출을 얼마나 변화시켜야 하는가? (단, C는 소비, Y는 GDP, T는 조세, I는 투자, r은 이자율, G는 정부지출, M_S는 화폐공급, M_D는 화폐수요이다)

○ $C = 500 + 0.8(Y-T)$　　○ $I = 100 - 20r$
○ $T = 200$　　○ $G = 300$
○ $Y = C + I + G$　　○ $M_S = 1,000$
○ $M_D = 500 + 0.4Y - 10r$

① 80% 감소　② 50% 감소　③ 20% 감소
④ 20% 증가　⑤ 40% 증가

해설

① (○) 주어진 조건을 전제로 IS-LM방정식을 도출하면 다음과 같다. 여기서, G'은 잠재GDP 달성을 위한 정부지출이다.

- IS방정식: $Y = C + I + G$
  ⇒ $1,500 = 500 + 0.8(1,500 - 200) + 100 - 20r + G'$
  ⇒ $G' = 20r - 140$
- LM방정식: $M_S = M_D$
  ⇒ $1,000 = 500 + 0.4 \times 1,500 - 10r$
  ⇒ $r = 10$
- $G' = 20 \times 10 - 140 = 60$

따라서 현재의 정부지출 $G(= 300)$가 G'으로 되기 위하여는 지금보다 240(= 300 × 80%)만큼 감소하여야 한다.

정답 ①

113 □□□ ○ △ ×

다음의 단기 필립스곡선에 관한 설명으로 옳은 것을 모두 고른 것은? (단, π_t, π_t^e, u_t는 각각 t기의 인플레이션율, 기대인플레이션율, 실업률이고, u_n은 자연실업률, β는 양(+)의 상수, ν_t는 t기의 공급충격이다)

○ $\pi_t = \pi_t^e - \beta(u_t - u_n) + \nu_t$

ㄱ. β가 클수록 희생비율이 커진다.

ㄴ. 유가상승충격은 $\nu_t > 0$을 의미하며, 단기 필립스곡선을 상방이동시킨다.

ㄷ. 오쿤의 법칙과 결합하면 인플레이션율과 총생산 사이에 양(+)의 관계가 도출된다.

ㄹ. 단기적으로 기대인플레이션율이 고정되어 있을 때, 인플레이션 감축정책은 실업률을 높인다.

① ㄱ, ㄴ, ㄷ　　② ㄱ, ㄴ, ㄹ　　③ ㄱ, ㄷ, ㄹ
④ ㄴ, ㄷ, ㄹ　　⑤ ㄱ, ㄴ, ㄷ, ㄹ

ㄱ (×) 희생비율은 단기 필립스곡선이 완만할수록 커지므로, 주어진 필립스곡선의 기울기 β가 작을수록 희생비율이 커진다.

ㄴ (○) π_t^e와 u_t가 커지면 단기 필립스곡선은 상방으로 이동한다.

ㄷ (○) 오쿤의 법칙에서는 경제성장률(GDP)과 실업률 사이에 역(-)의 관계가 성립하고, 단기 필립스곡선에서는 인플레이션율과 실업률 사이에 역(-)의 관계가 성립하므로, 인플레이션율과 (국내)총생산 사이에 양(+)의 관계가 성립함을 도출할 수 있다.

ㄹ (○) 단기적으로 기대인플레이션율이 고정되어 있다 함은, 단기 필립스곡선이 이동하지 아니함을 의미한다. 이때 인플레이션 감축 정책을 시행하면, 경제는 단기 필립스곡선을 따라 우하향하게 되어 실업률은 상승한다.

정답 ④

114 □□□   ○ △ ×

노동수요에 관한 설명으로 옳지 않은 것은? (단, 생산요소는 자본과 노동이며, 두 요소의 한계기술대체율은 체감하고, 완전경쟁요소시장을 가정한다)

① 자본가격의 하락에 따른 대체효과는 노동수요를 증가시킨다.

② 제품수요의 가격탄력성이 높을수록 노동수요의 가격탄력성이 크다.

③ 단기보다 장기에서 노동수요의 가격탄력성이 크다.

④ 자본공급의 가격탄력성이 클수록 노동수요의 가격탄력성이 크다.

⑤ 노동과 자본 사이의 대체탄력성이 클수록 노동수요의 가격탄력성이 크다.

해설

① (×) 자본의 가격이 하락하면 노동의 상대가격이 상승함에 따라 노동이 자본으로 대체되므로, 노동수요는 감소한다.

정답 ①

115 □□□   ○ △ ×

효용극대화를 추구하는 갑은 고정된 총가용시간을 노동시간과 여가시간으로 나누어 선택한다. 갑의 효용함수는 $U = U(H,\ I)$이며, 소득 $I = wL + A$일 때 이에 관한 설명으로 옳지 않은 것은? [단, H는 여가시간, w는 시간당 임금, L은 노동시간, A는 근로외소득, 여가는 정상재이다. H와 I의 한계대체율($MRS_{H,I}$)은 체감하며, 내부해를 가정한다]

① 효용극대화점에서 $MRS_{H,I}$는 w와 같다.

② w가 상승하는 경우, 소득효과는 노동공급을 감소시킨다.

③ 만약 여가가 열등재이면, w의 상승은 노동공급을 증가시킨다.

④ w가 상승하는 경우, 대체효과는 노동공급을 증가시킨다.

⑤ 근로외소득이 증가하는 경우, 대체효과는 노동공급을 증가시킨다.

해설

① (○) 주어진 조건을 전제로 예산선과 여가의 한계대체율을 구하면 다음과 같다.

> - $I = wL + A \Rightarrow I = w(24 - H) + A$
> $\Rightarrow$ 여가(H)의 상대가격 = w
> - 여가(H)의 한계대체율: $MRS_{H,I}$

효용극대화는 한계대체율과 상대가격이 일치하는 수준에서 달성되므로, $MRS_{H,I} = w$가 성립한다 할 것이다.

② (○) ③ (○) w가 상승하면 실질소득이 증가하게 되므로, 소득효과에 의하여 정상재인 여가소비가 증가하고, 이는 곧 노동공급의 감소를 의미하는데, 만약 여가가 열등재이면, 그 소비는 감소하므로 노동공급은 증가한다.

④ (○) w가 상승하면 여가의 상대가격이 상승하게 되므로, 대체효과에 의하여 여가소비는 감소하고, 이는 곧 노동공급의 증가를 의미한다.

⑤ (×) 근로외소득이 증가한다고 하더라도, 실질소득이 증가할 뿐 기존 여가의 상대가격인 임금(w)은 불변이다. 따라서 근로외소득의 증가는 대체효과를 가져오지 아니한다.

정답 ⑤

116 □□□ ○ △ ✕

고용과 관련된 지표에 관한 설명으로 옳지 않은 것은?

① 경제활동인구란 15세 이상의 인구 중에서 취업자와 실업자를 합한 것이다.

② 15세 이상의 인구 중에서 취업할 의사가 없거나 일할 능력이 없는 사람은 비경제활동인구에 포함된다.

③ 군대 의무복무자와 교도소 수감자는 경제활동조사대상에서 제외된다.

④ 조사대상기간 1주일 중 수입을 목적으로 1시간 이상 일을 한 사람은 취업자에 해당된다.

⑤ 일정한 직장을 가지고 있으나 일시적인 질병 등으로 조사대상기간에 일을 하지 못한 사람은 실업자로 분류된다.

해설

⑤ (✕) 위 경우, <u>취업자</u>로 분류한다.

정답 ⑤

117 □□□ ○ △ ✕

효율성임금(efficiency wage)이론에서 기업이 시장균형임금보다 높은 임금을 지급하는 이유로 옳지 않은 것은?

① 이직률이 낮아져 채용비용 및 교육훈련비용이 절감되고, 노동자의 생산성을 높게 유지할 수 있다.

② 생산성이 높은 노동자를 고용할 수 있어 평균적인 생산성을 높일 수 있다.

③ 노동자가 근무태만으로 해고될 경우, 손실이 크기 때문에 근무태만을 줄여준다.

④ 노동자의 체력과 건강이 향상되어 생산성이 높아진다.

⑤ 기업의 브랜드 이미지가 제고되어 매출이 증대되고, 이윤이 증가한다.

해설

① (○) 이직(방지)이론

② (○) 역선택(방지)이론

③ (○) 도덕적 해이(= 근무태만)(방지)이론

④ (○) 영양이론

⑤ (✕) 효율성임금이론과는 거리가 멀다.

정답 ⑤

118 □□□ ○ △ ✕

A국의 균제상태(steady state)에서의 실업률이 12%이고, 매 기간 실직률(취업자 중 실직하는 사람의 비율)이 3%일 때 균제상태를 유지시키는 구직률(실업자 중 취업하는 사람의 비율)은?

① 5% ② 10% ③ 12%

④ 15% ⑤ 22%

해설

⑤ (○) 균제상태에서의 실업률은 다음과 같고, 이를 이용하여 구직률을 구할 수 있다.

$$실업률 = \frac{실직률}{구직률 + 실직률} \Rightarrow 구직률 = \frac{실직률}{실업률} - 실직률$$

따라서 구직률은 22%[= (3%/12%) – 3%]이다.

정답 ⑤

119 □□□ ○ △ ✕

어느 산업의 노동공급곡선은 $L_S = 20 + 2w$이고, 노동수요곡선은 $L_D = 50 - 4w$이다. 정부가 최저임금을 6으로 설정할 때 발생하는 고용감소와 실업자는? (단, L_S, L_D는 각각 노동공급 및 노동수요이며, w는 임금이다)

① 2, 4 ② 2, 6 ③ 2, 8

④ 4, 6 ⑤ 4, 8

해설

④ (○) 주어진 조건을 그림으로 나타내면 다음과 같다.

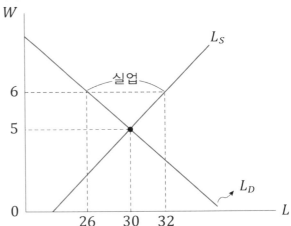

따라서 고용감소는 4(= 30 – 26), 실업자는 6(= 32 – 26)만큼 발생한다.

정답 ④

120 ▢▢▢   ○ △ ×

실질임금의 경기순환성에 관한 설명으로 옳은 것은?

① 명목임금경직성모형에서는 경기변동요인이 총수요충격일 때 실질임금이 경기순행적(pro−cyclical)이다.

② 중첩임금계약(staggered wage contracts)모형에서는 경기변동요인이 총수요충격일 때 실질임금이 경기순행적이다.

③ 효율성임금이론은 실질임금의 경기순행성을 설명한다.

④ 실물경기변동이론에 따르면, 양(+)의 기술충격은 실질임금을 상승시킨다.

⑤ 실물경기변동이론에 따르면, 노동공급곡선이 수평선인 경우, 기술충격이 발생할 때 실질임금이 경기순행적이다.

해설

① (×) 명목임금경직성모형에서는 총수요가 증가하여 물가가 상승하더라도 명목임금이 곧바로 상승하지 아니하므로, 산출량이 증가함에도 불구하고 실질임금은 하락하게 되어 경기역행적(counter-cyclical)이 된다.

② (×) 중첩임금계약모형에서는 임금계약이 동시에 이루어지지 아니하므로, 총수요 증가로 물가가 상승함에 따라 실질임금은 하락하게 되어 경기역행적이 된다.

③ (×) 효율성임금이론은 실질임금의 하방경직성을 설명하는 이론으로, 경기순환성을 설명하기에 적절하지 아니하다.

④ (○) 양(+)의 기술충격으로 노동생산성이 제고되므로, 실질임금은 상승한다.

⑤ (×) 실물경기변동이론하에서 노동공급곡선이 수평선이면, 기술충격이 발생하여 노동의 한계생산성이 증가함에 따라 노동수요가 증가하나, 실질임금은 불변이다. 따라서 경기순행성을 설명하기에 적절하지 아니하다.

정답 ④

101 ☐☐☐   ○ △ ✕

완전경쟁시장에 관한 설명으로 옳지 않은 것은?

① 개별기업의 최적산출량은 한계수입과 한계비용이 일치할 때 결정된다.

② 개별기업은 장기에 효율적인 생산규모에서 생산하며 정상이윤만을 얻게 된다.

③ 개별기업이 단기에 손실을 보더라도 생산을 계속하는 이유는 고정비용의 일부를 회수할 수 있기 때문이다.

④ 단기균형과 장기균형에서 총잉여인 사회적 후생이 극대화된다.

⑤ 생산요소의 가격이 변하지 않는 비용불변산업에서 장기 시장공급곡선은 우상향한다.

해설

⑤ (✕) 위 경우, 장기 시장공급곡선은 수평선이다.

[보충] 완전경쟁시장

완전경쟁시장은 현실적으로 존재하지 아니하는 이상적인 시장으로, 다음의 조건을 가진다.

• 충분히 많은 공급자와 수요자가 존재하는데, 이들은 주어진 모든 가격을 수용하는 가격수용자(price taker)이다.

• 시장에서 거래되는 재화는 모두 동질적이고, 서로 대체 가능한 관계이다.

• 진입과 탈퇴가 자유롭다.

• 모든 경제주체는 완전한 정보를 보유하고 있다.

정답 ⑤

102 ☐☐☐   ○ △ ✕

독점기업 A의 생산함수는 $Q = (\min[4L, \ K])^{1/2}$이고, 노동($L$)의 가격은 16, 자본($K$)의 가격은 4이다. 시장수요곡선이 $Q = 200 - 0.5P$일 때 이윤을 극대화하는 생산량(Q)과 가격(P)은? (단, 고정비용은 0이다)

① Q: 20, P: 360   ② Q: 30, P: 340

③ Q: 40, P: 320   ④ Q: 50, P: 300

⑤ Q: 60, P: 280

해설

① (○) 주어진 생산함수를 변형하면 다음과 같다. … ㉠

$$Q = (\min[4L, \ K])^{1/2} \Rightarrow Q^2 = (\min[4L, \ K])$$
$$\Rightarrow L과 \ K의 \ 최적결합 \ Q^2 = 4L = K$$

주어진 노동가격과 자본가격으로 총비용(TC)을 도출하면 다음과 같다. … ㉡

$$TC = P_L \times L + P_K \times K = 16L + 4K$$

㉡식에 ㉠식을 대입하여 정리하면 Q로 정리된 총비용을 구할 수 있고, 이로써 한계비용(MC)을 도출하면 다음과 같다.

• $TC = 16L + 4K = 4 \times 4L + 4 \times K = 4Q^2 + 4Q^2 = 8Q^2$

• $MC = \dfrac{dTC}{dQ} = 16Q$

주어진 시장수요곡선으로 한계수입함수를 도출하면 다음과 같다.

$$Q = 200 - 0.5P \Rightarrow P = 400 - 2Q \Rightarrow MR = 400 - 4Q$$

(∵ 시장수요함수가 선형함수이면, 한계수입함수는 절편은 같고 기울기는 2배)

위 결과들에 기하여 이윤극대화 생산량(Q)과 가격(P)을 도출하면 다음과 같다.

• $MR = MC \Rightarrow 400 - 4Q = 16Q \Rightarrow 20Q = 400 \Rightarrow Q = 20$

• $P = 400 - 2Q = 400 - 2 \times 20 = 360$

정답 ①

103 ☐☐☐   ○ △ ✕

수요의 가격탄력성에 관한 설명으로 옳은 것을 모두 고른 것은? (단, 시장수요곡선은 우하향하는 직선이다)

> ㄱ. 종량세를 부과하면, 수요의 가격탄력성이 공급의 가격탄력성보다 클수록 소비자의 부담은 작아지고, 생산자의 부담은 커진다.
>
> ㄴ. 경쟁시장에 개별기업이 직면한 수요곡선은 완전탄력적이다.
>
> ㄷ. 독점기업의 총수입은 수요의 가격탄력성이 0일 때 극대화된다.

① ㄱ   ② ㄷ   ③ ㄱ, ㄴ

④ ㄴ, ㄷ   ⑤ ㄱ, ㄴ, ㄷ

해설

ㄱ (○) 종량세 부과에 따른 생산자와 소비자의 조세부담은 다음의 식으로 측정되는데, 이는 가격탄력성이 클수록(작을수록) 상대적으로 조세부담의 크기는 작아짐(커짐)을 의미한다.

$$\dfrac{수요의 \ 가격탄력성}{공급의 \ 가격탄력성} = \dfrac{생산자(공급자)의 \ 조세부담}{소비자(수요자)의 \ 조세부담}$$

따라서 위 경우, 소비자의 (조세)부담은 작아지고, 생산자의 (조세)부담은 커진다.

ㄴ (○) 경쟁시장에서 개별기업은 시장가격 수준에서 수평한 수요곡선에 직면하는데, 수요곡선이 수평선이면 모든 점에서의 수요의

<u>가격탄력성은 완전탄력적이다.</u>

ㄷ (✕) 0이 아닌 1일 때 극대화된다.

참고로, 독점기업의 총수입과 가격탄력성의 관계를 그림으로 나타내면 다음과 같다.

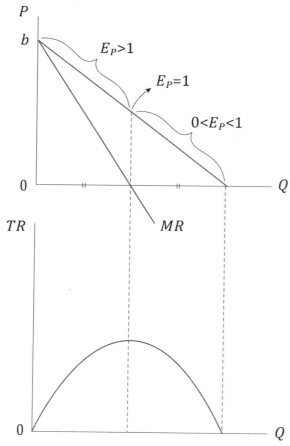

정답 ③

104 □□□   ○ △ ✕

생산함수 $Q = A(aL^\rho + bK^\rho)^{v/\rho}$에 관한 설명으로 옳은 것을 모두 고른 것은? (단, $A > 0$, $a > 0$, $b > 0$, $\rho < 1$, $\rho \neq 0$, $v > 0$이고 A, a, b, ρ, v는 모두 상수이며, L은 노동, K는 자본이다)

> ㄱ. A가 클수록 한계기술대체율($\text{MRTS}_{L,K}$)이 커진다.
> ㄴ. v가 1보다 크면 규모의 수익체증(increasing returns to scale)이 된다.
> ㄷ. ρ가 클수록 대체탄력성이 크고, 등량곡선이 직선에 가까워진다.
> ㄹ. a가 클수록 노동절약적 기술진보이다.

① ㄱ, ㄴ   ② ㄱ, ㄷ   ③ ㄱ, ㄹ
④ ㄴ, ㄷ   ⑤ ㄷ, ㄹ

해설

생산함수 Q는 대체탄력성이 일정한 값을 갖는 CES(constant elasticity of substitution) 생산함수이다.

ㄱ (✕) A는 기술수준을 의미하는 상수로, 한계기술대체율에는 영향을 미치지 아니한다.

ㄴ (○) CES 생산함수는 v값에 따라 다음과 같은 특성을 가진다.

$0 < v < 1$	규모에 대한 수익체감(decreasing returns to scale)
$v = 1$	규모에 대한 수익불변(constant returns to scale)
$v > 1$	규모에 대한 수익체증(increasing returns to scale)

ㄷ (○) CES 생산함수의 구체적인 형태인 대체탄력성(σ)은 구성요소인 ρ값에 의하여 결정된다.

$\sigma = \dfrac{1}{\rho - 1}$	$\rho = 1$이면 $\sigma = \infty$ → 선형 생산함수
	$\rho = 0$이면 $\sigma = -1$ → 콥-더글라스 생산함수
	$\rho = \infty$이면 $\sigma = 0$ → 레온티에프 생산함수

위 경우, 주어진 조건이 $\rho < 1$이므로, ρ가 1에 가까울수록 $\sigma = \infty$가 된다(선형 생산함수). 따라서 대체탄력성은 커지고, 등량곡선은 직선에 가까워진다.

ㄹ (✕) a는 노동분배계수로, 그 값이 클수록 노동이 생산에 기여하는 정도가 커진다. 즉, a가 클수록 노동집약적 생산방식이라 할 수 있다.

정답 ④

105 □□□   ○ △ ✕

원룸 임대시장의 공급곡선과 수요곡선은 각각 $Q_s = 20 + 4P$, $Q_d = 420 - 6P$이다. 정부는 원룸의 임대료(P)가 너무 높다고 판단하여 상한을 30으로 규정하였다. 원룸 부족 현상을 피하기 위해 수요량(Q_d)에 따라 공급량(Q_s)이 일치되도록 할 경우, 정부가 원룸당 지원해야 할 보조금은?

① 10   ② 15   ③ 20
④ 25   ⑤ 30

해설

④ (○) 공급곡선과 수요곡선으로 시장균형가격 $P = 40$임을 알 수 있고, 주어진 조건을 그림으로 나타내면 다음과 같다.

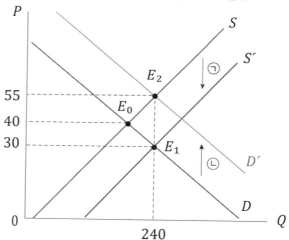

그림에서 <u>임대료 상한인 30 수준의 수요량인 240만큼의 원룸이 공급되기 위하여는 공급곡선이 E_1점을 지날 수 있도록 보조금을 지급하여야 한다.</u> 만약 정부가 공급자에게 원룸당 <u>25만큼의 보조금을 지급하면, 공급곡선이 지급된 25만큼 아래쪽으로 평행이동</u>

(㉠)하게 되므로, 그 목적을 달성할 수 있다.

참고로, 수요곡선이 E_2점을 지날 수 있도록 보조금을 지급하는 경우에도 위 목적을 달성할 수 있는데, 이는 수요곡선이 지급된 25만큼 위쪽으로 평행이동(㉡)하기 때문이다.

정답 ④

106 □ □ □   ○ △ ×

효용을 극대화하는 갑(甲)의 효용함수는 $U = C \times L$, 시간당 임금은 2만 원이고, 주당 40시간을 일하거나 여가를 사용할 수 있다. 한편, 정부는 근로자 한 명당 주당 32만 원의 보조금을 주지만 근로소득의 20%를 소득세로 징수하는 제도를 시행 중이다. 이때 갑(甲)의 주당 근로시간은? (단, C는 상품에 지출하는 금액, L은 여가시간이다)

① 10   ② 24   ③ 30
④ 36   ⑤ 40

해설

① (○) 주어진 효용함수를 전제로 여가의 한계대체율($MRS_{L,C}$)을 구하면 다음과 같다.

$$U = C \times L \Rightarrow MRS_{L,C} = \frac{MU_L}{MU_C} = \frac{C}{L}$$

근로소득은 시간당 임금 × 주당 근로시간 = $2(40 - L)$로 나타낼 수 있는데, 이에 대하여 20%의 소득세율을 적용하면 $0.2 \times 2(40 - L)$만큼의 근로소득세가 징수된다. 주어진 조건을 이용하여 32만 원의 보조금이 반영된 (세후) 예산선을 도출하면 다음과 같다.

$$\begin{aligned} C &= 2(40 - L) - 0.2 \times 2(40 - L) + 32 \\ &= 1.6(40 - L) + 32 \\ &= 96 - 1.6L \qquad \cdots ㉠ \end{aligned}$$

효용극대화는 효용함수의 기울기인 여가의 한계대체율($MRS_{L,C} = C/L$)과, 예산선의 기울기인 여가의 상대가격, 즉 시간당 (세후) 임금(= 1.6)이 일치할 때 달성된다.

$$MRS_{L,C} = \text{시간당 (세후) 임금} \Rightarrow \frac{C}{L} = 1.6 \Rightarrow C = 1.6L \quad \cdots ㉡$$

㉠과 ㉡을 연립하여 풀면 $L = 30$이 도출되므로, 주당 근로시간은 $10(= 40 - L = 40 - 30)$시간이다.

정답 ①

107 □ □ □   ○ △ ×

갑(甲)이 소유한 건물의 가치는 화재가 발생하지 않을 시 3,600, 화재발생 시 1,600이고, 건물의 화재 발생확률은 0.5이다. 갑(甲)의 효용함수가 $U(W) = \sqrt{W}$일 때 건물의 (ㄱ) 기대가치와 (ㄴ) 기대효용은? (단, W는 건물의 가치이다)

① ㄱ: 1,800, ㄴ: 40   ② ㄱ: 2,400, ㄴ: 40
③ ㄱ: 2,400, ㄴ: 50   ④ ㄱ: 2,600, ㄴ: 40
⑤ ㄱ: 2,600, ㄴ: 50

해설

⑤ (○) 주어진 조건을 전제로 기대가치와 기대효용을 구하면 다음과 같다.

- 기대가치 = $3,600 \times 0.5 + 1,600 \times 0.5$
  $= 1,800 + 800$
  $= \underline{2,600}$
- 기대효용 = $\sqrt{3,600} \times 0.5 + \sqrt{1,600} \times 0.5$
  $= 60 \times 0.5 + 40 \times 0.5$
  $= 30 + 20$
  $= \underline{50}$

정답 ⑤

108 □ □ □   ○ △ ×

갑(甲) 기업의 생산함수가 $Q = AK^{0.5}L^{0.5}$일 때 등량곡선과 등비용선에 관한 설명으로 옳지 않은 것은? (단, $A > 0$, K는 자본, L은 노동, MP_K는 자본의 한계생산, MP_L은 노동의 한계생산, r은 자본가격, w는 노동가격이다)

① 비용극소화가 되려면 한계기술대체율이 생산요소가격의 비율과 일치해야 한다.
② 한계기술대체율은 체감한다.
③ $MP_K/r > MP_L/w$일 때 비용극소화를 위해서는 노동을 늘리고 자본을 줄여야 한다.
④ A가 커지면 등량곡선은 원점에 가까워진다.
⑤ 등량곡선과 등비용선이 접하는 점에서 비용극소화가 이루어진다.

해설

① (○) ⑤ (○) 비용극소화의 조건은 다음과 같다.

$$\frac{MP_K}{r} = \frac{MP_L}{w} \Leftrightarrow \frac{w}{r} = \frac{MP_L}{MP_K}$$

이는 등비용선의 기울기인 요소의 상대가격(w/r)과 등량곡선의 기울기인 한계기술대체율(MP_L/MP_K)이 같다는 의미이므로, 비용극소화는 등비용선과 등량곡선의 접점에서 이루어진다.

② (○) 주어진 생산함수는 원점에 대하여 볼록한 콥-더글라스 생산함수이다. 따라서 한계기술대체율($MRTS_{L,K} = MP_L/MP_K$)은 체

감하게 된다.

③ (×) 위 경우, 자본을 늘리고 노동을 줄여야만 비용극소화가 달성
된다.

④ (O) 콥-더글라스 생산함수에서의 A가 커진다 함은 기술진보가
이루어진다는 의미이므로, 이전보다 적은 자본과 노동으로 기존의
생산이 가능하다 할 것이다. 따라서 등량곡선은 원점에 가까워지
게 된다.

정답 ③

생산함수	대체탄력성(σ)
레온티에프 생산함수	항상 $\sigma = 0$
콥-더글라스 생산함수	항상 $\sigma = 1$
선형 생산함수	항상 $\sigma = \infty$

정답 ②

109 □□□   ○ △ ×

생산요소 노동(L)과 자본(K) 사이의 대체탄력성(σ)에 관
한 설명으로 옳은 것을 모두 고른 것은? (단, r은 자본가격,
w는 노동가격, $\sigma = \dfrac{\triangle(\frac{K}{L})/(\frac{K}{L})}{\triangle(\frac{w}{r})/(\frac{w}{r})}$ 이다)

> ㄱ. $\sigma = 0.5$인 경우, 노동의 상대가격 상승에 따라 노동소득
> 의 상대적 비율이 더 커진다.
> ㄴ. $\sigma = 1$인 경우, 노동의 상대가격이 상승해도 자본소득의
> 상대적 비율에 아무런 변화가 없다.
> ㄷ. 콥-더글라스(Cobb-Douglas) 생산함수의 대체탄력
> 성은 0이다.

① ㄱ   ② ㄱ, ㄴ   ③ ㄱ, ㄷ
④ ㄴ, ㄷ   ⑤ ㄱ, ㄴ, ㄷ

해설

ㄱ (O) $\sigma = 0.5$로 대체탄력성이 비탄력적인 경우, 노동의 상대가격
상승에 따라 노동의 자본으로의 대체가 상대적으로 어려워지므로,
임금이 상승한 노동을 상대적으로 많이 투입할 수밖에 없고, 이는
노동소득의 상대적 비율을 증가시킨다.

ㄴ (O) $\sigma = 1$인 경우, 노동의 상대가격 상승에 따라 노동의 자본으로
의 대체가 단위탄력적으로 이루어지므로, 두 소득의 상대적 비율
은 불변이다.

참고로, 임금상승 시의 대체탄력성과 소득의 상대적 비율의 관계
를 표로 정리하면 다음과 같다.

• 노동소득

대체탄력성	임금과 노동투입의 비교	상대적 비율
$\sigma > 1$	임금상승률 < 노동투입 감소율	감소
$\sigma = 1$	임금상승률 = 노동투입 감소율	불변
$\sigma < 1$	임금상승률 > 노동투입 감소율	증가

• 자본소득

대체탄력성	임금과 노동의 비교	상대적 비율
$\sigma > 1$	임금상승률 < 노동투입 감소율	증가
$\sigma = 1$	임금상승률 = 노동투입 감소율	불변
$\sigma < 1$	임금상승률 > 노동투입 감소율	감소

참고로, 임금하락 시에는 위 표와 반대로 도출된다.

ㄷ (×) 특수한 생산함수와 대체탄력성의 관계를 표로 정리하면 다음
과 같다.

110 □□□   ○ △ ×

꾸르노(Cournot) 복점모형에서 시장수요곡선이 $P = 2Q + 70$이고, 두 기업의 한계비용은 10으로 동일하다. 내쉬(Nash)
균형에서 두 기업생산량의 합은? (단, P는 상품가격, Q는
총생산량이다)

① 15   ② 20   ③ 25
④ 30   ⑤ 35

해설

② (O) 두 기업의 한계비용이 동일한 꾸르노 복점모형에서의 생산량
은 완전경쟁시장에서의 생산량의 2/3만큼인데, 각 기업은 이를
양분하여 생산한다.

$$P(= MR) = MC \Rightarrow 10 = -2Q + 70 \Rightarrow Q = 30$$

따라서 두 기업의 생산량의 합은 20(= 30 × 2/3)이 된다.

정답 ②

111 □□□   ○ △ ×

폐쇄경제에서 투자의 이자율탄력성이 0일 때 IS-LM모형을
이용한 중앙은행의 긴축통화정책 효과로 옳은 것은? (단,
LM곡선은 우상향한다)

① 소득불변   ② 이자율 하락
③ LM곡선 우측이동   ④ 이자율 불변
⑤ 소득감소

해설

① (O) 아래의 그림을 기준으로 설명한다.

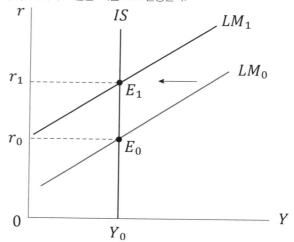

투자의 이자율탄력성이 0이라 함은 IS곡선이 수직선이고, 중앙은행의 통화정책은 완전히 무력함을 의미한다. 만약 중앙은행이 긴축통화정책을 시행하면, LM곡선은 좌측(상방)으로 이동하고, 소득이 불변(Y_0)인 상태에서 이자율만 상승($r_0 \rightarrow r_1$)하게 된다.

112 ○□□   ○ △ ×

아래와 같이 주어진 폐쇄경제를 가정할 경우, (ㄱ) 균형국민소득과 (ㄴ) 균형이자율은? [단, Y는 GDP, C는 소비, I는 투자, G는 정부지출, r은 이자율, T는 조세, $(M/P)^d$는 실질화폐수요, M은 통화량, P는 물가이다]

○ Y=C+I+G	○ C=50+0.5(Y−T)
○ I=100−5r	○ (M/P)^d=Y−20r
○ G=100	○ T=100
○ M=400	○ P=4

① ㄱ: 200, ㄴ: 5   ② ㄱ: 300, ㄴ: 5

③ ㄱ: 300, ㄴ: 10   ④ ㄱ: 400, ㄴ: 15

⑤ ㄱ: 400, ㄴ: 20

해설

③ (○) 주어진 조건으로 IS-LM방정식을 도출하면 다음과 같다.

- IS방정식: $Y = C + I + G$
  $\Rightarrow Y = 50 + 0.5(Y - 100) + 100 - 5r + 100$
  $\Rightarrow 0.5Y = 200 - 5r \Rightarrow \underline{Y = 400 - 10r}$
- LM방정식: $(M/P)^d = (M/P)^s$
  $\Rightarrow Y - 20r = 100 \Rightarrow \underline{Y = 100 + 20r}$

두 방정식을 연립하여 풀면 $\underline{Y = 300,\ r = 10}$이다.

113 ○□□   ○ △ ×

변동환율제하에서 수입제한정책을 실시할 경우, 나타나는 변화를 먼델-플레밍모형을 이용하여 옳게 설명한 것을 모두 고른 것은? (단, 소규모 개방경제하에서 국가 간 자본의 완전이동과 물가불변을 가정하고, IS곡선은 우하향하며, LM곡선은 수직선이다)

ㄱ. IS곡선은 오른쪽 방향으로 이동한다.
ㄴ. 자국통화가치는 하락한다.
ㄷ. 소득수준은 불변이다.
ㄹ. LM곡선은 왼쪽 방향으로 이동한다.

① ㄱ, ㄴ   ② ㄱ, ㄷ   ③ ㄱ, ㄹ

④ ㄴ, ㄷ   ⑤ ㄷ, ㄹ

해설

② (○) 수입제한정책 실시 → 순수출 증가 → IS곡선 우측이동(ㄱ) → 새로운 균형(E_1)에서의 이자율 상승(r_1)으로 인한 자본유입으로 국제수지 흑자 → 환율하락(자국통화가치 상승) → 순수출 감소 → IS곡선 좌측이동(ㄴ) → 이전 균형(E_0)으로 복귀

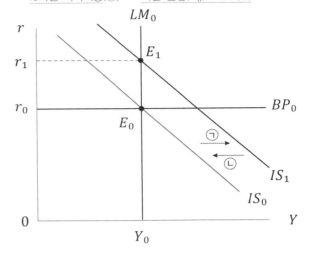

114 ○□□   ○ △ ×

소비함수에 관한 설명으로 옳지 않은 것은?

① 케인즈에 따르면, 현재소득이 소비를 결정하는 가장 중요한 결정요소이다.

② 항상소득가설에 의하면, 야간작업에 의한 일시적 소득증가보다 승진에 의한 소득증가가 더 큰 소비의 변화를 초래한다.

③ 평생소득가설에 의하면, 연령계층에 따라 소비성향이 다를 수 있다.

④ 확률보행가설은 소비자들이 장래소득에 관해 적응적 기대를 한다고 가정한다.

⑤ 케인즈는 평균소비성향이 소득증가에 따라 감소한다고 가정한다.

해설

① (○) ⑤ (○) 케인즈의 절대소득가설에서 소비를 결정하는 가장 중요한 요소는 현재소득의 절대적 크기이고, 소득증가에 따라 평균소비성향이 지속적으로 감소하나, 항상 한계소비성향보다는 큰 값을 가진다. 이는 소비함수에 절대소비(기초소비)가 존재하기 때문이다.

② (○) 프리드먼의 항상소득가설에서 소비에 영향을 미치는 가장 큰 요인은 통상급여 등의 항상소득이고, 잔업 등으로 얻게 되는 일시소득은 주로 저축한다.

③ (○) 평생소득가설은 청년기와 노년기의 평균소비성향이 상대적으로 높은 반면, 중·장년기의 평균소비성향은 상대적으로 낮다고 한다.

④ (×) 확률보행가설(임의보행가설)은 미래전망적인 항상소득가설을 전제로 확장되었으나, 정보가 불확실한 소비자는 장래소득에

관하여 적응적 기대가 아닌 합리적 기대를 가정한다고 주장한다.

정답 ④

115 □□□　　○△✕

통화함수 $\frac{M}{P} = 0.4\left(\frac{Y}{i^{1/2}}\right)$이다. 화폐수량방정식을 이용하여 명목이자율($i$)이 4일 때 화폐의 유통속도는? (단, Y는 균형소득, M은 통화량, P는 물가이다)

① 2 　　② 4 　　③ 5
④ 6 　　⑤ 8

해설

③ (○) 명목이자율(i)이 4인 경우, 통화함수는 다음과 같다.

$$\frac{M}{P} = 0.4\left(\frac{Y}{i^{1/2}}\right) \Rightarrow \frac{M}{P} = 0.4\left(\frac{Y}{4^{1/2}}\right) = 0.4\left(\frac{Y}{2}\right) = 0.2Y$$

위 결과를 이용하여 화폐수량방정식으로 화폐의 유통속도를 구하면 다음과 같다.

$$MV = PY \Rightarrow V = \frac{PY}{M} = \frac{Y}{\left(\frac{M}{P}\right)} = \frac{Y}{0.2Y} = \frac{1}{0.2} = 5$$

정답 ③

116 □□□　　○△✕

아래 조건을 만족하는 경제에 관한 설명으로 옳지 않은 것은? (단, M은 통화량, V는 화폐유통속도, P는 물가수준, Y는 총생산이다)

> ○ 인플레이션율과 총생산성장률 간 양(+)의 관계가 성립한다.
> ○ 총생산성장률과 실업률 간 음(−)의 관계가 성립한다.
> ○ MV = PY가 성립한다.
> ○ 화폐유통속도는 일정하다.
> ○ 현재 통화증가율은 10%이고, 인플레이션율은 6%이다.

① 오쿤의 법칙(Okun's law)이 성립한다.
② 필립스곡선은 우하향한다.
③ 명목총생산성장률은 10%이다.
④ 총생산성장률은 4%이다.
⑤ 통화증가율을 6%로 낮추어 인플레이션율이 4%로 인하되면 총생산은 감소한다.

해설

① (○) 총생산성장률(GDP)과 실업률 간 음(−)의 관계가 성립한다 함은 오쿤의 법칙이 성립함을 의미한다.
② (○) 인플레이션율과 총생산성장률 간 양(+)의 관계가 성립한다

함은 인플레이션율과 실업률 간 음(−)의 관계가 성립함을 의미한다. 따라서 인플레이션율과 실업률 간 관계를 나타내는 필립스곡선은 우하향한다.
③ (○) ④ (○) ⑤ (✕) 주어진 조건($MV = PY$)에 따라 다음과 같은 EC방정식이 성립한다.

$$\frac{\Delta M}{M} + \frac{\Delta V}{V} = \frac{\Delta P}{P} + \frac{\Delta Y}{Y} \Rightarrow 6\% + 0\% = 6\% + \frac{\Delta Y}{Y}$$
$$\Rightarrow \frac{\Delta Y}{Y} = 0\%$$

따라서 통화증가율을 6%로 낮추어 인플레이션이 4%로 인하되면, 총생산은 불변이다. 또한 위 방정식으로 총생산성장률($\Delta Y / Y$)을 구하면 다음과 같다.

$$\frac{\Delta M}{M} + \frac{\Delta V}{V} = \frac{\Delta P}{P} + \frac{\Delta Y}{Y} \Rightarrow 10\% + 0\% = 6\% + \frac{\Delta Y}{Y}$$
$$\Rightarrow \frac{\Delta Y}{Y} = 4\%$$

따라서 명목총생산성장률($\Delta P/P + \Delta Y/Y$)은 10%이다.

정답 ⑤

117 □□□　　○△✕

인플레이션의 비용이 아닌 것은?
① 화폐보유액을 줄이는 데 따르는 비용
② 가격을 자주 바꾸는 과정에서 발생하는 비용
③ 경직적인 조세제도로 인한 세금부담 비용
④ 기대하지 못한 인플레이션에 의한 부(wealth)의 재분배
⑤ 상대가격이 유지되어 발생하는 자원배분 왜곡

해설

⑤ (✕) 인플레이션은 상대가격을 변화시키고, 이로써 자원배분의 왜곡이라는 사회적 비용이 발생한다.

정답 ⑤

118 ☐☐☐ ○ △ ✕

가격이 신축적인 폐쇄경제에서 조세와 재정지출을 각각 10 증가시킬 때 국민소득 증가분은? (단, Y는 국민소득, C는 소비, I는 투자, G는 정부지출, T는 조세, r은 이자율, L은 노동, W는 임금, M은 통화량, V는 화폐유통속도, P는 물가, L^S는 노동공급, L^D는 노동수요이다)

- ○ $C = 10 + 0.8(Y - T)$ ○ $I = 10 - 200r$
- ○ $G = 50$ ○ $T = 50$
- ○ $MV = PY$ ○ $V = 1$
- ○ $M = 100$ ○ $Y = L$
- ○ $L^S = 50 + 10(W/P)$ ○ $L^D = 150 - 10(W/P)$
- ○ $L = L^S = L^D$

① 0   ② 10   ③ 50
④ 100   ⑤ 200

해설

① (○) 주어진 조건은 가격이 신축적인 폐쇄경제와 교환방정식을 전제하고 있는 화폐수량설($MV = PY$)을 가정하고 있으므로, 고전학파모형으로 접근 가능하다. 고전학파모형에서 일체의 재정정책은 경기안정화정책으로서 무력하다. 따라서 직관적으로 조세와 재정지출을 각각 10만큼 증가시킨다고 하더라도, 국민소득의 크기는 불변이라 할 것이다.

정답 ①

119 ☐☐☐ ○ △ ✕

솔로우(R. Solow) 경제성장모형의 균제상태(steady-state)에 관한 설명으로 옳은 것을 모두 고른 것은?

- ㄱ. 저축률이 증가하면 1인당 자본량은 증가한다.
- ㄴ. 감가상각률이 증가하면 자본의 황금률 수준(Golden rule level of capita)은 감소한다.
- ㄷ. 인구증가율이 증가하면 자본의 황금률 수준은 증가한다.

① ㄱ   ② ㄱ, ㄴ   ③ ㄱ, ㄷ
④ ㄴ, ㄷ   ⑤ ㄱ, ㄴ, ㄷ

해설

ㄱ (○) 저축률의 증가는 투자의 증가를 유발하므로, 1인당 자본량은 증가한다.

ㄴ (○) ㄷ (✕) 자본의 황금률 수준은 소비가 극대화되는 수준에서의 자본수준으로, 감가상각률과 인구증가율이 증가하면 모두 감소한다.

정답 ②

120 ☐☐☐ ○ △ ✕

소득-여가 선택모형에서 갑(甲)의 효용함수 $U = Y + 3L$, 예산선 $Y = w(24 - L)$이다. 이에 관한 설명으로 옳은 것은? (단, U는 효용, Y는 소득, L은 여가, w는 임금률이다)

① 한계대체율은 체감한다.
② 임금률이 1이면 효용은 55이다.
③ 임금률이 1에서 2로 상승하면 근로시간은 증가한다.
④ 임금률이 4에서 5로 상승하면 여가시간은 불변이다.
⑤ 임금률과 무관하게 예산선은 고정된다.

해설

① (✕) 효용함수가 선형함수이므로, 여가의 한계대체율은 3으로 항상 일정하다.

$$MRS_{L,Y} = \frac{M_L}{M_Y} = \frac{3}{1} = 3$$

② (✕) 조건에 따른 균형은 효용함수의 기울기인 여가의 한계대체율과 예산선의 기울기인 여가의 상대가격(w)을 비교하여 다음과 같이 결정된다.

- 임금률이 1인 경우: 여가의 한계대체율($MRS_{L,Y} = 3$) > 여가의 상대가격($w = 1$) ⇒ 여가만 선택
  ∴ 여가시간= 24, 근로시간= 0 = $U = 72$
- 임금률이 2인 경우: 여가의 한계대체율($MRS_{L,Y} = 3$) > 여가의 상대가격($w = 2$) ⇒ 여가만 선택
  ∴ 여가시간= 24, 근로시간= 0
- 임금률이 4인 경우: 여가의 한계대체율($MRS_{L,Y} = 3$) < 여가의 상대가격($w = 4$) ⇒ 근로만 선택
  ∴ 여가시간= 0, 근로시간= 24
- 임금률이 5인 경우: 여가의 한계대체율($MRS_{L,Y} = 3$) < 여가의 상대가격($w = 5$) ⇒ 근로만 선택
  ∴ 여가시간= 0, 근로시간= 24

③ (✕) 임금률이 1에서 2로 상승하더라도 근로시간(=0)은 불변이다.
④ (○) 임금률이 4에서 5로 상승하더라도 여가시간(=0)은 불변이다.
⑤ (✕) 임금률이 상승하면 예산선은 여가(절편)를 중심으로 상방 회전이동한다.

정답 ④

121 ☐☐☐ ○ △ ✕

A국의 15세 이상 생산가능인구는 200명이다. 실업률이 10%, 경제활동참가율이 60%일 때 취업자 수는?

① 54명   ② 100명   ③ 108명
④ 120명   ⑤ 180명

해설

③ (○) 경제활동인구는 다음과 같이 도출할 수 있다.

$$경제활동참가율 = \frac{경제활동인구}{생산가능인구}$$

⇒ 경제활동인구 = 생산가능인구 × 경제활동참가율

따라서 경제활동인구는 120명(= 200 × 0.6)이다. 마찬가지로, 실업자 수는 다음과 같이 도출할 수 있다.

$$실업률 = \frac{실업자\ 수}{경제활동인구}$$
⇒ 실업자 수 = 경제활동인구 × 실업률

따라서 실업자 수는 12명(= 120 × 0.1)이고, 취업자 수는 108명(= 경제활동인구 – 실업자 수 = 120 – 12)이다.

정답 ③

122 □□□ ○ △ ×

소득-여가 선택모형에서 효용극대화를 추구하는 갑(甲)은 임금률이 10일 때 a를 선택하였고, 이후 임금률이 8로 하락하자 b를 선택하였다. 이에 관한 설명으로 옳은 것은? (단, 여가는 정상재이다)

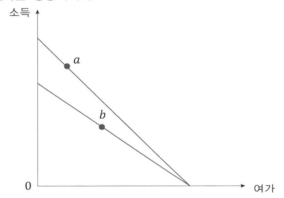

① 가격효과로 소득은 증가한다.
② 소득효과로 여가시간이 증가한다.
③ 가격효과로 노동시간은 증가한다.
④ 대체효과로 노동시간이 감소한다.
⑤ 효용수준 변화는 알 수 없다.

해설

① (×) ② (×) ③ (×) ④ (○) 임금률 하락에 따른 가격효과(= 소득효과 + 대체효과)를 정리하면 다음과 같다.

- 대체효과: 임금률↓ ⇒ 여가의 상대가격(기회비용)↓ ⇒ 여가소비↑ ⇒ 노동공급↓
- 소득효과: 임금률↓ ⇒ 실질소득↓ ⇒ 여가(정상재) 소비↓ ⇒ 노동공급↑

임금률이 10에서 8로 하락함에 따라 여가시간이 증가($a → b$)하고 있으므로, 임금률 하락에 따른 대체효과(여가소비↑)가 소득효과(여가소비↓)보다 큼을 알 수 있다. 즉, 가격효과에 따라 여가시간은 증가하고, 노동시간은 감소한다.
⑤ (×) 균형수준이 a에서 b로 이동함에 따라 무차별곡선이 안쪽으로 이동하게 되므로, 효용수준은 이전보다 감소한다.

정답 ④

123 □□□ ○ △ ×

A국의 매 기간 동안 실직률(취업자 중 실직하는 사람의 비율)은 2%, 구직률(실직자 중 취업하는 사람의 비율)은 8%일 때 균제상태(steady state)의 실업률은?

① 10%　　② 12%　　③ 16%
④ 20%　　⑤ 25%

해설

④ (○) 균제상태에서의 (자연)실업률은 다음과 같다.

$$실업률 = \frac{실직률}{구직률 + 실직률} = \frac{2\%}{8\% + 2\%} = \frac{2\%}{10\%} = \frac{1}{5} = 20\%$$

정답 ④

124 □□□ ○ △ ×

암묵적 계약이론(implicit contract theory)에 관한 설명으로 옳지 않은 것은?

① 실질임금이 단기에 노동수요 충격과 노동공급 충격에 민감하게 변화하지 않는 현상을 설명한다.
② 근로자와 사용자가 사전에 구체적인 업무를 명시하지 않고 불완전한 계약을 하는 이유를 설명한다.
③ 비대칭적 정보하에서 근로자가 상황변화에 따른 임금 조정보다 안정적 임금을 선호하는 이유를 설명한다.
④ 암묵적 계약은 자율적 강제성보다는 법적 강제성이 전제되어야 성립한다.
⑤ 암묵적 계약은 자유의사에 의한 고용원칙(the doctrine of employment−at−will)하에서 더 효과적으로 집행될 수 있다.

해설

① (○) ② (○) ③ (○) 실질임금의 하방경직성을 설명하는 암묵적 계약이론에 의하면, 비대칭적 정보하에서 위험기피자인 근로자는 해고당하기보다는 낮아진 임금을 받더라도 고용되기를 희망하는데, 이는 근로자가 기존의 업무가 아닌 전혀 다른 업무를 할당받은 경우에도 마찬가지이므로, 사용자는 사전에 구체적인 업무를 명시하지 아니하고 불완전한 계약을 체결할 수 있게 된다.
④ (×) ⑤ (○) 암묵적 계약은 자유의사에 의한 고용원칙하에서 자율적 강제성이 전제될 때 성립한다.

정답 ④

125 ☐☐☐   ○ △ ✕

일자리 탐색모형(job search model)에 관한 설명으로 옳은
것은?

① 일자리 특성이 아니라, 근로자의 특성에 따라 취업할
   확률에 미치는 영향을 설명한다.
② 일자리 탐색모형은 채용기준에 적합한 근로자를 찾는
   과정을 설명한다.
③ 유보임금(reservation wage)은 근로를 위해 받아들일
   수 있는 최저임금이다.
④ 유보임금이 증가하면 예상실업기간은 감소한다.
⑤ 근로자는 탐색과정에서 희망하는 최고의 임금을 받게
   된다.

해설

① (✕) ② (✕) 일자리 탐색모형은 구직자와 구인자가 많음에도 불
   구하고, 직접적인 접촉은 하지 아니한 채 서로 탐색만 하는 과정에
   서 발생하는 경제적 비용 수준을 설명한다.
③ (○) ④ (✕) ⑤ (✕) 유보임금(눈높이임금)은 근로자가 받고자
   하는 최소한의 주관적 요구임금 수준으로, 유보임금이 높을수록
   이를 지불할 수 있는 구인자를 찾기 위한 기간이 길어지므로, 그만
   큼 예상실업기간 또한 증가한다.

정답 ③

101 ☐☐☐   ○ △ ×

(   )에 들어갈 내용으로 옳은 것은? (단, 두 재화의 수요곡선은 우하향하고, 공급곡선은 우상향한다)

> X재의 가격이 상승할 때 X재와 대체관계에 있는 Y재의 (ㄱ)곡선은 (ㄴ)으로 이동하고, 그 결과 Y재의 균형가격은 (ㄷ)한다.

① ㄱ: 수요, ㄴ: 우측, ㄷ: 상승
② ㄱ: 수요, ㄴ: 좌측, ㄷ: 상승
③ ㄱ: 수요, ㄴ: 좌측, ㄷ: 하락
④ ㄱ: 공급, ㄴ: 우측, ㄷ: 상승
⑤ ㄱ: 공급, ㄴ: 좌측, ㄷ: 하락

해설

① (○) X재와 Y재가 서로 대체재인 경우, X재의 가격상승에 따른 변화는 다음과 같다.

> X재의 가격상승 → Y재의 수요증가 → Y재의 수요곡선 우측이동 → Y재의 가격상승

정답 ①

102 ☐☐☐   ○ △ ×

다음 생산함수에서 규모에 대한 수확이 체증, 불변, 체감의 순으로 짝지은 것으로 옳은 것은? (단, q는 생산량, L은 노동, K는 자본이다)

> ㄱ. $q = 2L + 3K$　　　　　ㄴ. $q = (2L + K)^{1/2}$
> ㄷ. $q = 2L \cdot K$　　　　　　ㄹ. $q = L^{1/3} K^{2/3}$
> ㅁ. $q = 3L^{1/2} + 3K$

① ㄱ - ㄴ - ㄷ　　② ㄴ - ㄹ - ㅁ　　③ ㄷ - ㄱ - ㄴ
④ ㄷ - ㄴ - ㅁ　　⑤ ㅁ - ㄹ - ㄱ

해설

주어진 생산함수로 규모에 대한 수확 여부를 정리하면 다음과 같다.

ㄱ $q = 2L + 3K \Rightarrow 2tL + 3tK = t(2L + 3K) = \underline{tq}$
∴ 규모에 대한 수확불변

ㄴ $q = (2L + K)^{1/2} \Rightarrow (2tL + tK)^{1/2} = t^{1/2}(2L + K)^{1/2} = \underline{t^{1/2}q < tq}$
∴ 규모에 대한 수확체감

ㄷ $q = 2L \cdot K \Rightarrow 2tL \cdot tK = t^2 2L \cdot K = \underline{t^2 q > tq}$
∴ 규모에 대한 수확체증

ㄹ $q = L^{1/3} K^{2/3} \Rightarrow (tL)^{1/3}(tK)^{2/3} = tL^{1/3}K^{2/3} = tq$
∴ 규모에 대한 수확불변

ㅁ $q = 3L^{1/2} + 3K$
$\Rightarrow 3(tL)^{1/2} + 3tK = t\left[\left(\dfrac{3L^{1/2}}{t^{1/2}}\right) + 3K\right] < t(3L^{1/2} + 3K) = tq$
∴ 규모에 대한 수확체감

정답 ③

103 ☐☐☐   ○ △ ×

독점기업의 가격전략에 관한 설명으로 옳은 것은?
① 소비자잉여를 유지하며 생산자의 이윤을 극대화한다.
② 독점가격은 한계비용과 같다.
③ 가격차별을 하는 경우, 단일가격을 설정하는 것에 비해 사회적 후생은 증가한다.
④ 가격차별을 하는 경우, 수요의 가격탄력성이 더 높은 소비자들에게 더 높은 가격을 부과한다.
⑤ 이부가격제는 소비자들의 수요행태가 다양할 때 가장 효과적이다.

해설

① (×) 완전가격차별의 경우, <u>기존의 소비자잉여는 생산자이윤으로 전용</u>된다.
② (×) 독점기업의 이윤극대화 수준에서는 <u>독점가격 > 한계수입 = 한계비용</u>이 성립한다.
③ (○) $MR = MC$에 따라 단일가격으로 판매하는 경우와 달리 완전가격차별의 경우, <u>$P = MC$가 성립</u>하므로 자원의 효율적 배분이 가능하다.
④ (×) 제2급 가격차별을 하는 경우, 수요의 가격탄력성이 더 높은(낮은) 소비자에게 더 낮은(높은) 가격을 부과한다.
⑤ (×) 독점기업의 이부가격제는 소비자들의 수요행태가 동일할 때 가장 효과적이다.
참고로, 소비자들의 수요행태가 <u>다양할 때 가장 효과적인 독점기업의 가격전략은 가격차별</u>이다.

정답 ③

104 ☐☐☐   ○ △ ×

경쟁시장에서 A기업의 단기 총비용함수는 $C(q) = 50 + 10q + 2q^2$이고, 한계비용함수는 $MC(q) = 10 + 4q$이다. 시장가격이 $P = 30$일 때 A기업의 생산량(q)과 생산자잉여(PS)는?

① $q = 4$, $PS = 0$　　② $q = 4$, $PS = 5$　　③ $q = 5$, $PS = 0$
④ $q = 5$, $PS = 50$　　⑤ $q = 15$, $PS = 50$

해설

④ (O) A기업은 완전경쟁기업이라 할 것이므로, 시장가격(P)이 곧 한계수입(MR)이다. 따라서 이윤극대화 조건인 $MR = MC$에 따라 $q = 5$가 도출되고, 주어진 조건을 그림으로 나타내면 다음과 같다.

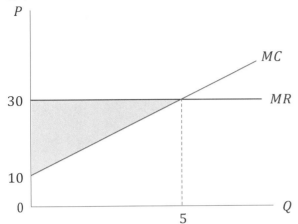

위 그림에서 생산자잉여(PS)는 색칠된 부분이고, 그 넓이는 50(= $20 \times 5 \times 1/2$)이다.

정답 ④

105 ☐☐☐   ○ △ ✕

동일한 상품을 경쟁적으로 판매하고 있는 두 기업 A와 B는 이윤을 극대화하기 위해 광고전략을 고려하고 있다. 다음은 두 기업이 전략을 동시에 선택할 경우 얻게 되는 보수행렬이다. 이에 관한 설명으로 옳은 것은? (단, A와 B는 전략을 동시에 선택하고, 합리적으로 행동하며, 본 게임은 1회만 행해진다. 괄호 안의 왼쪽 값은 A의 보수, 오른쪽 값은 B의 보수를 나타낸다)

구분		B	
		광고함	광고 안 함
A	광고함	(6, 4)	(8, 3)
	광고 안 함	(3, 8)	(10, 4)

① 내쉬균형의 보수조합은 (6, 4)이다.
② A의 우월전략은 광고함을 선택하는 것이다.
③ B의 우월전략은 광고 안 함을 선택하는 것이다.
④ A와 B가 각각 우월전략을 선택할 때 내쉬균형에 도달한다.
⑤ 내쉬균형은 파레토 효율적(Pareto efficient)이다.

해설

① (O) 각 기업에 대하여 설명하면 다음과 같다.

• B기업이 광고함을 선택하는 경우, A기업의 보수는 광고 안 함(3)보다 광고함(6)이 더 크고, B기업이 광고 안 함을 선택하는 경우, A기업의 보수는 광고함(8)보다 광고 안 함(10)이 더 크다. 따라서 A기업의 우월전략은 없다.

• A기업이 광고함을 선택하는 경우, B기업의 보수는 광고 안 함(3)보다 광고함(4)이 더 크고, A기업이 광고 안 함을 선택하는 경우에도, B기업의 보수는 광고 안 함(4)보다 광고함(8)이 더 크다. 따라서 B기업의 우월전략은 광고함이다.

B기업이 자신의 우월전략인 광고함을 선택하고, A기업이 광고함을 선택함으로써 대응할 때 내쉬균형이 성립하고, 두 기업의 보수는 (A, B) = (6, 4)가 된다. 한편, A기업과 B기업 모두 광고 안 함을 선택하면, B기업 보수의 감소 없이도 A기업 보수를 증가시킬 수 있으므로, 내쉬균형은 파레토 효율적이라고 할 수 없다.

정답 ①

106 ☐☐☐   ○ △ ✕

정부는 물가급등에 따른 소비자부담을 줄여 주기 위해 X재에 부과하는 물품세를 단위당 100원만큼 인하하였다. 이에 관한 설명으로 옳은 것은? (단, X재의 수요곡선은 우하향하고 공급곡선은 우상향한다)

① 소비자의 부담은 100원만큼 줄어든다.
② 조세인하 혜택의 일정 부분은 생산자에게 귀착된다.
③ 조세인하로 인해 X재 가격은 하락하지만, 소비량은 영향을 받지 않는다.
④ 조세인하로 인해 후생손실이 늘어난다.
⑤ X재에 부과되는 물품세는 중립세여서 경제주체들에게 아무런 영향을 주지 않는다.

해설

② (O) 물품세를 단위당 100원만큼 인하하면, 생산자의 공급가격이 100원만큼 하락하게 되어 공급곡선이 하방으로 평행이동한다. 그 결과 X재의 거래량과 가격이 감소하나, 가격은 수요곡선이 우하향함에 따라 100원보다 작게 감소하는데, 이는 조세인하 혜택이 소비자와 생산자에게 나누어 귀착됨을 의미한다.

정답 ②

107 ☐☐☐   ○ △ ✕

생산과정에서 탄소를 배출하는 X재에 탄소세를 부과하려고 한다. 이에 관한 설명으로 옳은 것을 모두 고른 것은? (단, X재의 수요곡선은 우하향하고 공급곡선은 우상향한다)

> ㄱ. 탄소세는 외부불경제를 해결하기 위한 조세이다.
> ㄴ. 탄소세를 부과하면 X재의 가격이 오를 것이다.
> ㄷ. 탄소세를 부과하면 자원배분의 효율성이 높아진다.
> ㄹ. X재의 주요 사례로 태양광발전과 풍력발전을 들 수 있다.

① ㄱ, ㄴ   ② ㄴ, ㄹ   ③ ㄷ, ㄹ
④ ㄱ, ㄴ, ㄷ   ⑤ ㄴ, ㄷ, ㄹ

ㄱ (O) 생산과정에서 탄소를 배출하면 외부불경제가 발생하는데, 이를 해결하기 위하여 도입 가능한 수단이 탄소세 부과이다.

ㄴ (O) ㄷ (O) 탄소세를 부과하면 공급곡선이 상방으로 이동하게 되어 생산량은 감소하고 가격은 상승하는데, 이로써 탄소세 부과 전에 비하여 자원배분의 효율성이 높아진다.

ㄹ (X) 태양광발전과 풍력발전은 탄소를 배출하지 아니하는 대표적인 재생에너지발전이다.
참고로, 탄소를 배출하는 X재의 주요 사례는 화력발전이다.

④

108 □□□   ○ △ ×

소득분배지표에 관한 설명으로 옳지 않은 것은?

① 로렌츠곡선이 대각선에 접근할수록 지니계수는 커진다.

② 지니계수는 0과 1 사이의 값을 가지며, 그 값이 작을수록 분배상태가 더 평등한 것으로 본다.

③ 로렌츠곡선은 인구의 누적비율과 소득의 누적비율을 각각 축으로 하여 계층별 소득분포를 표시한 곡선을 말한다.

④ 십분위분배율이란 최하위 40% 소득계층의 소득점유율을 최상위 20% 소득계층의 소득점유율로 나눈 값을 말한다.

⑤ 십분위분배율은 0과 2 사이의 값을 가지며, 값이 클수록 더욱 평등한 분배상태를 의미한다.

① (X) 지니계수는 0과 1사이의 값을 가지는데, 로렌츠곡선이 대각선에 접근할수록 그 값이 작아짐으로 인하여 분배상태가 더 평등한 것으로 본다. 즉, 로렌츠곡선이 대각선과 겹치는 경우, 지니계수는 0, 십분위분배율은 2의 값을 가지게 되고, 이를 완전평등하다고 본다.

①

109 □□□   ○ △ ×

100명의 주민이 살고 있는 아파트에 주민들이 안전을 우려하여 공동으로 아파트 입구에 CCTV를 설치하고자 한다. 설치된 CCTV의 서비스에 관한 설명으로 옳은 것을 모두 고른 것은?

> ㄱ. CCTV 서비스는 주민들에게 공유자원이다.
> ㄴ. CCTV 서비스는 주민들에게 사적재이다.
> ㄷ. CCTV 서비스는 주민들에게 비배제성을 갖는다.
> ㄹ. CCTV 서비스는 주민들에게 공공재이다.

① ㄱ   ② ㄴ   ③ ㄱ, ㄴ

④ ㄴ, ㄷ   ⑤ ㄷ, ㄹ

경합성은 한 사람이 소비하면 다른 사람이 소비할 수 없는 재화의 속성이고, 배제성은 대가를 지불하지 아니한 사람의 소비를 배제할 수 있는 재화의 속성이다.

ㄱ (X) 공유자원은 경합성과 비배제성을 갖는다.

ㄴ (X) 사적재는 경합성과 배제성을 갖는다.

ㄷ (O) ㄹ (O) CCTV 서비스는 비경합성과 비배제성을 가지고 있으므로, 공공재라 할 것이다.

[보충] 경합성과 배제성에 따른 재화의 분류

	경합성	비경합성
배제성	**사적재(민간재)** • 대부분의 재화 • 막히는 유료도로	**클럽재(요금재)** • 대중교통, 통신 등 • 안 막히는 유료도로
비배제성	**공유자원(공유재)** • 환경, 해양자원 등 • 막히는 무료도로	**공공재(집합재)** • 국방, 치안 등 • 안 막히는 무료도로

⑤

110 □□□   ○ △ ×

물가지수에 관한 설명으로 옳지 않은 것은?

① 우리나라의 소비자물가지수는 농촌지역의 물가동향을 파악하는 지표로는 적합하지 않다.

② 우리나라의 소비자물가지수는 소비자가 소비하는 모든 상품과 서비스를 대상으로 측정되기 때문에 정부 물가관리의 주요 대상지표가 된다.

③ GDP디플레이터는 국내에서 생산된 상품만을 조사대상으로 하기 때문에 수입상품의 가격동향을 반영하지 못한다.

④ GDP디플레이터는 명목국내총생산을 실질국내총생산으로 나눈 값으로 측정한다.

⑤ 우리나라의 생산자물가지수는 기업 간에 거래되는 일정 비율 이상의 비중을 갖는 원자재 및 자본재의 가격 변화를 반영한다.

② (X) 우리나라의 소비자물가지수는 소비자의 지출액 중 1/10,000 이상을 차지하는 상품과 서비스를 대상으로 측정하는데, 약 500여 개 정도이다.

②

111

A국과 B국이 자동차 1대와 옷 1벌을 생산하는 데 소요되는 노동의 양이 아래 표와 같다고 한다. 리카도의 비교우위에 관한 설명으로 옳지 않은 것은?

구분	A국	B국
자동차	10	6
옷	5	2

① A국은 자동차 생산에 비교우위가 있다.
② B국은 옷 생산에 비교우위가 있다.
③ B국의 자동차 생산의 기회비용은 옷 2벌이다.
④ B국은 옷 생산에 있어 A국에 비해 절대우위에 있다.
⑤ A국은 자동차 생산에 특화하고, B국은 옷 생산에 특화하여 교역을 하는 것이 상호 이익이다.

해설

③ (✕) 주어진 표를 전제로 B국은 자동차와 옷 생산 모두에서 절대우위에 있다. 다만, 기회비용으로 각국의 비교우위 재화를 구하면 다음과 같은데, 이때 비교우위 재화는 기회비용(상대가격)이 작은 재화이다.

> • 옷 수량으로 나타낸 자동차 1대 생산의 기회비용 = 자동차 노동투입량 / 옷 노동투입량
> [A국] 10/5 = 2벌   [B국] 6/2 = 3벌
> • 자동차 수량으로 나타낸 옷 1벌 생산의 기회비용 = 옷 노동투입량 / 자동차 노동투입량
> [A국] 5/10 = 1/2대   [B국] 2/6 = 1/3대

따라서 A국은 자동차 생산, B국은 옷 생산에 특화하면, 교역으로써 양국 모두 이득을 얻을 수 있다.

정답 ③

112

2020년의 명목GDP는 2,000조 원, 2021년의 명목GDP는 2,200조 원이고, 2020년을 기준으로 하는 GDP디플레이터는 2021년에 105였다. 2021년의 실질경제성장률은 약 얼마인가?

① 1.2%   ② 2.4%   ③ 4.8%
④ 9.6%   ⑤ 14.4%

해설

③ (○) 기준연도의 실질GDP는 명목GDP와 같으므로 2020년의 실질GDP는 2,000조 원이다. 이를 전제로 2021년의 실질경제성장률을 구하면 다음과 같다.

> • 2021년 실질GDP = $\dfrac{2021년\ 명목GDP}{GDP디플레이터} \times 100$
> = (2,200/105) × 100
> = 약 2,095조 원

> • 2021년 실질경제성장률
> = $\dfrac{2021년\ 실질GDP - 2020년\ 실질GDP}{2020년\ 실질GDP}$
> = (2,095 - 2,000) / 2,000
> = 95 / 2,000
> = 0.0475 = 약 4.8%

정답 ③

113

장기 총공급곡선을 오른쪽으로 이동시키는 요인이 아닌 것은?

① 이민자의 증가로 노동인구 증가
② 물적 및 인적 자본의 증대
③ 기술진보로 인한 생산성 증대
④ 새로운 광물자원의 발견
⑤ 자연실업률의 상승

해설

⑤ (✕) 장기 총공급곡선이 우측으로 이동한다 함은 자연산출량(잠재산출량)이 증가하였음을 의미하는데, 이와 같은 변화를 유발하는 요인으로는 인구증가, 자본증대, 기술진보, 자원발견, 자연실업률의 하락 등이 있다.

정답 ⑤

114

인플레이션비용과 관련이 없는 것은?

① 메뉴비용
② 누진소득세제하의 조세부담 증가
③ 상대가격 변화에 따른 자원배분 왜곡
④ 자산가치 평가기준의 안정화
⑤ 구두창비용

해설

④ (✕) 예상치 못한 인플레이션이 발생하면 실물자산의 가치는 상승하나 화폐-금융자산의 가치는 하락하므로, 자산가치 평가기준의 불안정화를 야기한다.

정답 ④

경제학원론

115 □□□   ○ △ ✕

통화량 증가의 요인이 아닌 것은?

① 본원통화량 증가
② 은행의 지급준비율 인하
③ 통화승수 증가
④ 은행의 초과지급준비금 감소
⑤ 중앙은행의 재할인율 인상

해설

⑤ (✕) 본원통화량 증가, 은행의 초과지급준비금 감소로 인한 지급
준비율 인하, 통화승수 증가 등은 통화량 증가요인인 반면, 중앙은
행의 공개시장 매각조작, 법정지급준비율 인상, 재할인율 인상 등
은 통화량 감소요인이다.

정답 ⑤

116 □□□   ○ △ ✕

국민소득계정에 관한 설명으로 옳지 않은 것은?

① 국민총생산은 국내총생산과 국외순수취요소소득의 합
계이다.
② 명목국내총생산은 생산량의 변화와 함께 가격변화에
도 영향을 받는다.
③ 국내총생산은 한 나라에서 일정 기간 동안 생산된 최
종 용도의 재화와 서비스의 시장가치 총합이다.
④ 국내총생산은 한 나라에서 일정 기간 창출되는 부가가
치의 총합이다.
⑤ 투자는 민간투자와 정부투자의 합계이며, 재고변동은
포함하지 않는다.

해설

⑤ (✕) 국민소득계정의 투자는 민간투자로, 재고변동의 크기를 의미
하는 재고투자도 포함한다.
참고로, 정부투자는 정부지출 항목에 포함한다.

정답 ⑤

117 □□□   ○ △ ✕

다음은 A국의 경제를 나타낸다. 완전고용의 GDP를 회복하기
위한 정부지출은? (단, Y는 GDP, C는 민간소비, I는 투자,
G는 정부지출, T는 조세, Y_f는 완전고용하에서 GDP이다)

○ $Y = C + I + G$	○ $C = 100 + 0.5(Y - T)$
○ $I = 300$	○ $G = 100$
○ $T = 100$	○ $Y_f = 1{,}200$

① 100   ② 150   ③ 300
④ 350   ⑤ 400

해설

② (○) 주어진 조건하에 균형국민소득을 구하면 다음과 같다.

$$
\begin{aligned}
Y = C + I + G &\Rightarrow Y = 100 + 0.5(Y - 100) + 300 + 100 \\
&\Rightarrow 0.5Y = 450 \\
&\Rightarrow Y = 900
\end{aligned}
$$

완전고용GDP(Y_f)가 1,200이므로, 이를 회복하기 위하여는 300만
큼의 국민소득 증가가 필요하다(GDP갭). 한편, 소비함수에서의 한
계소비성향(MPC)이 0.5이므로, 정부지출승수는 다음과 같다.

$$
정부지출승수 = \frac{1}{1 - MPC} = \frac{1}{1 - 0.5} = \frac{1}{0.5} = 2
$$

완전고용GDP를 회복하기 위한 정부지출은 디플레이션갭을 의미
하므로, 300만큼의 국민소득 증가를 위한 정부지출 증가는 다음과
같다.

$$
\begin{aligned}
&디플레이션갭 \times 정부지출승수 = GDP갭 \\
&\Rightarrow 디플레이션갭 = \frac{GDP갭}{정부지출승수} \\
&\Rightarrow 디플레이션갭 = 300/2 = \underline{150}
\end{aligned}
$$

정답 ②

118 □□□   ○ △ ✕

1년간 정기예금의 실질이자율이 5%, 인플레이션율이 3%
이고, 이자소득세율이 20%일 때 세후 명목이자율은?

① 1.6%   ② 4.8%   ③ 5.0%
④ 6.4%   ⑤ 8.0%

해설

④ (○) 세전 명목이자율과 세후 명목이자율은 다음과 같다.

- 세전 명목이자율 = 실질이자율 + 인플레이션율
  = 5% + 3% = 8%
- 세후 명목이자율 = 세전 명목이자율(1 - 이자소득세율)
  = 8%(1 - 0.2) = 6.4%

정답 ④

119

다음 표는 A국의 노동시장 현황을 나타내고 있다. 생산가능인구가 4,000명으로 일정할 때 2020년 대비 2021년의 노동시장 변화에 관한 설명으로 옳지 않은 것은?

구분	2020년	2021년
취업자 수	1,100명	1,000명
비경제활동인구	2,000명	2,100명

① 경제활동참가율 감소 ② 실업률 증가
③ 고용률 감소 ④ 실업자 수 변화 없음
⑤ 취업률 변화 없음

해설

⑤ (×) 주어진 조건을 표로 정리하면 취업률은 감소하였음을 알 수 있다.

구분	2020년	2021년
생산가능인구	4,000	4,000
비경제활동인구	2,000	2,100
경제활동인구	2,000	1,900
취업자 수(↓)	1,100	1,000
실업자 수(=)	900	900
경제활동참가율(↓)	2,000/4,000 =0.500=50.0%	1,900/4,000 =0.475=47.5%
고용률(↓)	1,100/4,000 =0.275=27.5%	1,000/4,000 =0.250=25.0%
실업률(↑)	900/2,000 =0.450=45.0%	900/1,900 ≒0.474=47.4%
취업률(↓)	1,100/2,000 =0.550=55.0%	1,000/1,900 ≒0.526=52.6%

여기서, 생산가능인구 = 비경제활동인구 + 경제활동인구
경제활동인구 = 취업자 수 + 실업자 수
경제활동참가율 = 경제활동인구 / 생산가능인구
고용률 = 취업자 수 / 생산가능인구
실업률 = 실업자 수 / 경제활동인구
취업률 = 취업자 수 / 경제활동인구 = 1 − 실업률

정답 ⑤

120

생산물시장과 노동시장이 완전경쟁일 때 A기업의 생산함수는 $Q=-4L^2+100L$이고 생산물가격은 50이다. 임금이 1,000에서 3,000으로 상승할 때 노동수요량의 변화는? (단, Q는 산출량, L은 노동시간이다)

① 변화 없음 ② 5 감소 ③ 5 증가
④ 10 감소 ⑤ 10 증가

해설

② (○) 생산물시장과 노동시장이 완전경쟁이므로 다음의 조건이 성립한다.

- $MP_L = \dfrac{dQ}{dL} = -8L+100$, $P=50$, $MFC=W$(임금)
- 이윤극대화: $MRP(=MR \times MP_L) = MFC$
  $\Rightarrow VMP(P \times MP_L) = W$ $(\because P=MR)$

위 조건에 따라 노동수요량을 도출하면 다음과 같다.

- $W=1,000$일 때 $VMP(P \times MP_L) = W$
  $\Rightarrow -400L+5,000 = 1,000$
  $\Rightarrow 400L = 4,000$
  $\Rightarrow L = 10$
- $W=3,000$일 때 $VMP(P \times MP_L) = W$
  $\Rightarrow -400L+5,000 = 3,000$
  $\Rightarrow 400L = 2,000$
  $\Rightarrow L = 5$

따라서 임금이 1,000에서 3,000으로 상승할 때 노동수요량은 5만큼 감소한다.

정답 ②

121

노동시장과 임금격차에 관한 설명으로 옳은 것은?

① 보상적 임금격차(compensating wage differential)이론에 따르면, 모든 근로자가 위험선호자이기 때문에 고위험 직종의 임금이 높게 형성된다.
② 동등보수(equal pay)의 원칙은 유사한 직종에 종사하는 노동자에게 동일한 임금을 지급함을 의미한다.
③ 유보임금률(reservation wage rate)은 동일 업무에 대해서 모든 노동자에게 동일하게 적용된다.
④ 이중노동시장이론에 따르면, 1차 노동시장과 2차 노동시장 간의 이동 여부는 정부규제가 가장 큰 역할을 한다.
⑤ 숙련노동과 미숙련노동의 임금격차는 한계생산물 가치의 차이에 영향을 받는다.

해설

① (×) 보상적 임금격차이론에 따르면, 대부분의 근로자가 위험선호자이기 때문에 고위험 직종에 대하여는, 위험을 충분히 감수할 수 있을 정도로 높은 수준의 임금이 형성된다.
② (×) 상응가치(comparable worth)의 원칙에 대한 설명이다.
참고로, 동등가치(보수)의 원칙은 동일한 직종에 종사하는 노동자에게 동일한 임금을 지급함을 의미한다.
③ (×) 유보임금률은 근로자가 받고자 하는 최소한의 주관적 요구임금 수준이므로, 동일 업무일지라도 각각의 노동자마다 상이하게 적용된다.
④ (×) 각 노동시장에 대하여 설명하면 다음과 같다.
- 1차 노동시장: 임금수준이 상대적으로 높고, 노동조건과 승진기회도 양호하며, 무엇보다 고용안정성이 보장되는 시장으로, 주로 대기업 정규직으로 구성되어 있다.
- 2차 노동시장: 1차 노동시장과 반대로, 임금수준이 상대적으로 낮고, 노동조건과 승진기회가 열악하며, 고용안정성이 매우 불안한 시장이다.

이중노동시장이론에 따르면, 1차 노동시장과 2차 노동시장 간의 이동 여부는 1차 노동시장을 지배하는 대기업이 가장 큰 역할을 한다.

⑤ (O) 임금격차는 노동자 간의 생산성 차이에 기인하는데, 그 기준은 한계생산물 가치이다.

정답 ⑤

122 □□□ ○△×

노동시장에서 노동에 대한 수요의 임금탄력성을 작게 하는 요인을 모두 고른 것은?

> ㄱ. 노동과 다른 생산요소 간의 대체탄력성이 커진다.
> ㄴ. 총비용에서 차지하는 노동비용 비중이 커진다.
> ㄷ. 노동투입으로 생산되는 상품에 대한 신규 특허적용에 따라 상품수요의 가격탄력성이 작아진다.

① ㄱ   ② ㄴ   ③ ㄷ
④ ㄱ, ㄷ   ⑤ ㄴ, ㄷ

해설

ㄱ (×) ㄴ (×) 측정기간, 생산비용 비중, 생산요소 간의 대체탄력성, 상품수요의 가격탄력성, 생산요소 공급의 가격탄력성 등이 커질수록 노동에 대한 수요의 임금탄력성도 커진다.

ㄷ (O) 위 경우, 상품의 가격이 상승하더라도 기업의 수입은 증가하므로, 기업은 해당 상품을 생산하기 위하여 필요한 노동에 대한 임금상승을 감수하고서라도, 그 수요량을 유지한다. 따라서 노동에 대한 수요의 임금탄력성은 작아진다 할 것이다.

정답 ③

123 □□□ ○△×

노동시장에서 경제적 지대(economic rent)와 전용수입 (transfer earnings)에 관한 설명으로 옳은 것은?

① 공급이 고정되어 있는 노동에 대한 사용의 대가로 지불하는 금액은 전용수입에 해당한다.

② 노동공급곡선이 수평이면 지급한 보수 전액이 경제적 지대이다.

③ 노동을 현재의 고용상태로 유지하기 위해 지급해야 하는 최소한의 보수는 전용수입에 해당한다.

④ 경제적 지대의 비중이 높은 노동은 다른 요소로 대체하기가 더욱 수월하다.

⑤ 경제적 지대의 비중이 높은 노동의 경우, 임금률이 상승할 때 노동공급량이 쉽게 증가한다.

해설

① (×) 전용수입이 아닌 경제적 지대에 해당한다.
② (×) 경제적 지대가 아닌 전용수입이다.

③ (O) 현재 고정되어 있는 노동의 전용(다른 용도로의 사용)을 막기 위하여 필요한 최소한의 보수를 전용수입(이전수입)이라고 하는데, 전체 보수 중에서 전용수입을 차감한 부분을 경제적 지대라고 한다. 즉, 경제적 지대는 다른 요소로 대체하기 어려운 노동일수록 커진다.

④ (×) 다른 요소로 대체하기가 더욱 까다롭다.
⑤ (×) 임금률이 상승할 때 노동공급량이 쉽게 증가하기 어렵다.

정답 ③

124 □□□ ○△×

실업에 관한 설명으로 옳은 것은?

① 구직단념자의 증가는 비경제활동인구의 감소를 초래하여 실업률을 상승시킨다.

② 비자발적 실업이 존재한다는 것은 노동시장에서 실제 임금수준이 균형임금보다 낮다는 것을 의미한다.

③ COVID-19 팬데믹 문제로 산업활동이 둔화하여 발생하는 실업은 마찰적 실업에 해당한다.

④ 전기차 등 친환경차 생산 증대로 기존 내연기관 자동차 생산에 종사하는 노동자가 일자리를 잃는 경우, 구조적 실업에 해당한다.

⑤ 해외유아의 국내유입이 증가하는 경우, 실업률이 하락한다.

해설

① (×) 구직단념자의 증가는 경제활동인구의 감소를 초래하여 실업률을 하락시킨다.

② (×) 비자발적 실업이 존재한다 함은 임금의 하방경직성이 존재하는 노동시장에서 실제 임금수준이 균형임금보다 높음을 의미한다.

③ (×) 마찰적 실업이 아닌 경기적 실업에 해당한다.

④ (O) 구조적 실업은 산업구조나 기술의 변화 등으로 발생하는 실업이다.

⑤ (×) 해외유아의 국내유입 증가는 경제활동인구를 증가시키지 못하므로, 실업률은 불변이다.

정답 ④

효율임금이론에 관한 설명으로 옳은 것은?

① 효율임금이 노동시장의 균형임금과 동일하여 비자발적 실업이 발생하지 않는다.
② 동일한 업무를 수행하지만 서로 다른 기업의 노동자 임금수준이 지속적으로 다른 경우는 효율임금이론으로 설명된다.
③ 효율임금이론은 노동자의 이동이 단기적으로 활발하여 균형임금이 효율적으로 결정되는 경우를 가정한다.
④ 효율임금을 지급하는 경우, 소득효과로 인하여 노동의 태만이 증가한다.
⑤ 효율임금을 지급하는 경우, 생산성이 낮은 노동자만 남는 역선택 문제가 야기된다.

해설

① (✕) 효율임금은 동일한 업무를 수행하더라도 생산성이 높은 노동자에게 지급하는 균형임금보다 높은 수준의 임금으로, 비자발적 실업이 발생하는 원인을 제공한다.
② (O) 동일 업종의 기업 간 노동자의 임금수준이 서로 다를 수 있음을 설명한다.
③ (✕) 효율임금은 균형임금보다 높은 수준에서 결정되므로, 노동자의 단기이동을 차단하는 기능을 수행한다.
④ (✕) 지속적으로 높은 임금을 받기 위하여 노력하게 되므로, 노동의 태만은 오히려 감소한다.
⑤ (✕) 생산성이 높은 노동자만 남게 되어 역선택 문제를 해결할 수 있다.

　[보충] **효율(성)임금이론**
　• 영양이론: 높은 임금은 근로자의 영양상태를 개선하여 생산성을 향상시킨다.
　• 이직(방지)이론: 높은 임금은 이직률을 낮추어 자연스럽게 생산성을 향상시킨다.
　• 역선택(방지)이론: 높은 임금은 유능한 근로자의 흡수를 촉진하여 생산성을 향상시킨다.
　• 도덕적 해이(방지)이론: 높은 임금은 근무태만을 방지하여 생산성을 향상시킨다.

정답 ②

101 ☐☐☐   ○△✕

수요의 가격탄력성에 관한 설명으로 옳지 않은 것은? (단, Q는 수량, P는 가격이다)

① 상품가격이 변화할 때 상품수요가 얼마나 변하는가를 측정하는 척도이다.

② 수요곡선이 수직선이면 언제나 일정하다.

③ 수요곡선이 $Q=5/P$인 경우, 수요의 가격탄력성(절댓값)은 소요곡선상 모든 점에서 항상 1이다.

④ 정상재인 경우, 수요의 가격탄력성이 1보다 클 때 가격이 하락하면 기업의 총수입은 증가한다.

⑤ 사치재에 비하여 생활필수품은 수요의 가격탄력성이 작다.

해설

① (✕) 수요의 가격탄력성은 상품가격이 변화할 때 상품수요량이 얼마나 변하는가를 측정하는 척도이다.

② (○) 수요곡선이 수직선이면, 곡선상의 모든 점에서 수요의 가격탄력성은 0으로 일정하다.

③ (○) 수요곡선이 $Q=AP^{-1}$의 형태인 경우, 수요의 가격탄력성(절댓값)은 수요곡선상 모든 점에서 항상 1이다.

④ (○) 정상재인 경우, 수요의 가격탄력성이 1보다 클 때 가격이 하락하면, 가격 하락비율보다 수요량 증가비율이 더 크게 나타나므로, 총수입은 증가한다.

⑤ (○) 사치재에 비하여 상대적으로 선택의 폭이 좁은 생활필수품은 수요의 가격탄력성이 작다.

정답 ①

102 ☐☐☐   ○△✕

기펜재(Giffen goods)에 관한 설명으로 옳지 않은 것은?

① 가격이 하락하면 재화의 소비량은 감소한다.

② 소득효과가 대체효과보다 큰 재화이다.

③ 가격상승 시 소득효과는 재화의 소비량을 감소시킨다.

④ 기펜재는 모두 열등재이지만, 열등재가 모두 기펜재는 아니다.

⑤ 가격하락 시 대체효과는 재화의 소비량을 증가시킨다.

해설

③ (✕) 영국의 경제학자 기펜이 아일랜드인의 감자소비에 관한 통계를 분석하는 과정에서 발견한 기펜재는, 가격상승(하락) 시 소비량이 감소(증가)하는 대체효과보다 소비량이 증가(감소)하는 소득효과가 더 크게 작용하여 가격과 소비량이 동일한 방향으로 이동하는 재화로, 수요법칙의 예외에 해당한다.

참고로, 기펜재는 열등재 중에서 대체효과보다 소득효과가 더 크게 작용하는 특수 열등재이므로, 그 역은 성립하지 아니한다.

정답 ③

103 ☐☐☐   ○△✕

시장실패에 관한 설명으로 옳은 것은?

① 순수공공재는 배제성은 없으나, 경합성은 있다.

② 상호 이익이 되는 거래를 방해할 경우, 시장실패가 발생한다.

③ 시장실패의 존재는 정부개입의 필요조건이자 충분조건이다.

④ 완전경쟁시장은 자원배분의 효율성은 물론, 분배의 공평성도 보장해 주는 시장이다.

⑤ 긍정적 외부경제는 시장실패를 유발하지 않는다.

해설

① (✕) (순수)공공재는 비경합성과 비배제성을 갖는다.

② (○) 시장실패는 상호 이익이 되는 거래를 방해함으로써 경제적 순손실을 야기한다.

③ (✕) 시장실패의 존재는 정부개입의 충분조건이지 필요조건은 아니다. 즉, 정부개입으로 시장실패가 발생한다고 할 수 없음이다.

④ (✕) 완전경쟁시장은 자원배분의 효율성을 보장할 뿐이다. 오히려 지나친 효율성 강조는 공평성을 훼손하는 결과를 초래할 수 있다.

⑤ (✕) 긍정적 외부경제는 최적생산량에 비하여 과소생산되는 시장실패를 유발한다.

[보충] 경합성과 배제성에 따른 재화의 분류

	경합성	비경합성
배제성	**사적재(민간재)** • 대부분의 재화 • 막히는 유료도로	**클럽재(요금재)** • 대중교통, 통신 등 • 안 막히는 유료도로
비배제성	**공유자원(공유재)** • 환경, 해양자원 등 • 막히는 무료도로	**공공재(집합재)** • 국방, 치안 등 • 안 막히는 무료도로

정답 ②

104

ㅇ △ ✕

지니계수에 관한 설명으로 옳은 것을 모두 고른 것은?

> ㄱ. 대표적인 소득분배 측정방법 중 하나이다.
> ㄴ. 45도 대각선 아래의 삼각형 면적을 45도 대각선과 로렌츠 곡선 사이에 만들어진 초승달 모양의 면적으로 나눈 비율이다.
> ㄷ. −1과 1사이의 값을 갖는다.
> ㄹ. 계수의 값이 클수록 평등한 분배상태를 나타낸다.

① ㄱ
② ㄱ, ㄴ
③ ㄴ, ㄷ
④ ㄱ, ㄷ, ㄹ
⑤ ㄴ, ㄷ, ㄹ

해설

ㄱ (O) 10분위분배율이나 5분위분배율 등과 함께 대표적인 소득분배 측정방법 중 하나이다.

ㄴ (✕) 45도 대각선과 로렌츠곡선 사이에 만들어지는 초승달 모양의 면적을 45도 대각선 아래의 삼각형 면적으로 나눈 비율이다.

ㄷ (✕) 0과 1 사이의 값을 갖는다.

ㄹ (✕) 계수의 값이 작을수록 평등한 분배상태를 나타낸다.

정답 ①

105

ㅇ △ ✕

독점기업의 시장수요와 공급에 관한 설명으로 옳지 않은 것은? (단, 시장수요곡선은 우하향한다)

① 독점기업은 시장의 유일한 공급자이기 때문에 수요곡선은 우하향한다.

② 독점기업의 공급곡선은 존재하지 않는다.

③ 독점기업의 한계수입은 가격보다 항상 높다.

④ 한계수입과 한계비용이 일치하는 점에서 독점기업의 이윤이 극대화된다.

⑤ 독점기업의 한계수입곡선은 항상 수요곡선의 아래쪽에 위치한다.

해설

① (O) 독점기업은 시장의 유일한 공급자이므로, 우하향하는 시장수요곡선이 곧 독점기업이 직면하는 수요곡선이다.

③ (✕) ⑤ (O) 독점기업의 수요곡선은 우하향하므로, 한계수입곡선은 항상 수요곡선의 아래쪽에 위치하게 되고, 이에 따라 동일한 수량 수준에서 한계수입은 가격보다 항상 낮다.

② (O) ④ (O) 독점기업은 시장에서 주어진 가격을 전제로 생산량을 결정하지 아니하고, 한계수입 = 한계비용이 충족되는 수준에서 생산량을 결정한다. 즉, 별도의 공급곡선이 존재하지 아니한다.

정답 ③

106

ㅇ △ ✕

완전경쟁시장에서 A기업의 단기 총비용함수가 $TC(Q) = 4Q^2 + 2Q + 10$이다. 재화의 시장가격이 42일 경우, 극대화된 단기이윤은? (단, Q는 생산량, $Q > 0$이다)

① 10
② 42
③ 52
④ 84
⑤ 90

해설

⑤ (O) 완전경쟁기업의 한계수입(MR)은 재화의 시장가격(P)인 42와 같고, 주어진 총비용함수를 전제로 한계비용(MC)를 도출하면 다음과 같다.

$$MC = \frac{dTC}{dQ} = 8Q + 2$$

이윤극대화 조건($MR = MC$)에 따라 $Q = 5$이므로, A기업의 단기 이윤은 다음과 같다.

이윤 = 총수입($TR = P \times Q$) − 총비용(TC) = 210 − 120 = 90

정답 ⑤

107

ㅇ △ ✕

상품 A의 수요함수가 $Q = 4P^{-2}Y^{0.4}$일 때 이에 관한 설명으로 옳은 것은? (단, Q는 수요량, P는 가격, Y는 소득이다)

① 가격이 상승하면 총수입은 증가한다.

② 소득이 2% 감소하면 수요량은 0.4% 감소한다.

③ 소득탄력성의 부호는 음(−)이다.

④ 가격이 상승함에 따라 수요의 가격탄력성도 증가한다.

⑤ 수요의 가격탄력성(절댓값)은 2이다.

해설

주어진 수요함수로 수요의 가격탄력성(E_P)과 소득탄력성(E_Y)을 도출하면 다음과 같다.

$$\bullet \ E_P = -\frac{dQ}{dP} \times \frac{P}{Q} = -(-2) \times 4P^{-3}Y^{0.4} \times \frac{P}{Q}$$
$$= 2 \times \frac{4P^{-2}Y^{0.4}}{Q} = 2 \times \frac{Q}{Q} = 2$$

$$\bullet \ E_Y = -\frac{dQ}{dY} \times \frac{Y}{Q} = 0.4 \times 4P^{-2}Y^{-0.6} \times \frac{Y}{Q}$$
$$= 0.4 \times \frac{4P^{-2}Y^{0.4}}{Q} = 0.4 \times \frac{Q}{Q} = 0.4$$

참고로, 수요함수가 $Q = AP^{-\alpha}Y^{\beta}$($A$, α, β는 상수)의 형태인 경우, 수요의 가격탄력성은 항상 α, 소득탄력성은 항상 β이다.

① (✕) 수요의 가격탄력성이 탄력적이므로, 가격이 상승하면 총수입은 감소한다.

② (✕) 수요의 가격탄력성이 0.40이므로, 소득이 2% 감소하면 수요량은 0.8% 감소한다.

③ (✕) 소득탄력성의 부호는 양(+)이다.

④ (×) ⑤ (○) 가격변화와 관계없이 수요의 가격탄력성(절댓값)은 항상 2이다.

정답 ⑤

108 ☐☐☐ ○ △ ×

완전경쟁시장에서 이윤극대화를 추구하는 개별기업에 관한 설명으로 옳은 것은? (단, 개별기업의 평균비용곡선은 U-자 형태로 동일하며, 생산요소시장도 완전경쟁이다)
① 한계수입곡선은 우하향하는 형태이다.
② 이윤은 단기에도 항상 영(0)이다.
③ 수요의 가격탄력성은 영(0)이다.
④ 단기에는 평균가변비용곡선의 최저점이 조업중단점이 된다.
⑤ 이윤극대화 생산량에서 평균수입은 한계비용보다 크다.

해설
① (×) 완전경쟁기업은 일물일가의 법칙에 의하여 시장가격 수준에서 수평한 수요곡선에 직면하게 되는데, 이 수요곡선이 곧 완전경쟁기업의 한계수입곡선이다.
② (×) 완전경쟁기업도 단기에는 양(+)의 초과이윤을 얻을 수 있다. 다만, 시장에 대한 진퇴가 자유로운 장기에는 양(+)의 초과이윤은 사라지고, 정상이윤만을 얻게 된다.
③ (×) 완전경쟁기업이 직면하는 수요곡선은 수평선이므로, 수요의 가격탄력성은 무한대(∞)이다.
④ (○) 단기에 완전경쟁기업의 평균가변비용곡선의 최저점은 조업중단점이고, 평균비용곡선의 최저점은 손익분기점이다.
⑤ (×) 완전경쟁기업의 이윤극대화 수준에서는 $P = AR = MR = MC$가 성립한다.

정답 ④

109 ☐☐☐ ○ △ ×

효용극대화를 추구하는 소비자 A의 효용함수가 $U = 4X^{1/2}Y^{1/2}$일 때 이에 관한 설명으로 옳지 않은 것은? (단, A는 소득을 X재와 Y재의 소비에 지출한다. P_X와 P_Y는 각각 X재와 Y재의 가격, MU_X와 MU_Y는 각각 X재와 Y재의 한계효용이다)
① X재와 Y재는 모두 정상재이다.
② $P_X = 2P_Y$일 때 최적 소비조합점에서 $MU_X = 0.5MU_Y$를 충족한다.
③ $P_X = 2P_Y$일 때 최적 소비조합점은 $Y = 2X$의 관계식을 충족한다.
④ 한계대체율은 체감한다.
⑤ Y재 가격이 상승하여도 X재 소비는 불변이다.

해설
효용함수가 콥-더글라스 효용함수($U = AX^\alpha Y^\beta$)의 형태인 경우, 효용극대화 수준에서 각 재화의 수요량은 다음과 같다.

- $X = \dfrac{\alpha I}{(\alpha + \beta)P_X} = \dfrac{0.5 \times I}{1 \times P_X} = \dfrac{1}{2} \times \dfrac{I}{P_X}$
- $Y = \dfrac{\beta I}{(\alpha + \beta)P_Y} = \dfrac{0.5 \times I}{1 \times P_Y} = \dfrac{1}{2} \times \dfrac{I}{P_Y}$

여기서, I는 소득이다.

① (○) 소득이 증가함에 따라 X와 Y가 모두 증가하므로, X재와 Y재는 모두 정상재이다.
② (×) 소비자균형은 다음의 조건을 충족할 때 달성된다.

$$MRS_{X,Y}\left(= \frac{MU_X}{MU_Y}\right) = \frac{P_X}{P_Y}$$

$P_X = 2P_Y$일 때 $P_X/P_Y = 2$이므로, $MRS_{X,Y} = 2$가 성립하여야 하는데, 이는 곧 최적 소비조합점에서 $MU_X = 2MU_Y$가 충족됨을 의미한다.
③ (○) $P_X = 2P_Y$일 때 다음이 성립한다.

$$X = \frac{1}{2} \times \frac{I}{2P_Y} = \frac{1}{4} \times \frac{I}{P_Y} = \frac{1}{2} \times Y \left(\because Y = \frac{1}{2} \times \frac{I}{P_Y}\right)$$

따라서 최적 소비조합점은 $X = Y/2 \Leftrightarrow Y = 2X$의 관계식을 충족한다.
④ (○) 주어진 효용함수는 원점에 대하여 볼록한 모습을 보이고 있으므로, 한계대체율은 체감한다.
⑤ (○) 각 재화의 가격은 다른 재화의 가격에 영향을 주지 아니하므로, Y재 가격이 상승하더라도 X재 소비는 불변이다.

정답 ②

110 ☐☐☐ ○ △ ×

오염물질을 발생시키는 상품 A의 시장수요곡선은 $Q = 20 - P$이고, 사적 한계비용곡선과 사회적 한계비용곡선이 각각 $PMC = 6 + Q$, $SMC = 10 + Q$이다. 사회적 최적생산량을 달성하기 위하여 부과해야 하는 생산단위당 세금은? (단, Q는 생산량, P는 가격이고 완전경쟁시장을 가정한다)
① 1.5   ② 2   ③ 3
④ 4   ⑤ 5

해설
④ (○) 오염물질 발생으로 인한 외부불경제가 존재하는 경우, 사회적 최적생산량을 달성하기 위하여 부과하여야 하는 생산단위당 세금은, 사회적 최적생산량 수준에서 SMC와 PMC의 차이이다. 먼저 사회적 최적생산량을 구하면 다음과 같다.

$$P = SMC \Rightarrow 20 - Q = 10 + Q \Rightarrow 2Q = 10 \Rightarrow Q = 5$$

따라서 사회적 최적생산량 수준에서 SMC와 PMC의 차이는 4[= (10 + 5) − (6 + 5)]이다.

정답 ④

111 □□□ ○ △ ×

솔로우(R. Solow) 경제성장모형에서 1인당 생산함수는 $y = f(k) = 4k^{1/2}$이고, 저축률은 5%, 감가상각률은 2% 그리고 인구증가율은 2%이다. 균제상태(steady state)에서 1인당 자본량은? (단, y는 1인당 산출량, k는 1인당 자본량이다)

① 21　　　　　② 22　　　　　③ 23
④ 24　　　　　⑤ 25

해설

⑤ (○) 솔로우모형에서의 균제상태 균형식은 다음과 같다.

$$sy = (d+n)k$$

여기서, s: 저축률, y: 1인당 산출량, d: 감가상각률
n: 인구증가율, k: 1인당 자본량

위 식으로 균제상태에서의 1인당 자본량을 구하면 다음과 같다.

$$sy = (d+n)k \Rightarrow 0.05 \times 4\sqrt{k} = (0.02+0.02)k$$
$$\Rightarrow 5\sqrt{k} = k$$
$$\Rightarrow 25k = k^2$$
$$\Rightarrow k = 25$$

정답 ⑤

---

112 □□□ ○ △ ×

균형국민소득은 $Y = C(Y-T) + G$이다. 정부가 민간분야에 대해 5,000억 원의 조세삭감과 5,000억 원의 지출증가를 별도로 실시할 경우, 조세삭감과 정부지출로 인한 균형국민소득의 변화(절댓값)를 옳게 설명한 것은? [단, Y: 균형국민소득, $C(Y-T)$: 소비함수, T: 조세, G: 정부지출, 0 < 한계소비성향(MPC) < 1이다]

① 조세삭감 효과가 정부지출 효과보다 크다.
② 조세삭감 효과와 정부지출 효과는 동일하다.
③ 조세삭감 효과가 정부지출 효과보다 작다.
④ 조세승수는 $-1/(1-MPC)$이다.
⑤ 정부지출승수는 $MPC/(1-MPC)$이다.

해설

③ (○) 조세가 정액세인 경우에 조세승수, 감세승수 및 정부지출승수는 다음과 같다.

- 조세승수 $= \dfrac{MPC}{1-MPC}$　　· 감세승수 $= \dfrac{MPC}{1-MPC}$
- 정부지출승수 $= \dfrac{1}{1-MPC}$

0 < MPC < 1이므로 감세승수가 정부지출승수보다 작고, 이는 조세삭감 효과가 정부지출 효과보다 작음을 의미한다.

정답 ③

---

113 □□□ ○ △ ×

A국가의 총수요와 총공급곡선은 각각 $Y_d = -P + 5$, $Y_s = (P - P^e) + 6$이다. 여기서 P_e가 5일 때 (ㄱ) 균형국민소득과 (ㄴ) 균형물가수준은? (단, Y_d는 총수요, Y_s는 총공급, P는 실제 물가수준, P^e는 예상 물가수준이다)

① ㄱ: 1, ㄴ: 0　　　　② ㄱ: 2, ㄴ: 1
③ ㄱ: 3, ㄴ: 2　　　　④ ㄱ: 4, ㄴ: 2
⑤ ㄱ: 5, ㄴ: 3

해설

③ (○) P^e가 5이므로 총공급곡선은 다음과 같다.

$$Y_s = (P - P^e) + 6 = (P-5) + 6 = P+1$$

균형조건인 총수요(Y_d) = 총공급(Y_s)에 따라 두 식을 연립하여 풀면 다음과 같다.

$$Y_d = Y_s \Rightarrow -P+5 = P+1 \Rightarrow 2P = 4 \Rightarrow \underline{P=2}$$

$P=2$이므로 $Y=3$이 된다.

정답 ③

---

114 □□□ ○ △ ×

먼델-플레밍모형을 이용하여 고정환율제하에서 정부지출을 감소시킬 경우, 나타나는 변화로 옳은 것은? (단, 소규모 개방경제하에서 국가 간 자본의 완전이동과 물가불변을 가정하고, IS곡선은 우하향, LM곡선은 수직선이다)

① IS곡선은 오른쪽 방향으로 이동한다.
② LM곡선은 오른쪽 방향으로 이동한다.
③ 통화량은 감소한다.
④ 고정환율수준 대비 자국의 통화가치는 일시적으로 상승한다.
⑤ 균형국민소득은 증가한다.

해설

③ (○) 고정환율제하에서 정부지출을 감소시킬 경우, 나타나는 변화는 다음과 같다.

정부지출 감소 → IS곡선 좌측이동 → 국민소득 감소, 이자율 하락 → 자본유출 → 환율상승압력 증가 → 외환시장 안정을 위하여 중앙은행 외환 매각 → (내생적) 통화량 감소 → LM곡선 좌측이동 → 국민소득 감소

정답 ③

115 □□□   ○ △ ×

폐쇄경제하 중앙은행이 통화량을 감소시킬 때 나타나는 변화를 IS-LM모형을 이용하여 설명한 것으로 옳은 것을 모두 고른 것은? (단, IS곡선은 우하향, LM곡선은 우상향한다)

> ㄱ. LM곡선은 오른쪽 방향으로 이동한다.
> ㄴ. 이자율은 상승한다.
> ㄷ. IS곡선은 왼쪽 방향으로 이동한다.
> ㄹ. 구축효과로 소득은 감소한다.

① ㄱ, ㄴ　　　　② ㄱ, ㄷ　　　　③ ㄱ, ㄹ
④ ㄴ, ㄹ　　　　⑤ ㄴ, ㄷ, ㄹ

해설

④ (O) 중앙은행의 통화량 감소 → LM곡선 좌측이동 → 이자율 상승 → 투자감소 → 국민소득 감소(구축효과)

정답 ④

116 □□□   ○ △ ×

폐쇄경제 균형국민소득은 $Y = C + I + G$이고, 다른 조건이 일정할 때 재정적자가 대부자금시장에 미치는 효과로 옳은 것은? (단, 총투자곡선은 우하향, 총저축곡선은 우상향, Y : 균형국민소득, C : 소비, I : 투자, G : 정부지출이다)

① 대부자금 공급량은 감소한다.
② 이자율은 하락한다.
③ 공공저축은 증가한다.
④ 저축곡선은 오른쪽 방향으로 이동한다.
⑤ 투자곡선은 왼쪽 방향으로 이동한다.

해설

① (O) 대부자금시장에서의 재정적자 → 공공저축(대부자금 공급) 감소 → 저축곡선 좌측이동 → 이자율 상승

정답 ①

117 □□□   ○ △ ×

폐쇄경제하 총수요(AD)-총공급(AS)모형을 이용하여 정부지출 증가로 인한 변화에 관한 설명으로 옳지 않은 것을 모두 고른 것은? (단, AD곡선은 우하향, 단기 AS곡선은 우상향, 장기 AS곡선은 수직선이다)

> ㄱ. 단기에 균형소득 수준은 증가한다.
> ㄴ. 장기에 균형소득 수준은 증가한다.
> ㄷ. 장기에 고전파의 이분법이 적용되지 않는다.
> ㄹ. 장기 균형소득 수준은 잠재산출량 수준에서 결정된다.

① ㄱ, ㄴ　　　　② ㄱ, ㄷ　　　　③ ㄴ, ㄷ
④ ㄴ, ㄹ　　　　⑤ ㄱ, ㄴ, ㄹ

해설

③ (O) 주어진 조건에 따른 장 · 단기 변화를 그림으로 나타내면 다음과 같다.

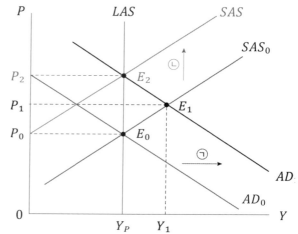

정부지출 증가로 단기 AD곡선이 우측으로 이동(㉠)하면, 단기에는 물가가 상승($P_0 → P_1$)하고 균형소득 수준이 증가($Y_P → Y_1$)한다. 새로운 단기균형점 E_1 수준에서 기대물가가 상승하고, 기대물가 상승으로 시간이 지남에 따라 단기 AS곡선이 상방으로 이동(㉡)하면, E_2 수준에서 장기균형에 도달하게 된다. 따라서 장기에는 균형소득 수준이 잠재산출량(Y_P) 수준으로 복귀하고, 물가만이 상승($P_0 → P_2$)하는 화폐중립성이 성립하며, 이에 따라 고전파의 이분법이 적용된다. 다만, 이러한 고전파의 이분법을 설명하기 위하여는 정부지출 증가보다는 중앙은행의 통화량 증가에 의한 변화를 묻는 것이 더 적절하다 할 것이다.

정답 ③

118 ☐☐☐   ○ △ ✕

경제학파별 이론에 관한 설명으로 옳은 것을 모두 고른 것은?

> ㄱ. 고전학파는 화폐의 중립성을 주장한다.
> ㄴ. 실물경기변동이론은 임금과 가격의 신축성을 전제한다.
> ㄷ. 케인즈학파는 경기침체의 원인이 총공급의 부족에 있다고 주장한다.
> ㄹ. 가격의 경직성을 설명하는 메뉴비용(menu cost)이론은 새케인즈학파(new Keynesian)의 주장이다.

① ㄱ, ㄴ   ② ㄱ, ㄹ   ③ ㄴ, ㄷ
④ ㄴ, ㄹ   ⑤ ㄱ, ㄴ, ㄹ

해설

⑤ (○) 케인즈학파가 주장하는 경기변동의 원인은 총수요이다. 따라서 경기침체의 원인은 총수요의 부족에 있다고 주장한다.

정답 ⑤

119 ☐☐☐   ○ △ ✕

A국가는 경제활동인구가 1,000만 명이고, 매 기간 동안 실직률(취업자 중 실직하는 사람의 비율)과 구직률(실직자 중 취업하는 사람의 비율)은 각각 2%와 18%이다. 균제상태(steady state)의 실업자 수는?

① 25만 명   ② 40만 명   ③ 50만 명
④ 75만 명   ⑤ 100만 명

해설

⑤ (○) 균제상태에서의 (자연)실업률은 다음과 같다.

$$\text{실업률} = \frac{\text{실직률}}{\text{구직률} + \text{실직률}} = \frac{2\%}{18\% + 2\%} = \frac{2\%}{20\%} = \frac{1}{10} = 10\%$$

경제활동인구가 1,000만 명이므로, 균제상태에서의 실업자 수는 100만 명(= 1,000만 명 × 0.1)이다.

정답 ⑤

120 ☐☐☐   ○ △ ✕

2021년 현재 우리나라 통계청의 고용통계 작성기준에 관한 설명으로 옳지 않은 것은? (단, 만 15세 이상 인구를 대상으로 한다)

① 아버지가 수입을 위해 운영하는 편의점에서 조사대상주간에 무상으로 주당 20시간 근로한 자녀는 비경제활동인구로 분류된다.
② 다른 조건이 같을 때 실업자가 구직활동을 포기하면 경제활동참가율은 하락한다.
③ 질병으로 입원하여 근로가 불가능한 상태에서 구직활동을 하는 경우에는 실업자로 분류되지 않는다.
④ 대학생이 수입을 목적으로 조사대상주간에 주당 1시간 이상 아르바이트를 하는 경우, 취업자로 분류된다.
⑤ 실업률은 경제활동인구 대비 실업자 수의 비율이다.

해설

① (✕) 가구 단위로 운영되는 사업장에서 주당 18시간 이상 근로 시에는, 임금지급 여부와 관계없이 경제활동인구인 취업자로 분류된다.
참고로, 실업자가 구직활동을 포기하면 비경제활동인구인 구직포기자(실망노동자)로 분류되어 경제활동인구가 감소하므로, 경제활동참가율 또한 하락하게 된다.

정답 ①

121 ☐☐☐   ○ △ ✕

소득-여가 선택모형에서 효용극대화를 추구하는 개인의 노동공급 의사결정에 관한 설명으로 옳지 않은 것은? [단, 여가(L)와 소득(Y)은 효용을 주는 재화이며, 한계대체율($MRS = \left| \dfrac{\triangle Y}{\triangle L} \right|$)은 체감한다]

① 여가가 정상재인 경우, 복권당첨은 근로시간의 감소를 초래한다.
② 여가가 열등재라면 노동공급곡선은 우하향한다.
③ 임금률이 한계대체율보다 크다면 효용극대화를 위해 근로시간을 늘려야 한다.
④ 개인 간 선호의 차이는 무차별곡선의 모양 차이로 나타난다.
⑤ 시장임금이 유보임금(reservation wage)보다 낮다면 노동을 제공하지 않는다.

해설

임금률 상승에 따른 가격효과(= 소득효과 + 대체효과)를 정리하면 다음과 같다.

- 대체효과: 임금률↑ ⇒ 여가의 상대가격(기회비용)↑ ⇒ 여가소비↓ ⇒ 노동공급↑

- 소득효과
  - 정상재: 임금률↑ ⇒ 실질소득↑ ⇒ <u>여가소비↑</u> ⇒ 노동공급↓
  - 열등재: 임금률↑ ⇒ 실질소득↑ ⇒ <u>여가소비↓</u> ⇒ 노동공급↑

① (O) 복권당첨은 실질소득을 증가시킨다. 따라서 여가가 정상재인 경우, 소득효과에 따라 <u>여가시간은 증가, 근로시간은 감소</u>한다.
② (×) 여가가 열등재인 경우, 임금률 상승 시 대체효과와 소득효과에 따라 근로시간은 반드시 증가하게 되므로, 노동공급곡선은 우상향한다.
③ (O) 임금률이 한계대체율보다 큰 경우, <u>여가시간을 줄이고 근로시간을 늘려야만</u> 이전보다 효용을 증가시킬 수 있다.
④ (O) 개인 간 선호의 차이는 <u>무차별곡선의 모양, 즉 기울기 차이</u>에 따른 한계대체율의 크기로 나타난다.
⑤ (O) <u>유보임금(눈높이임금)</u>은 근로자가 받고자 하는 <u>최소한의 주관적 요구임금</u> 수준으로, <u>시장임금이 유보임금보다 낮다면</u>, 근로자는 자신의 <u>노동을 제공하지 아니한다.</u>

정답 ②

122 □□□   ○ △ ×

이윤극대화를 추구하는 완전경쟁기업의 단기 노동수요에 관한 설명으로 옳은 것은? (단, 단기 총생산곡선의 형태는 원점으로부터 고용량 증가에 따라 체증하다가 체감하며, 노동시장은 완전경쟁이다)
① 노동의 평균생산이 증가하고 있는 구간에서 노동의 한계생산은 노동의 평균생산보다 작다.
② 노동의 한계생산이 최대가 되는 점에서 노동의 한계생산과 노동의 평균생산은 같다.
③ 완전경쟁기업은 이윤극대화를 위해 자신의 노동의 한계생산가치와 동일한 수준으로 임금을 결정해야 한다.
④ 노동의 평균생산이 감소하고 있는 구간에서 노동의 한계생산은 감소한다.
⑤ 단기 노동수요곡선은 노동의 평균생산가치곡선과 같다.

해설

노동의 한계생산(MP_L)과 평균생산(AP_L)의 관계를 그림으로 나타내면 다음과 같다.

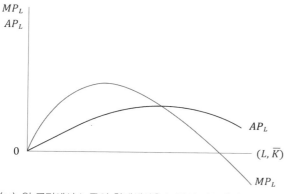

① (×) 위 구간에서 노동의 한계생산은 노동의 평균생산보다 <u>크다</u>.
② (×) 노동의 한계생산이 아닌 <u>평균생산이 최대가 되는</u> 점이다.

③ (×) 완전경쟁기업은 이윤극대화를 위하여 자신의 <u>노동의 한계생산가치</u>와 한계요소비용이 동일한 수준에서 <u>고용량을 결정</u>하고, 균형고용량 수준에서의 <u>평균요소비용을 임금</u>으로 결정한다.
④ (O) 위 구간에서 노동의 한계생산은 감소한다.
⑤ (×) <u>단기 노동수요곡선은 노동의 한계수입생산곡선과 같다</u>. 만약 생산물시장이 완전경쟁시장이라면, <u>한계수입생산곡선은 한계생산가치곡선과 일치</u>하게 된다.

정답 ④

123 □□□   ○ △ ×

노동시장에서 수요독점자인 A 기업의 생산함수는 $Q = 2L + 100$ 이다. 생산물시장은 완전경쟁이고 생산물가격은 100 이다. 노동공급곡선이 $W = 10L$ 인 경우, 다음을 구하시오 (단, Q는 산출량, L은 노동투입량, W는 임금이며, 기업은 모든 근로자에게 동일한 임금을 지급한다)

> ㄱ. A기업의 이윤극대화 임금
> ㄴ. 노동시장의 수요독점에 따른 사회후생 감소분(절댓값)의 크기

① ㄱ: 50, ㄴ: 100   ② ㄱ: 50, ㄴ: 200
③ ㄱ: 100, ㄴ: 300   ④ ㄱ: 100, ㄴ: 400
⑤ ㄱ: 100, ㄴ: 500

해설

⑤ (O) 생산물시장이 완전경쟁시장이므로 VMP와 MRP가 일치하고, <u>이윤극대화 조건은 $MRP(=VMP) = MFC$</u>이다.
여기서, VMP은 (노동의) 한계생산가치이고, MRP는 한계수입생산이며, MFC는 한계요소비용이다.

- $MP_L = \dfrac{dQ}{dL} = \dfrac{d(2L+100)}{dL} = 2$
- $VMP = P \times MP_L = 100 \times 2 = 200 = MRP$
- $MFC = 20L$ (∵ AFC: $W = 10L$, <u>노동공급곡선(AFC)이 선형함수이면, MFC는 절편은 같고 기울기는 2배</u>)

위 결과로써 임금을 도출하면 다음과 같다.

- $MRP(=VMP) = MFC \Rightarrow 200 = 20L \Rightarrow L = 10$
- $W = 10L = 10 \times 10 = \underline{100}$

위 결과를 그림으로 나타내면 다음과 같다.

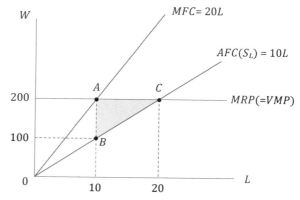

노동시장이 완전경쟁시장인 경우, $L_D(= VMP) = L_S(= AFC)$이므로 노동고용량은 20이다. 다만, 노동시장이 수요독점임에 따라 노동고용량은 10으로 감소하고, 결과적으로 $\triangle ABC$'만큼의 사회후생이 감소하는데, 그 크기는 500(= 10 × 100 × 1/2)이다.

정답 ⑤

124 □□□ ○ △ ×

노동시장에서의 차별에 관한 설명으로 옳은 것을 모두 고른 것은?

> ㄱ. 제품시장과 요소시장이 완전경쟁이라면 고용주의 선호
>   (기호)차별은 정부개입 없이 기업 간 경쟁에 의해 사라
>   지게 된다.
> ㄴ. 통계적 차별은 개인적인 편견이 존재하지 않더라도 발
>   생한다.
> ㄷ. 통계적 차별은 개인이 속한 집단의 평균적 생산성을 기
>   초로 개인의 생산성을 예측하는 데서 발생한다.
> ㄹ. 동등가치론(comparable worth)은 차별시정을 위해 공
>   정한 취업의 기회를 주장한다.

① ㄱ, ㄹ   ② ㄴ, ㄷ   ③ ㄱ, ㄴ, ㄷ
④ ㄴ, ㄷ, ㄹ   ⑤ ㄱ, ㄴ, ㄷ, ㄹ

해설

③ (O) 동등가치론에서 차별시정의 핵심은 동일한 가치의 직무에 동일한 임금을 지급하는 원칙을 확립하는 것이다.
참고로, 통계적 차별(statistical discrimination)은 개인평가 시 정보가 불완전한 경우, 개인적 요소뿐만 아니라 그가 속한 집단의 요소, 즉 평균특성이나 통계자료 등을 전제하여 차등적으로 이루어지는 차별이다.

정답 ③

125 □□□ ○ △ ×

노동시장에서 노동수요와 노동공급곡선은 각각 $L_d = -W + 70$, $L_s = 2W - 20$이다. 정부가 최저임금을 $W = 40$으로 결정하여 시행하는 경우, 고용량은? (단, L_d는 노동수요량, L_s는 노동공급량, W는 노동 1단위당 임금이다)

① 30   ② 40   ③ 50
④ 60   ⑤ 70

해설

① (O) 정부가 최저임금을 시행하는 경우, 고용량은 최저임금 수준의 수요량에 의하여 결정된다.

$$L_d = -W + 70 = -40 + 70 = 30$$

정답 ①

101 □□□   ○ △ ×

경쟁시장에서 기업의 비용곡선에 관한 설명으로 옳지 않은 것은?

① 생산이 증가함에 따라 한계비용이 증가한다면, 이는 한계생산물이 체감하기 때문이다.

② 생산이 증가함에 따라 평균가변비용이 증가한다면, 이는 한계생산물이 체감하기 때문이다.

③ 한계비용이 평균총비용보다 클 때는 평균총비용이 하락한다.

④ 한계비용곡선은 평균총비용곡선의 최저점을 통과한다.

⑤ U자 모양의 평균총비용곡선 최저점의 산출량을 효율적 생산량이라고 한다.

해설

② (×) 그림에서 확인할 수 있듯이 한계생산물이 체감할 때에도 평균가변비용은 여전히 감소한다. 즉, 생산이 증가함에 따라 평균가변비용(AVC)이 증가한다면, 이는 한계생산물(MP_L)이 아닌 평균생산물(AP_L)이 체감하기 때문이라고 보는 것이 옳다. 이에 유의토록 정답을 변경한다.

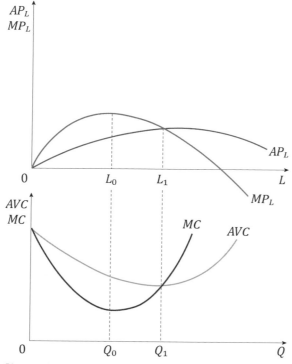

참고로, 생산이 증가함에 따라 한계비용이 증가한다면 한계생산물이 체감하기 때문이고, 평균가변비용이 증가한다면 평균생산물이 체감하기 때문이다.

③ (×) 각 비용곡선을 그림으로 나타내면 다음과 같다. 즉, 한계비용(MC)이 평균총비용(ATC)보다 클 때는 하락이 아닌 상승한다.

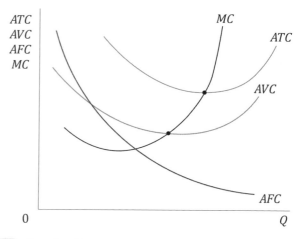

정답 ③ ▶ ②·③

102 □□□   ○ △ ×

A 기업은 완전경쟁시장에서 이윤을 극대화하는 생산량 1,000개를 생산하고 전량 판매하고 있다. 이때 한계비용은 10원, 평균가변비용은 9원, 평균고정비용은 2원이다. 이에 관한 설명으로 옳지 않은 것은?

① 총수입은 10,000원이다.

② 총비용은 11,000원이다.

③ 상품 개당 가격은 10원이다.

④ 총가변비용은 9,000원이다.

⑤ 단기에서는 조업을 중단해야 한다.

해설

⑤ (×) 주어진 조건을 전제로 다음을 도출할 수 있다.

- 총수입: $TR = P \times Q$
  $= 10 \times 1,000 = \underline{10,000}$ ($\because P = MC$)
- 총비용: $TC = AC(= AVC + AFC) \times Q$
  $= (9 + 2) \times 1,000 = 11,000$
- 총가변비용: $TVC = AVC \times Q$
  $= 9 \times 1,000 = 9,000$

현재 손실(1,000원)이 발생한다고 하더라도, 총수입(10,000원)이 총가변비용(9,000원)보다 높으면, 단기에서는 생산을 지속하는 것이 유리하다.

정답 ⑤

103

효율적 시장가설(efficient market hypothesis)에 관한 설명으로 옳은 것을 모두 고른 것은?

> ㄱ. 주식가격은 매 시점마다 모든 관련 정보를 반영한다.
> ㄴ. 주식가격은 랜덤워크(random walk)를 따른다.
> ㄷ. 미래 주식가격의 변화에 대한 체계적인 예측이 가능하다.
> ㄹ. 주식가격의 예측이 가능해도 가격조정은 이루어지지 않는다.

① ㄱ, ㄴ　　　② ㄱ, ㄷ　　　③ ㄴ, ㄷ
④ ㄴ, ㄹ　　　⑤ ㄷ, ㄹ

해설

ㄱ (○) ㄴ (○) 효율적 시장가설은 주식가격에는 모든 이용 가능한 정보가 즉각적으로 반영된다는 가정에 기초하는데, 위 가설이 성립하면 주식가격은 랜덤워크를 따른다.
참고로, 랜덤워크는 미래 변화를 예측할 수 없는 변수의 확률적 움직임이다.

ㄷ (×) ㄹ (×) 주식가격이 랜덤워크를 따르므로, 미래 주식가격의 변화에 대한 체계적인 예측이 불가능하고, 주식가격의 상승가능성은 그만큼의 하락가능성도 내포한다.

정답　①

104

공공재에 관한 설명으로 옳은 것을 모두 고른 것은?

> ㄱ. 공공재의 공급을 시장에 맡길 경우, 무임승차자의 문제로 인해 공급부족이 야기될 수 있다.
> ㄴ. 코우즈정리(Coase theorem)에 따르면, 일정한 조건하에서 이해당사자의 자발적 협상에 의해 외부성의 문제가 해결될 수 있다.
> ㄷ. 배제불가능성이란 한 사람이 공공재를 소비한다고 해서 다른 사람이 소비할 수 있는 기회가 줄어들지 않음을 의미한다.

① ㄱ　　　② ㄴ　　　③ ㄱ, ㄴ
④ ㄴ, ㄷ　　　⑤ ㄱ, ㄴ, ㄷ

해설

ㄷ (○) 비경합성(비경쟁성)에 대한 설명이다.
참고로, 비배제성(배제불가능성)은 비용을 부담하지 아니한 사람의 소비를 막을 수 없음을 의미한다.

정답　③

105

독점기업의 가격차별에 관한 설명으로 옳지 않은 것은?

① 가격차별을 하는 경우의 생산량은 순수독점의 경우보다 더 작아진다.
② 가격차별을 하는 독점기업은 가격탄력성이 더 작은 시장에서의 가격을 상대적으로 더 높게 책정한다.
③ 가격차별은 소득재분배 효과를 가져올 수 있다.
④ 소비자의 재판매가 가능하다면 가격차별이 유지되기 어렵다.
⑤ 완전가격차별의 사회적 후생은 순수독점의 경우보다 크다.

해설

① (×) 일반적으로 가격차별을 하는 경우의 생산량은 순수독점의 경우보다 더 커진다. 특히 완전가격차별은 완전경쟁시장에서와 같은 자원의 효율적 배분도 달성 가능케 한다.

정답　①

106

국제무역의 효과로 옳지 않은 것은?

① 사회적 후생의 증가
② 보다 다양한 소비기회의 제공
③ 규모의 경제를 누릴 수 있는 기회발생
④ 수입으로 인한 동일 제품 국내생산자의 후생 증가
⑤ 경쟁의 촉진으로 국내 독과점시장의 시장실패 교정 가능

해설

④ (×) 일반적으로 자유무역하에서의 수입은 국제가격이 국내가격보다 낮을 때 성사되는데, 수입이 성사되면 국제가격으로 경쟁하게 된 국내생산자의 생산량이 감소하므로, 국내생산자의 후생 또한 감소한다.

정답　④

107

독점기업 A의 수요곡선, 총비용곡선이 다음과 같을 때 독점이윤 극대화 시 사중손실(deadweight loss)은? (단, P는 가격, Q는 수량이다)

> ○ 수요곡선 : $P = -Q + 20$
> ○ 총비용곡선 : $TC = 2Q + 10$

① 99/2　　　② 94/2　　　③ 88/2
④ 81/2　　　⑤ 77/2

④ (○) 주어진 조건에 기하여 독점이윤 극대화 시 사중손실을 그림
으로 나타내면 다음과 같다.

> • $P=-Q+20 \Rightarrow MR=-2Q+20$ (∵ <u>시장수요함수가 선형</u>
> <u>함수이면, 한계수입함수는 절편은 같고 기울기는 2배</u>)
> • $TC=2Q+10 \Rightarrow MC=\dfrac{dTC}{dQ}=2$

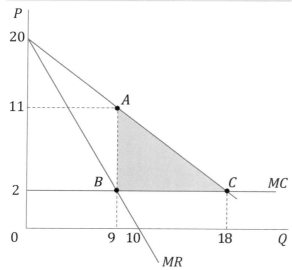

$\triangle ABC$가 사중손실이므로, 그 크기는 <u>81/2</u>(= 9 × 9 × 1/2)이다.

정답 ④

108 ☐☐☐   ○ △ ×

양의 효용을 주는 X재와 Y재가 있을 때 소비자의 최적선
택에 관한 설명으로 옳은 것은?

① 소비자의 효용극대화를 위해서는 두 재화의 시장가격
비율이 1보다 커야 한다.

② X재 1원당 한계효용이 Y재 1원당 한계효용보다 클 때
소비자의 효용은 극대화된다.

③ 가격소비곡선은 다른 조건이 일정하고 한 상품의 가격
만 변할 때 소비자의 최적선택점이 변화하는 것을 보여
준다.

④ 예산제약이란 소비할 수 있는 상품의 양이 소비자의
예산범위를 넘을 수 있음을 의미한다.

⑤ 예산선의 기울기는 한 재화의 한계효용을 의미한다.

해설

① (×) 소비자의 효용극대화를 위하여는 두 재화의 <u>시장가격비율,</u>
<u>즉 상대가격과 한계대체율이 일치</u>하여야 한다.

② (×) X재 1원당 한계효용과 Y재 1원당 한계효용이 같을 때 소비자
의 효용은 극대화된다.

③ (○) 가격소비곡선은 <u>소득과 다른 상품의 가격이 고정된 경우, 다</u>
<u>른 한 상품의 가격변화에 따른 소비자균형점의 궤적</u>이다.

④ (×) 있음이 아닌 없음을 의미한다.

⑤ (×) 예산선의 기울기는 <u>두 재화의 상대가격</u>을 의미한다.

정답 ③

109 ☐☐☐   ○ △ ×

X재의 공급함수가 $Q=P-6$일 때 공급의 가격탄력성
은? (단, Q는 공급량, P는 가격이다)

① $(P-6)/P$ ② $(P+6)/P$ ③ $(-P+6)/P$
④ $P/(P+6)$ ⑤ $P/(P-6)$

해설

⑤ (○) 주어진 조건으로 공급의 가격탄력성을 구하면 다음과 같다.

$$E_s = \frac{dQ}{dP} \times \frac{P}{Q} = 1 \times \frac{P}{P-6} = \frac{P}{P-6}$$

정답 ⑤

110 ☐☐☐   ○ △ ×

소비자 선택에 관한 설명으로 옳지 않은 것은? (단, 대체효
과와 소득효과의 비교는 절댓값으로 한다)

① 정상재의 경우, 대체효과가 소득효과보다 크면 가격상
승에 따라 수요량은 감소한다.

② 정상재의 경우, 대체효과가 소득효과보다 작으면 가격
상승에 따라 수요량은 감소한다.

③ 열등재의 경우, 대체효과가 소득효과보다 크면 가격상
승에 따라 수요량은 감소한다.

④ 열등재의 경우, 대체효과가 소득효과보다 작으면 가격
상승에 따라 수요량은 감소한다.

⑤ 기펜재의 경우, 대체효과가 소득효과보다 작기 때문에
수요의 법칙을 따르지 않는다.

해설

<u>가격상승에 따른 가격효과(= 소득효과 + 대체효과)</u>를 정리하면 다음
과 같다.

> • 대체효과: 가격↑ ⇒ 상대가격(기회비용)↑ ⇒ 수요량↓
> • <u>소득효과</u>
>   - 정상재: 가격↑ ⇒ 실질소득↓ ⇒ 수요량↓
>   - 열등재: 가격↑ ⇒ 실질소득↓ ⇒ 수요량↑

① (○) ② (○) 정상재의 경우, <u>대체효과와 소득효과의 크기 차이에</u>
<u>관계없이</u> 가격상승에 따라 <u>수요량은 반드시 감소</u>한다.

③ (○) 열등재의 경우, <u>대체효과 > 소득효과</u>이면 가격상승에 따라
<u>수요량은 감소</u>한다.

④ (×) 열등재의 경우, <u>대체효과 < 소득효과</u>이면 가격상승에 따라
<u>수요량은 증가</u>한다.

⑤ (○) 기펜재의 경우, <u>대체효과 < 소득효과</u>이면 가격상승에 따라
수요량도 증가하는 <u>수요법칙의 예외</u>가 나타난다.

정답 ④

111 ☐☐☐　　　　　○ △ ✕

벤담(J. Bentham)의 공리주의를 표현한 사회후생함수는?
(단, 이 경제에는 갑, 을만 존재하며, W는 사회 전체의 후생, U는 갑의 효용, V는 을의 효용이다)

① $W = \max(U, V)$　　　② $W = \min(U, V)$

③ $W = U + V$　　　　　④ $W = U \times V$

⑤ $W = U/V$

해설

③ (○) 벤담의 공리주의를 표현한 사회후생함수는 <u>사회구성원 각각의 효용을 단순 가산하여 사회후생의 크기를 구한다.</u>
참고로, 롤스(J. Rawls)에 따르면, 사회후생의 크기는 가장 가난한 사람의 사회후생 수준에 의하여 결정되므로, 사회후생함수는 $W = \min(U, V)$이다.

정답 ③

112 ☐☐☐　　　　　○ △ ✕

총수요-총공급모형에서 통화정책과 재정정책에 관한 설명으로 옳은 것은? (단, 폐쇄경제를 가정한다)

① 통화정책은 이자율의 변화를 통해 국민소득에 영향을 미친다.

② 유동성함정에 빠진 경우, 확장적 통화정책은 총수요를 증가시킨다.

③ 화폐의 중립성에 따르면, 통화량을 늘려도 명목임금은 변하지 않는다.

④ 구축효과란 정부지출 증가가 소비지출 감소를 초래한다는 것을 의미한다.

⑤ 확장적 재정정책 및 통화정책은 모두 경기팽창 효과가 있으며, 국민소득의 각 구성요소에 동일한 영향을 미친다.

해설

① (○) 통화정책의 전달경로는 다음과 같다.

> 통화량 증가 → <u>이자율 하락</u> → 투자증가 → 총수요 증가 → 국민소득 증가

② (✕) 위 경우, 확장적 통화정책은 이자율을 변화시킬 수 없다. 따라서 <u>총수요 증가에 어떠한 영향도 미치지 못한다.</u>

③ (✕) 화폐의 중립성이 성립하면, 통화량 증가는 실물시장에 영향을 미치지 못하고 물가만을 상승시키므로, <u>명목임금은 상승한다.</u>

④ (✕) 구축효과란 정부지출 증가로 인한 이자율 상승이 투자지출을 <u>감소시킴으로써 총수요 감소를 초래한다는 것을</u> 의미한다.

⑤ (✕) 모두 경기팽창 효과가 있으나, 그 전달경로에 따라 국민소득의 각 구성요소에 미치는 영향이 상이하다. 예컨대, 확장적 재정정책은 국민소득의 구성요소 중 정부지출을 증가시키나, 확장적 통화정책은 이자율 하락으로써 <u>투자지출을 증가시킨다.</u>

정답 ①

113 ☐☐☐　　　　　○ △ ✕

거시경제지표에 관한 설명으로 옳지 않은 것은?

① 국내총생산은 영토를 기준으로, 국민총생산은 국민을 기준으로 계산한다.

② 국내총생산 삼면등가의 법칙은 폐쇄경제에서 생산, 지출, 분배 국민소득이 항등관계에 있다는 것이다.

③ 국내총생산은 특정 시점에 한 나라 안에서 생산된 부가가치의 합이다.

④ 국민총생산은 국내총생산과 대외순수취요소소득의 합이다.

⑤ 국내총소득은 국내총생산과 교역조건 변화에 따른 실질무역손익의 합이다.

해설

③ (✕) 국내총생산(GDP)은 일정 기간 동안 한 나라 안에서 생산된 부가가치의 합으로, 이를 기초로 국민총생산(GNP) 및 국내총소득(GDI)을 도출하면 다음과 같다.

> • <u>국민총생산 = 국내총생산 + 대외순수취요소소득</u>
> • <u>국내총소득 = 국내총생산 + 교역조건 변화에 따른 실질무역손익</u>

정답 ③

114 ☐☐☐　　　　　○ △ ✕

소비이론에 관한 설명으로 옳지 않은 것은?

① 항상소득이론에서 일시소득의 한계소비성향은 항상소득의 한계소비성향보다 크다.

② 생애주기이론에서 소비는 미래소득의 영향을 받는다.

③ 절대소득가설에서는 현재처분가능소득의 절대적 크기가 소비의 가장 중요한 결정요인이다.

④ 처분가능소득의 한계소비성향과 한계저축성향의 합은 1이다.

⑤ 절대소득가설이 항상소득이론보다 한시적 소득세 감면의 소비진작 효과를 더 크게 평가한다.

해설

① (✕) 프리드먼의 항상소득이론에서 <u>소비에 영향을 미치는 가장 큰 요인은 통상급여 등의 항상소득이고, 잔업 등으로 얻게 되는 일시소득은 주로 저축한다. 따라서 일시소득의 한계소비성향은 거의 0에 가깝다.</u>

[보충] 한시적 소득세 감면의 소비진작 효과

• 절대소득가설: 현재처분가능소득의 절대적 크기를 증가시키므로 소비증가 유발

• 항상소득이론: 일시소득만을 증가시키므로 소비증가가 대단히 미미

정답 ①

115 □□□ ○ △ ✕

중앙은행의 화폐공급에 관한 설명으로 옳은 것은?

① 예금창조기능은 중앙은행의 독점적 기능이다.
② 본원통화는 현금과 은행의 예금을 합친 것이다.
③ 중앙은행이 민간에 국채를 매각하면 통화량이 증가한다.
④ 중앙은행이 재할인율을 인하한다고 발표하면 기업은 경기과열을 억제하겠다는 신호로 받아들인다.
⑤ 법정지급준비율은 통화승수에 영향을 미친다.

해설

① (✕) 예금창조기능은 예금은행이 예금액을 기초로 대출로써 창출하는 기능이다.
② (✕) 본원통화는 현금과 은행이 보유하고 있는 지급준비금을 합친 것이다.
③ (✕) 중앙은행이 민간에 국채를 매각(매입)하면, 통화량이 감소(증가)한다.
④ (✕) 위 경우, 기업은 침체된 경기를 부양시키겠다는 (정책)신호로 받아들인다.
⑤ (○) 민간의 현금보유성향인 현금통화비율을 c, 은행의 현금보유성향인 지급준비율을 z라고 할 때 통화승수는 다음과 같다.

$$통화승수(m) = \frac{1}{c + z(1-c)}$$

따라서 (법정)지급준비율은 통화승수에 영향을 미친다.

정답 ⑤

116 □□□ ○ △ ✕

물가지수에 관한 설명으로 옳지 않은 것은?

① 소비자물가지수는 재화의 품질변화를 반영하는 데 한계가 있다.
② GDP디플레이터는 실질GDP를 명목GDP로 나눈 수치이다.
③ 소비자물가지수는 재화의 상대가격 변화에 따른 생계비의 변화를 과대평가한다.
④ 소비자물가지수는 재화선택의 폭이 증가함에 따른 화폐가치의 상승효과를 측정할 수 없다.
⑤ 소비자물가지수는 GDP디플레이터와 달리 해외에서 수입되는 재화의 가격변화도 반영할 수 있다.

해설

② (✕) GDP디플레이터 = (명목GDP / 실질GDP) × 100

정답 ②

117 □□□ ○ △ ✕

단기 총공급곡선이 우상향하는 이유로 옳지 않은 것은?

① 명목임금이 일반적인 물가상승에 따라 변동하지 못한 경우
② 수요의 변화에 따라 수시로 가격을 변경하는 것이 어려운 경우
③ 화폐의 중립성이 성립하여 통화량 증가에 따라 물가가 상승하는 경우
④ 일반적인 물가상승을 자신이 생산하는 재화의 상대가격 상승으로 착각하는 경우
⑤ 메뉴비용이 발생하는 것과 같이 즉각적인 가격조정을 저해하는 요인이 있는 경우

해설

③ (✕) 화폐의 중립성이 성립하면, 통화량 증가는 실물시장에 영향을 미치지 못하고 물가만을 상승시키므로, 단기 총공급곡선은 수직선이다.
참고로, 단기 총공급곡선이 우상향하는 이유로는 명목임금의 하방경직성, 가격경직성, 기업의 물가에 대한 불완전한 정보, 노동자의 물가에 대한 오인, 메뉴비용의 존재 등이 있다.

정답 ③

118 □□□ ○ △ ✕

A국의 소비지출(C), 투자지출(I), 정부지출(G), 순수출(Xn), 조세징수액(T)이 다음과 같을 때 이에 관한 설명으로 옳은 것은? (단, Y는 국민소득이고 물가, 금리 등 가격변수는 고정되어 있으며, 수요가 존재하면 공급은 언제나 이루어진다고 가정한다)

○ $C = 300 + 0.8(Y-T)$	○ I : 300
○ G : 500	○ Xn : 400
○ T : 500	

① 균형국민소득은 4,000이다.
② 정부지출이 10 증가하는 경우, 균형국민소득은 30 증가한다.
③ 조세징수액이 10 감소하는 경우, 균형국민소득은 30 증가한다.
④ 정부지출과 조세징수액을 각각 100씩 증가시키면 균형국민소득은 100 증가한다.
⑤ 정부지출승수는 투자승수보다 크다.

해설

① (✕) 주어진 조건을 전제로 균형국민소득을 구하면 다음과 같다.

$$Y = C + I + G + Xn$$
$$\Rightarrow Y = 300 + 0.8(Y - 500) + 300 + 500 + 400$$

$$\Rightarrow 0.2Y = 1,100$$
$$\Rightarrow Y = 5,500$$

또한 한계소비성향(MPC)이 0.80이므로 정부지출승수, 투자승수, 조세승수 및 균형재정승수를 구하면 다음과 같다.

- 정부지출승수: $\dfrac{1}{1-MPC} = \dfrac{1}{1-0.8} = \dfrac{1}{0.2} = 5$
- 투자승수: $\dfrac{1}{1-MPC} = \dfrac{1}{1-0.8} = \dfrac{1}{0.2} = 5$
- 조세승수: $-\dfrac{MPC}{1-MPC} = -\dfrac{0.8}{1-0.8} = -\dfrac{0.8}{0.2} = -4$
- 균형재정승수: 1 (∵ 정액세)

② (✕) 정부지출승수가 5이므로 정부지출이 10 증가하는 경우, 균형 국민소득은 50 증가한다.

③ (✕) 조세승수가 -4이므로 조세징수액이 10 감소하는 경우, 균형 국민소득은 40 증가한다.

④ (○) 균형재정승수가 1이므로 위 경우, 균형국민소득은 100 증가 한다.

⑤ (✕) 정부지출승수와 투자승수는 5로 동일하다.

정답 ④

119 □□□ ○ △ ✕

인플레이션에 관한 설명으로 옳은 것은?

① 예상치 못한 인플레이션이 발생하면 채권자가 이득을 보고, 채무자가 손해를 보게 된다.

② 피셔(I. Fisher)가설에 따르면, 예상된 인플레이션의 사회적 비용은 미미하다.

③ 예상치 못한 인플레이션은 금전거래에서 장기계약보 다 단기계약을 더 회피하도록 만든다.

④ 경기호황 속에 물가가 상승하는 현상을 스태그플레이 션이라고 한다.

⑤ 인플레이션조세는 정부가 화폐공급량을 줄여 재정수 입을 얻는 것을 의미한다.

해설

① (✕) 예상치 못한 인플레이션은 채권자에게 손해를 주고, 채무자 에게 이익을 줌으로써 부를 재분배한다.

② (○) 인플레이션을 예상한다고 하더라도 가격을 변경하는 데 드는 메뉴비용과, 현금보유를 줄이기 위한 비용. 즉 구두창비용은 발생 한다. 다만, 그 크기는 미미하다.

③ (✕) 예상치 못한 인플레이션으로 야기된 미래 불확실성은 금전거 래에서 장기계약보다 단기계약을 더 선호토록 한다.

④ (✕) 스태그플레이션은 물가상승과 실업증가가 동시에 발생하는 현상으로, 불황 속의 인플레이션이라고도 한다.

⑤ (✕) 인플레이션조세는 정부가 화폐공급량을 늘려 그 가치를 하락 시킴으로써 얻게 되는 재정수입이다.

정답 ②

120 □□□ ○ △ ✕

실업에 관한 설명으로 옳지 않은 것은?

① 실업보험은 마찰적 실업을 감소시켜 자연실업률을 하 락시키는 경향이 있다.

② 경기변동 때문에 발생하는 실업을 경기적 실업이라 한다.

③ 효율성임금이론(efficiency wage theory)에 따르면, 높은 임금책정으로 생산성을 높이려는 사용자의 시도 가 실업을 야기할 수 있다.

④ 내부자-외부자가설(insider-outsider hypothesis)에 따르면, 내부자가 임금을 높게 유지하려는 경우, 실업이 발생할 수 있다.

⑤ 최저임금제도는 구조적 실업을 야기할 수 있다.

해설

① (✕) 실업보험은 실업자가 의도적으로 구직기간을 연장토록 하는 요인으로 작용할 수 있다. 따라서 이직과정에서 발생하는 자발적 실업인 마찰적(탐색적) 실업의 증가로 자연실업률을 상승시키는 경향이 있다.

정답 ①

121 □□□ ○ △ ✕

노동시장에서 수요독점인 A기업의 생산함수는 $Q = 4L + 100$이다. 생산물시장은 완전경쟁이고, 생산물가격은 200 이다. 노동공급곡선이 $w = 5L$인 경우, 이윤극대화가 달성 되는 노동의 한계요소비용과 한계수입생산을 순서대로 옳게 나열한 것은? (단, Q는 산출량, L은 노동투입량, w는 임금 이다)

① 400, 400   ② 400, 600   ③ 600, 800

④ 800, 800   ⑤ 900, 900

해설

④ (○) 생산물시장이 완전경쟁시장이므로 VMP와 MRP가 일치하 고, 이윤극대화 조건은 $MRP(=VMP) = MFC$이다.

여기서, VMP은 (노동의) 한계생산가치이고, MRP는 한계수입생 산이며, MFC는 한계요소비용이다.

- $MP_L = \dfrac{dQ}{dL} = \dfrac{d(4L+100)}{dL} = 4$
- $VMP = P \times MP_L = 200 \times 4 = 800 = MRP$
- $MFC = 10L$ (∵ $AFC: W = 10L$, 노동공급곡선(AFC)이 선형함수이면, MFC는 절편은 같고 기울기는 2배)

따라서 이윤극대화 조건 $MRP(=800) = MFC$를 충족하는 $L=80$ 수준에서 MFC와 MRP는 모두 800이 된다.

정답 ④

122 ☐☐☐   ○ △ ✕

소득-여가 선택모형에서 효용극대화를 추구하는 개인의 노동공급 의사결정에 관한 설명으로 옳지 않은 것은? (단, 대체효과와 소득효과의 비교는 절댓값으로 한다)

① 소득과 여가가 정상재인 경우, 임금률 상승 시 대체효과가 소득효과보다 크면 노동공급은 증가한다.
② 소득과 여가가 정상재인 경우, 임금률 하락 시 소득효과가 대체효과보다 크면 노동공급은 감소한다.
③ 소득과 여가가 정상재인 경우, 임금률 하락 시 대체효과는 노동공급 감소요인이다.
④ 소득과 여가가 정상재인 경우, 임금률 상승 시 소득효과는 노동공급 감소요인이다.
⑤ 소득은 정상재이지만 여가가 열등재인 경우, 임금률 상승은 노동공급을 증가시킨다.

해설

② (✕) 임금률 상승에 따른 가격효과(= 소득효과 + 대체효과)를 정리하면 다음과 같다.

> • 대체효과: 임금률↑ ⇒ 여가의 상대가격(기회비용)↑ ⇒ 여가소비↓ ⇒ 노동공급↑
> • 소득효과
>   - 정상재: 임금률↑ ⇒ 실질소득↑ ⇒ 여가소비↑ ⇒ 노동공급↓
>   - 열등재: 임금률↑ ⇒ 실질소득↑ ⇒ 여가소비↓ ⇒ 노동공급↑

임금률 하락에 따른 가격효과(= 소득효과 + 대체효과)를 정리하면 다음과 같다.

> • 대체효과: 임금률↓ ⇒ 여가의 상대가격(기회비용)↓ ⇒ 여가소비↑ ⇒ 노동공급↓
> • 소득효과
>   - 정상재: 임금률↓ ⇒ 실질소득↓ ⇒ 여가소비↓ ⇒ 노동공급↑
>   - 열등재: 임금률↓ ⇒ 실질소득↓ ⇒ 여가소비↑ ⇒ 노동공급↓

정답 ②

123 ☐☐☐   ○ △ ✕

B국의 총생산함수는 $Y = AK^{\alpha}L^{(1-\alpha)}$이다. 생산요소들이 한계생산물만큼 보상을 받는 경우, 자본소득에 대한 노동소득의 비율은? (단, Y는 생산량, A는 총요소생산성 $0 < \alpha < 0$, K는 자본량, L은 노동량이다)

① α ② $1-\alpha$ ③ α/Y
④ $(1-\alpha)/Y$ ⑤ $(1-\alpha)/\alpha$

해설

⑤ (○) 총생산함수가 콥-더글라스 생산함수($Y = AL^{\alpha}K^{\beta}$, $\alpha+\beta=1$)의 형태인 경우, A는 기술진보가 담겨 있는 총요소생산성, α는 생산의 자본탄력성이자 자본소득분배율, $\beta(=1-\alpha)$는 생산의 노동탄력성이자 노동소득분배율이다. 따라서 자본소득에 대한 노동소득의 비율은 다음과 같다.

$$\frac{\text{노동소득분배율}}{\text{자본소득분배율}} = \frac{1-\alpha}{\alpha}$$

참고로, a에 대한 b의 비율이라 함은 a분의 $b(b/a)$를 의미한다.

정답 ⑤

124 ☐☐☐   ○ △ ✕

노동시장에서의 임금격차에 관한 설명으로 옳지 않은 것은?

① 임금격차는 인적자본의 차이에 따라 발생할 수 있다.
② 임금격차는 작업조건이 다르면 발생할 수 있다.
③ 임금격차는 각 개인의 능력과 노력 정도의 차이에 따라 발생할 수 있다.
④ 임금격차는 노동시장에 대한 정보가 완전해도 발생할 수 있다.
⑤ 임금격차는 차별이 없으면 발생하지 않는다.

해설

⑤ (✕) 노동시장에 대한 정보가 완전하고 차별이 없다고 하더라도, 인적자본, 작업조건, 개인별 능력 및 노력 정도 등에 따른 합리적 임금격차는 발생하기 마련이다.

정답 ⑤

125 ☐☐☐   ○ △ ✕

총인구 200명, 15세 이상 인구 100명, 비경제활동인구 20명, 실업자 40명인 A국이 있다. A국의 경제활동참가율(%), 고용률(%), 실업률(%)을 순서대로 옳게 나열한 것은? (단, 우리나라의 고용통계 작성방식에 따른다)

① 40, 20, 40   ② 40, 50, 20   ③ 80, 20, 20
④ 80, 40, 50   ⑤ 80, 50, 20

해설

④ (○) 주어진 조건을 표로 정리하면 다음과 같다(단위: 명).

15세 이상 인구[생산(노동)가능인구]: 100	
경제활동인구: 80	비경제활동인구: 20
취업자 수: 40　　실업자 수: 40	

위 표에 기하여 경제활동참가율, 고용률 및 실업률을 구하면 다음과 같다.

- 경제활동참가율 = $\dfrac{경제활동인구}{15세\ 이상\ 인구}$ = $\dfrac{80}{100}$ = 0.8 = 80%

- 고용률 = $\dfrac{취업자\ 수}{15세\ 이상\ 인구}$ = $\dfrac{40}{100}$ = 0.4 = 40%

- 실업률 = $\dfrac{실업자\ 수}{경제활동인구}$ = $\dfrac{40}{80}$ = 0.5 = 50%

정답 ④

경제학원론

101 ☐☐☐ ○ △ ×

A국의 2018년 국민소득계정의 일부이다. 다음 자료에서 실질국민총소득(실질GNI)은 얼마인가?

> ○ 실질국내총생산(실질GDP): 1,500조 원
> ○ 교역조건 변화에 따른 실질무역손익: 60조 원
> ○ 실질대외순수취요소소득: 10조 원

① 1,430조 원   ② 1,450조 원   ③ 1,500조 원
④ 1,550조 원   ⑤ 1,570조 원

해설

⑤ (○) 국내총생산(GDP)을 기초로 국민총생산(GNP) 및 국내총소득(GDI)을 도출하면 다음과 같다.

> • 국민총생산 = 국내총생산 + 대외순수취요소소득
>   = 1,500조 원 + 10조 원 = 1,510조 원
> • 국내총소득 = 국내총생산 + 교역조건 변화에 따른 실질무역손익
>   = 1,500조 원 + 60조 원 = 1,560조 원

따라서 국민총소득(GNI)을 도출하면 다음과 같다.

> 국민총소득 = 국민총생산 + 교역조건 변화에 따른 실질무역손익
>   = 국내총소득 + 대외순수취요소소득
>   = 국내총생산 + 교역조건 변화에 따른 실질무역손익 + 대외순수취요소소득
>   = 1,560조 원 + 60조 원 + 10조 원
>   = 1,570조 원

정답 ⑤

102 ☐☐☐ ○ △ ×

물가변동에 관한 설명으로 옳지 않은 것은?
① 경기침체와 인플레이션이 동시에 발생하는 현상을 스태그플레이션이라고 한다.
② 디플레이션은 명목임금의 하방경직성이 있는 경우, 실질임금을 상승시킨다.
③ 총수요의 증가로 인한 인플레이션은 수요견인 인플레이션이다.
④ 예상한 인플레이션(expected inflation)의 경우에는 메뉴비용(menu cost)이 발생하지 않는다.
⑤ 디플레이션은 기업 명목부채의 실질상환부담을 증가시킨다.

해설

④ (×) 인플레이션을 예상한다고 하더라도 가격을 변경하는 데 드는 메뉴비용과, 현금보유를 줄이기 위한 비용, 즉 구두창비용은 발생한다. 다만, 그 크기는 미미하다.
참고로, 물가(P)가 지속적으로 하락하는 디플레이션은 하방경직적 명목임금(W)을 전제로 실질임금(W/P)을 상승시키고, 명목부채(D)의 실질상환부담(D/P)을 증가시킨다.

정답 ④

103 ☐☐☐ ○ △ ×

중앙은행이 통화량을 증가시키고자 한다. (   )에 들어갈 내용을 순서대로 나열한 것은?

> ○ 공개시장 조작을 통하여 국채를 (   )한다.
> ○ 법정지급준비율을 (   )한다.
> ○ 재할인율을 (   )한다.

① 매입 – 인하 – 인하   ② 매입 – 인하 – 인상
③ 매입 – 인상 – 인하   ④ 매각 – 인상 – 인상
⑤ 매각 – 인상 – 인하

해설

① (○) 중앙은행이 통화량을 증가시키는 확장적 통화(금융)정책의 수단으로는 공개시장 매입조작, 법정지급준비율 인하, 재할인율 인하 등이 있다.
참고로, 중앙은행의 공개시장 매각조작, 법정지급준비율 인상, 재할인율 인상 등은 통화량 감소요인이다.

정답 ①

104 ☐☐☐ ○ △ ×

다음 중 총수요곡선이 우하향하는 이유로 옳은 것을 모두 고른 것은?

> ㄱ. 자산효과: 물가수준이 하락하면 자산의 실질가치가 상승하여 소비지출이 증가한다.
> ㄴ. 이자율효과: 물가수준이 하락하면 이자율이 하락하여 투자지출이 증가한다.
> ㄷ. 환율효과: 물가수준이 하락하면 자국화폐의 상대가치가 하락하여 순수출이 증가한다.

① ㄱ   ② ㄴ   ③ ㄱ, ㄴ
④ ㄴ, ㄷ   ⑤ ㄱ, ㄴ, ㄷ

해설

⑤ (O) 총수요곡선이 우하향하는 이유를 정리하면 다음과 같다.

- 자산효과(피구효과): 물가수준 하락 → (금융)자산의 실질가치 상승 → 소비지출 증가 → <u>총수요 증가</u>
- 이자율효과: 물가수준 하락 → <u>실질통화량 증가</u> → 이자율 하락 → 투자지출 증가 → <u>총수요 증가</u>
- 환율효과: 물가수준 하락 → (실질통화량 증가) → 이자율 하락 → <u>자본유출</u> → <u>환율상승</u>, 자국통화의 상대가치 하락 → <u>순수출 증가</u> → <u>총수요 증가</u>

정답 ⑤

---

105   □ □ □   ○ △ ×

총공급곡선에 관한 설명으로 옳지 않은 것은?
① 유가상승 시 단기 총공급곡선은 좌측으로 이동한다.
② 인적자본이 증가하여도 장기 총공급곡선은 이동하지 않는다.
③ 생산성이 증가하면 단기 총공급곡선은 우측으로 이동한다.
④ 모든 가격이 신축적이면 물가가 하락하여도 장기에는 총산출량이 불변이다.
⑤ 고용주가 부담하는 의료보험료가 상승하면 단기 총공급곡선은 좌측으로 이동한다.

해설

① (O) ⑤ (O) 유가상승 및 고용주가 부담하는 의료보험료 상승은 <u>생산비를 증가시킴으로써 경제의 생산능력을 저하시키므로</u>, 단기 총공급곡선은 좌측으로 이동한다.
② (×) 인적자본 증가는 <u>자연산출량을 증대시키므로</u>, 장기 총공급곡선은 <u>우측으로 이동</u>한다.
③ (O) 생산성 증가는 <u>경제의 생산능력을 향상시키므로</u>, 단기 총공급곡선은 우측으로 이동한다.
④ (O) 위 경우, 총산출량이 불변이므로, 장기 총공급곡선은 <u>자연산출량 수준에서 수직선</u>이다.

정답 ②

---

106   □ □ □   ○ △ ×

적응적 기대가설하에서 필립스곡선에 관한 설명으로 옳지 않은 것은?
① 단기 필립스곡선은 총수요 확장정책이 효과적임을 의미한다.
② 단기 필립스곡선은 희생률(sacrifice ratio) 개념이 성립함을 의미한다.
③ 단기 필립스곡선은 본래 임금상승률과 실업률 사이의 관계에 기초한 것이다.
④ 밀턴 프리드만(M. Friedman)에 의하면, 필립스곡선은 장기에 우하향한다.
⑤ 예상 인플레이션율이 상승하면 단기 필립스곡선은 오른쪽으로 이동한다.

해설

① (O) ② (O) 단기 필립스곡선은 인플레이션율과 실업률 사이의 <u>상충관계(trade-off)로 인하여 우하향</u>하므로, 정부가 재정 · 통화정책으로 총수요를 확장하면 인플레이션이 상승하는 대신 실업률을 하락시킬 수 있음을 보여 준다. 이는 <u>위 정책이 효과적임</u>과 동시에 <u>희생률 개념이 성립함</u>을 의미한다.
③ (O) 임금상승률이 인플레이션율로 대체되어 현재의 필립스곡선이 되었다.
④ (×) 밀턴 프리드만에 의하면, 단기에는 인플레이션율의 정확한 <u>예측이 불가능하므로 필립스곡선이 우하향</u>하는 반면, 장기에는 <u>인플레이션율의 정확한 예측이 가능하므로 (인플레이션율과는 상관없이) 필립스곡선이 자연실업률 수준에서 수직선</u>이다.
⑤ (O) 위 경우, 단기 필립스곡선은 우측(상방)으로 이동한다. 이는 <u>예상물가가 상승하면 단기 총공급곡선이 좌측으로 이동하는 것</u>과 대응된다.

정답 ④

---

107   □ □ □   ○ △ ×

D국 경제의 총생산함수 $Y = AK^{1/3}L^{2/3}$에 관한 설명으로 옳지 않은 것은? (단, Y는 총생산량, A는 총요소생산성, K는 자본, L은 노동을 나타낸다)
① 총생산량에 대한 노동탄력성은 2/3이다.
② 기술이 진보하면 총요소생산성(A)이 증가한다.
③ 총생산함수는 규모에 따른 수확체감을 나타내고 있다.
④ 경제성장률은 총요소생산성(A)의 증가율과 투입물(L, K)의 증가율로 결정된다.
⑤ 노동소득분배율은 2/3이다.

해설

① (O) ② (O) ⑤ (O) 총생산함수가 콥-더글라스 생산함수($Y = AL^{\alpha}K^{\beta}$, $\alpha + \beta = 1$)의 형태인 경우, A는 기술진보가 담겨 있는 <u>총요소생산성</u>, $\alpha(=1/3)$는 생산의 자본탄력성이자 자본소득분배율, $\beta(=2/3)$는 생산의 노동탄력성이자 노동소득분배율이다.

경제학원론

③ (✕) 주어진 총생산함수는 1차 동차함수이므로, 규모에 따른 수확 불변이라 할 것이다.

④ (○) 총생산함수를 전제로 성장회계를 하면 다음과 같은 결과가 도출된다.

$$\frac{\Delta Y}{Y} = \frac{\Delta A}{A} + \left(\alpha \times \frac{\Delta K}{K} \right) + \left(\beta \times \frac{\Delta L}{L} \right)$$

경제성장률 = 총요소생산성 증가율 + 노동기여도 + 자본기여도

정답 ③

108 □□□ ○ △ ✕

A국은 자본이동 및 무역거래가 완전히 자유로운 소규모 개방경제이다. A국의 재정정책과 통화정책에 따른 최종 균형에 관한 설명으로 옳은 것은? (단, 물가는 고정되어 있다고 가정하고 IS-LM-BP모형에 의한다)

① 고정환율제에서 확장적 재정정책과 확장적 통화정책 모두 국민소득을 증대시키는 효과가 있다.
② 고정환율제에서 확장적 재정정책은 국민소득을 증대시키는 효과가 없지만, 확장적 통화정책은 효과가 있다.
③ 고정환율제에서 확장적 재정정책은 국민소득을 증대시키는 효과가 있지만, 확장적 통화정책은 효과가 없다.
④ 변동환율제에서 확장적 재정정책은 국민소득을 증대시키는 효과가 있지만, 확장적 통화정책은 효과가 없다.
⑤ 변동환율제에서 확장적 재정정책과 확장적 통화정책 모두 국민소득을 증대시키는 효과가 없다.

해설

③ (○) IS-LM-BP모형하에서 환율제도에 따른 재정·통화정책의 효과를 표로 정리하면 다음과 같다.

구분	고정환율제도	변동환율제도
재정정책	유력	무력
통화정책	무력	유력

정답 ③

109 □□□ ○ △ ✕

A국의 2018년 국제수지표의 일부 항목이다. 다음 표에서 경상수지는 얼마인가?

○ 상품수지: 54억 달러
○ 서비스수지: −17억 달러
○ 본원소득수지: 3억 달러
○ 이전소득수지: −5억 달러
○ 직접투자: 26억 달러
○ 증권투자: 20억 달러

① 35억 달러 흑자
② 40억 달러 흑자
③ 60억 달러 흑자
④ 61억 달러 흑자
⑤ 81억 달러 흑자

해설

① (○) 경상수지는 다음의 식으로 측정된다.

경상수지 = 상품수지 + 서비스수지 + 본원소득수지 + 이전소득수지

= 54억 달러 + (−17억 달러) + 3억 달러 + (−5억 달러)

= 35억 달러

정답 ①

110 □□□ ○ △ ✕

A국과 B국은 상호 무역에 대해 각각 관세와 무관세로 대응할 수 있다. 다음은 양국이 동시에 전략을 선택할 경우의 보수행렬이다. 이에 관한 설명으로 옳지 않은 것은? (단, 본 게임은 1회만 행해지고 괄호 안의 왼쪽 값은 A국의 보수, 오른쪽 값은 B국의 보수를 나타낸다)

(단위: 억 원)

구분		B국	
		무관세	관세
A국	무관세	(300, 250)	(400, 100)
	관세	(150, 300)	(200, 200)

① A국의 우월전략은 관세이다.
② B국의 우월전략은 무관세이다.
③ 내쉬균형의 보수조합은 (300, 250)이다.
④ 내쉬균형은 파레토 효율적(Pareto efficient)이다.
⑤ 우월전략균형이 내쉬균형이다.

해설

① (✕) B국이 무관세를 선택하는 경우, A국의 보수는 관세(150)보다 무관세(300)가 더 크고, B국이 관세를 선택하는 경우에도, A국의 보수는 관세(200)보다 무관세(400)가 더 크다. 따라서 A국의 우월전략은 무관세이다.

② (○) A국이 무관세를 선택하는 경우, B국의 보수는 관세(100)보다

무관세(250)가 더 크고, A국이 관세를 선택하는 경우에도, B국의 보수는 관세(200)보다 무관세(300)가 더 크다. 따라서 B국의 우월전략도 무관세이다.

③ (O) ⑤ (O) A국이 자신의 우월전략인 무관세를 선택하고, B국도 자신의 우월전략인 무관세를 선택함으로써 대응할 때 내쉬균형이 성립하고, 두 기업의 보수는 (A, B) = (300, 250)이 된다.

④ (O) A국이나 B국의 보수를 증가시키기 위하여는 다른 나라의 보수를 감소시켜야만 하므로, 내쉬균형은 파레토 효율적이라고 할 수 있다.

정답 ①

111 □□□   ○ △ ✕

사적 재화인 X재 시장의 수요자는 A와 B만으로 구성되어 있다. 재화 X에 대한 A의 수요함수는 $q_A = 10 - 2P$, B의 수요함수는 $q_B = 15 - 3P$일 때 X재의 시장수요함수는? (단, q_A는 A의 수요량, q_B는 B의 수요량, Q는 시장수요량, P는 가격이다)

① Q = 10 - 2P   ② Q = 10 - 3P   ③ Q = 15 - 2P
④ Q = 15 - 3P   ⑤ Q = 25 - 5P

해설

⑤ (O) 시장수요함수는 개별수요함수를 수평으로 합하여 도출한다.

$$Q_M = q_A + q_B = (10 - 2P) + (15 - 3P) = 25 - 5P$$

정답 ⑤

112 □□□   ○ △ ✕

정상재인 커피의 수요곡선을 좌측으로 이동(shift)시키는 요인으로 옳은 것은?

① 커피의 가격이 하락한다.
② 소비자의 소득이 증가한다.
③ 소비자의 커피에 대한 선호도가 높아진다.
④ 대체재인 홍차의 가격이 상승한다.
⑤ 보완재인 설탕의 가격이 상승한다.

해설

⑤ (O) 정상재인 재화의 수요곡선을 좌측으로 이동시키는 요인으로는 소득감소, 기호하락, 대체재의 가격하락, 보완재의 가격상승 등이 있다.
참고로, 재화의 가격변화는 수요곡선의 이동이 아닌 수요곡선상 이동을 유발한다.

정답 ⑤

113 □□□   ○ △ ✕

재화 X의 공급함수가 $Q = 10P - 4$이다. $P = 2$일 때 공급의 가격탄력성은? (단, Q는 공급량, P는 가격이다)

① 0.5   ② 0.75   ③ 1
④ 1.25   ⑤ 2.5

해설

④ (O) 주어진 조건에 따른 공급의 가격탄력성은 다음과 같다.

$$E_s = \frac{dQ}{dP} \times \frac{P}{Q} = 10 \times \frac{2}{16} = \frac{20}{16} = \frac{5}{4} = 1.25$$

정답 ④

114 □□□   ○ △ ✕

A기업의 총비용곡선이 아래와 같다. 이에 관한 설명으로 옳지 않은 것은?

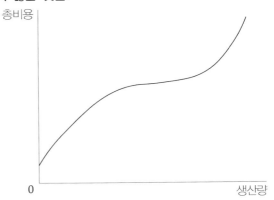

① 평균비용곡선은 평균가변비용곡선의 위에 위치한다.
② 평균비용곡선이 상승할 때 한계비용곡선은 평균비용곡선 아래에 있다.
③ 원점을 지나는 직선이 총비용곡선과 접하는 점에서 평균비용은 최소이다.
④ 원점을 지나는 직선이 총가변비용곡선과 접하는 점에서 평균가변비용은 최소이다.
⑤ 총비용곡선의 임의의 한 점에서 그은 접선의 기울기는 그 점에서의 한계비용을 나타낸다.

해설

A기업의 총비용곡선은 단기에 자본투입량이 일정하고 노동투입량만을 증가시키는 경우로, 이때의 평균비용(AC), 평균가변비용(AVC) 및 한계비용(MC)을 그림으로 나타내면 아래와 같다.

① (O) ② (✕) 그림에서 확인할 수 있듯이 평균비용곡선은 평균가변비용곡선 위에 있고, 평균비용곡선이 상승할 때 한계비용곡선은 평균비용곡선 위에 있다.
③ (O) 원점에서 총비용곡선과 접하도록 직선을 그은 경우, 그 기울기인 평균비용은 최소가 된다.
④ (O) 원점에서 총가변비용곡선과 접하도록 직선을 그은 경우, 그 기울기인 평균가변비용은 최소가 된다.

경제학원론

⑤ (○) 한계비용은 총비용곡선이나 총가변비용곡선의 임의의 한 점에서 그은 접선의 기울기이다.

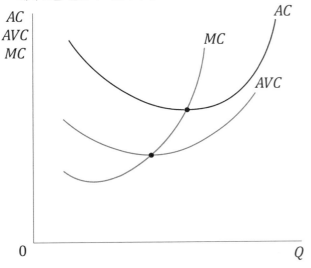

정답 ②

115 □□□ ○ △ ✕

외부효과(externality)에 관한 설명으로 옳은 것을 모두 고른 것은? (단, 수요곡선은 우하향하고, 공급곡선은 우상향한다)

| ㄱ. 생산 측면에서 부(−)의 외부효과가 존재하면, 시장균형생산량은 사회적 최적생산량보다 적다. |
| ㄴ. 외부효과는 보조금 혹은 조세 등을 통해 내부화시킬 수 있다. |
| ㄷ. 거래비용 없이 협상할 수 있다면, 당사자들이 자발적으로 외부효과로 인한 비효율성을 줄일 수 있다. |

① ㄱ ② ㄱ, ㄴ ③ ㄱ, ㄷ
④ ㄴ, ㄷ ⑤ ㄱ, ㄴ, ㄷ

해설

ㄱ (✕) 위 경우, 시장균형생산량이 사회적 최적생산량을 초과하는 과잉생산과, 가격이 사회적 최적 수준보다 낮아지는 시장실패가 발생한다.

ㄴ (○) 외부효과는 외부경제인 경우에 보조금 지급, 외부비경제인 경우에 조세부과로써 내부화시킬 수 있다.

ㄷ (○) 코즈의 정리에 대한 설명이다.

정답 ④

116 □□□ ○ △ ✕

정부가 제품 1개당 10만큼의 종량세를 부과할 때 나타나는 현상에 관한 설명으로 옳지 않은 것은? (단, 수요곡선은 우하향하고, 공급곡선은 우상향한다)
① 공급자에게 종량세를 부과하면 균형가격은 상승한다.
② 수요자에게 종량세를 부과하면 균형가격은 하락한다.
③ 종량세를 공급자에게 부과하든 수요자에게 부과하든 정부의 조세수입은 같다.
④ 종량세를 공급자에게 부과하든 수요자에게 부과하든 경제적 순손실(deadweight loss)은 같다.
⑤ 수요의 가격탄력성이 공급의 가격탄력성보다 클 경우, 공급자보다 수요자의 조세부담이 크다.

해설

① (○) 위 경우, 공급곡선이 부과된 종량세만큼 상방이동하여 균형가격이 상승한다.

② (○) 위 경우, 수요곡선이 부과된 종량세만큼 하방이동하여 균형가격이 하락한다.

③ (○) ④ (○) 종량세를 누구에게 부과하든 자원배분의 효율성은 불변이므로, 정부의 조세수입과 경제적 순손실은 모두 같다 할 것이다.

⑤ (✕) 종량세 부과에 따른 공급자와 수요자의 부담은 다음의 식으로 측정된다.

$$\frac{수요의\ 가격탄력성}{공급의\ 가격탄력성} = \frac{생산자(공급자)의\ 조세부담}{소비자(수요자)의\ 조세부담}$$

따라서 위 경우, 공급자보다 수요자의 조세부담이 작다.

정답 ⑤

117 □□□ ○ △ ✕

재화 X와 Y만을 소비하는 A의 무차별곡선과 예산제약선에 관한 설명으로 옳지 않은 것은? (단, 무차별곡선은 원점에 대해 볼록하며, MU_X는 X재의 한계효용, P_X는 X재의 가격, MU_Y는 Y재의 한계효용, P_Y는 Y재의 가격이다)
① 무차별곡선의 기울기는 한계대체율이다.
② $MU_Y/MU_X > P_Y/P_X$인 경우에 Y재의 소비를 줄이고, X재의 소비를 늘려야 효용이 증가할 수 있다.
③ 예산제약선의 기울기는 두 재화가격의 비율이다.
④ 효용극대화는 무차별곡선과 예산제약선의 접점에서 이루어진다.
⑤ 한계대체율은 두 재화의 한계효용비율이다.

해설

② (✕) 무차별곡선이론에 따르면, 소비자균형은 무차별곡선과 예산선이 접하는 수준에서 이루어진다. 이는 두 재화의 한계효용비율로 표현되는 무차별곡선의 접선기울기인 한계대체율($MRS_{X,Y} = MU_X/MU_Y$)과, 두 재화의 가격비율로 표현되는 예산선의 접선기

울기인 상대가격(P_X/P_Y)이 일치하여야 함을 의미하는데, 만약 Y재의 한계대체율이 Y재의 상대가격보다 큰 경우에는 다음과 같은 소비조정이 이루어져야 한다.

$$MRX_{Y,X} \left(= \frac{MU_Y}{MU_X} \right) > \frac{P_Y}{P_X} \Rightarrow \frac{MU_Y}{P_Y} > \frac{MU_X}{P_X}$$

즉, X재의 소비를 줄이고, Y재의 소비를 늘려야 한다.

정답 ②

118 □□□ ○ △ ×

이윤극대화를 추구하는 독점기업의 생산활동이 자원배분의 비효율성을 초래하는 근거로 옳은 것은?

① 소비자들이 원하는 상품을 생산하지 않기 때문이다.
② 생산에 있어서 과다한 자원을 사용하기 때문이다.
③ 사회적으로 바람직한 생산량보다 적게 생산하기 때문이다.
④ 평균비용과 가격이 일치하는 점에서 생산활동을 하기 때문이다.
⑤ 한계수입과 한계비용이 일치하는 수준에서 생산하지 않기 때문이다.

해설

③ (O) 독점기업은 이윤극대화를 위하여 $MR = MC$ 수준에서 생산량을 결정하는 반면, 완전경쟁기업은 $P = MC$ 수준에서 생산량을 결정하므로, 독점기업은 최적생산량보다 적게 생산하게 된다.

정답 ③

119 □□□ ○ △ ×

(   )에 들어갈 내용으로 옳은 것은?

소비자 A는 정상재인 X재와 Y재만을 소비한다. X재 가격이 하락하면, (ㄱ)로 인해 X재와 Y재의 소비는 증가한다. 동시에 (ㄴ)로 인해 상대적으로 싸진 X재의 소비는 증가하고, 상대적으로 비싸진 Y재의 소비는 감소한다. 단, 소비자 A의 무차별곡선은 원점에 대해 볼록하다.

① ㄱ: 소득효과, ㄴ: 대체효과
② ㄱ: 소득효과, ㄴ: 가격효과
③ ㄱ: 대체효과, ㄴ: 소득효과
④ ㄱ: 대체효과, ㄴ: 가격효과
⑤ ㄱ: 가격효과, ㄴ: 대체효과

해설

① (O) 두 재화 모두 정상재이고 소득(I)과 Y재 가격이 일정한 경우, X재 가격의 하락으로 유발되는 변화를 정리하면 다음과 같다.

ㄱ 소득효과: X재 가격(P_X) 하락 → 실질소득(I/P_X) 증가 → X재 소비 증가, Y재 소비 증가
ㄴ 대체효과: X재 가격(P_X) 하락 → X재 상대가격(P_X/P_Y) 하락 → X재 소비 증가, Y재 소비 감소

정답 ①

120 □□□ ○ △ ×

소득분배에 관한 설명으로 옳은 것을 모두 고른 것은?

ㄱ. 지니계수의 값이 클수록 더욱 평등한 분배상태이다.
ㄴ. 교차하지 않는 두 로렌츠곡선 중 대각선에 더 가까이 위치한 것이 더 평등한 분배상태를 나타낸다.
ㄷ. 지니계수의 값이 커질수록 십분위분배율은 작아진다.
ㄹ. 로렌츠곡선이 대각선과 일치할 때 지니계수는 1이다.

① ㄱ, ㄴ   ② ㄱ, ㄷ   ③ ㄴ, ㄷ
④ ㄴ, ㄹ   ⑤ ㄷ, ㄹ

해설

ㄱ (×) ㄴ (O) ㄷ (O) 지니계수의 값이 작을수록, 로렌츠곡선이 대각선에 가까울수록, 십분위분배율이 클수록 평등한 분배상태이다. 즉, 지니계수의 값이 커질수록 로렌츠곡선은 대각선에서 멀어지고, 십분위분배율은 작아진다.
참고로, 두 로렌츠곡선이 교차하는 경우, 분배상태의 평등 정도는 비교할 수 없게 된다.
ㄹ (×) 로렌츠곡선이 대각선과 일치할 때 지니계수는 0이 되고, 이를 완전평등하다고 평가한다.

정답 ③

121 □□□ ○ △ ×

효율임금(efficiency wages)에 관한 설명으로 옳은 것을 모두 고른 것은?

ㄱ. 구조적 실업의 한 원인이다.
ㄴ. 노동자의 태업을 줄일 수 있다.
ㄷ. 노동자의 이직을 줄일 수 있다.

① ㄱ   ② ㄴ   ③ ㄱ, ㄷ
④ ㄴ, ㄷ   ⑤ ㄱ, ㄴ, ㄷ

해설

⑤ (O) 균형임금보다 높은 수준의 효율임금이 적용되는 산업에서는 비자발적 실업이 발생하는데, 이는 구조적 실업의 한 원인이 될 수 있다.
참고로, 효율임금이론으로는 영양이론, 이직(방지)이론, 역선택(방지)이론, 도덕적 해이(= 근무태만)(방지)이론 등이 있다.

정답 ⑤

경제학원론

122 ☐☐☐   ○ △ ✕

현재 생산량 수준에서 자본과 노동의 한계생산물이 각각 5와 8이고, 자본과 노동의 가격이 각각 12와 25이다. 이윤극대화를 추구하는 기업의 의사결정으로 옳은 것은? (단, 한계생산물체감의 법칙이 성립한다)

① 노동투입량을 증가시키고, 자본투입량을 감소시킨다.
② 노동투입량을 감소시키고, 자본투입량을 증가시킨다.
③ 두 요소의 투입량을 모두 감소시킨다.
④ 두 요소의 투입량을 모두 증가시킨다.
⑤ 두 요소의 투입량을 모두 변화시키지 않는다.

해설

② (O) 주어진 조건에 기하여 자본과 노동의 가격단위당 한계생산물을 비교하면 다음과 같다.

$$\frac{MP_K}{P_K}\left(=\frac{5}{12}\fallingdotseq 0.417\right) > \frac{MP_L}{P_L}\left(=\frac{8}{25}=0.320\right)$$

위 결과는 이윤극대화를 위하여 자본투입량은 증가시키고, 노동투입량은 감소시켜야 함을 의미한다.

정답 ②

123 ☐☐☐   ○ △ ✕

( )에 들어갈 내용으로 옳은 것은?

> 완전경쟁시장에서 이윤극대화를 추구하는 기업은 생산물시장에서 제품가격이 (ㄱ)과 일치하는 수준에서 생산량을 결정한다. 동시에 노동시장에서 임금이 (ㄴ)와(과) 일치하는 수준에서 노동수요를 결정한다.

① ㄱ: 한계비용, ㄴ: 한계생산가치
② ㄱ: 한계비용, ㄴ: 평균생산가치
③ ㄱ: 한계수입, ㄴ: 한계생산가치
④ ㄱ: 한계수입, ㄴ: 평균생산가치
⑤ ㄱ: 한계수입, ㄴ: 한계비용

해설

① (O) 각 시장에 대하여 설명하면 다음과 같다.

- 생산물시장에서의 이윤극대화 조건은 한계수입 = 한계비용이고, 이는 시장구조와 관계없다. 반면, 완전경쟁시장에서는 일물일가법칙에 의하여 가격 = 한계수입이 성립한다. 따라서 가격 = 한계비용이라고 할 수 있다.
- 노동시장에서의 이윤극대화 조건은 한계수입생산 = 한계요소비용이다. 반면, 완전경쟁시장에서는 일물일가법칙에 의하여 한계수입생산 = 한계생산가치와 한계요소비용 = 임금이 성립한다. 따라서 한계생산가치 = 임금이라고 할 수 있다.

정답 ①

124 ☐☐☐   ○ △ ✕

노동시장에서 노동수요곡선은 $L_D = 1,000 - W$이고, 노동공급곡선은 $L_S = -100 + W$이다. 이때 균형임금(W^*)과 균형노동량(L^*)은? (단, L_D는 노동수요량, L_S는 노동공급량, W는 노동 1단위당 임금이다)

① W*: 550, L*: 450   ② W*: 450, L*: 550
③ W*: 400, L*: 600   ④ W*: 350, L*: 650
⑤ W*: 300, L*: 700

해설

① (O) 주어진 노동수요곡선과 노동공급곡선을 연립하여 풀면 균형임금과 균형노동량을 도출할 수 있다.

- 균형임금: $1,000 - W = -100 + W \Rightarrow 2W = 1,100$
  $\Rightarrow W^* = \underline{550}$
- 균형노동량: $L_D = 1,000 - 550 = 450,$
  $L_S = -100 + 550 = 450 \Rightarrow L^* = \underline{450}$

정답 ①

125 ☐☐☐   ○ △ ✕

A국에서 실업률이 6%일 때 실업자가 60만 명이라면, 취업자 수는 얼마인가?

① 60만 명   ② 940만 명   ③ 1,000만 명
④ 1,060만 명   ⑤ 1,100만 명

해설

② (O) 주어진 조건에 따라 취업자 수를 구하면 다음과 같다.

$$실업률 = \frac{실업자\ 수}{취업자\ 수 + 실업자\ 수}$$

$$\Rightarrow 취업자\ 수 = \frac{실업자\ 수}{실업률} - 실업자\ 수$$

$$= \frac{60만\ 명}{0.06} - 60만\ 명 = 1,000만\ 명 - 60만\ 명$$

$$= \underline{940만\ 명}$$

정답 ②

101 □□□ ○ △ ×

소비이론에 관한 설명으로 옳은 것은?

① 항상소득가설에 따르면, 호황기에 일시적으로 소득이 증가할 때 소비가 늘지 않지만, 불황기에 일시적으로 소득이 감소할 때 종전보다 소비가 줄어든다.
② 생애주기가설에 따르면, 소비는 일생 동안의 소득을 염두에 두고 결정되는 것은 아니다.
③ 한계저축성향과 평균저축성향의 합은 언제나 1이다.
④ 케인즈의 소비함수에서는 소비가 미래에 예상되는 소득에 영향을 받는다.
⑤ 절대소득가설에 따르면, 소비는 현재의 처분가능소득으로 결정된다.

해설

① (×) 호황기에 일시적으로 소득이 증가할 때는 물론이고, 불황기에 일시적으로 소득이 감소할 때에도 종전에 비하여 소비는 줄어들지 아니한다. 항상소득가설에서 소비에 영향을 미치는 가장 큰 요인은 통상급여 등의 항상소득이고, 잔업 등으로 얻게 되는 일시소득은 주로 저축하기 때문이다.
② (×) 소비는 생애평균소득의 크기에 의하여 결정된다.
③ (×) 한계저축성향과 한계소비성향의 합, 평균저축성향과 평균소비성향의 합이 언제나 1이다.
④ (×) 생애주기가설에 대한 설명이다.
⑤ (○) 소비의 크기는 현재의 처분가능소득의 절대적 크기에 의하여 결정된다. 따라서 과거나 미래 소득의 크기는 현재 소득에 거의 영향을 미치지 못한다.

정답 ⑤

102 □□□ ○ △ ×

국민소득 관련 방정식은 $Y = C + I + G + NX$, $Y = C + S + T$이다. 다음 자료를 이용하여 산출한 국민저축은? (단, Y는 국민소득, C는 소비, I는 투자, G는 정부지출, NX는 순수출, X는 수출, M은 수입, S는 민간저축, T는 세금이다)

C : 8,000	I : 2,000	G : 2,000
X : 5,000	M : 4,000	T : 1,000

① 2,200
② 2,500
③ 2,800
④ 3,000
⑤ 4,000

해설

④ (○) 균형국민소득으로 국민저축을 구하면 다음과 같다.

- $Y = C + I + G + NX$
  $= 8,000 + 2,000 + 2,000 + (5,000 - 4,000) = 13,000$
- 국민저축 = 민간저축 + 정부저축
  $= (Y - C - T) + (T - G)$
  $= (13,000 - 8,000 - 1,000) + (1,000 - 2,000)$
  $= 4,000 - 1,000 = 3,000$

정답 ④

103 □□□ ○ △ ×

화폐발행이득(seigniorage)에 관한 설명으로 옳은 것을 모두 고른 것은?

> ㄱ. 정부가 화폐공급량 증가를 통해 얻게 되는 추가적 재정수입을 가리킨다.
> ㄴ. 화폐라는 세원에 대해 부과하는 조세와 같다는 뜻에서 인플레이션조세라 부른다.
> ㄷ. 화폐공급량 증가로 인해 생긴 인플레이션이 민간이 보유하는 화폐자산의 실질가치를 떨어뜨리는 데서 나온다.

① ㄱ
② ㄴ
③ ㄱ, ㄷ
④ ㄴ, ㄷ
⑤ ㄱ, ㄴ, ㄷ

해설

⑤ (○) 정부의 화폐발행으로 나타나는 효과는 다음과 같다.

> 화폐공급량 증가 → 인플레이션 발생 → 민간보유 화폐자산가치 하락 → 민간보유 처분가능소득 실질적 감소(조세납부와 동일한 효과 발생 = 인플레이션조세)

정답 ⑤

경제학원론

104 □□□ ○ △ ✕

표는 A국 노동자와 B국 노동자가 각각 동일한 기간에 생산할 수 있는 쌀과 옷의 양을 나타낸 것이다. 리카도의 비교우위에 관한 설명으로 옳지 않은 것은?

구분	A국	B국
쌀(섬)	5	4
옷(벌)	5	2

① 쌀과 옷 생산 모두 A국의 노동생산성이 B국보다 더 크다.
② A국은 쌀을 수출하고 옷을 수입한다.
③ A국의 쌀 1섬 생산의 기회비용은 옷 1벌이다.
④ B국의 옷 1벌 생산의 기회비용은 쌀 2섬이다.
⑤ B국의 쌀 생산의 기회비용은 A국보다 작다.

해설

② (✕) 주어진 조건을 각 재화의 기회비용(상대가격)으로 정리하면 다음과 같다.

참고로, 비교우위 재화는 기회비용(상대가격)이 작은 재화이다.

> • 옷 수량으로 나타낸 쌀 1섬 생산의 기회비용 = 옷 생산량 / 쌀 생산량
> [A국] 5/5 = 1벌   [B국] 2/4 = 1/2벌
> • 쌀 수량으로 나타낸 옷 1벌 생산의 기회비용 = 쌀 생산량 / 옷 생산량
> [A국] 5/5 = 1섬   [B국] 4/2 = 2섬

따라서 A국은 옷 생산, B국은 쌀 생산에 특화하면, 교역으로써 양국 모두 이득을 얻을 수 있다. 즉, A국은 옷을 수출하고 쌀을 수입한다 할 것이다.

정답 ②

105 □□□ ○ △ ✕

리카도의 대등정리가 성립하는 경우, 다음 중 옳은 것은?
① 조세징수보다 국채발행이 더 효과적인 재원조달방식이다.
② 정부가 발행한 국채는 민간의 순자산을 증가시키지 않는다.
③ 조세감면으로 발생한 재정적자를 국채발행을 통해 보전하면 이자율이 상승한다.
④ 조세감면으로 재정적자가 발생하면 민간의 저축이 감소한다.
⑤ 재원조달방식의 중립성이 성립되지 않아 재정정책이 통화정책보다 효과적이다.

해설

① (✕) 조세징수이든 국채발행이든 정부지출 증가를 위하여 필요한 재원조달의 결과는 동일하다.

② (○) 민간은 정부지출 증가를 미래조세 증가 및 생애처분가능소득 감소로 받아들여 현재소비를 감소시키는데, 이와 같은 정부지출 증가는 현재소비 감소와 서로 상쇄되어 총수요 증가에 영향을 미치지 못한다는 것이 리카도 대등정리의 핵심내용이다.
③ (✕) 리카도 대등정리는 이자율 불변을 가정한다.
④ (✕) 조세감면으로 재정적자가 발생하면 민간은 미래조세 증가를 예상하므로, 현재소비를 감소시키고 저축을 증가한다.
⑤ (✕) 리카도 대등정리는 재원조달방식의 중립성이 성립되어 재정정책이 통화정책보다 효과적이지 못하다고 주장한다.

정답 ②

106 □□□ ○ △ ✕

통화승수에 관한 설명으로 옳지 않은 것은?
① 통화승수는 법정지급준비율을 낮추면 커진다.
② 통화승수는 이자율 상승으로 요구불예금이 증가하면 작아진다.
③ 통화승수는 대출을 받은 개인과 기업들이 더 많은 현금을 보유할수록 작아진다.
④ 통화승수는 은행들이 지급준비금을 더 많이 보유할수록 작아진다.
⑤ 화폐공급에 내생성이 없다면 화폐공급곡선은 수직선의 모양을 갖는다.

해설

민간의 현금보유성향인 현금통화비율을 c, 은행의 현금보유성향인 지급준비율을 z라고 할 때 통화승수는 다음과 같다.

$$통화승수(m) = \frac{1}{c + z(1-c)}$$

① (○) ③ (○) 통화승수는 현금통화비율과 (법정)지급준비율이 낮을수록(높을수록) 커진다(작아진다).
② (✕) 이자율 상승으로 요구불예금이 증가할수록 현금통화비율이 낮아지므로, 통화승수는 커진다.
④ (○) 지급준비금이 많아질수록 지급준비율이 높아지므로, 통화승수는 작아진다.
⑤ (○) 중앙은행의 의도와 관계없이 통화량이 변화하는 내생성이 없다면, 화폐공급곡선은 중앙은행이 의도한 통화량 수준에서 수직선이다.

정답 ②

107 ☐ ☐ ☐　　　　○ △ ✕

인플레이션에 관한 설명으로 옳은 것은?

① 피셔가설은 '명목이자율＝실질이자율＋물가상승률'이라는 명제로서 예상된 인플레이션이 금융거래에 미리 반영됨을 의미한다.

② 새케인즈학파에 의하면, 예상된 인플레이션의 경우에는 어떤 형태의 사회적 비용도 발생하지 않는다.

③ 실제 물가상승률이 예상된 물가상승률보다 더 큰 경우, 채권자는 이득을 보고 채무자는 손해를 본다.

④ 실제 물가상승률이 예상된 물가상승률보다 더 큰 경우, 고정된 명목임금을 받는 노동자와 기업 사이의 관계에서 노동자는 이득을 보고, 기업은 손해를 보게 된다.

⑤ 예상하지 못한 인플레이션 발생의 불확실성이 커지면 장기계약이 활성화되고 단기계약이 위축된다.

해설

① (○) 인플레이션이 예상되는 경우. 채권자는 자신이 원하는 이자율 확보를 위하여 실질이자율과 예상된 인플레이션율을 합한 명목이자율을 요구한다.

② (✕) 인플레이션을 예상한다고 하더라도 가격을 변경하는 데 드는 메뉴비용과, 현금보유를 줄이기 위한 비용, 즉 구두창비용은 발생한다. 다만, 그 크기는 미미하다.

③ (✕) 예상치 못한 인플레이션은 채권자에게 손해를 주고, 채무자에게 이익을 줌으로써 부를 재분배한다.

④ (✕) 위 경우, 임금의 실질가치가 예상보다 더 하락하므로, 고정된 명목임금을 받는 노동자와 기업 사이의 관계에서 노동자는 손해를 보고, 기업은 이득을 보게 된다.

⑤ (✕) 예상치 못한 인플레이션으로 야기된 미래 불확실성은 금전거래에서 장기계약보다 단기계약을 더 선호토록 한다.

정답 ①

108 ☐ ☐ ☐　　　　○ △ ✕

물가지수에 관한 설명으로 옳지 않은 것은?

① 소비자물가지수는 소비재를 기준으로 측정하고, 생산자물가지수는 원자재 혹은 자본재 등을 기준으로 측정하기 때문에 두 물가지수는 일치하지 않을 수 있다.

② 소비자물가지수는 상품가격 변화에 대한 소비자의 반응을 고려하지 않는다.

③ GDP 디플레이터는 국내에서 생산된 상품만을 조사대상으로 하기 때문에 수입상품의 가격동향을 반영하지 못한다.

④ 물가수준 그 자체가 높다는 것과 물가상승률이 높다는 것은 다른 의미를 가진다.

⑤ 물가지수를 구할 때 모든 상품의 가중치를 동일하게 반영한다.

해설

⑤ (✕) 물가지수를 구할 때 반영하는 가중치는 수량이므로, 상품에 따라 다르다.

정답 ⑤

109 ☐ ☐ ☐　　　　○ △ ✕

수요의 탄력성에 관한 설명으로 옳은 것은?

① 재화가 기펜재라면 수요의 소득탄력성은 양(＋)의 값을 갖는다.

② 두 재화가 서로 대체재의 관계에 있다면 수요의 교차탄력성은 음(－)의 값을 갖는다.

③ 우하향하는 직선의 수요곡선상에 위치한 두 점에서 수요의 가격탄력성은 동일하다.

④ 수요의 가격탄력성이 '1'이면 가격변화에 따른 판매총액은 증가한다.

⑤ 수요곡선이 수직선일 때 모든 점에서 수요의 가격탄력성은 '0'이다.

해설

① (✕) 기펜재의 경우, 수요의 소득탄력성은 음(-)의 값을 갖는다.

② (✕) 대체재의 경우, 수요의 교차탄력성은 양(+)의 값을 갖는다.

③ (✕) 위 경우, 수요의 가격탄력성은 상이하다. 이때 그 크기는 가격이 낮을수록 작아진다.

④ (✕) 수요의 가격탄력성이 1이면, 가격이 상승(하락)하는 만큼 판매가 감소(증가)하므로, 판매총액은 불변이다.

⑤ (○) 수요곡선이 수직선이면, 가격변화에도 불구하고 수요량 변화가 없으므로, 모든 점에서 수요의 가격탄력성은 0이다.

정답 ⑤

110 ☐ ☐ ☐　　　　○ △ ✕

우유의 수요곡선은 $Q_d = 100 - P$, 공급곡선은 $Q_s = P$ 이다. 정부가 우유 소비를 늘리기 위해 소비자에게 개당 2의 보조금을 지급할 때 다음 설명으로 옳은 것은? (단, P 는 가격, Q_d 는 수요량, Q_s 는 공급량이다)

① 정부의 보조금지급액은 101이다.

② 보조금 지급 후 판매량은 52이다.

③ 보조금의 수혜규모는 소비자가 생산자보다 크다.

④ 보조금으로 인한 경제적 순손실(deadweight loss)은 1이다.

⑤ 보조금 지급 후 소비자가 실질적으로 부담하는 우유 가격은 50이다.

해설

소비자에게 개당 2의 보조금을 지급하면, 수요곡선이 상방으로 2만큼 평행이동하므로 $Q_d = 120 - P$가 되고, 주어진 조건을 모두 반영하여 그림으로 나타내면 다음과 같다.

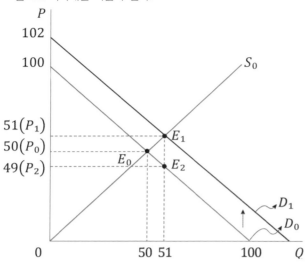

① (×) 정부의 보조금지급액은 사각형 $P_1E_1E_2P_2$이고, 그 크기는 $102(= 51 \times 2)$이다.

② (×) 보조금 지급 후 새로운 균형점은 E_1이고, 이때 판매량은 51이다.

③ (×) 보조금 지급 후 소비자의 실제 지불금액은 49로, 보조금 지급 전보다 1만큼 감소하고, 보조금 지급 후 생산자의 실제 수령금액은 51로, 보조금 지급 전보다 1만큼 증가한다. 따라서 보조금의 수혜규모는 소비자와 생산자 모두 1로 동일하다.

④ (○) 보조금으로 인한 경제적 순손실은 $\triangle E_0E_1E_2$이고, 그 크기는 $1(= 2 \times 1 \times 1/2)$이다.

⑤ (×) 보조금 지급 후 소비자는 생산자에게 51만큼 지불하게 되나, 정부로부터 2만큼의 보조금을 받으므로, 실질적으로 부담하는 우유 가격은 49이다.

정답 ④

111 ☐☐☐   ○ △ ×

A국은 세계 철강시장에서 무역을 시작하였다. 무역 이전과 비교하여 무역 이후에 A국 철강시장에서 발생하는 현상으로 옳은 것을 모두 고른 것은? (단, 세계 철강시장에서 A국은 가격수용자이며, 세계 철강가격은 무역 이전 A국의 국내 가격보다 높다. 또한 무역 관련 거래비용은 없다)

> ㄱ. A국의 국내 철강가격은 세계 가격보다 높아진다.
> ㄴ. A국의 국내 철강거래량은 감소한다.
> ㄷ. 소비자잉여는 감소한다.
> ㄹ. 생산자잉여는 증가한다.
> ㅁ. 총잉여는 감소한다.

① ㄱ, ㄴ, ㄷ   ② ㄱ, ㄴ, ㄹ   ③ ㄱ, ㄷ, ㅁ
④ ㄴ, ㄷ, ㄹ   ⑤ ㄷ, ㄹ, ㅁ

해설

세계 철강시장에서 A국이 가격수용자라 함은 A국이 소국임을 의미하고, 세계 철강가격이 무역 이전 A국의 국내 가격보다 높다 함은 A국이

철강수출국임을 의미한다. 주어진 조건을 반영하여 그림으로 나타내면 다음과 같다.

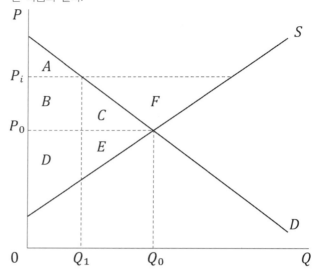

위 그림에 기하여 무역을 시작함에 따라 변화하는 잉여를 표로 정리하면 다음과 같다.

구분	소비자잉여	생산자잉여	총잉여
전	A+B+C	D+E	A+B+C+D+E
후	A	B+C+D+E+F	A+⋯+F

ㄱ (×) A국이 세계 철강시장에서 무역을 시작하였으므로, 국내에서 세계 철강가격 수준으로 판매할 수 있게 된다.

ㄴ (○) 국내 가격이 세계 철강가격 수준으로 상승하였으므로, 국내 철강거래량은 Q_0에서 Q_1으로 감소한다.

ㄷ (○) 소비자잉여는 (B+C)만큼 감소한다.

ㄹ (○) 생산자잉여는 (B+C+F)만큼 증가한다.

ㅁ (×) 총잉여는 F만큼 증가한다.

정답 ④

112 ☐☐☐   ○ △ ×

A재의 시장수요곡선은 $Q_d = 20 - 2P$이고, 한계비용은 생산량에 관계없이 2로 일정하다. 이 시장이 완전경쟁일 경우와 비교하여 독점에 따른 경제적 순손실(deadweight loss)의 크기는 얼마인가? (단, Q_d는 A재의 수요량, P는 A재의 가격이다)

① 8   ② 16   ③ 20
④ 32   ⑤ 40

해설

② (○) 시장수요곡선이 $Q_d = 20 - 2P$이므로, 한계수입곡선은 다음과 같다.

> $$Q = 20 - 2P \Rightarrow P = 10 - \frac{1}{2}Q \Rightarrow MR = 10 - Q$$
>
> (∵ 시장수요함수가 선형함수이면, 한계수입함수는 절편은 같고 기울기는 2배)

주어진 조건을 반영하여 그림으로 나타내면 다음과 같다.

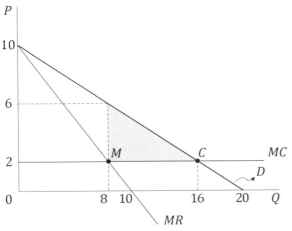

완전경쟁시장하에서의 균형($P = MC$)은 C점에서 이루어지고, 독점시장하에서의 균형($MR = MC$)은 M점에서 이루어진다. 따라서 색칠된 부분만큼의 경제적 순손실이 발생하는데, 그 크기는 16(= 8 × 4 × 1/2)이다.

정답 ②

113 □□□ ○ △ ×

정부의 가격통제에 관한 설명으로 옳지 않은 것은? (단, 시장은 완전경쟁이며, 암시장은 존재하지 않는다)

① 가격상한제란 정부가 설정한 최고가격보다 낮은 가격으로 거래하지 못하도록 하는 제도이다.

② 가격하한제는 시장의 균형가격보다 높은 수준에서 설정되어야 효력을 가진다.

③ 최저임금제는 저임금근로자의 소득을 유지하기 위해 도입하지만, 실업을 유발할 수 있는 단점이 있다.

④ 전쟁 시에 식료품 가격안정을 위해서 시장균형보다 낮은 수준에서 최고가격을 설정하여야 효력을 가진다.

⑤ 시장균형가격보다 낮은 아파트분양가상한제를 실시하면 아파트 수요량은 증가하고, 공급량은 감소한다.

해설

① (×) 암시장이 존재하지 아니한다 함은 실효성 있는 가격수준에서 가격통제가 이루어지고 있음을 의미하는데, 이때 실효성 있는 가격상한제(최고가격제)는 정부가 설정한 최고가격보다 높은 가격으로 거래하는 것을 금지하는 제도이다.

② (○) 실효성 있는 가격하한제(최저가격제)는 정부가 설정한 최저가격보다 낮은 가격으로 거래하는 것을 금지하는 제도이므로, 시장의 균형가격보다 높은 수준에서 설정되어야 효력을 가진다.

③ (○) 최저임금제 도입은 비자발적 실업을 유발할 수 있다.

④ (○) 전시에는 최고가격을 설정하는 가격상한제가 유력하다.

⑤ (○) 일종의 가격상한제인 아파트분양가상한제를 실시하면, 수요량 증가와 공급량 감소로 인한 초과수요가 발생한다.

정답 ①

114 □□□ ○ △ ×

완전경쟁시장에서 수요곡선은 $Q_d = 8 - 0.5P$이고, 공급곡선은 $Q_s = P - 4$라고 할 때 균형가격(P)과 소비자잉여(CS)의 크기는? (단, Q_d는 수요량, Q_s는 공급량이다)

① P = 4, CS = 8   ② P = 4, CS = 16

③ P = 8, CS = 8   ④ P = 8, CS = 16

⑤ P = 10, CS = 8

해설

④ (○) 주어진 조건을 그림으로 나타내면 다음과 같다.

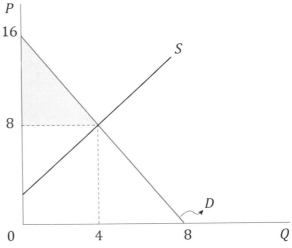

그림에서 확인할 수 있듯이 균형가격은 8이고, 균형거래량은 4이며, 소비자잉여은 색칠된 부분으로서 그 크기는 16(= 4 × 8 × 1/2)이다.

정답 ④

115 □□□ ○ △ ×

A기업의 생산함수는 $Q = 12L^{0.5}K^{0.5}$이다. A기업의 노동과 자본의 투입량이 각각 $L = 4$, $K = 9$일 때 노동의 한계생산(MP_L)과 평균생산(AP_L)은?

① $MP_L = 0$, $AP_L = 9$ ② $MP_L = 9$, $AP_L = 9$

③ $MP_L = 9$, $AP_L = 18$ ④ $MP_L = 12$, $AP_L = 18$

⑤ $MP_L = 18$, $AP_L = 9$

해설

③ (○) 주어진 생산함수로 노동의 한계생산과 평균생산을 도출하면 다음과 같다.

- $MP_L = \dfrac{dQ}{dL} = 6L^{-0.5}K^{0.5}$

$= 6\left(\dfrac{K}{L}\right)^{0.5} = 6\left(\dfrac{9}{4}\right)^{0.5} = 6\left(\dfrac{3}{2}\right) = 9$

- $AP_L = \dfrac{Q}{L} = 12L^{-0.5}K^{0.5} = 12\left(\dfrac{K}{L}\right)^{0.5} = 12\left(\dfrac{3}{2}\right) = 18$

정답 ③

116 □□□　　　　　　　　　　○ △ ✕

독점기업의 가격전략에 관한 설명으로 옳지 않은 것은?

① 독점기업이 시장에서 한계수입보다 높은 수준으로 가격을 책정하는 것은 가격차별전략이다.
② 1급 가격차별의 경우, 생산량은 완전경쟁시장과 같다.
③ 2급 가격차별은 소비자들의 구매수량과 같이 구매특성에 따라서 다른 가격을 책정하는 경우에 발생한다.
④ 3급 가격차별의 경우, 재판매가 불가능해야 가격차별이 성립한다.
⑤ 영화관 조조할인은 3급 가격차별의 사례이다.

해설

① (✕) 독점기업은 이윤극대화를 위하여 $MR = MC$ 수준에서 생산량을 결정하는데, 이때의 가격은 가격차별을 하지 아니하여도 한계수입보다 높은 수준에서 책정된다.
② (○) 1급 가격차별, 즉 완전가격차별은 $P = MC$가 성립하므로, 생산량이 완전경쟁시장과 같다.
③ (○) 2급 가격차별은 구매수량이나 구매조건에 따라 상이한 가격을 책정하는 전략으로, 대량구매나 할인 등이 그 예이다.
④ (○) 탄력적인 시장에서 값싸게 구매한 상품을 비탄력적인 시장에 비싸게 되팔면 가격차별 자체가 성립할 수 없다.
⑤ (○) 이외에도 나이에 따라 가격에 차등을 두는 대중교통, 놀이공원 등의 이용료가 그 사례이다.

[보충] 가격차별
  • 1급 가격차별: 소비자의 최대지불의사나 지불용의가격에 따라 상이한 가격책정
  • 2급 가격차별: 구매수량이나 구매조건에 따라 상이한 가격책정
  • 3급 가격차별: 소비자를 특정 그룹으로 분류하고 각 그룹에 따라 상이한 가격책정으로, 가장 보편적

정답 ①

117 □□□　　　　　　　　　　○ △ ✕

꾸르노(Cournot)경쟁을 하는 복점시장에서 역수요함수는 $P = 18 - q_1 - q_2$이다. 두 기업의 비용구조는 동일하며, 고정비용 없이 한 단위당 생산비용은 6일 때 기업 1의 균형가격과 균형생산량은? (단, P는 가격, q_1은 기업 1의 생산량, q_2는 기업 2의 생산량이다)

① $P = 10$, $q_1 = 2$　　　② $P = 10$, $q_1 = 4$
③ $P = 14$, $q_1 = 4$　　　④ $P = 14$, $q_1 = 8$
⑤ $P = 14$, $q_1 = 10$

해설

② (○) 자원배분이 효율적으로 달성되는 완전경쟁시장의 전체 생산량(Q)은 다음과 같다.

$$P = MC \Rightarrow P = 18 - Q(= q_1 + q_2), \ MC = 6$$
$$\Rightarrow 18 - Q = 6$$
$$\Rightarrow Q = 12$$

꾸르노경쟁을 하는 복점시장의 균형생산량은 완전경쟁시장의 전체 생산량의 2/3 수준이고, 두 기업은 이를 양분하여 생산하므로, $Q' = 8(= 12 \times 2/3)$이고, $q_1 = q_2 = 4$이며, $P = 10(= 18 - 8)$이다.

정답 ②

118 □□□　　　　　　　　　　○ △ ✕

소득분배를 측정하는 방식에 관한 설명으로 옳지 않은 것은?

① 지니계수 값이 커질수록 더 불균등한 소득분배를 나타낸다.
② 십분위분배율 값이 커질수록 더 균등한 소득분배를 나타낸다.
③ 모든 구성원의 소득이 동일하다면 로렌츠곡선은 대각선이다.
④ 동일한 지니계수 값을 갖는 두 로렌츠곡선은 교차할 수 없다.
⑤ 전체 구성원의 소득기준 하위 10% 계층이 전체 소득의 10%를 벌면 로렌츠곡선은 대각선이다.

해설

④ (✕) 로렌츠곡선이 교차하더라도 지니계수 값은 동일할 수 있다. 다만, 두 로렌츠곡선이 교차하는 경우, 분배상태의 평등 정도는 비교할 수 없게 된다. 지니계수는 로렌츠곡선이 서로 교차하지 아니하는 경우에 유의미하다.

정답 ④

119 □□□　　　　　　　　　　○ △ ✕

우리나라 고용통계에 관한 설명으로 옳은 것은?

① 부모가 경영하는 가게에서 무급으로 하루 5시간씩 주 5일 배달 일을 도와주는 아들은 취업자이다.
② 학생은 유급 파트타임 노동을 하더라도 주로 하는 활동이 취업이 아니므로 취업자가 될 수 없다.
③ 다른 조건이 모두 동일한 상태에서 고교 졸업생 중 취업자는 줄고 대학진학자가 증가하였다면, 취업률은 감소하지만 고용률은 변화가 없다.
④ 실업률은 '(100% - 고용률)'이다.
⑤ 실업자 수는 취업률 계산에 영향을 미치지 못한다.

해설

① (○) 가구 단위로 운영되는 사업장에서 주당 18시간 이상 근로 시에는, 임금지급 여부와 관계없이 경제활동인구인 취업자로 분류된다.
② (✕) 소득을 목적으로 하는 유급 파트타임 노동을 하는 학생은 경제활동인구인 취업자로 분류된다.
③ (✕) 고교 졸업생 중 취업자 수 감소는 실업률 상승과 취업률 하락

을 가져오는데, 이는 15세 이상 인구, 즉 생산가능인구에는 영향을 미치지 아니하나, 생산가능인구 중 취업자가 차지하는 비중인 고용률을 하락시킨다.

④ (✕) 실업률은 (100% – 취업률)이다.

⑤ (✕) 모든 조건이 일정한 경우, 경제활동인구인 실업자 수 증가는 실업률 상승과 취업률 하락을 유발한다.

정답   ①

120 ☐☐☐   ○ △ ✕

시간당 임금이 5,000에서 6,000으로 인상될 때 노동수요량이 10,000에서 9,000으로 감소하였다면, 노동수요의 임금탄력성은? (단, 노동수요의 임금탄력성은 절댓값이다)

① 0.67%   ② 1%   ③ 0.5
④ 1   ⑤ 2

해설

③ (○) 노동수요의 임금탄력성은 노동수요량 변화율 / 임금 변화율로, 다음과 같이 도출된다.

$$-\frac{\triangle L/L}{\triangle w/w} = -\left(\frac{-1,000}{10,000} \Big/ \frac{1,000}{5,000}\right) = \frac{10\%}{20\%} = \frac{1}{2} = 0.5$$

정답   ③

121 ☐☐☐   ○ △ ✕

생산물에 물품세가 부과될 경우, 상품시장과 노동시장에서 발생하는 현상으로 옳은 것은? (단, 상품시장과 노동시장은 완전경쟁시장이며, 생산에서 자본은 고정되어 있다)

① 고용은 감소한다.
② 임금은 상승한다.
③ 구매자가 내는 상품가격이 하락한다.
④ 노동공급곡선이 왼쪽으로 이동한다.
⑤ 노동수요곡선이 오른쪽으로 이동한다.

해설

① (○) 물품세 부과 → 공급감소 → 가격상승 → 노동수요(= 생산물 시장으로부터의 파생수요) 감소 → 노동수요곡선 좌측이동 → (균형)고용량 감소, 임금하락

정답   ①

122 ☐☐☐   ○ △ ✕

수요독점 노동시장에서 기업이 이윤을 극대화하기 위한 조건은? (단, 상품시장은 독점이고, 생산에서 자본은 고정되어 있다)

① 한계비용과 임금이 일치
② 한계비용과 평균수입이 일치
③ 노동의 한계생산물가치(value of marginal product of labor)와 임금이 일치
④ 노동의 한계생산물가치와 한계노동비용(marginal labor cost)이 일치
⑤ 노동의 한계수입생산(marginal revenue product)과 한계노동비용이 일치

해설

⑤ (○) 상품시장이 독점이고 노동시장이 수요독점인 경우, 이윤극대화 조건은 다음과 같다.

- 한계수입생산(MRP) = 한계노동비용(MFC)
- 한계생산가치(VMP) > 한계수입생산(MRP)
- 한계노동비용(MFC) > 평균노동비용(AFC) = 노동공급곡선(S_L)

이를 그림으로 나타내면 다음과 같다.

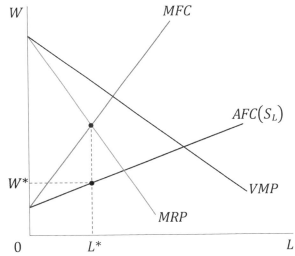

그림에서 확인할 수 있듯이 노동의 한계수입생산과 한계노동비용이 일치한다.

정답   ⑤

123 ☐☐☐ ○△✕

노동시장에 관한 설명으로 옳은 것을 모두 고른 것은?

> ㄱ. 완전경쟁노동시장이 수요독점화되면 고용은 줄어든다.
> ㄴ. 단기 노동수요곡선은 장기 노동수요곡선보다 임금의 변화에 비탄력적이다.
> ㄷ. 채용비용이 존재할 때 숙련 노동수요곡선은 미숙련 노동수요곡선보다 임금의 변화에 더 탄력적이다.

① ㄱ   ② ㄷ   ③ ㄱ, ㄴ
④ ㄴ, ㄷ   ⑤ ㄱ, ㄴ, ㄷ

해설

ㄷ. (✕) 채용비용이 존재할 때 임금변화에 따른 각 노동수요곡선의 탄력성은 다음과 같다.
- 채용비용은 물론 상승한 임금도 부담하여야 하므로, 미숙련 노동에 대한 수요량이 급격하게 감소한다. 따라서 임금변화에 따른 미숙련 노동수요곡선은 상대적으로 탄력적이다.
- 채용비용이 존재함에도 불구하고 숙련 노동은 반드시 요구되므로, 급격한 수요량 감소는 발생하지 아니한다. 따라서 임금변화에 따른 숙련 노동수요곡선은 상대적으로 비탄력적이다.

정답 ③

124 ☐☐☐ ○△✕

소득-여가 선택모형에서 A의 효용함수가 $U = Y + 2L$이고, 총가용시간은 24시간이다. 시간당 임금이 변화할 때 A의 노동공급시간과 여가시간에 관한 설명으로 옳은 것을 모두 고른 것은? (단, U＝효용, Y＝소득, L＝여가시간이다)

> ㄱ. 시간당 임금의 상승은 언제나 노동공급시간을 증가시킨다.
> ㄴ. 시간당 임금이 1이면 노동공급시간은 3이다.
> ㄷ. 시간당 임금이 3이면 여가시간은 0이다.
> ㄹ. 시간당 임금이 3에서 4로 상승하면 임금상승에도 불구하고 노동공급시간은 더 이상 증가하지 않는다.

① ㄱ, ㄴ   ② ㄴ, ㄷ   ③ ㄷ, ㄹ
④ ㄱ, ㄴ, ㄷ   ⑤ ㄴ, ㄷ, ㄹ

해설

주어진 효용함수에 기하여 소득(Y)의 크기로 나타낸 여가(L)의 한계대체율(MU_L/MU_Y)은 2이다. 따라서 여가의 상대가격인 시간당 임금(w)의 크기에 따라 다음의 최적노동시간이 결정된다.

- 임금이 2보다 낮은 경우: $MU_L/MU_Y > w$
  → 오직 여가만을 선택하는 구석해 성립 ∴ 여가시간 24, 노동공급시간 0
- 임금이 2보다 높은 경우: $MU_L/MU_Y < w$
  → 오직 소득(노동)만을 선택하는 구석해 성립 ∴ 여가시간 0, 노동공급시간 24

ㄱ. (✕) 시간당 임금이 상승하더라도 2보다 낮다면 $MU_L/MU_Y > w$이므로, 노동공급시간은 여전히 0이다.
ㄴ. (✕) 시간당 임금이 1이면 $MU_L/MU_Y > w$이므로, 노동공급시간은 여전히 0이다.
ㄷ. (○) 시간당 임금이 3이면 $MU_L/MU_Y < w$이므로, 여가시간은 0이다.
ㄹ. (○) 시간당 임금이 3에서 4로 상승하더라도 $MU_L/MU_Y < w$이므로, 노동공급시간은 24이다. 따라서 더 이상 증가할 수 없다.

정답 ③

125 ☐☐☐ ○△✕

노동시장에 관한 설명으로 옳지 않은 것은?

① 교육과 현장훈련을 받는 행위를 인적투자라고 한다.
② 선별가설(screen hypothesis)은 교육이 노동수익을 높이는 원인이라는 인적자본이론을 비판한다.
③ 똑같은 일에 종사하는 사람에게는 똑같은 임금이 지급되어야 한다는 원칙을 상응가치(comparable worth) 원칙이라고 한다.
④ 이중노동시장이론에 의하면, 내부노동시장은 하나의 기업 내에서 이루어지는 노동시장을 말한다.
⑤ 이중노동시장이론에서 저임금 및 열악한 근로조건의 특징을 가지고 있는 노동시장을 2차 노동시장(secondary labor market)이라고 한다.

해설

① (○) ② (○) 인적자본론에서는 교육을 통한 인적자본의 형성은 생산성 제고를 가져온다고 주장하는 반면, 선별가설에서는 교육을 통한 인적자본의 형성은 노동수익을 얻기 위한 근로자 선별조건일 뿐, 생산성 자체를 제고하지 못한다고 주장함으로써 인적자본론을 비판한다.
③ (✕) 동등보수(equal pay)원칙에 대한 설명이다.
참고로, 상응가치원칙은 완전히 똑같은 일에 종사하지 아니하더라도, 비슷한 일에 종사하는 사람에게는 똑같은 임금이 지급되어야 한다는 원칙으로, 보다 적극적인 공평성 실현을 추구한다.
④ (○) 내부노동시장은 외부노동시장과 단절된 상태에서 임금, 승진 등이 해당 기업의 내부시스템에 의하여 이루어지는 시장으로, 주로 1차 노동시장을 구성한다.
⑤ (○) 각 노동시장에 대하여 설명하면 다음과 같다.
- 1차 노동시장: 임금수준이 상대적으로 높고, 노동조건과 승진기회도 양호하며, 무엇보다 고용안정성이 보장되는 시장으로, 주로 대기업 정규직으로 구성되어 있다.
- 2차 노동시장: 1차 노동시장과 반대로, 임금수준이 상대적으로 낮고, 노동조건과 승진기회가 열악하며, 고용안정성이 매우 불안한 시장이다.
이중노동시장이론에 따르면, 1차 노동시장과 2차 노동시장 간의 이동 여부는 1차 노동시장을 지배하는 대기업이 가장 큰 역할을 한다.

정답 ③

101 ☐☐☐   ○ △ ✕

GDP를 $Y = C + I + G + X - M$으로 표시할 때, GDP에 관한 설명으로 옳지 않은 것은? [단, C는 소비, I는 투자, G는 정부지출, $X - M$은 순수출(무역수지로 측정)이다]

① 무역수지가 적자일 경우, GDP는 국내 경제주체들의 총지출보다 작다.

② GDP가 감소해도 무역수지는 흑자가 될 수 있다.

③ M(수입)은 C, I, G에 포함되어 있는 수입액을 모두 다 더한 것이다.

④ 올해 생산물 중 판매되지 않고 남은 재고는 올해 GDP에 포함되지 않는다.

⑤ 무역수지가 흑자이면 국내 저축이 국내 투자보다 더 크다.

해설

① (O) 무역수지가 적자일 경우, $X - M < 0$이 되어 $Y < C + I + G$가 성립하므로, GDP(Y)는 국내 경제주체들의 총지출($C + I + G$)보다 작아진다.

② (O) GDP가 감소하여도 국내 경제주체들의 총지출($C + I + G$)이 더 크게 감소하면 무역수지($X - M$)는 흑자가 될 수 있다.

③ (O) 수입은 수입품 소비액, 수입품 투자액, 수입품 정부지출액을 모두 다 더한 것이다.

④ (✕) 올해 생산물 중 판매되지 아니하고 남은 재고는 재고투자(I)로 간주되므로, 올해 GDP에 포함된다.

⑤ (O) 균형국민소득을 변형하면 다음과 같다.

$$Y = C + I + C + X - M \Rightarrow (Y - C - G) - I = X - M$$
$$\Rightarrow \text{국내저축} - \text{국내투자} = \text{무역수지}$$

따라서 무역수지가 흑자일 경우, $X - M > 0$이 되어 국내 저축 > 국내 투자가 성립한다.

정답 ④

102 ☐☐☐   ○ △ ✕

A국에서 중앙은행이 최초로 100단위의 본원통화를 공급하였다. 민간현금보유비율이 0.1이고, 은행의 지급준비율이 0.2일 때, A국의 통화량은? (단, 소수점 첫째 자리에서 반올림하여 정수 단위까지 구한다)

① 333   ② 357   ③ 500

④ 833   ⑤ 1,000

해설

② (O) 민간의 현금보유성향인 현금통화비율을 c, 은행의 현금보유

성향인 지급준비율을 z라고 할 때 통화승수는 다음과 같다.

$$\text{통화승수}(m) = \frac{1}{c + z(1 - c)} = \frac{1}{0.1 + 0.2(1 - 0.1)}$$
$$= \frac{1}{0.1 + 0.2 \times 0.9}$$
$$= \frac{1}{0.1 + 0.18} = \frac{1}{0.28}$$

따라서 A국의 통화량은 다음과 같다.

통화량 증가분 = 본원통화량 × 통화승수 = 100 × 1/0.28
= 약 357

정답 ②

103 ☐☐☐   ○ △ ✕

다음 중 실업자로 분류되는 경우는?

① 두 달 후에 있을 공무원 시험을 치기 위해 공부하고 있는 A씨

② 서류전형에서 거듭 낙방한 후 산속에 들어가 버섯재배업을 시작한 B씨

③ 주중 내내 부모님의 식당일을 도와 생활비를 얻어 쓰는 C씨

④ 대학 졸업 후 부모님에게 얹혀살면서 취업의 필요성을 느끼지 않는 D씨

⑤ 다니던 직장에 만족하지 못해 사직한 후 외국계 회사에 면접을 보러 다니는 E씨

해설

① (✕) ④ (✕) 비경제활동인구

② (✕) ③ (✕) 취업자

⑤ (O) (마찰적) 실업자

정답 ⑤

경제학원론

104 □□□ ○ △ ×

인천공항에 막 도착한 A씨는 미국에서 사 먹던 빅맥 1개의 가격인 5달러를 원화로 환전한 5,500원을 들고 햄버거 가게로 갔다. 여기서 A씨는 미국과 똑같은 빅맥 1개를 구입하고도 1,100원이 남았다. 다음 설명 중 옳은 것을 모두 고른 것은?

> ㄱ. 한국의 빅맥 가격을 달러로 환산하면 4달러이다.
> ㄴ. 구매력평가설에 의하면, 원화의 대미 달러 환율은 1,100원이다.
> ㄷ. 빅맥 가격을 기준으로 한 대미 실질환율은 880원이다.
> ㄹ. 빅맥 가격을 기준으로 볼 때 현재의 명목환율은 원화의 구매력을 과소평가하고 있다.

① ㄱ, ㄴ   ② ㄱ, ㄷ   ③ ㄱ, ㄹ
④ ㄴ, ㄷ   ⑤ ㄴ, ㄹ

해설

ㄱ (O) 5달러를 5,500원으로 환전하였다 함은 현재의 명목환율이 1달러 = 1,100원임을 의미하므로, 4,400원에 구입한 한국의 빅맥 가격은 4달러이다.

ㄴ (X) 구매력평가설에서의 환율은 미국의 빅맥 가격(5달러)과 한국의 빅맥 가격(4,400원)을 같아지게 하는 환율이므로, 원화의 대미 달러 환율은 1달러 = 880원이다.

ㄷ (X) 명목환율은 화폐 자체의 교환비율인 반면, 실질환율은 물건의 교환비율로, 이를 구하면 다음과 같다.

$$\text{실질환율} = \text{명목환율} \times \frac{\text{외국물가(수입물가)}}{\text{자국물가(수출물가)}}$$

$$= \text{명목환율} \times \frac{\text{미국의 빅맥 가격}}{\text{한국의 빅맥 가격}}$$

$$= 1{,}100\text{원/달러} \times \frac{5\text{달러}}{4{,}400\text{원}}$$

$$= 1.25$$

즉, 미국의 빅맥 1단위는 한국의 빅맥 1.25단위와 교환된다.

ㄹ (O) 현재의 명목환율(1달러 = 1,000원)은 구매력평가설에서의 환율(1달러 = 880원)에 비하여 원화의 구매력을 과소평가하고 있다.

정답 ③

---

105 □□□ ○ △ ×

다음 중 총수요곡선을 우측으로 이동시키는 요인으로 옳은 것을 모두 고른 것은?

> ㄱ. 주택담보대출의 이자율 인하
> ㄴ. 종합소득세율 인상
> ㄷ. 기업에 대한 투자세액공제 확대
> ㄹ. 물가수준 하락으로 가계의 실질자산가치 증대
> ㅁ. 해외경기 호조로 순수출 증대

① ㄱ, ㄴ, ㄹ   ② ㄱ, ㄷ, ㅁ   ③ ㄱ, ㄹ, ㅁ
④ ㄴ, ㄷ, ㄹ   ⑤ ㄴ, ㄷ, ㅁ

해설

ㄱ (O) 주택담보대출의 이자율 인하 → 가계대출 증가 → 가계소비 증가 → 총수요곡선 우측이동

ㄴ (X) 종합소득세율 인상 → 가계 실질소득 감소 → 가계소비 감소 → 총수요곡선 좌측이동

ㄷ (O) 기업에 대한 투자세액공제 확대 → 기업투자 증가 → 총수요곡선 우측이동

ㄹ (X) 물가수준 하락으로 가계의 실질자산가치 증대 → 총수요곡선을 따라 하방이동

ㅁ (O) 해외경기 호조로 순수출 증대 → 총수요곡선 우측이동

정답 ②

---

106 □□□ ○ △ ×

고전학파의 이자율에 관한 내용으로 옳은 것은?
① 피셔효과로 인해 화폐의 중립성이 성립된다.
② IS−LM곡선에 의해 균형이자율이 결정된다.
③ 유동성 선호가 이자율 결정에 중요한 역할을 한다.
④ 화폐부문과 실물부문의 연결고리 역할을 한다.
⑤ 화폐시장에서 화폐에 대한 수요와 화폐의 공급에 의해 결정된다.

해설

① (O) 고전학파인 피셔의 화폐이론에 따르면, 화폐는 실물시장에 영향을 주지 못하는데, 이를 화폐의 중립성이라고 한다.

② (X) 케인지언인 힉스와 한센에 의하여 개발된 IS-LM모형의 내용이다. 고전학파에 따르면, 균형이자율은 대부시장에서 투자와 저축이 일치하는 수준에서 결정된다.

③ (X) ⑤ (X) 케인즈의 유동성선호설의 내용이다.

④ (X) IS-LM모형의 내용이다. 고전학파에 따르면, 화폐부문(화폐수량설)과 실물부문[세의 법칙(Say's Law)]은 별개의 원리에 따라 작동하는데, 이를 고전적 이분법이라고 한다.

정답 ①

107

○ △ ×

케인즈 소비함수에 관한 설명으로 옳지 않은 것은?

① 한계소비성향은 0보다 크고 1보다 작다.

② 소비는 현재 소득의 함수이다.

③ 소득이 없어도 기본적인 소비는 있다.

④ 소득이 증가할수록 평균소비성향은 증가한다.

⑤ 소득과 소비의 장기적 관계를 설명할 수 없다.

해설

④ (×) 다음의 케인즈 소비함수는 단기에서의 현재 소득의 절대적 크기와 소비의 관계를 설명한다(절대소득가설).

$$C = a + bY$$

b는 한계소비성향을 의미하는 상수로서 $0 < b < 1$이고, a는 절대소비(기초소비)를 의미하는 상수로서 소득이 없어도 생존을 위하여 필요한 소비의 크기이다.

위 소비함수로부터 평균소비성향(APC)을 도출하면 다음과 같다.

$$APC = \frac{C}{Y} = \frac{a}{Y} + b$$

따라서 소득(Y)이 증가할수록 평균소비성향은 감소한다.

정답 ④

108

○ △ ×

공공재 수요자 3명이 있는 시장에서 구성원 A, B, C의 공공재에 대한 수요함수는 각각 아래와 같다. 공공재의 한계비용이 30으로 일정할 때 공공재의 최적공급량에서 각 구성원이 지불해야 하는 가격은? (단, P는 가격, Q는 수량이다)

A: $P_a = 10 - Q_a$ B: $P_b = 20 - Q_b$
C: $P_c = 20 - 2Q_c$

① $P_a = 5$, $P_b = 15$, $P_c = 10$

② $P_a = 5$, $P_b = 10$, $P_c = 10$

③ $P_a = 10$, $P_b = 10$, $P_c = 15$

④ $P_a = 10$, $P_b = 15$, $P_c = 5$

⑤ $P_a = 15$, $P_b = 15$, $P_c = 5$

해설

① (○) 비경합성을 갖는 공공재는 모든 수요자가 동일한 수량을 소비하게 되므로, $Q_a = Q_b = Q_c$가 성립한다. 또한 공공재의 시장수요곡선은 개별수요곡선을 수직으로 합하여 도출하는데, 이는 다음과 같다.

$$P = P_a + P_b + P_c = 50 - 4Q$$

공공재의 최적공급량 수준은 $P = MC$ 수준에서 결정되므로, 다음과 같다.

$$P = MC \Rightarrow 50 - 4Q = 30 \Rightarrow \underline{Q = 5}$$

최적공급량을 개별수요곡선에 대입하면 각 구성원이 지불하여야 하는 가격이 도출된다.

- $P_a = 10 - Q = 10 - 5 = \underline{5}$
- $P_b = 20 - Q = 20 - 5 = \underline{15}$
- $P_c = 20 - 2Q = 20 - 10 = \underline{10}$

정답 ①

109

○ △ ×

아래 두 그래프는 케인즈모형에서 정부지출의 증가($\triangle G$)로 인한 효과를 나타내고 있다. 이에 관한 설명으로 옳은 것을 모두 고른 것은? (단, 그림에서 C는 소비, I는 투자, G는 정부지출이다)

(A)

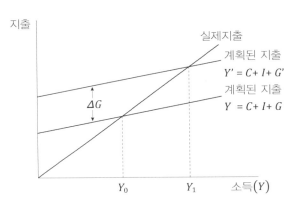

(B)

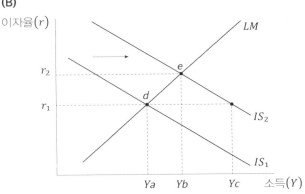

ㄱ. (A)에서 $Y_0 \rightarrow Y_1$의 크기는 한계소비성향의 크기에 따라 달라진다.

ㄴ. (A)의 $Y_0 \rightarrow Y_1$의 크기는 (B)의 $Y_a \rightarrow Y_b$의 크기와 같다.

ㄷ. (B)의 새로운 균형점 e는 구축효과를 반영하고 있다.

ㄹ. (A)에서 정부지출의 증가는 재고의 예기치 않은 증가를 가져온다.

① ㄱ, ㄴ   ② ㄱ, ㄷ   ③ ㄴ, ㄷ

④ ㄴ, ㄹ   ⑤ ㄷ, ㄹ

해설

ㄱ. (O) (A)에서 한계소비성향은 계획된 지출선의 기울기이므로, 한계소비성향이 클수록 $Y_0 \rightarrow Y_1$의 크기는 증가한다.

ㄴ. (✕) (A)의 $Y_0 \rightarrow Y_1$은 정부지출 증가로 인하여 구축효과 없이 승수효과만큼 증가한 소득변화이고, 이는 (B)의 $Y_a \rightarrow Y_c$의 크기와 같다.

ㄷ. (O) (B)의 $Y_a \rightarrow Y_b$는 구축효과가 반영된 소득변화이다.

ㄹ. (✕) (A)에서 정부지출 증가는 유효수요를 창출함으로써 재고의 예기치 아니한 감소를 가져온다.
참고로, 위 결과 적정재고 유지를 위한 생산량 증가로써 소득도 증가하게 된다.

정답 ②

---

110 □□□   ○ △ ✕

제품 A만 생산하는 독점기업의 생산비는 생산량에 관계없이 1단위당 60원이고, 제품 A에 대한 시장수요곡선은 $P = 100 - 2Q$이다. 이 독점기업의 이윤극대화 가격(P원)과 생산량(Q개)은?

① 40원, 30개   ② 50원, 25개   ③ 60원, 20개
④ 70원, 15개   ⑤ 80원, 10개

해설

⑤ (O) 주어진 조건에 따른 이윤극대화 생산량은 다음과 같다.

- 한계수입: $MR = 100 - 4Q$ (∵ 시장수요함수가 선형함수이면, 한계수입함수는 절편은 같고 기울기는 2배)
- 한계비용: $MC = 60$ (∵ 생산비는 생산량에 관계없이 1단위당 60원)
- 이윤극대화: $MR = MC \Rightarrow 100 - 4Q = 60 \Rightarrow Q = 10$

이윤극대화 생산량이 10개이므로, 이윤극대화 가격은 80(= 100 − 2 × 10)원이다.

정답 ⑤

---

111 □□□   ○ △ ✕

여러 형태의 시장 또는 기업에 관한 다음 설명 중 옳지 않은 것은?

① 독점기업이 직면한 수요곡선은 시장수요곡선 그 자체이다.
② 독점시장의 균형에서 가격과 한계수입의 차이가 클수록 독점도는 커진다.
③ 독점적 경쟁시장에서 제품의 차별화가 클수록 수요의 가격탄력성이 커진다.
④ 모든 기업의 이윤극대화 필요조건은 한계수입과 한계비용이 같아지는 것이다.
⑤ 독점기업은 수요의 가격탄력성이 서로 다른 두 소비자집단이 있을 때 가격차별로 이윤극대화를 꾀할 수 있다.

해설

① (O) ② (O) 독점기업이 직면한 수요곡선은 시장수요곡선 그 자체이고, 독점도는 다음과 같이 측정된다.

$$\text{독점도} = \frac{P - MR}{P} = \frac{P - MC}{P}$$

여기서, P: 가격, MR: 한계수입, MC: 한계비용

따라서 가격과 한계수입의 차이가 클수록 독점도는 커진다.

③ (✕) 제품의 차별화가 클수록(작을수록) 그 제품을 대체하기 어려워지므로(쉬어지므로), 수요곡선은 비탄력적이 된다. 따라서 수요의 가격탄력성은 작아진다 할 것이다.

④ (O) 시장형태와 관계없이 모든 기업의 이윤극대화 조건은 $MR = MC$이다. 다만, 이는 필요조건이지 충분조건은 아님에 유의하여야 한다.

⑤ (O) 독점기업은 수요의 가격탄력성이 상이한 두 소비자집단 사이에서 가격탄력성이 큰 집단에게는 낮은 가격, 가격탄력성이 작은 집단에게는 높은 가격으로 판매할 때 이윤극대화를 꾀할 수 있다.

정답 ③

---

112 □□□   ○ △ ✕

주어진 예산으로 효용극대화를 추구하는 어떤 사람이 일정 기간에 두 재화 X와 Y만 소비한다고 하자. X의 가격은 200원이고, 그가 얻는 한계효용이 600이 되는 수량까지 X를 소비한다. 아래 표는 Y의 가격이 300원일 때 그가 소비하는 Y의 수량과 한계효용 사이의 관계를 보여준다. 효용이 극대화되는 Y의 소비량은?

Y의 수량	1개	2개	3개	4개	5개
한계효용	2,600	1,900	1,300	900	800

① 1개   ② 2개   ③ 3개
④ 4개   ⑤ 5개

해설

④ (O) 두 재화만을 소비할 때 효용극대화를 달성하기 위하여는, 두 재화의 화폐 1단위당 한계효용을 동일하게 하는 한계효용 균등의 법칙을 만족하여야 한다.

$$\frac{MU_X}{P_X} = \frac{MU_Y}{P_Y} \Rightarrow \frac{600}{200} = \frac{MU_Y}{300} \Rightarrow MU_Y = 900$$

즉, 한계효용이 900이 되는 Y의 수량은 4개이다.

정답 ④

113 ☐☐☐   ○ △ ✕

시장균형에서 X재의 가격을 상승시키는 요인이 아닌 것은? (단, 모든 재화는 정상재이다)

① 인구의 증가
② 소득수준의 상승
③ X재 생산기술의 향상
④ X재의 대체재가격 상승
⑤ X재 생산에 사용되는 원료가격 상승

해설

① (○) ② (○) ④ (○) 인구의 증가, 소득수준의 상승 및 X재의 대체재가격 상승은 수요를 증가시킴으로써 <u>가격상승요인으로 작용</u>한다.
③ (✕) X재 생산기술의 향상은 공급을 증가시키므로 <u>가격하락요인</u>으로 작용한다.
⑤ (○) X재 생산에 사용되는 원료가격 상승은 공급을 감소시킴으로써 <u>가격상승요인으로 작용</u>한다.

정답 ③

114 ☐☐☐   ○ △ ✕

최고가격제에 관한 설명으로 옳은 것을 모두 고른 것은?

> ㄱ. 암시장을 출현시킬 가능성이 있다.
> ㄴ. 초과수요를 야기한다.
> ㄷ. 사회적 후생을 증대시킨다.
> ㄹ. 최고가격은 시장의 균형가격보다 높은 수준에서 설정되어야 한다.

① ㄱ, ㄴ   ② ㄱ, ㄷ   ③ ㄱ, ㄹ
④ ㄴ, ㄷ   ⑤ ㄷ, ㄹ

해설

ㄱ (○) ㄴ (○) <u>최고가격제는 초과수요를 야기</u>하는데, 설정된 최고가격이 가격상승을 제한하므로 초과수요는 해소될 수 없고, 결국 부족한 수량을 최고가격 이상으로 구매하고자 하는 암시장의 출현을 유발한다.
ㄷ (✕) 최고가격제는 거래량을 감소시키므로 <u>사회적 후생(잉여)도 감축</u>된다.
ㄹ (✕) 실효성 있는 최고가격은 시장의 균형가격보다 낮은 수준에서 설정되어야 한다.

정답 ①

115 ☐☐☐   ○ △ ✕

완전경쟁시장에서 수요곡선과 공급곡선이 다음과 같을 때 시장균형에서 공급의 가격탄력성은? (단, P는 가격, Q는 수량이다)

> ○ 수요곡선: $P = 7 - 0.5Q$
> ○ 공급곡선: $P = 2 + 2Q$

① 0.75   ② 1   ③ 1.25
④ 1.5   ⑤ 2

해설

④ (○) 주어진 수요곡선과 공급곡선을 연립하여 풀면 $Q = 2$, $P = 6$ 이고, 이를 전제로 시장균형에서 공급의 가격탄력성을 구하면 다음과 같다.

$$E_P^S = \frac{dQ}{dP} \times \frac{P}{Q} = \frac{1}{2} \times \frac{6}{2} = \frac{3}{2} = 1.5$$

정답 ④

116 ☐☐☐   ○ △ ✕

과점시장의 굴절수요곡선이론에 관한 설명으로 옳지 않은 것은?

① 한계수입곡선에는 불연속한 부분이 있다.
② 굴절수요곡선은 원점에 대해 볼록한 모양을 갖는다.
③ 한 기업이 가격을 내리면 나머지 기업들도 같이 내리려 한다.
④ 한 기업이 가격을 올리더라도 나머지 기업들은 따라서 올리려 하지 않는다.
⑤ 기업은 한계비용이 일정 범위 내에서 변해도 가격과 수량을 쉽게 바꾸려 하지 않는다.

해설

② (✕) 과점시장의 굴절수요곡선을 그림으로 나타내면 다음과 같다.

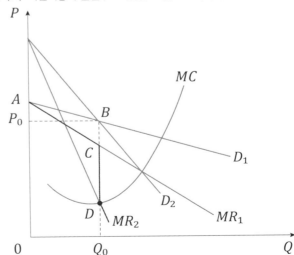

위 그림에서 확인할 수 있듯이 과점기업의 수요곡선이 B점에서 원점에 대하여 오목하게 굴절되는 이유는, 과점기업이 B점보다 가격을 올리더라도 나머지 기업들은 이에 반응하지 아니하므로, 기울기가 완만한 탄력적 수요곡선에 직면하기 때문이고, 반대로 과점기업이 B점보다 가격을 내리면 나머지 기업들도 가격을 내리므로, 기울기가 가파른 비탄력적 수요곡선에 직면하기 때문이다. 따라서 과점기업의 수요곡선은 가격 P_0 이상에서는 D_1곡선, 가격 P_0 이하에서는 굴절된 D_2곡선이다.

참고로, 과점기업의 수요곡선이 B점에서 굴절되므로 한계수입곡선에는 불연속한 부분(CD)이 존재하게 되는데, 이 부분의 범위 내에서 한계비용이 변하는 경우, 기존의 가격과 수량에 변화가 생기지 아니한다.

정답 ②

117 □□□ ○△✕

수요의 가격탄력성이 0이면서 공급곡선은 우상향하고 있는 재화에 대해 조세가 부과될 경우, 조세부담의 귀착에 관한 설명으로 옳은 것은?

① 조세부담은 모두 소비자에게 귀착된다.
② 조세부담은 모두 판매자에게 귀착된다.
③ 조세부담은 양측에 귀착되지만 소비자에게 더 귀착된다.
④ 조세부담은 양측에 귀착되지만 판매자에게 더 귀착된다.
⑤ 조세부담은 소비자와 판매자에게 똑같이 귀착된다.

해설

① (○) 조세가 부과될 경우, 가격탄력성과 조세부담의 귀착 간의 관계는 다음과 같다.

$$\frac{수요의\ 가격탄력성}{공급의\ 가격탄력성} = \frac{판매자에게\ 귀착되는\ 조세부담의\ 크기}{소비자에게\ 귀착되는\ 조세부담의\ 크기}$$

수요의 가격탄력성이 0이라고 하였으므로, 판매자에게 귀착되는 조세부담의 크기는 0이다. 따라서 조세부담은 모두 소비자에게 귀착된다 할 것이다.

정답 ①

118 □□□ ○△✕

여러 가지 비용곡선에 관한 설명으로 옳은 것을 모두 고른 것은?

> ㄱ. 평균비용곡선은 평균가변비용곡선의 위에 위치한다.
> ㄴ. 평균비용곡선이 상승할 때 한계비용곡선은 평균비용곡선 아래에 있다.
> ㄷ. 평균고정비용곡선은 우하향한다.
> ㄹ. 총가변비용곡선의 기울기와 총비용곡선의 기울기는 다르다.
> ㅁ. 평균비용은 평균고정비용에 평균가변비용을 더한 값이다.

① ㄱ, ㄴ, ㄷ ② ㄱ, ㄷ, ㅁ ③ ㄱ, ㄹ, ㅁ
④ ㄴ, ㄷ, ㄹ ⑤ ㄴ, ㄹ, ㅁ

해설

각 비용곡선을 그림으로 나타내면 다음과 같다.

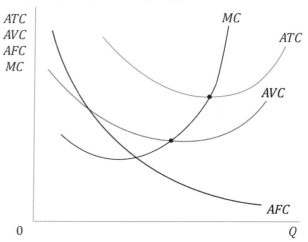

ㄱ (○) ㅁ (○) 평균비용 = 평균가변비용 + 평균고정비용이므로, 평균비용곡선은 평균가변비용곡선보다 평균고정비용만큼 위에 위치한다.

ㄴ (✕) 한계비용곡선은 평균비용곡선의 최저점을 지나 우상향하므로, 평균비용곡선이 상승할 때 한계비용곡선은 평균비용곡선 위에 있다.

ㄷ (○) 평균고정비용은 생산량이 증가함에 따라 계속하여 감소하므로, 평균고정비용곡선은 우하향한다.

ㄹ (✕) 위 기울기가 접선의 기울기, 즉 한계비용이라면, 총가변비용곡선의 기울기와 총비용곡선의 기울기는 동일하다. 다만, 원점에서 한 점까지의 직선의 기울기, 즉 평균가변비용이나 평균비용이라면, 총가변비용곡선의 기울기보다 총비용곡선의 기울기가 더 크다. 즉, 총가변비용곡선의 기울기와 총비용곡선의 기울기는 측정기준에 따라 다르다.

정답 ②

119

기업 A가 생산하는 재화에 투입하는 노동의 양을 L이라 하면, 노동의 한계생산은 $27 - 5L$이다. 이 재화의 가격이 20이고 임금이 40이라면, 이윤을 극대로 하는 기업 A의 노동수요량은?

① 1   ② 2   ③ 3
④ 4   ⑤ 5

해설

⑤ (O) 생산요소시장이 완전경쟁시장이므로, 임금(= 40)이 곧 기업의 한계요소비용(MFC)이다. 생산물시장이 완전경쟁시장이고, 재화의 가격(P)이 20으로 일정하므로, 한계수입(MR) 역시 20으로 일정하다 할 것이다. 따라서 생산물시장과 생산요소시장이 완전경쟁일 경우, 생산요소시장에서의 이윤극대화 조건은 다음과 같다.

$$MRP = MFC \Rightarrow MR(= P) \times MP_L = MFC$$
$$\Rightarrow 20 \times (27 - 5L) = 40$$
$$\Rightarrow 27 - 5L = 2$$
$$\Rightarrow L = 5$$

정답 ⑤

120

최근 들어 우리나라에서 자동차부품 생산이 활발하게 이루어지고 있다. 동일한 자동차부품을 생산하는 5개 기업의 노동투입량과 자동차부품 생산량 간의 관계가 다음과 같을 때 평균노동생산성이 가장 낮은 기업은?

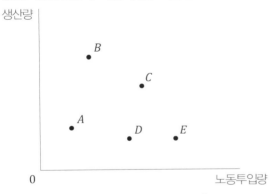

① A   ② B   ③ C
④ D   ⑤ E

해설

⑤ (O) 평균노동생산성은 노동투입량에 대한 생산량의 비율로, 이는 원점에서 해당 점까지 이은 직선의 기울기를 의미한다. 따라서 가장 완만하게 이어지는 E기업의 평균노동생산성이 가장 낮다 할 것이다.

정답 ⑤

121

어떤 산업에서 임금이 상승할 경우, 노동공급은 증가하고 노동수요는 감소하는 상태에서 균형을 이루고 있다. 이 산업에서 생산물가격이 하락할 때, 새로운 균형달성을 위한 임금수준과 고용량의 변화에 관한 설명으로 옳은 것은? (단, 생산물시장과 생산요소시장은 완전경쟁이고, 기업들은 이윤극대화를 추구한다)

① 임금상승, 고용량 감소   ② 임금상승, 고용량 증가
③ 임금하락, 고용량 감소   ④ 임금하락, 고용량 증가
⑤ 임금 및 고용량 변화 없음

해설

③ (O) 생산물가격의 하락은 생산물시장으로부터의 파생수요인 노동수요를 감소시키고, 이는 노동수요곡선을 좌측으로 이동시키며, 결과적으로 (균형)고용량은 감소하고, 임금은 하락한다.

정답 ③

122

(   )에 들어갈 내용으로 옳은 것은?

> 여가가 정상재인 상황에서 임금이 상승할 경우, (ㄱ)효과보다 (ㄴ)효과가 더 크다면, 노동공급은 임금상승에도 불구하고 감소하게 된다. 만약 (ㄷ)의 기회비용 상승에 반응하여 (ㄷ)의 총사용량을 줄인다면, 노동공급곡선은 정(+)의 기울기를 가지게 된다.

① ㄱ: 대체, ㄴ: 소득, ㄷ: 여가
② ㄱ: 대체, ㄴ: 소득, ㄷ: 노동
③ ㄱ: 소득, ㄴ: 대체, ㄷ: 여가
④ ㄱ: 소득, ㄴ: 대체, ㄷ: 노동
⑤ ㄱ: 가격, ㄴ: 소득, ㄷ: 여가

해설

① (O) 임금률 상승에 따른 가격효과(= 소득효과 + 대체효과)를 정리하면 다음과 같다.

- 대체효과: 임금률↑ ⇒ 여가의 상대가격(기회비용)↑ ⇒ 여가소비↓ ⇒ 노동공급↑
- 소득효과
  - 정상재: 임금률↑ ⇒ 실질소득↑ ⇒ 여가소비↑ ⇒ 노동공급↓
  - 열등재: 임금률↑ ⇒ 실질소득↑ ⇒ 여가소비↓ ⇒ 노동공급↑

여가가 정상재인 경우, 대체효과 < 소득효과이면 노동공급은 감소한다. 만약 여가의 상대가격(기회비용)이 상승하면 여가소비의 감소로 노동공급이 증가하는데, 이는 노동공급곡선의 기울기를 정(+)으로 만든다.

정답 ①

123

노동시장과 실업에 관한 설명으로 옳은 것은?

① 실망노동자(discouraged worker)는 실업자로 분류되지 않는다.

② 완전고용은 자발적 실업이 없는 상태이다.

③ 최저임금제도의 도입은 실업발생과 무관하다.

④ 실업보험이 확대되면 자연실업률이 낮아진다.

⑤ 비자발적 실업은 경기적 실업과 구조적 실업 그리고 마찰적 실업을 말한다.

해설

① (○) 실망노동자는 비경제활동인구이므로, 경제활동인구인 실업자와는 다르다.

② (✕) 자발적 실업이 아닌 비자발적 실업이 없는 상태이다. 따라서 완전고용이라고 할지라도 자발적 실업은 존재 가능하다.

③ (✕) 일반적으로 (시장)균형임금 수준보다 높게 설정되는 최저임금제도의 도입은 비자발적 실업을 유발한다.

④ (✕) ⑤ (✕) 실업보험은 실업자가 의도적으로 구직기간을 연장토록 하는 요인으로 작용할 수 있다. 따라서 이직과정에서 발생하는 자발적 실업인 마찰적(탐색적) 실업의 증가로 자연실업률을 상승시키는 경향이 있다.

정답 ①

124

생산가능인구가 1,000만 명인 어떤 나라가 있다고 하자. 이 가운데 취업자가 570만 명이고 실업자가 30만 명인 경우에 관한 설명으로 옳지 않은 것은?

① 실업률은 5%이다.

② 비경제활동률은 40%이다.

③ 경제활동인구는 600만 명이다.

④ 고용률은 60%이다.

⑤ 이 나라의 전체 인구는 알 수 없다.

해설

주어진 조건을 표로 정리하면 다음과 같다(단위: 만 명).

15세 이상 인구[생산(노동)가능인구]: 1,000	
경제활동인구: 600	비경제활동인구: 400
취업자 수: 570	실업자 수: 30

① (○) 실업률 = 실업자 수 / 경제활동인구
　　　　 = 30/600 = 1/20 = 0.05 = 5%

② (○) 비경제활동률 = 비경제활동인구 / 생산(노동)가능인구
　　　　 = 400/1,000 = 0.4 = 40%

③ (○) 경제활동인구 = 취업자 수 + 실업자 수
　　　　 = 570 + 30 = 600만 명

④ (✕) 고용률 = 취업자 수 / 생산(노동)가능인구
　　　　 = 570 / 1,000 = 0.57 = 57%

⑤ (○) 주어진 조건으로는 15세 이상 인구만을 알 수 있으므로, 이 나라의 전체 인구는 알 수 없다.

정답 ④

125

생산물시장과 생산요소시장이 완전경쟁일 때 시장의 균형임금률은 시간당 2만원이다. 어떤 기업이 시간당 노동 1단위를 추가로 생산에 투입할 때 산출물은 추가로 5단위 증가한다고 하자. 이러한 상황에서 이윤을 극대화하는 이 기업의 한계비용은?

① 2,000원　　② 4,000원　　③ 10,000원

④ 20,000원　　⑤ 100,000원

해설

② (○) 생산요소시장이 완전경쟁시장이므로, 균형임금률인 시간당 2만원이 곧 기업의 한계요소비용(MFC)이다. 생산물시장이 완전경쟁시장이고, 시간당 노동 1단위를 추가로 생산에 투입할 때 산출물이 추가로 5단위 증가하므로, 기업의 한계생산물(MP_L)은 곧 5이다. 따라서 생산물시장과 생산요소시장이 완전경쟁일 경우, 생산요소시장에서의 이윤극대화 조건은 다음과 같다.

$$MRP = MFC \Rightarrow MR(=P) \times MP_L = MFC$$
$$\Rightarrow MR \times 5 = 20,000$$
$$\Rightarrow MR = 4,000$$

생산물시장에서의 이윤극대화 조건은 다음과 같다.

$$MR = MC \Rightarrow 4,000 = MC$$

정답 ②

101 □□□   ○ △ ×

A기업은 완전경쟁시장에서, B기업은 순수독점시장에서 생산활동을 하고 있다. 두 기업의 총수입곡선에 관한 설명으로 옳은 것은?

① 두 기업 모두 총수입곡선이 처음에는 상승하다 나중에는 하락한다.
② 두 기업 모두 총수입곡선이 음(−)의 기울기를 갖는 직선이다.
③ A기업의 총수입곡선은 수평선의 형태이나, B기업의 총수입곡선은 양(+)의 기울기를 갖는다.
④ A기업의 총수입곡선은 양(+)의 기울기를 갖는 직선이고, B기업의 총수입곡선은 처음에는 상승하다 나중에는 하락한다.
⑤ A기업의 총수입곡선은 처음에는 상승하다 나중에는 하락하고, B기업의 총수입곡선은 수평선의 형태이다.

해설

④ (○) 두 기업의 한계수입과 총수입의 관계를 표로 정리하면 다음과 같다.

구분	한계수입	총수입
A기업 (완전경쟁)	모든 판매량에서 시장가격 수준으로 일정 → 한계수입곡선은 수평선	판매량 증가에 따라 비례적으로 증가 → 총수입곡선은 우상향 직선
B기업 (순수독점)	판매량이 증가함에 따라 지속적으로 감소 → 한계수입곡선은 우하향 직선	판매량 증가에 따라 증가하다가 감소 → 총수입곡선은 종 모양 곡선

정답 ④

102 □□□   ○ △ ×

지니계수(Gini coefficient)에 관한 설명으로 옳은 것은?

① 지니계수가 같으면 소득계층별 소득분포가 같음을 의미한다.
② 완전히 평등한 소득분배 상태를 나타내는 45도 대각선과 로렌츠곡선(Lorenz curve)이 일치한다면, 지니계수는 1이다.
③ 완전히 평등한 소득분배 상태를 나타내는 45도 대각선과 로렌츠곡선 사이의 면적이 클수록 지니계수는 커진다.
④ 지니계수는 완전히 평등한 소득분배 상태를 나타내는 45도 대각선의 길이를 로렌츠곡선의 길이로 나눈 값이다.
⑤ 지니계수는 빈곤층을 구분하기 위한 기준이 되는 소득 수준을 의미한다.

해설

① (×) 로렌츠곡선이 교차하더라도 지니계수 값은 동일할 수 있다. 다만, 두 로렌츠곡선이 교차하는 경우, 소득분배 상태의 평등 정도는 비교할 수 없게 된다. 지니계수는 로렌츠곡선이 서로 교차하지 아니하는 경우에 유의미하다.
② (×) 위 경우, 즉 완전평등한 소득분배 상태의 지니계수는 0이다.
③ (○) ④ (×) 지니계수의 측정방법은 다음의 그림과 같다.

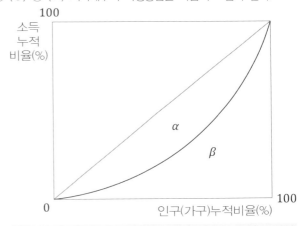

$$지니계수 = \frac{\alpha}{\alpha+\beta}$$

완전히 평등한 소득분배 상태를 나타내는 45도 대각선과 로렌츠곡선 사이의 면적이 작을수록(클수록) 지니계수는 작아지고(커지고), 소득분배 상태는 평등(불평등)하다 할 것이다.

⑤ (×) 지니계수는 한 집단의 소득분배 상태의 평등 정도를 평가하는 기준이다.

정답 ③

103 □□□   ○ △ ×

독점기업의 수요곡선은 $P = -Q + 12$이고, 한계비용은 4이다. 원자재가격의 하락으로 한계비용이 1만큼 감소하는 경우, 이윤을 극대화하는 생산량의 변화는? (단, P는 가격, Q는 수량, $P > 0$, $Q > 0$이다)

① 0.5 증가   ② 0.5 감소   ③ 1.0 증가
④ 1.0 감소   ⑤ 변화 없음

해설

① (○) 주어진 조건을 반영하여 그림으로 나타내면 다음과 같다.

> $P = -Q + 12 \Rightarrow MR = -2Q + 12$
> (∵ 시장수요함수가 선형함수이면, 한계수입함수는 절편은 같고 기울기는 2배)

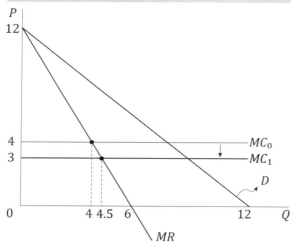

한계비용(MC)이 4이므로 이윤극대화($MR = MC$) 생산량은 4($-2Q + 12 = 4 \Rightarrow Q = 4$)이고, 원자재가격의 하락으로 한계비용이 1만큼 감소하는 경우, 이윤극대화 생산량은 4.5($-2Q + 12 = 3 \Rightarrow Q = 4.5$)가 되어 0.5만큼 증가함을 알 수 있다.

정답 ①

104 □□□   ○ △ ×

소비자 A의 효용함수는 $U = X \cdot Y$이고, X재, Y재 가격은 모두 100이며, A의 소득은 2000이다. 소비자 A의 효용을 극대화하는 X재, Y재의 소비조합은? (단, $X > 0$, $Y > 0$이다)

① 8, 12   ② 9, 11   ③ 10, 10
④ 10, 20   ⑤ 20, 10

해설

③ (○) 효용함수가 콥-더글라스 효용함수($U = AX^\alpha Y^\beta$)의 형태인 경우, 효용극대화 수준에서 각 재화의 수요량은 다음과 같다.

> • $X = \dfrac{\alpha I}{(\alpha + \beta)P_X} = \dfrac{1 \times 200}{2 \times 10} = \dfrac{200}{20} = 10$
>
> • $Y = \dfrac{\beta I}{(\alpha + \beta)P_Y} = \dfrac{1 \times 200}{2 \times 10} = \dfrac{200}{20} = 10$

여기서 P_X는 X재의 가격, P_Y는 Y재의 가격, I는 소득이다.

정답 ③

105 □□□   ○ △ ×

수요의 가격탄력성에 관한 설명으로 옳은 것은? (단, 수요곡선은 우하향한다)

① 수요의 가격탄력성이 1보다 작은 경우, 가격이 하락하면 총수입은 증가한다.
② 수요의 가격탄력성이 작아질수록 물품세 부과로 인한 경제적 순손실(deadweight loss)은 커진다.
③ 소비자 전체 지출에서 차지하는 비중이 큰 상품일수록 수요의 가격탄력성은 작아진다.
④ 직선인 수요곡선상에서 수요량이 많아질수록 수요의 가격탄력성은 작아진다.
⑤ 좋은 대체재가 많을수록 수요의 가격탄력성은 작아진다.

해설

① (×) 위 경우, 가격이 하락(상승)하면 총수입은 감소(증가)한다.
② (×) 수요의 가격탄력성이 큰 경우에 비하여 작은 경우에 물품세 부과로 인한 거래량 감소가 상대적으로 적다. 따라서 경제적 순손실은 작아진다.
③ (×) 위 경우, 가격탄력성은 커진다.
④ (○) 수요곡선이 직선인 경우, 수요의 가격탄력성과 총수입의 관계를 그림으로 나타내면 다음과 같다.

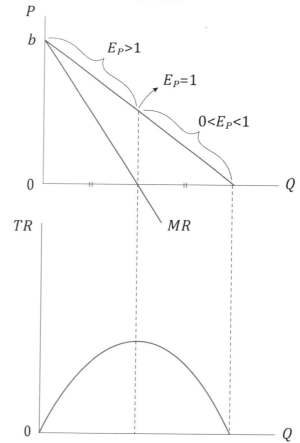

⑤ (×) 위 경우, 가격상승 시 타 상품에 대한 선택의 폭이 넓어지므로, 수요의 가격탄력성은 커진다.

정답 ④

106 □□□ ○ △ ×

단기에 A기업은 완전경쟁시장에서 손실을 보고 있지만 생산을 계속하고 있다. 시장수요의 증가로 시장가격이 상승하였는데도 단기에 A기업은 여전히 손실을 보고 있다. 다음 설명 중 옳은 것은?

① A기업의 한계비용곡선은 아래로 평행이동한다.
② A기업의 한계수입곡선은 여전히 평균비용곡선 아래에 있다.
③ A기업의 평균비용은 시장가격보다 낮다.
④ A기업의 총수입은 총가변비용보다 적다.
⑤ A기업의 평균가변비용곡선의 최저점은 시장가격보다 높다.

해설

① (×) 시장가격 변화는 한계수입곡선을 이동시킬 뿐 한계비용곡선은 이동시키지 아니한다.
② (○) ③ (×) 완전경쟁기업의 한계수입(MR)은 시장가격(P)과 일치하므로, 시장가격이 상승하였음에도 불구하고 A기업이 여전히 손실을 보고 있다 함은, $P=MR<AC$가 성립하고 있음을 의미한다.
④ (×) A기업은 여전히 손실을 보고 있으므로 총수입은 총비용보다 적다. 다만, 그럼에도 불구하고 생산을 계속하고 있다 함은 총수입이 총가변비용보다 큼을 의미한다.
⑤ (×) A기업이 손실을 보고 있음에도 불구하고 생산을 계속하고 있다 함은, $AVC<P<AC$가 성립하고 있음을 의미한다. 따라서 평균가변비용곡선의 최저점은 시장가격보다 낮다.

정답 ②

107 □□□ ○ △ ×

2국 2재화의 경제에서 한국과 말레이시아는 비교우위를 갖는 상품을 생산하여 교역을 한다. 한국은 쌀 1섬을 얻기 위해 옷 1벌의 대가를 치러야 하고, 말레이시아는 옷 1벌을 얻기 위해 쌀 2섬의 대가를 치러야 한다. 다음 설명 중 옳은 것은?

① 한국이 쌀 생산에 특화하여 수출하는 경우, 양국 모두 이득을 얻을 수 있다.
② 한국이 옷을 수출하면서 옷 1벌에 대해 쌀 2섬 이상을 요구하면, 말레이시아는 스스로 옷을 생산하기로 결정할 것이다.
③ 쌀 1섬의 국제가격이 옷 1/2벌보다 더 낮아야 교역이 이루어진다.
④ 말레이시아가 옷과 쌀 모두를 생산하여 수출하는 경우, 양국 모두 이득을 얻을 수 있다.
⑤ 두 나라 사이에 교역이 이루어지기 위해서는 쌀 1섬의 국제가격이 옷 1벌보다 더 높아야 한다.

해설

① (×) ④ (×) 주어진 조건을 각 재화의 기회비용(상대가격)으로 정리하면 다음과 같다.
참고로, 비교우위 재화는 기회비용(상대가격)이 작은 재화이다.

- 옷 수량으로 나타낸 쌀 1섬 생산의 기회비용
  [한국] 1벌   [말레이시아] 1/2벌
- 쌀 수량으로 나타낸 옷 1벌 생산의 기회비용
  [한국] 1섬   [말레이시아] 2섬

따라서 한국은 옷 생산, 말레이시아는 쌀 생산에 특화하여 수출하면, 교역으로써 양국 모두 이득을 얻을 수 있다.
② (○) 한국의 교역조건은 말레이시아의 자국 내 교역조건과 동일하므로, 말레이시아는 스스로 옷을 생산하기로 결정할 것이다.
참고로, 양국이 교역으로 모두 이익을 얻을 수 있는 옷 1벌의 교역조건은 1 < (쌀 수량 / 옷 수량) < 2이다.
③ (×) ⑤ (×) 양국이 교역으로 모두 이익을 얻을 수 있는 쌀 1섬의 교역조건은 0.5 < (옷 수량 / 쌀 수량) < 1이므로, 쌀 1섬의 국제가격이 옷 0.5벌보다 낮거나 옷 1벌보다 높으면, 교역은 이루어지지 아니한다.

정답 ②

108 □□□ ○ △ ×

휴대폰의 수요곡선은 $Q=-2P+100$이고, 공급곡선은 $Q=3P-20$이다. 정부가 휴대폰 1대당 10의 종량세 형태의 물품세를 공급자에게 부과하였다면, 휴대폰 공급자가 부담하는 총조세부담액은? (단, P는 가격, Q는 수량, $P>0$, $Q>0$이다)

① 120   ② 160   ③ 180
④ 200   ⑤ 220

② (O) 정부가 휴대폰 1대당 10의 종량세 형태의 물품세를 공급자에게 부과하였다면, 공급곡선은 $Q = 3(P-10) - 20 = 3P - 50$이 되므로, 10만큼 상방으로 평행이동하여 새로운 균형점에 도달한다.

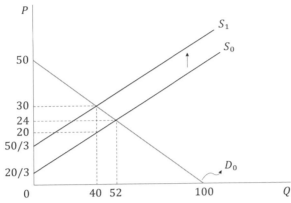

그림에서 확인할 수 있듯이 새로운 균형거래량은 40대, 균형가격은 30원이고, 이때 부과된 조세에 대한 수요자 부담은 단위당 6원/대(= 30 - 24), 공급자 부담은 단위당 4원/대(= 24 - 20)이다. 따라서 공급자가 부담하여야 하는 총조세액은 160원(= 40대 × 4원/대)이다.

정답 ②

109 □□□ ○ △ ✕

독점적 경쟁시장에 관한 설명으로 옳지 않은 것은?
① 기업의 수요곡선은 우하향하는 형태이다.
② 진입장벽이 존재하지 않으므로 단기에는 기업이 양(+)의 이윤을 얻지 못한다.
③ 기업의 이윤극대화 가격은 한계비용보다 크다.
④ 단기에 기업의 한계수입곡선과 한계비용곡선이 만나는 점에서 이윤극대화 생산량이 결정된다.
⑤ 장기에 기업의 수요곡선과 평균비용곡선이 접하는 점에서 이윤극대화 생산량이 결정된다.

해설

① (O) 독점적 경쟁기업은 상품차별화 범위 내에서 어느 정도 시장지배력을 가지게 되므로, 우하향하는 수요곡선에 직면한다.
② (✕) 독점적 경쟁기업도 단기에는 양(+)의 초과이윤을 얻을 수 있다. 다만, 완전경쟁기업처럼 시장에 대한 진퇴가 자유로운 장기에는 양(+)의 초과이윤은 사라지고, 정상이윤만을 얻게 된다.
③ (O) ④ (O) 단기 균형수준에서 $P > MR = MC$가 성립하므로, 독점적 경쟁기업의 이윤극대화 가격은 한계비용보다 크다.
⑤ (O) 신규기업 진입이 발생하는 장기에는 독점적 경쟁기업의 수요곡선이 평균비용곡선과 접하게 되어 $P = AC$가 성립한다.

정답 ②

110 □□□ ○ △ ✕

A 기업은 노동시장에서 수요독점자이다. 다음 설명 중 옳지 않은 것은? (단, A 기업은 생산물시장에서 가격수용자이다)
① 균형에서 임금은 한계요소비용(marginal factor cost)보다 낮다.
② 균형에서 노동의 한계생산가치(VMP_L)와 한계요소비용이 같다.
③ 한계요소비용곡선은 노동공급곡선의 아래쪽에 위치한다.
④ 균형에서 완전경쟁인 노동시장에 비해 노동의 고용량이 더 적어진다.
⑤ 균형에서 완전경쟁인 노동시장에 비해 노동의 가격이 더 낮아진다.

해설

생산물시장이 완전경쟁이고 노동시장이 수요독점인 경우, 다음의 그림과 같다.

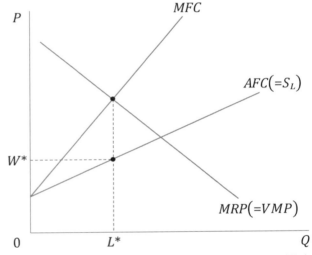

① (O) 균형에서 임금(AFC) < 한계요소비용(MFC)이 성립한다.
② (O) 균형에서 한계생산가치(VMP_L) = 한계수입생산(MRP_L) = 한계요소비용(MFC)가 성립한다.
　참고로, 만약 노동시장이 완전경쟁시장이라면, 균형은 노동공급곡선인 평균요소비용(AFC)곡선과 노동수요곡선인 한계수입생산(MRP_L)곡선이 일치하는 수준에서 결정된다.
③ (✕) 수요독점인 노동시장에서 한계요소비용(MFC)곡선은 노동공급곡선인 평균요소비용(AFC)곡선보다 위쪽에 위치한다.
　참고로, 수요독점인 노동시장에서의 균형은 $MRP = MFC$ 수준에서 결정되고, 임금은 평균요소비용과 같아진다.
④ (O) 수요독점인 노동시장의 균형노동고용량은 완전경쟁인 노동시장의 균형노동고용량보다 더 적다.
⑤ (O) 수요독점인 노동시장의 균형임금은 완전경쟁인 노동시장의 균형임금보다 더 낮다.

정답 ③

111
○ △ ×

인플레이션에 관한 설명으로 옳지 않은 것은?

① 수요견인 인플레이션은 총수요의 증가가 인플레이션의 주요한 원인이 되는 경우이다.

② 정부가 화폐공급량 증가를 통해 얻게 되는 추가적인 재정수입을 화폐발행이득(seigniorage)이라고 한다.

③ 물가상승과 불황이 동시에 나타나는 현상을 스태그플레이션이라고 한다.

④ 예상하지 못한 인플레이션은 채권자에게서 채무자에게로 소득재분배를 야기한다.

⑤ 예상한 인플레이션의 경우에는 메뉴비용(menu cost)이 발생하지 않는다.

해설

⑤ (×) 인플레이션을 예상한다고 하더라도 가격을 변경하는 데 드는 메뉴비용과, 현금보유를 줄이기 위한 비용, 즉 구두창비용은 발생한다. 다만, 그 크기는 미미하다.

정답 ⑤

112
○ △ ×

통화정책의 단기적 효과를 높이는 요인으로 옳은 것을 모두 고른 것은?

```
ㄱ. 화폐수요의 이자율탄력성이 높은 경우
ㄴ. 투자의 이자율탄력성이 높은 경우
ㄷ. 한계소비성향이 높은 경우
```

① ㄱ　　　　② ㄴ　　　　③ ㄱ, ㄴ
④ ㄴ, ㄷ　　　⑤ ㄱ, ㄴ, ㄷ

해설

통화정책의 단기적 효과는 IS곡선의 기울기가 완만할수록, LM곡선의 기울기가 가파를수록 높아진다.

ㄱ (×) 화폐수요의 이자율탄력성이 높을수록 LM곡선의 기울기는 완만하다.

ㄴ (○) ㄷ (○) 투자의 이자율탄력성이나 한계소비성향이 높을수록 IS곡선의 기울기는 완만하다.

정답 ④

113
○ △ ×

국제수지표상 경상계정(current accounts)에 속하지 않은 항목은?

① 정부 사이의 무상원조

② 해외교포로부터의 증여성 송금

③ 해외 금융자산으로부터 발생하는 이자 등의 투자소득

④ 내국인의 해외여행 경비

⑤ 내국인의 해외주식 및 채권 투자

해설

① (○) ② (○) 경상계정 > 경상이전수지

③ (○) 경상계정 > 본원소득수지

④ (○) 경상계정 > 서비스수지

⑤ (×) 자본 · 금융계정

정답 ⑤

114
○ △ ×

A국의 2014년 명목GDP는 100억 원이었고, 2015년 명목GDP는 150억 원이었다. 기준연도인 2014년 GDP디플레이터가 100이고, 2015년 GDP디플레이터는 120인 경우, 2015년의 전년 대비 실질GDP 증가율은?

① 10%　　　② 15%　　　③ 20%
④ 25%　　　⑤ 30%

해설

④ (○) 주어진 조건하에 2015년 실질GDP는 다음과 같다.

$$실질GDP = \frac{명목GDP}{GDP디플레이터} \times 100 = \frac{150}{120} \times 100 = 125억\ 원$$

실질GDP 증가율은 다음의 식으로 구한다.

$$실질GDP\ 증가율 = \frac{비교연도\ 실질GDP - 기준연도\ 실질GDP}{기준연도\ 실질GDP}$$

기준연도, 즉 2014년 GDP디플레이터가 100이므로, 실질GDP와 명목GDP는 동일하다 할 것이다. 따라서 비교연도, 즉 2015년의 실질GDP 증가율은 다음과 같다.

$$실질GDP\ 증가율 = \frac{125 - 100}{100} = \frac{25}{100} = 0.25 = 25\%$$

정답 ④

115 ☐☐☐   ○ △ ✕

장기 총공급곡선의 이동에 관한 설명으로 옳지 않은 것은?

① 자연실업률이 증가하면 왼쪽으로 이동한다.

② 인적자본이 증가하면 오른쪽으로 이동한다.

③ 생산을 증가시키는 자원이 발견되면 오른쪽으로 이동한다.

④ 기술지식이 진보하면 오른쪽으로 이동한다.

⑤ 예상 물가수준이 하락하면 왼쪽으로 이동한다.

해설

⑤ (✕) 예상 물가수준 하락은 장기 총공급곡선이 아닌 단기 총공급곡선을 우측(하방)으로 이동시킨다.
참고로, 장기 총공급곡선은 인구증가, 자본증대, 기술진보, 자원발견 등으로 우측이동하고, 자연실업률 증가나 자연산출량(잠재산출량) 감소 등으로 좌측이동한다.

정답 ⑤

116 ☐☐☐   ○ △ ✕

다음 괄호 안에 들어갈 용어를 순서대로 나열한 것은?

> 기업들에 대한 투자세액공제가 확대되면 대부자금에 대한 수요가 (   )한다. 이렇게 되면 실질이자율이 (   )하고 저축이 늘어난다. 그 결과, 대부자금의 균형거래량은 (   )한다. (단, 실질이자율에 대하여 대부자금 수요곡선은 우하향하고, 대부자금 공급곡선은 우상향한다)

① 증가, 상승, 증가   ② 증가, 하락, 증가

③ 증가, 상승, 감소   ④ 감소, 하락, 증가

⑤ 감소, 하락, 감소

해설

① (○) 이를 순서대로 정리하면 다음과 같다.

> 기업들에 대한 투자세액공제 확대 → 투자증가 → 대부자금 수요증가 → 실질이자율 상승 → 저축증가 → 대부자금 균형거래량 증가

정답 ①

117 ☐☐☐   ○ △ ✕

법정지불준비율이 0.2이고, 은행시스템 전체의 지불준비금은 300만 원이다. 은행시스템 전체로 볼 때 요구불예금의 크기는? (단, 초과지불준비금은 없고, 현금통화비율은 0이다)

① 1,000만 원   ② 1,200만 원   ③ 1,500만 원

④ 2,000만 원   ⑤ 2,500만 원

해설

③ (○) 은행시스템 최초의 본원적 예금을 A, 지급준비율을 z라고 할 때 은행시스템 전체의 지불준비금은 다음과 같다.

$$300\text{만 원} = A \times z + A(1-z) \times z + A(1-z)^2 \times z + \cdots$$
$$= \frac{Az}{1-(1-z)} = \frac{Az}{z} = A$$

따라서 은행시스템 전체의 지불준비금과 은행시스템 최초의 본원적 예금은 일치함을 알 수 있고, 은행시스템 전체로 볼 때 요구불예금과 총신용창조액은 일치한다 할 것이므로, 이를 도출하면 다음과 같다.

- 신용승수 $= \dfrac{1}{\text{지급준비율}} = \dfrac{1}{0.2} = 5$
- 총신용창조액 = 신용승수 × 본원적 예금
  $= 5 \times 300 = \underline{1,500\text{만 원}}$

정답 ③

118 ☐☐☐   ○ △ ✕

통화공급이 감소하고 정부지출이 증가하는 경우, IS-LM분석에 관한 설명으로 옳은 것은? (단, 물가가 고정된 폐쇄경제이고, IS곡선은 우하향, LM곡선은 우상향한다)

① 이자율은 불변이고, 소득은 감소한다.

② 이자율은 상승하고, 소득은 증가한다.

③ 이자율은 하락하고, 소득은 감소한다.

④ 이자율은 하락하고, 소득은 증가한다.

⑤ 이자율은 상승하고, 소득의 증감은 불확실하다.

해설

⑤ (○) 통화공급 감소는 LM곡선을 좌측으로 이동시킴으로써 이자율 상승과 소득감소를 유발하고, 정부지출 증가는 IS곡선을 우측으로 이동시킴으로써 이자율 상승과 소득증가를 유발한다. 따라서 이자율은 반드시 상승하나, 소득은 각 곡선의 이동 폭에 따라 증가할 수도, 불변일 수도, 감소할 수도 있다.

정답 ⑤

119 ☐☐☐   ○ △ ✕

주어진 물가수준에서 총수요곡선을 오른쪽으로 이동시키는 원인으로 옳은 것을 모두 고른 것은?

> ㄱ. 개별소득세 인하
> ㄴ. 장래 경기에 대한 낙관적인 전망
> ㄷ. 통화량 감소에 따른 이자율 상승
> ㄹ. 해외 경기침체에 따른 순수출의 감소

① ㄱ, ㄴ   ② ㄴ, ㄷ   ③ ㄷ, ㄹ

④ ㄱ, ㄴ, ㄷ   ⑤ ㄴ, ㄷ, ㄹ

해설

ㄱ (O) 개별소득세 인하 → 가계소비 증가 → 총수요 증가 → 총수요곡선 우측이동

ㄴ (O) 장래 경기에 대한 낙관적인 전망 → 기업투자 증가 → 총수요 증가 → 총수요곡선 우측이동

ㄷ (×) 통화량 감소에 따른 이자율 상승 → 기업투자 감소 → 총수요 감소 → 총수요곡선 좌측이동

ㄹ (×) 해외 경기침체에 따른 순수출의 감소 → 총수요 감소 → 총수요곡선 좌측이동

정답 ①

---

120 □□□ ○ △ ×

노동수요의 임금탄력성에 관한 설명으로 옳지 않은 것은?

① 노동수요의 임금탄력성은 단기보다 장기에서 더 크다.

② 노동수요의 임금탄력성은 총생산비 중 노동비용이 차지하는 비중에 의해 영향을 받는다.

③ 노동을 대체할 수 있는 다른 생산요소로의 대체가능성이 클수록 동일한 임금상승에 대하여 고용감소는 적어진다.

④ 노동수요는 노동을 생산요소로 사용하는 최종생산물수요의 가격탄력성에 영향을 받는다.

⑤ 노동수요의 임금탄력성은 노동수요량의 변화율을 임금변화율로 나눈 것이다.

해설

③ (×) 생산요소 간의 대체탄력성이 커질수록 노동수요의 임금탄력성도 커진다. 따라서 위 경우, 동일한 임금상승에 대하여 고용감소는 많아진다.

참고로, 이외에도 측정기간, 생산비용 비중, 상품수요의 가격탄력성, 생산요소 공급의 가격탄력성 등이 커질수록 노동수요의 임금탄력성도 커진다.

정답 ③

---

121 □□□ ○ △ ×

경제활동참가율이 60%이고, 실업률이 10%일 때 고용률은?

① 45% ② 54% ③ 66%

④ 75% ⑤ 83%

해설

② (O) 고용률 = 경제활동참가율 × 취업률

= 경제활동참가율 × (1 − 실업률)

= 0.6 × (1 − 0.1)

= 0.6 × 0.9

= 0.54 = 54%

정답 ②

---

122 □□□ ○ △ ×

근로자가 자신의 노동시간을 마음대로 선택할 수 있는 상황에서 임금이 상승했을 때 노동공급에 관한 설명으로 옳지 않은 것을 모두 고른 것은? (단, 여가는 정상재이다)

ㄱ. 대체효과가 소득효과보다 크면 노동공급량이 감소한다.

ㄴ. 임금의 상승은 여가의 기회비용을 상대적으로 높인다.

ㄷ. 대체효과는 여가의 소비를 줄이고, 노동공급량을 증가시킨다.

ㄹ. 소득효과는 여가의 소비를 늘리고, 노동공급량을 감소시킨다.

① ㄱ ② ㄴ ③ ㄱ, ㄴ

④ ㄱ, ㄷ, ㄹ ⑤ ㄴ, ㄷ, ㄹ

해설

① (O) 임금률 상승에 따른 가격효과(= 소득효과 + 대체효과)를 정리하면 다음과 같다.

- 대체효과: 임금률↑ ⇒ 여가의 상대가격(기회비용)↑ ⇒ 여가소비↓ ⇒ 노동공급↑
- 소득효과
  - 정상재: 임금률↑ ⇒ 실질소득↑ ⇒ 여가소비↑ ⇒ 노동공급↓
  - 열등재: 임금률↑ ⇒ 실질소득↑ ⇒ 여가소비↓ ⇒ 노동공급↑

따라서 대체효과가 소득효과보다 크면 노동공급량이 증가한다.

정답 ①

---

123 □□□ ○ △ ×

A근로자의 연봉이 올해 1,500만 원에서 1,650만 원으로 150만 원 인상되었다. 이 기간에 인플레이션율이 12%일 때 A근로자의 임금변동에 관한 설명으로 옳은 것은?

① 2% 명목임금 증가 ② 2% 명목임금 감소

③ 2% 실질임금 증가 ④ 2% 실질임금 감소

⑤ 15% 명목임금 증가

해설

④ (O) 주어진 조건을 정리하면 다음과 같다.

- 명목임금 상승률: 150만 원 / 1,500만 원 = 0.1 = 10%
- 실질임금 상승률 = 명목임금 상승률 − 인플레이션율
  = 10% − 12% = −2%

따라서 명목임금은 10% 증가, 실질임금은 2% 감소하였다.

정답 ④

124

효율임금이론(efficiency wage theory)에 관한 설명으로 옳은 것을 모두 고른 것은?

> ㄱ. 근로자의 생산성이 임금수준에 영향을 받는다는 사실에 입각해 임금의 하방경직성을 설명하고 있다.
> ㄴ. 높은 임금은 근로자들의 태만을 막아 주는 기능을 함으로써 근로자의 도덕적 해이를 막을 수 있다고 설명한다.
> ㄷ. 기업이 제공하는 임금이 낮아지면 역선택의 문제가 발생하므로, 이를 해결하기 위해서 기업은 임금을 낮추지 않는다고 설명한다.
> ㄹ. 비자발적 실업이 존재하여도 임금이 하락하지 않는 이유를 설명할 수 있다.

① ㄱ ② ㄴ ③ ㄱ, ㄴ, ㄷ
④ ㄴ, ㄷ, ㄹ ⑤ ㄱ, ㄴ, ㄷ, ㄹ

해설

⑤ (○) 효율임금이론은 높은 임금이 근로자의 생산성을 제고시킨다는 전제하에 비자발적 실업이 존재함에도 불구하고 임금이 하락하지 아니하는 임금의 하방경직성을 설명하였다.

[보충] 효율(성)임금이론
- 영양이론: 높은 임금은 근로자의 영양상태를 개선하여 생산성을 향상시킨다.
- 이직(방지)이론: 높은 임금은 이직률을 낮추어 자연스럽게 생산성을 향상시킨다.
- 역선택(방지)이론: 높은 임금은 유능한 근로자의 흡수를 촉진하여 생산성을 향상시킨다.
- 도덕적 해이(방지)이론: 높은 임금은 근무태만을 방지하여 생산성을 향상시킨다.

정답 ⑤

125

우리나라의 실업통계에서 실업률이 높아지는 경우는?
① 취업자가 퇴직하여 전업주부가 되는 경우
② 취업을 알아보던 해직자가 구직을 단념하는 경우
③ 직장인이 교통사고를 당해 2주간 휴가 중인 경우
④ 대학생이 군복무 후 복학한 경우
⑤ 공부만 하던 대학생이 편의점에서 주당 10시간 아르바이트를 시작하는 경우

해설

① (○) 경제활동인구인 취업자가 퇴직하여 전업주부가 되는 경우, 비경제활동인구로 분류되어 경제활동인구가 감소하나 실업자 수는 불변이므로, 실업률[= 실업자 수(=) / 경제활동인구 수(↓)]은 상승한다.
② (×) 취업을 알아보던 해직자가 구직을 단념하는 경우, 비경제활동인구인 구직포기자로 분류되어 실업률은 하락한다.
③ (×) 직장인이 교통사고를 당하여 2주간 휴가 중인 경우, 여전히 취업자로 분류되므로 실업률은 불변이다.
④ (×) 군인은 생산가능인구에 포함되지 아니하고, 대학생이 군복무 후 복학한 경우, 비경제활동인구로 분류되어 실업률은 불변이다.
⑤ (×) 공부만 하던 대학생이 편의점에서 주당 10시간 아르바이트를 시작하는 경우, 경제활동인구인 취업자로 분류되어 실업률은 하락한다.

정답 ①

101 ☐☐☐   ○ △ ✕

독점적 경쟁의 특징으로 옳지 않은 것은?

① 완전경쟁과 마찬가지로 다수의 기업이 존재하며, 진입과 퇴출이 자유롭다.

② 독점적 경쟁기업은 차별화된 상품을 생산함으로써 어느 정도 시장지배력을 갖는다.

③ 독점적 경쟁기업 간의 경쟁이 판매서비스, 광고 등의 형태로 일어날 때 이를 비가격경쟁이라고 한다.

④ 독점적 경쟁기업은 독점기업과 마찬가지로 과잉설비를 갖지 않는다.

⑤ 독점적 경쟁기업의 상품은 독점기업의 상품과 달리 대체재가 존재한다.

해설

④ (✕) 독점적 경쟁기업은 상품차별화 범위 내에서 어느 정도 시장지배력을 가지게 되므로, 우하향하는 수요곡선에 직면한다. 따라서 과잉설비를 가지게 된다.

정답 ④

102 ☐☐☐   ○ △ ✕

담배 가격은 4,500원이고, 담배 수요의 가격탄력성은 단위탄력적이다. 정부가 담배 소비량을 10% 줄이고자 할 때 담배 가격의 인상분은 얼마인가?

① 45원   ② 150원   ③ 225원

④ 450원   ⑤ 900원

해설

④ (○) 담배 수요의 가격탄력성이 단위탄력적($\varepsilon_d = 1$)이므로, 담배 소비량, 즉 수요량을 10% 줄이기 위하여 필요한 담배 가격의 변화율은 다음과 같다.

$$\varepsilon_d = \frac{\text{수요량 변화율} \downarrow}{\text{가격 변화율} \uparrow} \Rightarrow 1 = \frac{10\% \downarrow}{10\% \uparrow}$$

따라서 현재 담배 가격인 4,500원의 10%인 450원만큼 인상하여야 한다.

정답 ④

103 ☐☐☐   ○ △ ✕

다른 조건이 일정할 때 통화승수의 증가를 가져오는 요인으로 옳은 것을 모두 고른 것은?

> ㄱ. 법정지급준비금 증가
> ㄴ. 초과지급준비율 증가
> ㄷ. 현금통화비율 하락

① ㄱ   ② ㄴ   ③ ㄷ

④ ㄱ, ㄴ   ⑤ ㄴ, ㄷ

해설

③ (○) 민간의 현금보유성향인 현금통화비율을 c, 은행의 현금보유성향인 지급준비율을 z라고 할 때 통화승수는 다음과 같다.

$$\text{통화승수}(m) = \frac{1}{c + z(1-c)}$$

따라서 법정지급준비금 감소, 초과지급준비율 감소, 현금통화비율 하락 등이 통화승수를 증가시킨다.

정답 ③

104 ☐☐☐   ○ △ ✕

A의 소득이 10,000원이고, X재와 Y재에 대한 총지출액도 10,000원이다. X재 가격이 1,000원이고, A의 효용이 극대화되는 소비량이 $X = 6$이고, $Y = 10$이라고 할 때 X재에 대한 Y재의 한계대체율($MRS_{X,Y}$)은 얼마인가? (단, 한계대체율은 체감함)

① 0.5   ② 1   ③ 1.5

④ 2   ⑤ 2.5

해설

⑤ (○) 주어진 조건하에 한계대체율을 구하면 다음과 같다.

- 효용극대화 수준에서 X재 가격이 1,000원, X재 소비량이 6이므로, X재에 대한 지출액은 6,000원이다.
- 총지출액이 10,000원이므로 Y재에 대한 지출액은 4,000원이고, 효용극대화 수준에서 소비량이 10인 Y재 가격은 400원이다.
- 효용극대화 수준에서 두 재화의 상대가격과 한계대체율은 일치하므로, 다음과 같다.

$$\frac{P_X}{P_Y} = MRS_{X,Y} \Rightarrow 2.5 \left(= \frac{1,000}{400} \right) = MRS_{X,Y}$$

따라서 X재에 대한 Y재의 한계대체율은 2.5이다.

정답 ⑤

105 □□□   ○ △ ✕

완전경쟁기업의 단기 조업중단 결정에 관한 설명으로 옳은 것은?

① 가격이 평균가변비용보다 높으면 손실을 보더라도 조업을 계속하는 것이 합리적 선택이다.
② 가격이 평균고정비용보다 높으면 손실을 보더라도 조업을 계속해야 한다.
③ 가격이 평균비용보다 낮으면 조업을 중단해야 한다.
④ 가격이 한계비용보다 낮으면 조업을 계속해야 한다.
⑤ 평균비용과 한계비용이 같으면 반드시 조업을 계속해야 한다.

해설

① (○) 평균가변비용(AVC) < 가격(P) < 평균비용(AC)일 경우, 단기에 손실이 발생함에도 불구하고 조업을 지속하여야 한다.
② (✕) 평균고정비용이 아닌 평균가변비용보다 높아야 한다.
③ (✕) 위 경우, 조업을 지속하여야 한다.
④ (✕) 한계비용이 아닌 평균비용보다 낮아야 한다.
⑤ (✕) 평균비용과 한계비용이 같으면 초과이윤을 얻을 수 없으므로, 반드시 조업을 계속하여야 한다고는 할 수 없다.

정답 ①

106 □□□   ○ △ ✕

X재와 Y재에 대한 효용함수가 $U = \min[X,\ Y]$인 소비자가 있다. 소득이 100이고, Y재의 가격(P_Y)이 10일 때 이 소비자가 효용극대화를 추구한다면 X재의 수요함수는? (단, P_X는 X재의 가격임)

① $X = 10 + 100/P_X$ ② $X = 100/(P_X + 10)$
③ $X = 100/P_X$ ④ $X = 50/(P_X + 10)$
⑤ $X = 10/P_X$

해설

② (○) 주어진 효용함수에서 두 재화가 완전보완재이므로, 효용극대화는 X=Y인 경우에 달성된다. 주어진 조건하에 예산제약식으로 X재의 수요함수를 도출하면 다음과 같다.

$$\text{예산제약식: } I = P_X \times X + P_Y \times Y$$
$$\Rightarrow 100 = P_X \times X + 10 \times Y$$
$$\Rightarrow 100 = P_X \times X + 10 \times X \quad (\because\ X = Y)$$
$$\Rightarrow 100 = X(P_X + 10) \Rightarrow X = 100/(P_X + 10) \ \text{[X재의 수요함수]}$$

정답 ②

107 □□□   ○ △ ✕

경제주체의 기대형성에 관한 설명으로 옳은 것은?

① 합리적 기대이론에서는 과거의 정보만을 이용하여 미래에 대한 기대를 형성한다.
② 적응적 기대이론에서는 예측된 값과 미래의 실제 실현된 값이 같아진다고 주장한다.
③ 새고전학파(New Classical School)는 적응적 기대를 토대로 정책무력성 정리(policy ineffectiveness proposition)를 주장했다.
④ 경제주체가 이용 가능한 모든 정보를 이용하여 미래에 대한 기대를 형성하는 것을 합리적 기대이론이라고 한다.
⑤ 케인즈(J. M. Keynes)는 합리적 기대이론을 제시하였다.

해설

① (✕) ④ (○) 합리적 기대이론에서는 과거는 물론 현재까지 이용 가능한 모든 정보를 이용하여 미래에 대한 기대를 형성한다.
② (✕) 고전학파의 완전예견에 대한 설명이다.
③ (✕) 적응적 기대가 아닌 합리적 기대를 토대로 정책무력성 정리를 주장하였다.
⑤ (✕) 새케인즈학파에 대한 설명이다.
   참고로, 케인즈는 적응적(정태적) 기대에 기초하였다.

정답 ④

108 □□□   ○ △ ✕

노동공급곡선이 $L = w$이고, 노동시장에서 수요독점인 기업 A가 있다. 기업 A의 노동의 한계수입생산물이 $MRP_L = 300 - L$일 때 아래의 설명들 중 옳지 않은 것을 모두 고른 것은? (단, L은 노동, w는 임금, 기업 A는 이윤극대화를 추구하고, 생산물시장에서 독점기업임)

> ㄱ. 이 기업의 노동의 한계요소비용은 $MFC_L = L$이다.
> ㄴ. 이 기업의 고용량은 $L = 100$이다.
> ㄷ. 이 기업의 임금은 $w = 200$이다.

① ㄱ   ② ㄴ   ③ ㄷ
④ ㄱ, ㄴ   ⑤ ㄱ, ㄷ

해설

ㄱ (✕) 노동공급곡선(AFC)은 노동의 평균요소비용(AFC_L)과 같은데, 노동의 평균요소비용이 선형함수이면, 노동의 한계요소비용(MFC_L)은 절편은 같고 기울기는 2배이므로, $MFC_L = 2L$이다.
ㄴ (○) 노동시장에서의 이윤극대화는 다음을 충족하여야 한다.

$$MRP_L = MFC_L \Rightarrow 300 - L = 2L \Rightarrow 3L = 300 \Rightarrow L = 100$$

ㄷ (✕) 균형임금(w)은 노동의 평균요소비용(AFC_L)과 같고, 노동의 평균요소비용은 노동공급곡선과 같으므로, 도출된 고용량을 이에 대입하면 $w = 100$이다.

정답 ⑤

109 □□□ ○ △ ×

생산요소 노동(L)과 자본(K)만을 사용하고, 생산물시장에서 독점기업의 등량곡선과 등비용선에 관한 설명으로 옳지 않은 것은? (단, MP_L은 노동의 한계생산, w는 노동의 가격, MP_K는 자본의 한계생산, r은 자본의 가격임)

① 등량곡선과 등비용선만으로 이윤극대화 생산량을 구할 수 있다.
② 등비용선 기울기의 절댓값은 두 생산요소 가격의 비율이다.
③ 한계기술대체율이 체감하는 경우, '($MP_L/w > MP_K/r$)'인 기업은 노동투입을 증가시키고, 자본투입을 감소시켜야 생산비용을 감소시킬 수 있다.
④ 한계기술대체율은 등량곡선의 기울기를 의미한다.
⑤ 한계기술대체율은 두 생산요소의 한계생산물 비율이다.

해설

① (×) 등량곡선과 등비용선만으로 구할 수 있는 것은, 동일한 수량을 생산할 수 있는 비용극소화 또는 동일한 비용으로 생산할 수 있는 생산극대화이다.
참고로, 이윤극대화 생산량을 구하기 위하여는 한계수입을 도출할 시장수요함수와 한계비용을 도출할 비용함수가 필요하다.

정답 ①

110 □□□ ○ △ ×

솔로우(R. Solow) 경제성장모형에서 균제상태(steady state)의 1인당 산출량을 증가시키는 요인으로 옳은 것을 모두 고른 것은? (단, 다른 조건이 일정하다고 가정함)

ㄱ. 저축률의 증가   ㄴ. 인구증가율의 증가
ㄷ. 감가상각률의 하락

① ㄱ   ② ㄱ, ㄴ   ③ ㄱ, ㄷ
④ ㄴ, ㄷ   ⑤ ㄱ, ㄴ, ㄷ

해설

ㄱ (○) ㄷ (○) 균제상태에서 1인당 산출량을 증가시키기 위하여는 1인당 자본량이 증가하여야 하는데, 저축률의 증가와 감가상각률의 하락은 모두 1인당 자본량을 증가시키는 요인이다.
ㄴ (×) 인구증가율의 증가는 1인당 자본량을 감소시키는 요인이다.

정답 ③

111 □□□ ○ △ ×

중국과 인도 근로자 한 사람의 시간당 의복과 자동차 생산량은 다음과 같다. 리카도(D. Ricardo)의 비교우위이론에 따르면, 양국은 어떤 제품을 수출하는가?

구분	의복(벌)	자동차(대)
중국	40	30
인도	20	10

① 중국: 의복, 인도: 자동차
② 중국: 자동차, 인도: 의복
③ 중국: 의복과 자동차, 인도: 수출하지 않음
④ 중국: 수출하지 않음, 인도: 자동차와 의복
⑤ 두 국가 모두 교역을 하지 않음

해설

② (○) 주어진 조건을 각 재화의 기회비용(상대가격)으로 정리하면 다음과 같다.
참고로, 비교우위 재화는 기회비용(상대가격)이 작은 재화이다.

> • 자동차 수량으로 나타낸 의복 1벌 생산의 기회비용 = 자동차 생산량 / 의복 생산량
> 　[중국] 30/40 = 3/4대　　　[인도] 10/20 = 1/2대
> • 의복 수량으로 나타낸 자동차 1대 생산의 기회비용 = 의복 생산량 / 자동차 생산량
> 　[중국] 40/30 = 4/3벌　　　[B국] 20/10 = 2벌

따라서 중국은 자동차 생산, 인도는 의복 생산에 특화하여 수출하면, 교역으로써 양국 모두 이득을 얻을 수 있다.

정답 ②

112 □□□ ○ △ ×

어떤 경제의 국내저축(S), 투자(I) 그리고 순자본유입(KI)이 다음과 같다고 한다. 아래 조건에서 대부자금시장의 균형이자율(r)은 얼마인가?

○ S = 1,400 + 2,000r   ○ I = 1,800 − 4,000r
○ KI = −200 + 6,000r

① 2.0%   ② 4.25%   ③ 5.0%
④ 6.5%   ⑤ 8.25%

해설

③ (○) 대부자금시장의 균형은 다음의 조건을 충족하여야 한다.

> 총저축 = 총투자 ⇒ 국내저축 + 순자본유입 = 총투자
> ⇒ $1,200 + 8,000r = 1,800 - 4,000r$
> ⇒ $12,000r = 600$
> ⇒ $r = 0.05 = 5\%$

정답 ③

113 ☐☐☐ ○ △ ✕

콥-더글라스(Cobb-Douglas) 생산함수 $Q = AK^{\alpha}L^{(1-\alpha)}$ 에 관한 설명으로 옳지 않은 것은? (단, K는 자본, L은 노동, Q는 생산량, $0 < \alpha < 1$, A는 상수, $A > 0$임)

① 규모에 대한 수익불변의 특성을 갖는다.
② 1차 동차성을 갖는다.
③ 자본의 평균생산은 체증한다.
④ 노동의 한계생산은 체감한다.
⑤ 생산요소 간 대체탄력성은 1로 일정하다.

해설

③ (✕) 콥-더글라스 생산함수($Y = AL^{\alpha}K^{\beta}$, $\alpha + \beta = 1$)의 각 지수의 합이 1이므로, 1차 동차함수이다. 따라서 단기에는 노동과 자본의 한계생산이 모두 체감하고, 장기에는 규모에 대한 수확불변이다. 참고로, 생산요소 간 대체탄력성은 항상 1이고, 단기에 생산의 2단계인 경제적 영역에서 자본과 노동의 평균생산은 모두 체감하는 모습을 보인다.

정답 ③

---

114 ☐☐☐ ○ △ ✕

어떤 제품의 수요와 공급함수는 아래와 같다. 정부가 공급자에게 제품 1개당 10만큼의 물품세를 부과하는 경우, 물품세 부과 후 균형가격은 얼마인가? (단, P는 가격임)

○ 수요함수: $Q_d = -2P + 300$
○ 공급함수: $Q_s = 2P - 100$

① 90   ② 102   ③ 105
④ 108   ⑤ 110

해설

③ (○) 정부가 공급자에게 제품 1개당 10만큼의 물품세를 부과하는 경우, 공급함수는 다음과 같다.

$$Q_S = 2P - 100 \Rightarrow Q_S^T = 2(P - 10) - 100 = 2P - 120$$

위에서 도출된 공급함수와 주어진 수요함수를 연립하여 풀면, 물품세 부과 후 균형가격은 105이다.

정답 ③

---

115 ☐☐☐ ○ △ ✕

수요함수가 $Q = 90 - P$일 때 수요의 가격탄력성에 대한 계산으로 옳지 않은 것은? (단, Q는 수량, P는 가격이며, 수요의 가격탄력성은 절댓값으로 표시함)

① P=10일 때 수요의 가격탄력성은 0.2이다.
② P=30일 때 수요의 가격탄력성은 0.5이다.
③ P=45일 때 수요의 가격탄력성은 1이다.
④ P=60일 때 수요의 가격탄력성은 2이다.
⑤ P=80일 때 수요의 가격탄력성은 8이다.

해설

① (✕) $Q = 80 \Rightarrow E_P = -\dfrac{dQ}{dP} \times \dfrac{P}{Q} = -(-1) \times \dfrac{10}{80} = 0.125$

② (○) $Q = 60 \Rightarrow E_P = -\dfrac{dQ}{dP} \times \dfrac{P}{Q} = -(-1) \times \dfrac{30}{60} = 0.500$

③ (○) $Q = 45 \Rightarrow E_P = -\dfrac{dQ}{dP} \times \dfrac{P}{Q} = -(-1) \times \dfrac{45}{45} = 1$

④ (○) $Q = 30 \Rightarrow E_P = -\dfrac{dQ}{dP} \times \dfrac{P}{Q} = -(-1) \times \dfrac{60}{30} = 2$

⑤ (○) $Q = 10 \Rightarrow E_P = -\dfrac{dQ}{dP} \times \dfrac{P}{Q} = -(-1) \times \dfrac{80}{10} = 8$

정답 ①

---

116 ☐☐☐ ○ △ ✕

완전보완재 관계인 X재와 Y재를 항상 1:1의 비율로 사용하는 소비자가 있다. 이 소비자가 효용극대화를 추구할 때 X재의 가격소비곡선과 소득소비곡선에 관한 주장으로 옳은 것은? (단, X재와 Y재의 가격이 0보다 크다고 가정함)

① 가격소비곡선과 소득소비곡선의 기울기는 모두 1이다.
② 가격소비곡선의 기울기는 1이고, 소득소비곡선은 수평선이다.
③ 가격소비곡선은 수평선이고, 소득소비곡선의 기울기는 1이다.
④ 가격소비곡선은 수직선이고, 소득소비곡선의 기울기는 1이다.
⑤ 가격소비곡선의 기울기는 1이고, 소득소비곡선은 수직선이다.

해설

① (○) 항상 일정한 비율로 소비되는 완전보완재의 가격소비곡선과 소득소비곡선은 모두 (Y재 소비량 / X재 소비량)의 기울기를 가지는 직선이다. 따라서 X재와 Y재가 항상 1:1의 비율로 소비되는 경우, 기울기가 1(= Y재 소비량 / X재 소비량 = 1/1)인 직선이라 할 것이다.

정답 ①

117

실업에 관한 주장으로 옳은 것은?

① 정부는 경기적 실업을 줄이기 위하여 기업의 설비투자를 억제시켜야 한다.
② 취업자가 존재하는 상황에서 구직포기자의 증가는 실업률을 감소시킨다.
③ 전업주부가 직장을 가지면 경제활동참가율과 실업률은 모두 낮아진다.
④ 실업급여의 확대는 탐색적 실업을 감소시킨다.
⑤ 정부는 구조적 실업을 줄이기 위하여 취업정보의 제공을 축소해야 한다.

해설

① (×) 정부는 경기적 실업을 줄이기 위하여 기업의 설비투자를 확대하여 새로운 일자리를 창출하여야 한다.
② (O) 실업자가 구직포기자가 되면, 고용률은 불변이나 실업률은 하락한다.
③ (×) 다른 모든 조건이 일정하다는 전제하에 비경제활동인구인 전업주부가 직장을 가지면, 경제활동인구인 취업자가 증가하게 되어 경제활동참가율은 상승하나, 실업률은 하락한다.
④ (×) 실업급여의 확대는 실업자가 의도적으로 구직기간을 연장토록 하는 요인으로 작용할 수 있다. 따라서 이직과정에서 발생하는 자발적 실업인 마찰적(탐색적) 실업의 증가로 자연실업률을 상승시키는 경향이 있다.
⑤ (×) 정부는 구조적 실업을 줄이기 위하여 취업정보의 제공을 확대함으로써 노동시장에서의 일자리 미스매치(miss match)를 해소하여야 한다.
참고로, 일자리 미스매치는 구인·구직시장의 수급불균형으로 인하여 일을 하고 싶어도 일자리가 없거나 일자리가 있어도 일할 사람이 없는 현상이다.

정답 ②

118

이윤극대화를 추구하는 독점기업의 시장수요함수가 $Q = 300 - P$이고, 비용함수가 $C = 0.5Q^2$일 때 다음 설명 중 옳지 않은 것은? (단, Q는 수량, P는 가격, C는 비용임)

① 독점기업의 총수입은 TR$= (300 - Q)Q$이다.
② 독점기업의 한계수입은 MR$= 300 - 2Q$이다.
③ 독점기업의 한계비용은 MC$= Q$이다.
④ 독점기업의 이윤극대화 생산량은 Q$= 100$이다.
⑤ 독점기업의 이윤극대화 가격은 P$= 100$이다.

해설

⑤ (×) 주어진 조건하에 독점기업의 이윤극대화 생산량(Q)과 가격(P)은 다음과 같다.

- 시장수요함수: $Q = 300 - P \Rightarrow P = 300 - Q$
  - 총수입: $TR = P \times Q = (300 - Q) \times Q = 300Q - Q^2$

- 한계수입: $MR = \dfrac{dTR}{dQ} = \dfrac{d(300Q - Q^2)}{dQ} = 300 - 2Q$
- 비용함수: $C = 0.5Q^2$
  - 한계비용: $MC = \dfrac{dC}{dQ} = \dfrac{d(0.5Q^2)}{dQ} = Q$
- 이윤극대화: $MR = MC \Rightarrow 300 - 2Q = Q$
  $\Rightarrow Q = 100, P = 200$

정답 ⑤

119

완전경쟁기업의 단기 총비용함수가 $C = 100 + Q^2$일 경우, 다음 설명 중 옳지 않은 것은? (단, C는 비용, Q는 생산량임)

① 이 기업의 고정비용은 100이다.
② 이 기업의 가변비용은 Q^2이다.
③ 이 기업의 평균가변비용은 Q이다.
④ 이 기업의 평균비용은 $100 + Q$이다.
⑤ 이 기업의 한계비용은 2Q이다.

해설

① (O) ② (O) 단기 총비용(TC)함수는 상수인 고정비용($TFC = 100$)과 변수인 가변비용($TVC = Q^2$)으로 구성된다.

③ (O) 평균가변비용: $AVC = \dfrac{TVC}{Q} = \dfrac{Q^2}{Q} = Q$

④ (×) 평균비용: $AC = \dfrac{TC}{Q} = \dfrac{100 + Q^2}{Q} = \dfrac{100}{Q} + Q$

⑤ (O) 한계비용: $MC = \dfrac{dTC}{dQ} = \dfrac{d(100 + Q^2)}{dQ} = 2Q$

정답 ④

120

노동인구통계에 관한 설명으로 옳지 않은 것은?

① 실업자＝마찰적 실업자＋구조적 실업자
② 경제활동인구＝취업자＋실업자
③ 생산가능연령인구＝경제활동인구＋비경제활동인구
④ 실업률＝(실업자/경제활동인구)×100
⑤ 경제활동참가율＝(경제활동인구/생산가능연령인구)×100

해설

① (×) 실업자 = 경기적 실업자 + 마찰적(탐색적) 실업자 + 구조적 실업자 (+ 계절적 실업자)
참고로, 경기적 실업자, 구조적 실업자, 계절적 실업자는 비자발적 실업자, 마찰적(탐색적) 실업자는 자발적 실업자로 분류된다.

정답 ①

경제학원론

121 □□□ ○ △ ✕

노동의 한계생산물이 체감하고, 노동공급곡선은 우상향한 다고 가정할 때 노동시장에 관한 주장으로 옳은 것을 모두 고른 것은?

> ㄱ. 노동시장이 수요독점인 경우, 노동시장이 완전경쟁인 경우보다 고용량이 작다.
> ㄴ. 생산물시장은 독점이고 노동시장이 수요독점이면, 임금은 한계요소비용보다 낮다.
> ㄷ. 노동시장이 완전경쟁이면, 개별기업의 노동수요곡선은 우하향한다.

① ㄱ ② ㄴ ③ ㄱ, ㄷ
④ ㄴ, ㄷ ⑤ ㄱ, ㄴ, ㄷ

해설

ㄱ (○) 노동시장이 수요독점인 경우, 노동시장이 완전경쟁인 경우보다 고용량이 작은데, 이는 생산물시장이 (공급)독점인 경우, 생산물시장이 완전경쟁인 경우보다 생산량이 작다는 의미와 같다.

ㄴ (○) 생산물시장은 독점이고 노동시장이 수요독점이면, 다음이 성립한다.

$$MRP = MFC > AFC(=w)$$

ㄷ (○) 노동시장의 완전경쟁 여부와 관계없이 개별기업이 직면하는 노동수요곡선은 우하향한다.

정답 ⑤

122 □□□ ○ △ ✕

통화정책과 재정정책에 관한 설명으로 옳지 않은 것은?

① 경제가 유동성함정에 빠져 있을 경우에는 통화정책보다는 재정정책이 효과적이다.
② 전통적인 케인즈 경제학자들은 통화정책이 재정정책보다 더 효과적이라고 주장했다.
③ 재정정책과 통화정책을 적절히 혼합하여 사용하는 것을 정책혼합(policy mix)이라고 한다.
④ 화폐공급의 증가가 장기에서 물가만을 상승시킬 뿐 실물변수에는 아무런 영향을 미치지 못하는 현상을 화폐의 장기중립성이라고 한다.
⑤ 정부지출의 구축효과란 정부지출을 증가시키면 이자율이 상승하여 민간 투자지출이 감소하는 효과를 말한다.

해설

② (✕) 전통적인 케인즈 경제학자들은 투자수요의 이자율탄력성은 비탄력적이고, 화폐수요의 이자율탄력성은 탄력적이라고 생각하므로, 경기안정화정책으로는 재정정책이 통화정책보다 더 효과적이라고 주장하였다.

정답 ②

123 □□□ ○ △ ✕

금융기관의 세전 명목이자율이 연 2.0%이고, 이에 대한 이자소득세율이 25.0%이다. 예상 물가상승률이 연 1.8%일 때 피셔방정식(Fisher equation)에 의한 연간 세후 예상 실질이자율은 얼마인가?

① 0.3% ② 0.2% ③ 0.0%
④ −0.2% ⑤ −0.3%

해설

⑤ (○) 세후 예상 실질이자율 = 세후 명목이자율 − 예상 물가상승률
= 세전 명목이자율(1 − 이자소득세율) − 예상 물가상승률
= 2.0%(1−0.25) − 1.8%
= 1.5% − 1.8%
= −0.3%

정답 ⑤

124 □□□ ○ △ ✕

소비재와 여가가 정상재라고 가정할 때 「소득-여가 선택모형」을 이용하여 임금률 상승의 효과를 설명한 것으로 옳은 것은?

> ㄱ. 후방굴절형 노동공급곡선은 소득효과가 대체효과보다 작기 때문에 발생한다.
> ㄴ. 소득효과는 임금률 변화에 따른 소득변화가 노동공급에 미치는 영향을 말한다.
> ㄷ. 임금률 상승 시 소득효과는 노동공급을 증가시킨다.
> ㄹ. 임금률 상승 시 대체효과는 여가의 기회비용 상승 때문에 발생한다.

① ㄱ, ㄴ ② ㄱ, ㄷ ③ ㄴ, ㄷ
④ ㄴ, ㄹ ⑤ ㄷ, ㄹ

해설

④ (○) 임금률 상승에 따른 가격효과(= 소득효과 + 대체효과)를 정리하면 다음과 같다.

> • 대체효과: 임금률↑ ⇒ 여가의 상대가격(기회비용)↑ ⇒ 여가소비↓ ⇒ 노동공급↑
> • 소득효과
> - 정상재: 임금률↑ ⇒ 실질소득↑ ⇒ 여가소비↑ ⇒ 노동공급↓
> - 열등재: 임금률↑ ⇒ 실질소득↑ ⇒ 여가소비↓ ⇒ 노동공급↑

소득효과가 대체효과보다 크게 작용하는 경우, 임금률 상승에도 불구하고 노동공급이 감소하므로, 후방굴절형 노동공급곡선이 발생한다.

정답 ④

125 ☐☐☐   ○ △ ✕

공공재와 관련된 시장실패에 관한 설명으로 옳지 않은 것은?

① 순수공공재는 소비의 비배제성과 비경합성을 동시에 가지고 있다.

② 소비의 비배제성으로 인한 무임승차의 문제가 발생한다.

③ 긍정적 외부성이 존재하는 공공재의 생산을 민간에 맡길 때 사회적 최적수준에 비해 과소생산된다.

④ 공공재의 경우에는 개인의 한계편익곡선을 수평으로 합하여 사회적 한계편익곡선을 도출한다.

⑤ 공공재의 최적생산을 위해서는 경제주체들의 공공재 편익을 사실대로 파악하여야 한다.

해설

④ (✕) 공공재는 비경합성(비경쟁성)을 가지므로, 개인의 한계편익곡선을 수직으로 합하여 사회적 한계편익곡선을 도출한다.

정답 ④

기출문제

제5과목

경영학개론

081 □□□   ○ △ ×

테일러(F. W. Taylor)의 과학적 관리법에 제시된 원칙으로 옳은 것을 모두 고른 것은?

> ㄱ. 작업방식의 과학적 연구
> ㄴ. 과학적 선발 및 훈련
> ㄷ. 관리자와 작업자들 간의 협력
> ㄹ. 관리활동의 분업

① ㄱ, ㄴ   ② ㄷ, ㄹ   ③ ㄱ, ㄴ, ㄷ
④ ㄴ, ㄷ, ㄹ   ⑤ ㄱ, ㄴ, ㄷ, ㄹ

해설

⑤ (○) 모두 과학적 관리법에 제시된 원칙으로 옳은 것이다.
[보충] 테일러는 노동자의 생산성과 효율성을 극대화시키기 위하여 과학적 관리를 도입하였는데, 이는 고임금 저노무비, 합리적 과업관리 및 과학적 작업방식 등을 핵심으로 하였다.

> **과학적 관리의 특징**
> • 과업관리: 작업을 과업단위로 분류하고, 각 과업에 적합한 작업자를 선발하며, 시간·동작연구로써 작업을 표준화하였다.
>   참고로, 과업관리의 성공을 위한 4원칙은 다음과 같다.
>   - 공정한 일일 최대과업량
>   - 표준화된 제 조건
>   - 성공에 따른 보상제공
>   - 실패에 따른 손실부담
> • 차별적 성과급제도: 작업량 달성 여부를 기준으로 차별임금을 지급함으로써 생산량 증대를 꾀하였다.
> • 기획부제도: 노동자가 기획과 집행에 모두 투입되는 것을 막기 위하여 별도의 기획부를 설치하였다.
> • 기능식 직장제도: 기능별로 직장(foreman)을 나누고 직장으로 하여금 노동자를 관리토록 하였다.
> • 작업지도표제도: 직장이 작업지도표를 작성함으로써 미숙련 노동자를 관리·통제하였다.

정답 ⑤

082 □□□   ○ △ ×

카츠(R. L. Katz)가 제시한 경영자의 기술에 관한 설명으로 옳은 것을 모두 고른 것은?

> ㄱ. 전문적 기술은 자신의 업무를 정확히 파악하고 능숙하게 처리하는 능력을 말한다.
> ㄴ. 인간적 기술은 다른 조직구성원과 원만한 인간관계를 유지하는 능력을 말한다.
> ㄷ. 개념적 기술은 조직의 현황이나 현안을 파악하여 세부적으로 처리하는 실무적 능력을 말한다.

① ㄱ   ② ㄴ   ③ ㄱ, ㄴ
④ ㄱ, ㄷ   ⑤ ㄱ, ㄴ, ㄷ

해설

③ (○) ㄱ, ㄴ이 경영자의 기술에 관한 설명으로 옳은 것이다.
[보충] 카츠의 경영자 기술
• 전문적 기술(technical skill): 지식, 직무 등과 관련된 기술
• 대인적 기술(interpersonal skill): 구성원과의 관계형성을 유지하는 기술
• 개념적 기술(conceptual skill): 창의성을 바탕으로 새로운 대안을 탐색하는 기술

> **카츠의 경영자 역할**
> • 대인역할: 조직 내에서는 리더, 조직 외에서는 섭외자로서의 역할 – 대표, 리더, 연결
> • 정보역할: 의사결정을 위하여 정보를 탐색·수집·전달하는 역할 – 정보수집자, 정보전파자, 대변인
> • 의사결정역할: 여러 대안 가운데 조직을 위한 최선의 대안을 선택하는 역할 – 기업가, 문제해결자, 자원배분자, 협상가

정답 ③

083 □□□   ○ △ ×

기업 외부의 개인이나 그룹과 접촉하여 외부환경에 관한 중요한 정보를 얻는 활동은?

① 광고   ② 예측활동
③ 공중관계(PR)   ④ 활동영역 변경
⑤ 경계연결(boundary spanning)

해설

① (×) 광고는 기업의 제품이나 서비스를 노출하기 위한 (유료) 비개인적 커뮤니케이션으로써 환경에 대응하는 방안이다.
② (×) 예측활동은 완충화나 평준화로 해결할 수 없는 환경변화의 규칙성을 파악함으로써 환경에 대응하는 방안이다.

③ (×) PR(public relation)은 기업의 이미지나 평판을 제고하기 위한 (무료) 커뮤니케이션으로써 환경에 대응하는 방안이다.
④ (×) 활동영역 변경은 다각화나 철수 등의 방법으로 조직의 활동영역, 즉 환경 자체를 변경함으로써 환경에 대응하는 방안이다.
⑤ (○) 경계연결에 대한 설명이다.

[보충] 조직의 환경에 대한 대응방안
- 환경적응
  - 완충화: 투입·산출을 완충하여 불확실성을 흡수하거나 해결
  - 평준화: 예측된 수요변화에 따라 조직 조정
  - 예측: 완충화나 평준화로 해결할 수 없는 환경변화의 규칙성 파악
  - 할당: 조직 내 특정 활동에 대한 중요성 강조
  - 경계연결: 정보수집·분석을 위하여 환경과 교환관계 구축
- 환경통제
  - 환경과의 우호관계 창출: 합병, 합작투자, 겸임중역제도, 중역채용, 광고·PR 등
  - 환경 자체의 변경: 활동영역 변경, 로비, 산업조합, 불법 등

정답 ⑤

084

○ △ ×

조직의 목표를 달성하기 위하여 조직구성원들이 담당해야 할 역할구조를 설정하는 관리과정의 단계는?

① 계획   ② 조직화   ③ 지휘
④ 조정   ⑤ 통제

해설

② (○) 조직화에 대한 설명이다.

[보충] 페이욜의 관리5요소
- 계획: 조직의 목표설정 및 전략수립
- 조직화: 목표달성을 위한 인적·물적 구조 설정
- 지휘: 조직구성원 간의 활동 유지관리
- 조정: 조직 내에서 발생하는 분쟁·갈등 해결
- 통제: 계획대로 진행되고 있는지 관찰 및 조정

페이욜의 경영활동
- 기술적 활동: 생산, 가공, 제조 등
- 영업적 활동: 구매, 판매, 교환(환불) 등
- 재무적 활동: 자금의 조달 및 관리 등
- 보전적 활동: 자산 및 종업원의 보호 등
- 회계적 활동: 재산목록, 대차대조표, 원가, 통계 등
- 관리적 활동: 계획, 조직화, 지휘, 조정, 통제 [관리5요소]

정답 ②

085

○ △ ×

캐롤(B. A. Carroll)이 주장한 기업의 사회적 책임 중 책임성격이 의무성보다 자발성에 기초하는 것을 모두 고른 것은?

ㄱ. 경제적 책임	ㄴ. 법적 책임
ㄷ. 윤리적 책임	ㄹ. 자선적 책임

① ㄱ, ㄴ   ② ㄴ, ㄷ   ③ ㄷ, ㄹ
④ ㄱ, ㄴ, ㄹ   ⑤ ㄴ, ㄷ, ㄹ

해설

③ (○) 캐롤의 피라미드 모형은 가장 하위에 경제적 책임이 위치하고, 가장 상위에 자선적 책임이 위치하는데, 경제적 책임(수익창출) → 법적 책임(법률준수) → 윤리적 책임(윤리경영) → 자선적 책임(사회공헌) 순으로 고차원화가 진행된다.
[보충] 경제적 책임과 법적 책임은 의무성, 윤리적 책임과 자선적 책임은 자발성에 기초한다.

정답 ③

086

○ △ ×

포터(M. Porter)의 산업구조분석모형에 관한 설명으로 옳지 않은 것은?

① 산업 내 경쟁이 심할수록 산업의 수익률은 낮아진다.
② 새로운 경쟁자에 대한 진입장벽이 낮을수록 해당 산업의 경쟁이 심하다.
③ 산업 내 대체재가 많을수록 기업의 수익이 많이 창출된다.
④ 구매자의 교섭력은 소비자들이 기업의 제품을 선택하거나 다른 제품을 구매할 수 있는 힘을 의미한다.
⑤ 공급자의 교섭력을 결정하는 요인으로는 공급자의 집중도, 공급물량, 공급자 판매품의 중요도 등이 있다.

해설

③ (×) 산업 내 대체재가 많을수록 고객이동이 유발되므로, 산업매력도는 하락한다. 따라서 기업의 이익창출가능성, 즉 수익 또한 감소한다.

[보충] 포터의 산업구조분석모형
- 산업 내 기존 경쟁업체 간 경쟁: 경쟁강도가 높을수록 이익창출가능성이 낮아지므로, 산업매력도는 하락하는데, 이는 산업집중도, 경쟁기업과의 동이성, 제품차별화, 초과설비, 산업의 비용구조 등에 의하여 결정된다.
- 잠재적 경쟁자의 진입가능성: 진입장벽이 낮을수록 경쟁자의 진입이 쉬워지므로, 산업매력도는 하락하는데, 이는 자본소요량, 규모의 경제, 절대적 비용우위, 브랜드, 유통망, 정부규제 및 특허 등에 의하여 결정된다.
- 대체재의 위협: 대체재가 많을수록 고객이동이 유발되므로, 산업매력도는 하락하는데, 이는 대체재로의 이동용이성 및 유용성 등에 의하여 결정된다.
- 공급자의 교섭력: 공급자의 교섭력이 강할수록 원자재를 고가

에 공급받게 되어 수익성이 떨어지므로, 산업매력도는 하락하는데, 이는 공급자의 가격민감도, 공급자의 상대적 크기, 정보수집능력, 구매자 전환비용 등에 의하여 결정된다.
- 구매자의 교섭력: 구매자의 교섭력이 강할수록 이익창출가능성이 낮아지므로, 산업매력도는 하락하는데, 이는 구매자의 가격민감도, 구매자의 상대적 크기, 정보수집능력, 공급자 전환비용 등에 의하여 결정된다.

정답 ③

087 □□□   ○ △ ×

효과적인 의사소통을 방해하는 요인 중 발신자와 관련된 요인이 아닌 것은?

① 의사소통기술의 부족   ② 준거체계의 차이
③ 의사소통목적의 결여   ④ 신뢰성의 부족
⑤ 정보의 과부하

해설
⑤ (×) 정보의 과부화는 상황과 관련된 요인이다.

[보충] 의사소통의 장해요인
- 발신자에 의한 장애: 목적의 결여, 기술의 부족, 민감성의 부족, 신뢰성의 부족, 준거체계의 차이 등
- 수신자에 의한 장애: 평가적 경향, 선입견, 선택적 청취, 피드백의 부족 등
- 상황에 의한 장애: 어의사용의 오류, 정보의 과부화, 시간압박, 지위차이, 분위기, 비언어적 메시지의 오용 등

정답 ⑤

088 □□□   ○ △ ×

변혁적 리더십의 구성요소 중 다음 내용에 해당하는 것은?

○ 높은 기대치를 전달하고, 노력에 집중할 수 있도록 상징을 사용
○ 미래에 대한 매력적인 비전제시, 업무의 의미감 부여, 낙관주의와 열정을 표출

① 예외에 의한 관리   ② 영감적 동기부여
③ 지적 자극   ④ 이상적 영향력
⑤ 개인화된 배려

해설
① (×) 예외에 의한 관리는 거래적 리더십의 구성요소에 해당한다.
② (○) 영감적 동기부여에 대한 설명이다.
③ (×) 지적 자극은 구습으로부터의 탈피를 강조함으로써 오래된 문제를 창의적인 접근으로 해결토록 독려하는 것이다.
④ (×) 이상적 영향력은 달성 가능한 목표를 설정하고 이를 확신함으로써 부하들의 존경과 신뢰를 유도하는 것이다.
⑤ (×) 개인화된 배려는 부하들 간 욕구의 차이를 인정함으로써 개

별적인 관심을 공평하게 제공하는 것이다.

정답 ②

089 □□□   ○ △ ×

다음 특성에 부합하는 직무평가방법으로 옳은 것은?

○ 비계량적 평가
○ 직무 전체를 포괄적으로 평가
○ 직무와 직무를 상호 비교하여 평가

① 서열법   ② 등급법   ③ 점수법
④ 분류법   ⑤ 요소비교법

해설
① (○) 서열법에 대한 설명이다.
② (×) ④ (×) 분류법(등급법)은 사전에 작성한 직무등급표와 직무를 비교하여 해당 등급에 편입시키는 방법으로, 간단하고 비용이 적게 들며 이해하기 쉬우나, 등급의 정의와 분류가 어렵고 그 과정이 주관적이다.
③ (×) 점수법은 사전에 작성한 평가요소별 점수표와 직무를 비교하여 각 요소별로 점수를 부여하는 방법으로, 비교적 객관적이고 평가자의 주관을 배제할 수 있으나, 평가요소의 선정이 어렵고 복잡하며 비용이 많이 든다.
⑤ (×) 요소비교법은 사전에 설정한 기준직무와 평가요소를 각 직무와 비교하여 모든 직무의 상대적 가치를 결정하는 방법으로, 공정성과 신뢰성이 우수하고 직무 전체를 평가할 수 있으나, 기준직무 선정 시 주관이 개입될 여지가 크고 이해가 어렵다.

정답 ①

090 □□□   ○ △ ×

기업이 종업원에게 지급하는 임금의 계산 및 지불방법에 해당하는 것은?

① 임금수준   ② 임금체계   ③ 임금형태
④ 임금구조   ⑤ 임금결정

해설
③ (○) 임금형태에 대한 설명이다.

[보충] 임금관리의 3요소
- 임금수준
  - 임금의 크기, 즉 평균 급여수준(임금의 총액)에 관한 것
  - 기업의 지불능력, 종업원의 생계비 및 사회일반의 임금수준 고려
- 임금체계
  - 임금의 결정에 관한 것으로, 공정성이 중요
  - 연공급, 직무급, 직능급 등의 임금결정체계와 기본급, 상여금, 각종 수당 등의 임금구성체계로 구분
- 임금형태
  - 임금의 산정·지불에 관한 것

- 고정급(시간급, 일급, 주급, 월급, 연봉), 변동급(성과급, 할증급, 상여급), 이외에 특수임금제로 구분

정답 ③

091 □□□ ○ △ ✕

고과자가 평가방법을 잘 이해하지 못하거나, 피고과자들 간의 차이를 인식하지 못하는 무능력에서 발생할 수 있는 인사고과의 오류는?

① 중심화 경향 ② 논리적 오류 ③ 현혹효과
④ 상동적 태도 ⑤ 근접오차

해설
① (○) 중심화 경향에 대한 설명이다.
  [보충] 분배적 오류
  평가자가 다수의 피평가자에게 부여하는 점수의 분포가 특정 방향으로 몰리는 경향으로, 점수를 실제보다 높게 주는 관대화 경향, 점수가 중간으로 집중되는 중심화 경향, 점수를 실제보다 낮게 주는 엄격화 경향 등이 있다.
② (✕) 논리적 오류는 평가자가 평가요소 간의 관계를 유추하여 유사하다고 생각되는 평가요소를 동일하게 평가하는 경향이다.
③ (✕) 현혹효과는 한 분야에서의 피평가자에 대한 인상으로써 다른 분야에서의 피평가자를 평가하는 경향이다.
④ (✕) 상동적 태도는 평가자가 지닌 선입견이나 편견으로 피평가자를 평가하는 경향이다.
⑤ (✕) 근접오차는 평가자가 근접한 평가요소, 평가결과 및 특정 평가시간에 유사하게 평가하는 경향이다.

정답 ①

092 □□□ ○ △ ✕

산업별 노동조합 또는 교섭권을 위임받은 상급단체와 개별 기업의 사용자 간에 이루어지는 단체교섭 유형은?

① 대각선교섭 ② 통일적 교섭 ③ 기업별 교섭
④ 공동교섭 ⑤ 집단교섭

해설
① (○) 대각선교섭에 대한 설명이다.
② (✕) 통일적 교섭은 산업별 · 직종별 노동조합이 이에 대응하는 산업별 · 직종별 사용자단체와 교섭하는 방식이다.
③ (✕) 기업별 교섭은 특정 기업이나 사업장에서의 노동조합이 사용자와 교섭하는 방식이다.
④ (✕) 공동교섭은 산업별 노동조합과 그 지부가 공동으로 사용자와 교섭하는 방식이다.
⑤ (✕) 집단교섭은 다수의 노동조합과 그에 대응하는 다수의 사용자가 서로 집단을 만들어 교섭하는 방식이다.

정답 ①

093 □□□ ○ △ ✕

외부모집과 비교한 내부모집의 장점을 모두 고른 것은?

ㄱ. 승진기회 확대로 종업원 동기부여
ㄴ. 지원자에 대한 평가의 정확성 확보
ㄷ. 인력수요에 대한 양적 충족 가능

① ㄱ ② ㄴ ③ ㄱ, ㄴ
④ ㄴ, ㄷ ⑤ ㄱ, ㄴ, ㄷ

해설
③ (○) ㄱ, ㄴ이 내부모집의 장점이다.
  [보충] 사내공모제

장점	단점
• 상위직급에 도입될 경우, 승진기회 제공	• 외부인력 영입이 차단되어 조직정체 우려
• 상사, 동료 등 평판조회 원천이 많아 신뢰성 향상	• 연고주의로 인한 조직 내 파벌 조성 우려
• 해당 기업에 익숙한 지원자들이므로 이직률 감소 등	• 지원자와 소속부서 상사와의 관계 훼손 등

정답 ③

094 □□□ ○ △ ✕

다음과 같은 장점을 지닌 조직구조는?

○ 관리비용을 절감할 수 있음
○ 작은 기업들도 전 세계의 자원과 전문적인 인력을 활용할 수 있음
○ 창업 초기에 공장이나 설비 등의 막대한 투자 없이도 사업이 가능

① 사업별 조직구조 ② 프로세스 조직구조
③ 매트릭스 조직구조 ④ 지역별 조직구조
⑤ 네트워크 조직구조

해설
① (✕) 사업별 조직구조는 제품이나 서비스, 지역별로 조직을 분할하여 필요한 권한을 부여하고, 이익책임단위로서 자율적으로 사업활동을 수행하는 사업부들로 구성한 조직이다.
② (✕) 프로세스 조직구조는 고객의 요구에 신속하게 대응할 수 있도록 리엔지니어링으로 재설계한 조직으로, 핵심 프로세스를 중심으로 수평적으로 조직화하여 수평적 조직구조라고도 한다.
③ (✕) 매트릭스 조직구조는 계층(수직)적인 기능식 조직에 수평적인 사업부제 조직을 결합한 형태로, 구성원들은 특정 부서 소속으로서 각 프로젝트에 배치되므로, 두 명의 관리자를 가지게 된다.
④ (✕) 지역별 조직구조는 지역을 중심으로 부서화하고, 각 지역에 업무 전체를 책임지는 지역관리자를 배치하여 반독립적으로 운영하는 조직으로, 지역별 특성이 뚜렷한 경우에 적합하다.
⑤ (○) 네트워크 조직구조에 대한 설명이다.

정답 ⑤

095 □□□ ○ △ ✕

페로우(C. Perrow)의 기술분류 유형 중 과업다양성과 분석가능성이 모두 낮은 유형은?

① 일상적 기술　② 비일상적 기술　③ 장인기술
④ 공학기술　　　⑤ 중개기술

해설

① (✕) 일상적 기술: 과업다양성↓ 문제분석가능성↑
② (✕) 비일상적 기술: 과업다양성↑ 문제분석가능성↓
③ (○) 장인기술: 과업다양성↓ 문제분석가능성↓
④ (✕) 공학기술: 과업다양성↑ 문제분석가능성↑
⑤ (✕) 중개기술은 페로우의 기술분류 유형에 해당하지 아니한다.

[보충] 페로우의 기술분류
- 과업다양성: 업무를 수행하는 과정에서 마주하는 예외의 빈도
- 문제분석가능성: 예외상황에서 올바른 대안을 모색하는 과정의 난이도

참고로, 일상적 기술일수록 기계적 구조, 비일상적 기술일수록 유기적 구조를 가진다.

정답 ③

096 □□□ ○ △ ✕

마일즈(R. Miles)와 스노우(C. Snow)의 전략유형 중 유연성이 높고 분권화된 학습지향 조직구조로 설계하는 것이 적합한 전략은?

① 반응형 전략　② 저원가 전략　③ 분석형 전략
④ 공격형 전략　⑤ 방어형 전략

해설

① (✕) 반응형 전략은 어떠한 전략도 가지지 아니한 낙오자이다.
② (✕) 저원가 전략은 마일즈와 스노우의 전략유형에 해당하지 아니한다.
③ (✕) 분석형 전략은 공격자를 분석하여 성공가능성이 보이면 신속하게 뒤따라 진입하여 후발주자의 이점을 살리는 전략이다.
④ (○) 공격형 전략은 고객의 새로운 니즈를 신속하게 파악하여 신제품 개발로 이를 충족시키는 전략이므로, 유연성이 높고 분권화된 학습지향 조직구조로 설계하는 것이 적합하다.
⑤ (✕) 방어형 전략은 기존의 제품을 개선하여 고객을 충족시킴으로써 기존의 시장점유율을 유지하는 전략이다.

정답 ④

097 □□□ ○ △ ✕

핵심자기평가(core self-evaluation)가 높은 사람들은 자신을 가능성 있고, 능력 있고, 가치 있는 사람으로 평가한다. 핵심자기평가의 구성요소를 모두 고른 것은?

ㄱ. 자존감	ㄴ. 관계성
ㄷ. 통제위치	ㄹ. 일반화된 자기효능감
ㅁ. 정서적 안정성	

① ㄱ, ㄴ, ㄷ　　　　② ㄱ, ㄴ, ㅁ
③ ㄱ, ㄴ, ㄹ, ㅁ　　④ ㄱ, ㄷ, ㄹ, ㅁ
⑤ ㄴ, ㄷ, ㄹ, ㅁ

해설

④ (○) ㄱ, ㄷ, ㄹ, ㅁ이 핵심자기평가의 구성요소이다.

[보충] 핵심자기평가

개인이 자기 자신이나 타인, 주변환경을 지각함으로써 스스로의 가치, 역량, 능력 등에 대하여 평가하는 하나의 프레임이다.

```
자존감 ─┐         ┌─ 통제위치
        ├ 핵심자기평가 ┤
정서적 안정성 ┘      └─ 일반화된 자기효능감
```

정답 ④

098 □□□ ○ △ ✕

킬만(T. Kilmann)의 갈등관리 유형 중 목적달성을 위해 비협조적으로 자기 관심사만을 만족시키려는 유형은?

① 협력형　　② 수용형　　③ 회피형
④ 타협형　　⑤ 경쟁형

해설

① (✕) 협력형(collaborating)은 독단적이면서도 협조적인 태도로, 모두의 관심을 충족시키기 위한 문제의 본질을 파악하고 해결하기 위하여 노력하는 유형이다.
② (✕) 수용형(accommodation)은 상대방과의 우호적인 관계를 우선하는 태도로, 자신의 이익을 양보하거나 포기함으로써 문제를 해결하려는 유형이다.
③ (✕) 회피형(avoiding)은 독단적이지 아니하나 협조적이지도 아니한 태도로, 문제를 무시하거나 해결을 미루는 유형이다.
④ (✕) 타협형(compromising)은 어느 정도 독단적이면서도 협조적인 태도로, 양보로써 서로의 이익을 부분적으로 충족하여 문제를 해결하는 유형이다.
⑤ (○) 경쟁형(competing)에 대한 설명이다.

[보충] 매우 독단적인 태도로 자신의 이해충족을 위하여 타인의 희생을 강요함으로써 문제를 해결하는 유형이다. 이는 주로 비상시나 생존을 위한 결단력이 요구되는 상황에서 필요하다.

정답 ⑤

099 □□□   ○ △ ×

효과적인 시장세분화가 되기 위한 조건으로 옳지 않은 것은?

① 세분화를 위해 사용되는 변수들이 측정 가능해야 한다.
② 세분시장에 속하는 고객들에게 효과적이고 효율적으로 접근할 수 있어야 한다.
③ 세분시장 내 고객들과 기업의 적합성은 가능한 낮아야 한다.
④ 같은 세분시장에 속한 고객들끼리는 최대한 비슷해야 하고 서로 다른 세분시장에 속한 고객들 간에는 이질성이 있어야 한다.
⑤ 세분시장의 규모는 마케팅활동으로 이익이 날 수 있을 정도로 충분히 커야 한다.

해설

③ (×) 효과적인 시장세분화가 되기 위한 조건은 측정가능성, 접근 가능성, 실행가능성, 이질성 및 실질성이다.

[보충] 시장세분화의 전제조건
- 측정가능성: 세분시장의 특성을 측정할 수 있어야 한다.
- 접근가능성: 세분시장에 유효하게 접근할 수 있어야 한다.
- 실행가능성: 세분시장별 마케팅믹스를 개발할 수 있어야 한다.
- 이질(동이)성: 세분시장 내의 동질성과 세분시장 간의 이질성이 있어야 한다.
- 실질성: 세분시장이 규모의 경제가 가능한 정도로 커야 한다.

정답 ③

---

100 □□□   ○ △ ×

다음에서 설명하는 제품수명주기의 단계는?

> ○ 고객의 신제품 수용이 늘어나 생산량이 급속히 증가하면서 단위당 제품원가, 유통비용, 촉진비용이 하락한다.
> ○ 지속적인 판매량 증대로 이익이 빠르게 늘어난다.

① 도입기   ② 성장기   ③ 성숙기
④ 정체기   ⑤ 쇠퇴기

해설

① (×) 도입기에는 제품의 인지도를 형성하고 목표시장에 접근하기 위하여 투자한다.
② (○) 성장기에 대한 설명이다.
③ (×) 성숙기에는 판매량이 점차 감소하는 대신 고점에서 유지되므로, 경쟁우위를 점하기 위하여 고객, 품질 등을 관리한다.
④ (×) 제품수명주기는 도입기, 성장기, 성숙기, 쇠퇴기 4단계를 거치는데, 5단계로 구성한다 하면 성장기 앞에 개발기를 두는 것이 일반적이다.

[보충] 개발기에는 제품을 최종시험하고 시장조사에 기하여 출시 전략을 세운다.

⑤ (×) 쇠퇴기에는 판매량이 지속적으로 감소하므로, 흑자인 제품은 유지하고 적자인 제품은 폐기한다.

[보충] 제품수명주기에 따른 판매량과 수익의 관계

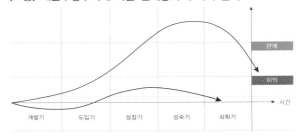

정답 ②

---

101 □□□   ○ △ ×

4P 중 가격에 관한 설명으로 옳지 않은 것은?

① 가격은 다른 마케팅믹스 요소들과 달리 상대적으로 쉽게 변경할 수 있다.
② 구매자가 가격이 비싼지 싼지를 판단하는 기준으로 삼는 가격을 준거가격이라 한다.
③ 구매자가 어떤 상품에 대해 지불할 용의가 있는 최저 가격을 유보가격이라 한다.
④ 가격변화를 느끼게 만드는 최소의 가격변화 폭을 JND (just noticeable difference)라 한다.
⑤ 구매자들이 가격이 높은 상품일수록 품질도 높다고 믿는 것을 가격-품질 연상이라 한다.

해설

③ (×) 최저가격이 아닌 최고가격이다.

[보충] 심리적 가격
- 준거가격: 구매자가 가격이 비싼지 싼지를 판단하는 기준으로 삼는 가격
- 유보가격: 구매자가 어떤 상품에 대하여 지불할 용의가 있는 최고가격
- 최저수용가격: 구매자가 품질을 의심하지 아니하고 구매할 수 있는 최저가격

정답 ③

---

102 □□□   ○ △ ×

판매촉진의 수단 중 소비자들의 구입가격을 인하시키는 효과를 갖는 가격수단의 유형을 모두 고른 것은?

> ㄱ. 할인쿠폰   ㄴ. 샘플
> ㄷ. 보상판매   ㄹ. 보너스팩

① ㄱ, ㄴ   ② ㄷ, ㄹ   ③ ㄱ, ㄴ, ㄷ
④ ㄱ, ㄷ, ㄹ   ⑤ ㄱ, ㄴ, ㄷ, ㄹ

해설

④ (○) ㄱ, ㄷ, ㄹ이 소비자들의 구입가격을 인하시키는 효과를 갖는

가격수단의 유형이다.

[보충] 판매촉진

제품이나 서비스의 구매를 촉진하기 위한 커뮤니케이션

- 소비자와 소매업자 대상 판매촉진
  - 가격 판매촉진: 할인쿠폰, 리베이트, 보너스팩, 보상판매, 가격할인 등
  - 비가격 판매촉진: 샘플, 무료사용, 사은품, 현상경품 등
- 중간상과 도매상 대상 판매촉진
  - 가격 판매촉진: 중간상공제, 입점공제, 구매공제, 광고공제, 진열공제 등
  - 판매원 훈련, 판매보조자료 제공, 판촉품 제공, 반품 등

정답 ④

103 □□□   ○ △ ×

브랜드에 관한 설명으로 옳지 않은 것은?

① 브랜드는 제품이나 서비스와 관련된 이름, 상징, 혹은 기호로서 그것에 대해 구매자가 심리적인 의미를 부여하는 것이다.
② 브랜드 자산은 소비자가 브랜드에 부여하는 가치, 즉 브랜드가 창출하는 부가가치를 말한다.
③ 켈러(J. Keller)에 따르면, 브랜드 자산의 원천은 브랜드의 인지도와 브랜드의 이미지이다.
④ 브랜드 이미지는 긍정적이고 독특하며 강력해야 한다.
⑤ 브랜드 개발은 창의적인 광고를 통해 관련 이미지를 만들어 내는 것이다.

해설

⑤ (×) 브랜드 개발은 브랜드 전략을 바탕으로 브랜드 요소를 조합하여 새로운 브랜드를 만들어 내는 과정으로, 전략수립 → 시장조사 → 정체성(identity) 수립 → 커뮤니케이션 → 관리의 단계를 거친다.

[보충] 브랜드 요소

- 이름
- 로고 · 심볼
- 징글
- 슬로건
- 캐릭터
- 패키지
- 컬러
- 폰트 등

정답 ⑤

104 □□□   ○ △ ×

금년 초에 5,000원의 배당(=d_0)을 지급한 A기업의 배당은 매년 영원히 5%로 일정하게 성장할 것으로 예상된다. 요구수익률이 10%일 경우 이 주식의 현재가치는?

① 50,000원   ② 52,500원   ③ 100,000원
④ 105,000원   ⑤ 110,000원

해설

④ (○) 주식의 현재가치 = {배당금 × (1 + 영구성장률)} / (요구수익률 − 영구성장률)

= {5,000 × (1 + 5%)} / (10% − 5%)

= {5,000 × (1 + 0.05)} / (0.10 − 0.05)

= (5,000 × 1.05) / 0.05

= 105,000원

정답 ④

105 □□□   ○ △ ×

자본시장선(CML)과 증권시장선(SML)에 관한 설명으로 옳지 않은 것은?

① 증권시장선보다 아래에 위치하는 주식은 주가가 과대평가된 주식이다.
② 자본시장선은 개별 위험자산의 기대수익률과 체계적 위험(베타) 간의 선형관계를 설명한다.
③ 자본시장선상에는 비체계적 위험을 가진 포트폴리오가 놓이지 않는다.
④ 동일한 체계적 위험(베타)을 가지고 있는 자산이면 증권시장선상에서 동일한 위치에 놓인다.
⑤ 균형상태에서 모든 위험자산의 체계적 위험(베타) 대비 초과수익률(기대수익률[$E(r_i)$] − 무위험수익률[r_f])이 동일하다.

해설

② (×) 체계적 위험이 아닌 총위험이다.

[보충] 증권시장선과 자본시장선

- 증권시장선: 개별자산의 균형수익률 도출을 위한 모형으로, 위험을 체계적 위험으로 계산하고, 효율적 포트폴리오뿐만 아니라 모든 자산에 성립한다.
  - 증권시장선 상단에 위치: 과소평가된 주식 [상소]
  - 증권시장선 하단에 위치: 과대평가된 주식 [하대]
- 자본시장선: 위험자산과 무위험자산 모두를 고려할 경우의 효율적 투자기회선으로, 위험을 총위험(체계적 위험 + 비체계적 위험)으로 계산하고, 효율적 포트폴리오에만 성립한다.

정답 ②

106

투자안의 경제성 분석방법에 관한 설명으로 옳은 것은?

① 투자형 현금흐름의 투자안에서 내부수익률은 투자수익률을 의미한다.
② 화폐의 시간가치를 고려하는 분석방법은 순현재가치법이 유일하다.
③ 순현재가치법에서는 가치가산의 원칙이 성립하지 않는다.
④ 내부수익률법에서는 재투자수익률을 자본비용으로 가정한다.
⑤ 수익성지수법은 순현재가치법과 항상 동일한 투자선택의 의사결정을 한다.

해설

① (○) 이와 달리, 차입형 현금흐름의 투자안에서는 내부수익률을 차입이자율로 간주한다.
② (×) 화폐의 시간가치를 고려한 현금흐름할인법에는 순현재가치법, 내부수익률법 및 수익성지수법이 있다.

[보충] 투자안의 경제성 평가방법 분류

대분류	중분류	소분류
회수기간법	–	
원가비교법	제조원가비교법	–
	연간비용법	
투자수익률법	단순수익률법	–
	회계적 이익률법	• 자기자본이익률 • 총자산이익률 • 투자수익률법
	현금흐름할인법	• 순현재가치법 • 내부수익률법 • 수익성지수법

③ (×) 가치가산의 원칙은 다수의 투자안을 복합적으로 평가한 값과 개별적으로 평가한 값의 합이 같음을 의미하는데, 주로 순현재가치법에 적용한다.
④ (×) 재투자수익률의 경우, 순현재가치법은 자본비용으로, 내부수익률법은 내부수익률로 가정한다.
⑤ (×) 단일 투자안에 대하여는 동일한 투자선택의 의사결정을 할 수 있으나, 상호배타적인 투자안에 대하여는 상반되는 결과가 도출될 수 있다.

정답 ①

107

총자산순이익률(ROA)이 20%, 매출액순이익률이 8%일 때 총자산회전율은?

① 2   ② 2.5   ③ 3
④ 3.5   ⑤ 4

해설

② (○) 총자산순이익률 = 총자산회전율 × 매출액순이익률

⇒ 총자산회전율 = 총자산순이익률 / 매출액순이익률
= 20% / 8%
= 2.5

정답 ②

108

다음 채권의 듀레이션은? (단, 소수점 셋째 자리에서 반올림한다)

- 액면가액 1,000원
- 액면이자율 연 10%, 매년 말 이자지급
- 만기 2년
- 만기수익률 연 12%

① 1.75년   ② 1.83년   ③ 1.87년
④ 1.91년   ⑤ 2.00년

해설

④ (○) 채권의 듀레이션은 다음과 같이 구할 수 있다.

구분	1년	2년
미래가치	$1,000 \times 0.10$ $= 100$	$1,000 \times (1 + 0.10)$ $= 1,100$
현재가치	$100 / (1 + 0.12)$ $= 89.29$	$1,100 / (1 + 0.12)^2$ $= 876.91$
듀레이션	\multicolumn{2}{c}{$\{(89.29 \times 1) + (876.91 \times 2)\} / (89.29 + 876.91)$ $= 1.907 \cdots = 약 \ 1.91(년)$}	

정답 ④

109

가치분석/가치공학 분석에서 사용하는 브레인스토밍(brainstorming)의 주제로 옳지 않은 것은?

① 불필요한 제품의 특성은 없는가?
② 추가되어야 할 공정은 없는가?
③ 무게를 줄일 수는 없는가?
④ 두 개 이상의 부품을 하나로 결합할 수 없는가?
⑤ 제거되어야 할 비표준화된 부품은 없는가?

해설

② (×) 고려되지 아니하는 주제이다.
참고로, 나머지는 모두 가치분석/가치공학 분석에서 사용하는 브레인스토밍의 주제이다.
[보충] 가치분석(value analysis)과 가치공학(value engineering)은 모두 원가절감과 제품의 가치개선을 위한 제품설계기법으로, VA는 생산 중인 제품에 적용하는 반면, VE는 생산 이전의 제품에 적용한다는 차이점이 있다.

정답 ②

110

최근 5개월간의 실제 제품의 수요에 대한 데이터가 주어져 있다고 할 때, 3개월 가중이동평균법을 적용하여 계산된 5월의 예측수요값은? (단, 가중치는 0.6, 0.2, 0.2이다)

구분	1월	2월	3월	4월	5월
실제 수요(개)	680만	820만	720만	540만	590만

① 606만 개 ② 632만 개 ③ 658만 개
④ 744만 개 ⑤ 766만 개

해설
② (O) 가중이동평균법은 가장 최근의 실적일수록 높은 가중치를 부여하므로, 5월의 예측생산량은 다음과 같이 구할 수 있다.

5월의 예측생산량 = (820만 × 0.2) + (720만 × 0.2) + (540만 × 0.6)
= 1,640,000 + 1,440,000 + 3,240,000
= 6,320,000 = 632만 개

정답 ②

111

공급사슬관리의 효율성을 측정하는 지표로 옳은 것은?
① 재고회전율
② 원자재투입량
③ 최종고객주문량
④ 수요통제
⑤ 채찍효과

해설
① (O) 재고회전율은 공급사슬관리의 핵심 성과지표 중 하나로, 기업의 재고관리 효율성을 측정한다.

[보충] 공급사슬관리의 핵심 성과지표
- 재고회전율: 평균재고에 대한 매출의 비율로, 기업의 재고관리 효율성과 관련이 있는데, 빠르게 출고되고 재입고될수록 재고회전율은 상승한다.
- 주문충족시간: 주문 후 제품이나 서비스가 고객에게 전달되기까지의 시간으로, 고객만족도와 관련이 있다.
- 반품관리: 요청 후 제품이나 서비스가 반환되기까지의 과정으로, 운영비용 절감과 관련이 있다.

정답 ①

112

준비비용이 일정하다고 가정하는 경제적 주문량(EOQ)과는 달리 준비비용을 최대한 줄이고자 하는 시스템은?
① 유연생산시스템(FMS)
② 자재소요관리시스템(MRP)
③ 컴퓨터통합생산시스템(CIM)
④ ABC 재고관리시스템
⑤ 적시생산시스템(JIT)

해설
① (×) 유연생산체계(flexible manufacturing system; FMS)는 다수의 수치제어(CNC) 작업장과 자동화된 물류 · 저장시스템을 연결한 고도의 스마트 생산방식으로, 서로 상이한 공정순서와 처리시간을 가진 공작물의 가공이 가능하다.
② (×) 자재소요계획(material requirements planning; MRP)은 완제품의 수량과 납기를 기초로 여러 자재의 소요량과 소요시기를 역산하고, 이를 바탕으로 자재조달계획을 수립하여 필요한 시기에 필요한 양의 자재를 필요한 장소에 입고하는 관리방식이다.
③ (×) 컴퓨터통합생산(computer integrated manufacturing; CIM)은 생산공정의 모든 단계를 컴퓨터로 통합한 소프트웨어 지향의 관리방식이다.
④ (×) ABC 재고관리는 품목의 가격, 사용량 등을 기준으로 등급별로 분류하는 관리방식으로, 재고비용 감소와 관리효율성 제고를 목적으로 하는데, 파레토 법칙을 기반으로 한다.
⑤ (O) 적시생산(just-in-time; JIT)은 생산에 필요한 부품을 필요한 때에 필요한 양만큼 주문하여 생산량은 유지하되 생산성을 향상시키는 관리방식으로, 린 생산에 사용된다.

정답 ⑤

113

기업에서 생산목표상의 경쟁우선순위에 해당하지 않는 것은?
① 기술 ② 품질 ③ 원가
④ 시간 ⑤ 유연성

해설
① (×) 생산목표상의 경쟁우선순위는 최고의 품질을 위한 품질향상, 최소의 비용을 위한 원가절감, 최단의 시간을 위한 납기준수 및 최대의 유연성을 위한 유연성 제고이다. 이외에도 수량이나 생산성 제고 등이 경쟁우선순위가 될 수 있다.

정답 ①

114

품질문제와 관련하여 발생하는 외부실패비용에 해당하지 않는 것은?
① 고객불만비용
② 보증비용
③ 반품비용
④ 스크랩비용
⑤ 제조물책임비용

해설
④ (×) 스크랩비용은 내부실패비용에 해당한다.

[보충] 품질비용
- 적합비용
  - 예방비용: 제품이나 서비스의 결함예방을 위하여 지출되는 비용
    예 임직원 교육, 품질계획, 설계검토, 공정설계, 장비 등

- 평가비용: 제품이나 서비스의 품질측정을 위하여 지출되는 비용
  - 예 감리, 완제품 검사, 파괴테스트, 시험기기 관리 등
- 부적합비용
  - 내부실패비용: 고객에게 전달되기 전에 제품이나 서비스를 수정하거나 실패를 진단하는 데 지출되는 비용
    - 예 스크랩, 재작업, 재검사, 작업중단, 폐기처분, 불량 등
  - 외부실패비용: 고객에게 전달된 뒤에 제품이나 서비스를 수정하는 데 지출되는 비용
    - 예 반품, 제조물책임, 수리, 부채, 보증, 고객불만 등

정답 ④

115

○ △ ×

회계거래 분개 시 차변에 기록해야 하는 것은?
① 선수금의 증가
② 미수수익의 증가
③ 매출의 발생
④ 미지급비용의 증가
⑤ 매입채무의 증가

해설

① (×) ④ (×) ⑤ (×) 선수금, 미지급비용, 매입채무는 부채이므로 대변(부채의 증가)에 기록한다.
② (○) 미수수익은 자산이므로 차변(자산의 증가)에 기록한다.
③ (×) 매출의 발생은 곧 수익의 발생이라 할 것이므로, 대변(수익의 발생)에 기록한다.
[보충] 회계상 모든 거래는 차변요소와 대변요소가 인과관계로 상호 결합되어 있으므로, 두 요소의 금액은 항상 일치하여야 한다.

차변요소와 대변요소
- 차변: 자산의 증가, 부채의 감소, 자본의 감소, 비용의 발생
- 대변: 자산의 감소, 부채의 증가, 자본의 증가, 수익의 발생

[보충] 재무상태표의 항목

자산		
유동자산	당좌자산	현금 및 현금성자산, 단기금융자산, 매출채권, 유가증권, 미수금, 선급비용, 선급금 등
	재고자산	상품, 제품, 반제품, 재공품, 부산물, 원재료(원자재), 저장품, 미착상품 등
	기타	미수수익, 선급비용, 이연법인세자산 등
비유동자산	투자자산	장기예금, 장기투자증권, 지분법적용투자주식, 장기대여금, 투자부동산 등
	유형자산	토지, 건물, 구축물, 기계장치, 선박·항공기, 건설용 장비, 차량운반구, 비품 등
	무형자산	영업권, 산업재산권(특허권, 상표권, 실용신안권 등), 광업권, 어업권, 개발비, 저작권 등
	기타	장기매출채권, 장기미수금, 장기선급금, 보증금(임차보증금, 기타 보증금) 등
부채		
유동부채		매입채무, 단기차입금, 미지급금, 선수금, 예수금, 미지급비용, 선수수익, 유동성장기부채, 단기충당부채 등
비유동부채		사채, 전환사채등신종사채, 장기차입금, 장기매입채무, 장기미지급금, 장기선수금, 퇴직급여충당부채, 퇴직연금미지급금, 장기충당부채 등

자본	
자본금	보통주자본금, 우선주자본금 등
자본잉여금	주식발행초과금, 감자차익, 합병차익, 자기주식처분이익, 재평가적립금 등
자본조정	주식할인발행차금, 감자차손, 자기주식, 미교부주식배당금, 자기주식처분손실, 주식매수선택권 등
이익잉여금	이익준비금, 재무구조개선적립금, 법정적립금, 기타 임의적립금, 미처분이익잉여금 등

정답 ②

116

○ △ ×

재무비율에 관한 설명으로 옳지 않은 것은?
① 자산이용의 효율성을 분석하는 것은 활동성비율이다.
② 이자보상비율은 채권자에게 지급해야 할 고정비용인 이자비용의 안전도를 나타낸다.
③ 유동비율은 유동자산을 유동부채로 나눈 것이다.
④ 자기자본순이익률(ROE)은 주주 및 채권자의 관점에서 본 수익성비율이다.
⑤ 재무비율 분석 시 기업 간 회계방법의 차이가 있음을 고려해야 한다.

해설

④ (×) 자기자본순이익률은 당기순이익을 자기자본으로 나눈 수익성비율로, 주주는 같은 기간의 정기예금 금리와 ROE를 비교함으로써 자본의 효율성을 측정할 수 있다.

정답 ④

117

○ △ ×

유형자산의 감가상각에 관한 설명으로 옳은 것은?
① 감가상각누계액은 내용연수 동안 비용처리할 감가상각비의 총액이다.
② 정액법과 정률법에서는 감가대상금액을 기초로 감가상각비를 산정한다.
③ 정률법은 내용연수 후반부로 갈수록 감가상각비를 많이 인식한다.
④ 회계적 관점에서 감가상각은 자산의 평가과정이라기보다 원가배분과정이라고 할 수 있다.
⑤ 모든 유형자산은 시간이 경과함에 따라 가치가 감소하므로 가치의 감소를 인식하기 위해 감가상각한다.

해설

① (×) 감가상각누계액은 자산의 취득부터 현재까지 인식한 감가상각비의 총액이다.
② (×) ③ (×) 정액법이 감가대상금액을 기초로 하는 반면, 정률법은 기초장부금액을 기초로 하는데, 내용연수 후반부로 갈수록 감

경영학개론

가상각비를 적게 인식한다.

④ (○) 경제적 관점에서 감가상각은 자산을 공정가치로 평가하여 가치감소분을 비용으로 환산하는 과정이라고 할 수 있다.

⑤ (×) 유형자산 중에서 토지와 건설 중인 자산 등은 제외한다.

정답 ④

118 □□□ ○△×

유형자산의 취득원가에 포함되는 것은?

① 파손된 유리와 소모품의 대체
② 마모된 자산의 원상복구
③ 건물취득 후 가입한 보험에 대한 보험료
④ 유형자산 취득 시 발생한 운반비
⑤ 건물의 도색

해설

① (×) ② (×) ⑤ (×) 유형자산의 수익적 지출에 포함된다.
③ (×) 이는 보유과정에서 발생한 비용이다.
④ (○) 유형자산의 취득원가는 매입원가에 취득세, 운반비, 설치비 등의 각종 부대비용을 가산한 금액이다.

정답 ④

119 □□□ ○△×

다음에서 설명하는 것은?

> ○ 데이터 소스에서 가까운 네트워크 말단의 서버들에서 일부 데이터 처리를 수행한다.
> ○ 클라우드 컴퓨팅시스템을 최적화하는 방법이다.

① 엣지 컴퓨팅
② 그리드 컴퓨팅
③ 클라이언트/서버 컴퓨팅
④ 온디멘드 컴퓨팅
⑤ 엔터프라이즈 컴퓨팅

해설

① (○) 엣지 컴퓨팅에 대한 설명이다.
② (×) 그리드 컴퓨팅은 지리적으로 분산된 네트워크 환경에서 다수의 컴퓨터 리소스를 결합하여 정보를 공유하고 처리할 수 있는 컴퓨팅 인프라이다.
③ (×) 클라이언트/서버 컴퓨팅은 서비스요구자인 개인용 PC, 스마트폰 등의 클라이언트는 데이터 입력, 서비스제공자인 고성능 컴퓨터 서버는 데이터 저장, 처리 및 관리를 (나누어) 담당하는 구조이다.
　예 월드 와이드 웹(www), 온라인 게임 등
④ (×) 온디멘드 컴퓨팅은 클라우드 컴퓨팅 개념으로, 외부의 서비스공급자가 서버를 운영한다.
　[보충] 온프레미스 컴퓨팅은 원격으로 서버를 운영하는 클라우드

컴퓨팅과 대비되는 개념으로, 기업의 서버를 자체 시설에서 직접 운영하는 방식이다.
⑤ (×) 엔터프라이즈 컴퓨팅은 기업이 효율적인 운영, 효과적인 관리 및 생산성 향상을 위하여 사용하는 수많은 정보기술도구로, 서버나 네트워크, 데이터베이스, 소프트웨어 등을 포함한다.
　예 기업자원계획시스템, 고객관리시스템 등

정답 ①

120 □□□ ○△×

비정형 텍스트데이터의 가치와 의미를 찾아내는 빅데이터 분석기법은?

① 에쓰노그라피(ethnography) 분석
② 포커스그룹(focus group) 인터뷰
③ 텍스트마이닝
④ 군집분석
⑤ 소셜네트워크 분석

해설

③ (○) 텍스트마이닝에 대한 설명이다.
　[보충] 빅데이터 분석기술
- 아파치 하둡: 대용량 자료를 처리할 수 있는 컴퓨터 클러스터에서 동작하는 분산응용프로그램 지원
- 텍스트마이닝: 비(반)정형 텍스트데이터로부터 자연언어처리기술에 기하여 유용한 정보를 추출
- 오피니언마이닝: 소셜미디어 등의 정형·비정형 텍스트의 선호도(긍정·부정·중립)를 판별
- 소셜네트워크 분석: 소셜네트워크의 연결구조, 강도 등을 바탕으로 사용자의 영향력을 측정
- 군집분석: 각 데이터의 유사성을 측정하여 다수의 군집으로 분류하고, 군집 간 상이성을 규명

정답 ③

101

다음 특성에 모두 해당되는 기업의 형태는?

> ○ 대규모 자본조달이 용이하다.
> ○ 출자자들은 유한책임을 진다.
> ○ 전문경영인을 고용하여 소유와 경영의 분리가 가능하다.
> ○ 자본의 증권화를 통해 소유권 이전이 용이하다.

① 개인기업 ② 합명회사 ③ 합자회사
④ 유한회사 ⑤ 주식회사

해설

① (×) 개인기업은 기업주 개인이 무한책임을 부담하는 회사로, 법인격 없이 기업주에게 종속된다.

② (×) 합명회사는 2인 이상의 무한책임사원으로 구성되는 회사로, 각 사원은 직접·연대·무한책임을 부담하고, 기관이 없는 것이 특징이다.

③ (×) 합자회사는 1인 이상의 무한책임사원과 1인 이상의 유한책임사원으로 구성되는 회사로, 무한책임사원은 직접·연대·무한책임을 부담하고, 유한책임사원은 직접·연대·유한책임(출자가액 한도)을 부담한다.

④ (×) 유한회사는 1인 이상의 출자사원으로 구성되는 회사로, 각 사원은 간접·유한책임을 부담하되 회사채권자에 대한 책임은 지지 아니한다.

[보충] 유한책임회사는 1인 이상의 유한책임사원으로 구성되는 회사로, 각 사원은 유한회사와 달리 회사채권자에 대하여 출자가액 한도의 간접·유한책임을 부담한다.

⑤ (○) 주식회사는 1인 이상의 주주로 구성되는 회사로, 각 주주는 주식의 인수한도 내에서 출자의무만을 부담할 뿐 회사채무에 대한 책임은 부담하지 아니한다.

[보충] 주식회사의 특징

- 주식회사의 본질은 주식, 자본금 및 주주의 유한책임이다. 여기서 주식은 회사의 입장에서는 자본금의 구성요소, 주주의 입장에서는 지위를 얻기 위하여 회사에 납부하여야 하는 출자금액을 의미한다.

- 주식회사는 법인으로서 주주총회, 이사회·대표이사, 감사(감사위원회) 등의 필요기관과 설립 시 검사인, 조사를 위한 검사인, 외부감사인 등의 임시기관으로 활동한다.

- 주식회사는 지분의 증권화 및 자유로운 양도로써 다수의 주주를 모집할 수 있고, 대규모 자본을 조달할 수 있으며, 전문경영인을 고용하여 소유와 경영을 분리할 수도 있다.

정답 ⑤

102

다음 BCG 매트릭스의 4가지 영역 중 시장성장률이 높은 (고성장) 영역과 상대적 시장점유율이 높은 (고점유) 영역이 옳게 짝지어진 것은?

> ㄱ. 현금젖소(cash cow) ㄴ. 별(star)
> ㄷ. 물음표(question mark) ㄹ. 개(dog)

고성장	고점유		고성장	고점유
① ㄱ, ㄴ	ㄴ, ㄷ	② ㄱ, ㄴ	ㄴ, ㄹ
③ ㄱ, ㄹ	ㄱ, ㄴ	④ ㄴ, ㄷ	ㄱ, ㄴ
⑤ ㄴ, ㄷ	ㄱ, ㄷ		

해설

④ (○) 고성장 영역은 별과 물음표이고, 고점유 영역은 별과 현금젖소이다.

[보충] 보스톤 컨설팅 그룹은 기업의 다양한 포트폴리오를 네 영역의 매트릭스로 설명하였는데, 이를 BCG 매트릭스라고 한다.

- 별(star): 상대적 시장점유율과 시장성장률이 모두 높아 계속적인 투자를 요하는 유망사업

- 현금젖소(cash cow): 상대적 시장점유율이 높아 시장성장률이 낮아도 현금을 확보하기 좋은 사업
참고로, 현금젖소로 창출된 많은 잉여자금은 주로 별이나 물음표에 재투자한다.

- 물음표(question mark): 상대적 시장점유율은 낮으나 시장성장률이 높은 신규사업
참고로, 물음표는 별이 될 수도 있고 개가 될 수도 있는 사업으로, 투자를 결정하였다면 상대적 시장점유율을 높이기 위하여 많은 투자를 요한다.

- 개(dog): 상대적 시장점유율과 시장성장률이 모두 낮아 철수를 요하는 사업

BCG 매트릭스

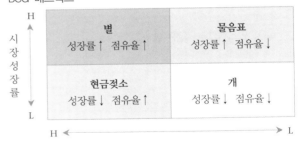

정답 ④

103 □□□ ○△✕

경영환경을 일반환경과 과업환경으로 구분할 때 기업에게 직접적인 영향을 주는 과업환경에 해당하는 것은?

① 정치적 환경
② 경제적 환경
③ 기술적 환경
④ 경쟁자
⑤ 사회문화적 환경

해설

④ (○) 과업환경에 해당하는 것은 경쟁자이다.

[보충] 경영환경

- 거시환경(일반환경): 경제적 환경, 정치적 환경, 인구통계적 환경, 사회문화적 환경, 자연적 환경, 기술적 환경 등
- 미시환경(과업환경): 기업(자사), 공급자, 중간상, 경쟁자, 공중, 소비자 등

정답 ④

104 □□□ ○△✕

민츠버그(H. Mintzberg)의 5가지 조직유형에 해당하지 않는 것은?

① 매트릭스 조직
② 기계적 관료제
③ 전문적 관료제
④ 애드호크라시
⑤ 사업부제 조직

해설

① (✕) 민츠버그는 조직의 기본부문을 최고경영층, 중간관리층, 기술전문가 부문, 지원스태프 부문 및 핵심운영층으로 구분하고, 각 부문의 영향력에 따라 조직유형을 단순구조, 기계적 관료제, 전문적 관료제, 사업부제, 애드호크라시로 구분하였다.

```
조직의 기본부문
┌─────────────────────────────┐
│          최고경영층          │
└───┬─────────────────────┬───┘
┌───┴────┐ ┌──────────┐ ┌─┴────────┐
│기술전문가│ │ 중간관리층│ │ 지원스태프│
└───┬────┘ └──────────┘ └─┬────────┘
┌───┴─────────────────────┴───┐
│          핵심운영층          │
└─────────────────────────────┘
```

[보충] 민츠버그의 조직유형

- 단순구조: 최고경영층이 발달된 조직으로, 권한이 최고경영자에게 집중되어 있고, 계층이 단순하며, 공식화 정도가 낮다. 의사결정이 매우 빠르지만, 최고경영자의 판단에 따라 조직의 성패가 좌우될 수 있다. 예 창업기업, 중소기업 등의 소규모 조직
- 기계적 관료제: 기술전문가 부문이 발달된 조직으로, 작업이 세분화되어 있고, 반복적으로 수행되며, 현장에서의 공식화 정도가 매우 높다. 작업의 효율성이 뛰어나지만, 환경변화에 대한 적응력이 부족하다. 예 정부, 은행 등의 대규모 조직
- 전문적 관료제: 핵심운영층이 발달된 조직으로, 기술 및 지식의 표준화로써 전문가에게 재량권을 부여하고, 집권화와 분권화가 동시에 이루어지며, 복잡하지만 안정적인 환경에 적합하다. 작업에 대한 몰입 정도가 높지만, 재량권 남용으로 인한 갈등이 발생할 수 있다. 예 종합병원, 대학 등의 중·소규모 조직

- 사업부제: 중간관리층이 발달된 조직으로, 독자적으로 운영되는 다수의 사업부로 구성되어 있고, 하나의 본부가 모든 사업부를 관리하며, 철저히 시장 중심으로 운영된다. 자원의 효율적인 배분이 가능하지만, 성과시스템이 관리자의 혁신을 방해할 우려가 있다. 예 대기업 등의 대규모 조직 내 중·소규모 조직
- 애드호크라시(임시특별제): 지원스태프 부문이 발달된 조직으로, 행동의 공식화가 요구되지 아니하는 유기적인 구조이고, 유동적이며, 각 경계가 불분명하다. 시장변화에 신속하게 대응할 수 있지만, 권한이 모호하다는 한계가 있다. 예 연구소, TF 등의 소규모 조직

조직유형	조정기제	권한
단순구조	감독	중앙집권화
기계적 관료제	작업의 표준화	수평적 분권화
전문적 관료제	기술의 표준화	집권화·분권화
사업부제	산출물 표준화	수직적 분권화
애드호크라시	상호조정	선택적 분권화

정답 ①

105 □□□ ○△✕

퀸과 카메론(R. Quinn & K. Cameron)이 제시한 조직수명주기 단계의 순서로 옳은 것은?

ㄱ. 창업 단계	ㄴ. 공식화 단계
ㄷ. 집단공동체 단계	ㄹ. 정교화 단계

① ㄱ → ㄴ → ㄷ → ㄹ
② ㄱ → ㄴ → ㄹ → ㄷ
③ ㄱ → ㄷ → ㄴ → ㄹ
④ ㄱ → ㄷ → ㄹ → ㄴ
⑤ ㄱ → ㄹ → ㄴ → ㄷ

해설

③ (○) 조직수명주기 단계는 창업 → 집단공동체 → 공식화 → 정교화 순이다.

[보충] 조직수명주기 단계

- 창업 단계: 조직이 창업되어 창의력을 바탕으로 성장하는 단계로, 창업주를 중심으로 운영되고, 종업원이 증가하면서 관리문제가 나타나며, 강력한 관리자가 필요하게 된다.
- 집단공동체 단계: 창업주나 외부영입 관리자의 리더십을 바탕으로 성장하는 단계로, 조직개편으로 체계화가 이루어지고, 중간관리자가 재량권을 요구하기 시작하며, 권한의 위임과 이를 통제할 메커니즘이 필요하게 된다.
- 공식화 단계: 공식적인 내부 통제시스템의 도입을 바탕으로 성장하는 단계로, 최고경영자는 전사관리만을 다루고, 나머지 의사결정은 중간관리자에게 위양되어 지나친 관료주의가 문제되며, 조직의 정교화가 필요하게 된다.
- 정교화 단계: 팀워크나 수평적 조정을 바탕으로 성장하는 단계로, 조직문화가 중요한 관리요소가 되고, 일시적인 쇠퇴기에 진입할 수 있으며, 조직의 재활이 필요하게 된다.

정답 ③

106

○ △ ✕

켈리(H. Kelley)의 귀인이론에서 행동의 원인을 내적 또는 외적으로 판단하는 데 활용하는 것을 모두 고른 것은?

> ㄱ. 특이성(distinctiveness) ㄴ. 형평성(equity)
> ㄷ. 일관성(consistency) ㄹ. 합의성(consensus)
> ㅁ. 관계성(relationship)

① ㄱ, ㄴ, ㄷ ② ㄱ, ㄷ, ㄹ ③ ㄱ, ㄹ, ㅁ
④ ㄴ, ㄷ, ㅁ ⑤ ㄴ, ㄹ, ㅁ

해설

② (○) ㄱ, ㄷ, ㄹ이 켈리의 귀인이론에서 행동의 원인을 내적 또는 외적으로 판단하는 데 활용하는 것이다.

[보충] 켈리의 귀인이론
귀인이론은 행동원인을 추론하는 일련의 과정에 대한 이론으로, 귀인은 행동원인을 어딘가에 귀속시킨다는 의미이다. 귀인은 내적 귀인과 외적 귀인으로 구분되는데, 행동원인을 행위자의 내부적 요소에서 찾으면 내적 귀인, 외부적 요소에서 찾으면 외적 귀인이라고 한다. 켈리의 귀속이론에 따르면, 일관성·합의성·특이성에 의하여 행동원인의 귀속방향이 결정된다.

- 일관성: 개인이 시간의 변화와 상관없이 특정 상황에서 동일한 행동을 하는가에 대한 문제로, 일관성이 높을수록 내적 귀인, 낮을수록 외적 귀인을 시도한다.
- 합의성: 특정 행동이 많은 사람에게서 동일하게 나타나는가에 대한 문제로, 합의성이 높을수록 외적 귀인, 낮을수록 내적 귀인을 시도한다.
- 특이성: 개인이 다른 상황과는 달리 특정 상황에서만 특정 행동을 하는가에 대한 문제로, 특이성이 높을수록 외적 귀인, 낮을수록 내적 귀인을 시도한다.

정답 ②

107

○ △ ✕

집단사고(groupthink)의 증상에 해당하지 않는 것은?

① 자신의 집단은 잘못된 의사결정을 하지 않는다는 환상
② 의사결정이 만장일치로 이루어져야 한다는 환상
③ 반대의견을 스스로 자제하려는 자기검열
④ 외부집단에 대한 부정적인 상동적 태도
⑤ 개방적인 분위기를 형성해야 한다는 압력

해설

⑤ (✕) 집단사고는 주로 폐쇄적이고 응집력이 강한 집단에서 발생하므로, 개방적인 분위기를 형성하여야 한다는 압력은 집단사고의 증상과 거리가 멀다.

[보충] 집단사고의 증상
- 무오류의 환상: 집단이 잘못될 리가 없다고 믿는다.
- 합리화의 환상: 집단의 결정을 무조건 합리화한다.
- 도덕성의 환상: 자신의 집단이 우월하다고 생각한다.
- 만장일치의 환상: 침묵을 암묵적 동의로 받아들인다.
- 동조압력: 집단에 의문을 품은 자를 매도한다.

- 자기검열: 집단에 반대하는 의견을 스스로 무시한다.
- 집단초병: 집단 외부의 정보를 적극적으로 차단한다.
- 적에 대한 상동적 태도: 타 집단은 모두 같다는 부정적 태도

정답 ⑤

108

○ △ ✕

성격의 Big 5 모형에 해당하지 않는 것은?
① 정서적 안정성 ② 성실성
③ 친화성 ④ 모험선호성
⑤ 개방성

해설

④ (✕) 코스타(Costa)와 매크레이(McCrae)가 개발한 Big 5 모형에서 제시하는 다섯 가지 성격요소는 신경성(정서적 안정성), 외향성, 개방성, 우호성(친화성) 및 성실성이다.

정답 ④

109

○ △ ✕

피들러(F. Fiedler)의 상황적합 리더십이론에 관한 설명으로 옳지 않은 것은?
① LPC 척도는 가장 선호하지 않는 동료작업자를 평가하는 것이다.
② LPC 점수를 이용하여 리더십 유형을 파악한다.
③ 상황요인 3가지는 리더-부하관계, 과업구조, 부하의 성숙도이다.
④ 상황의 호의성이 중간 정도인 경우에는 관계지향적 리더십이 효과적이다.
⑤ 상황의 호의성이 좋은 경우에는 과업지향적 리더십이 효과적이다.

해설

③ (✕) 피들러는 상황적합 리더십이론에서 상황요인을 리더-부하관계, 과업구조 및 리더의 지위권력으로 구체화하였다.
참고로, 세 가지 상황요인이 결합한 결과, 상황의 호의성이 좋지 아니한 경우에도 과업지향적 리더십이 효과적이다.

[보충] 상황요인
- 리더-부하관계(좋음 / 나쁨): 부하가 리더를 신뢰하고 따르려는 정도
- 과업구조(구조적 / 비구조적): 목표가 명확하고 구체적인 정도
- 리더의 지위권력(강함 / 약함): 리더의 권한이 부하에게 미치는 정도

정답 ③

110 □□□   ○ △ ✕

직무특성모형에서 중요 심리상태의 하나인 의미충만 (meaningfulness)에 영향을 미치는 핵심 직무차원을 모두 고른 것은?

ㄱ. 기술다양성	ㄴ. 과업정체성
ㄷ. 과업중요성	ㄹ. 자율성
ㅁ. 피드백	

① ㄱ, ㄴ, ㄷ   ② ㄱ, ㄴ, ㅁ   ③ ㄱ, ㄹ, ㅁ
④ ㄴ, ㄷ, ㄹ   ⑤ ㄷ, ㄹ, ㅁ

해설

① (○) ㄱ, ㄴ, ㄷ이 의미충만에 영향을 미치는 핵심 직무차원이다.

[보충] 직무특성모형
- 핵심 직무차원
  - 기술다양성: 직무수행에 요구되는 기술의 다양성 정도
  - 과업정체성: 직무가 요구하는 업무 전체의 완성 정도와 인식 가능한 업무단위 정도
  - 과업중요성: 직무가 다른 사람들의 삶에 영향을 미치는 정도
  - 자율성: 개인에게 부여된 자율성과 재량 정도
  - 피드백: 직무성과에 대한 정보를 얻을 수 있는 정도
- 중요 심리상태
  - 의미충만: 기술다양성·과업정체성·과업중요성 → 직무경험에 대한 의미성
  - 책임감: 자율성 → 직무 자체에 대한 책임감
  - 결과에 대한 인식: 피드백 → 직무결과에 대한 인식
- 성과: 내재적 동기 상승, 작업의 질 향상, 높은 만족도, 낮은 결근율·이직률 등

정답 ①

111 □□□   ○ △ ✕

기업경영에서 마케팅 개념(marketing concept)이 발전해 온 순서로 옳은 것은?

① 생산 개념 → 제품 개념 → 판매 개념 → 마케팅 개념
② 생산 개념 → 판매 개념 → 제품 개념 → 마케팅 개념
③ 제품 개념 → 생산 개념 → 판매 개념 → 마케팅 개념
④ 제품 개념 → 판매 개념 → 생산 개념 → 마케팅 개념
⑤ 판매 개념 → 제품 개념 → 생산 개념 → 마케팅 개념

해설

① (○) 기업경영에서 마케팅 개념은 생산 개념 → 제품 개념 → 판매 개념 → 마케팅 개념 (→ 사회적 마케팅 개념) 순으로 발전하여 왔다.

[보충] 마케팅 개념의 발전
- 기업 중심 마케팅
  - 생산 개념(수요 > 공급): 저렴한 제품을 많이 제공하자.
  - 제품 개념(수요 = 공급): 차별화된 제품을 제공하자.
  - 판매 개념(수요 < 공급): 공격적으로 제품을 홍보하자.
- 고객 중심 마케팅
  - 마케팅 개념: 고객 중심으로 다시 생각하자.
  - 사회적 마케팅 개념: 환경이나 공익도 생각하자.

정답 ①

112 □□□   ○ △ ✕

광고(advertising)와 홍보(publicity)에 관한 설명으로 옳지 않은 것은?

① 광고는 홍보와 달리 매체비용을 지불한다.
② 홍보는 일반적으로 광고보다 신뢰성이 높다.
③ 광고는 일반적으로 홍보보다 기업이 통제할 수 있는 영역이 많다.
④ 홍보는 언론의 기사나 뉴스 형태로 많이 이루어진다.
⑤ 홍보의 세부유형으로 PR(Public Relations)이 있다.

해설

⑤ (✕) 세부적으로 PR은 기업과 공중의 관계를 우호적으로 개선시키기 위한 행위를 뜻하는 반면, 홍보(publicity)는 기업이나 그 기업의 상품을 인식시키기 위한 행위를 뜻한다. 따라서 PR이 목적하는 바가 홍보보다 크다 할 것이다.

[보충] 광고는 buy me, 홍보는 know me라고 알아두자.

정답 ⑤

113 □□□   ○ △ ✕

로저스(E. Rogers)의 혁신에 대한 수용자 유형이 아닌 것은?

① 혁신자(innovators)
② 조기수용자(early adopters)
③ 후기수용자(late adopters)
④ 조기다수자(early majority)
⑤ 후기다수자(late majority)

해설

③ (✕) 로저스의 혁신에 대한 수용자 유형은 혁신자(기술애호가) - 조기수용자(얼리어답터) - 조기다수자(실용주의자) - 후기다수자(보수주의자) - 지각수용자(회의주의자)이다.

[보충] 로저스의 혁신에 대한 수용자 유형
- 혁신자(2.5%): 모험을 좋아하고, 교양이 있으며, 전통적인 사회규범에 얽매이지 아니하고, 주로 혁신을 불러일으킨다.
- 조기수용자(13.5%): 교양이 있고, 인기가 많으며, 전통적인 사회규범을 잘 따르고, 조기다수자에게 혁신을 전파하는 역할을 담당한다.
- 조기다수자(34%): 매우 신중하여 혁신에 대한 수용이 다소 늦지만, 많은 사회적 접촉으로써 조기수용자에게 영향을 받는다.
- 후기다수자(34%): 의심이 많아 혁신에 대한 수용이 늦다. 이는 낮은 사회·경제적 위치에 기인할 수 있다.

- 지각수용자(16%): 사회적 접촉이 한정되어 있고, 극단적인 위험 회피 성향을 지니고 있어 혁신에 대한 수용이 가장 늦다.

혁신소비자 2.5%	조기수용자 13.5%	조기다수자 34%	후기다수자 34%	최후수용자 16%
Innovator	Early Majority	Early Adopters	Late Majority	Laggards

정답 ③

114 □□□   ○ △ ✕

(주)한국의 매출 및 매출채권 자료가 다음과 같을 때 매출채권의 평균회수기간은? (단, 1년은 360일로 가정한다)

매출액	₩3,000,000
기초매출채권	150,000
기말매출채권	100,000

① 10일   ② 15일   ③ 18일
④ 20일   ⑤ 24일

해설

② (○) 평균회수기간 = (평균)매출채권 / (일평균)매출액
= {(150,000 + 100,000) / 2} / (3,000,000 / 360)
= 125,000 × 360 / 3,000,000
= 15일

정답 ②

115 □□□   ○ △ ✕

적대적 M&A의 방어전략 중 다음에서 설명하는 것은?

> 피인수기업의 기존 주주에게 일정 조건이 충족되면 상당히 할인된 가격으로 주식을 매입할 수 있는 권리를 부여함으로써 적대적 M&A를 시도하려는 세력에게 손실을 가하고자 한다.

① 백기사(white knight)
② 그린메일(green mail)
③ 황금낙하산(golden parachute)
④ 독약조항(poison pill)
⑤ 왕관보석(crown jewel)

해설

① (✕) 백기사는 피인수기업에 적당한 방어수단이 없을 경우, 적대적 매수자를 대신하여 피인수기업을 매수할 우호적인 제3자에게 각종 정보와 편의를 제공하여 그 인수를 돕는 전략이다.

② (✕) 그린메일은 경영권이 취약한 기업의 지분을 매입하고, 대주주를 협박하여 비싸게 되파는 전략으로, 대주주는 경영권 방어라는 이득을 취할 수 있으나, 일반주주는 손실을 입게 된다.
[보충] 그린메일에는 일정 기간 동안 기업인수 시도를 하지 아니하겠다는 협정이 동반되는 것이 일반적이므로, 방어전략이라고 볼 수 있다.

③ (✕) 황금낙하산은 최고경영자나 기업의 임원들이 인수로 인한 경영권 변동으로 퇴사할 경우, 거액의 퇴직금 등을 지급하도록 사전에 합의함으로써 고용안정성을 확보하고, 기업의 인수비용을 높이는 전략이다.

④ (○) 독약(독소)조항에 대한 설명이다.

⑤ (✕) 왕관의 보석은 피인수기업이 스스로 핵심자산을 처분함으로써 적대적 매수자의 인수의지를 꺾는 전략이다.

정답 ④

116 □□□   ○ △ ✕

(주)한국은 다음과 같은 조건의 사채(액면금액 ₩1,000,000, 액면이자율 8%, 만기 5년, 이자는 매년 말 지급)를 발행하였다. 시장이자율이 10%일 경우, 사채의 발행금액은? (단, 사채발행비는 없으며, 현가계수는 주어진 자료를 이용한다)

기간(년)	단일금액 ₩1의 현가계수		정상연금 ₩1의 현가계수	
	8%	10%	8%	10%
5	0.68	0.62	3.99	3.79

① ₩896,800   ② ₩923,200   ③ ₩393,800
④ ₩983,200   ⑤ ₩999,200

해설

② (○) 사채의 발행금액
= 사채액면금액의 현재가치 + 사채이자의 현재가치
= (사채액면금액 × 1원의 현재가치) + (사채액면금액 × 액면이자율 × 연금 1원의 현재가치)
= (1,000,000 × 0.62) + (1,000,000 × 8% × 3.79)
= 620,000 + 303,200
= ₩923,200

정답 ②

117 □□□ ○ △ ✕

제품설계기법에 관한 설명으로 옳은 것은?

① 동시공학은 부품이나 중간조립품의 호환성과 공용화를 높여서 생산원가를 절감하는 기법이다.

② 모듈러설계는 불필요한 원가요인을 발굴하여 제거함으로써 제품의 가치를 높이는 기법이다.

③ 가치공학은 신제품 출시과정을 병렬적으로 진행하여 신제품 출시기간을 단축하는 기법이다.

④ 품질기능전개는 소비자의 요구사항을 체계적으로 제품의 기술적 설계에 반영하는 과정이다.

⑤ 가치분석은 제품이나 공정을 처음부터 환경변화의 영향을 덜 받도록 설계하는 것이다.

해설

① (✕) 동시공학(concurrent engineering)은 제품의 설계단계에서부터 전사 및 외부 관련업체까지 모두 참여하여 납기단축, 비용절감, 품질향상 등을 달성코자 하는 제품설계기법이다.

② (✕) 모듈러설계(modular design)는 여러 부품으로 구성된 표준중간조립품인 모듈(module)을 개발하여 부품원가를 낮추고, 이를 조합함으로써 제품의 다양성을 높이는 제품설계기법이다.

③ (✕) ⑤ (✕) 가치분석(value analysis)과 가치공학(value engineering)은 모두 원가절감과 제품의 가치개선을 위한 제품설계기법으로, VA는 생산 중인 제품에 적용하는 반면, VE는 생산 이전의 제품에 적용한다는 차이점이 있다.

④ (○) 품질기능전개(quality function deployment)는 고객의 요구를 기술명세(특성)로 변환하고, 이를 제품에 반영하는 제품설계기법이다.

정답 ④

118 □□□ ○ △ ✕

최종소비자의 수요변동정보가 전달되는 과정에서 지연이나 왜곡현상이 발생하여 재고부족 또는 과잉문제가 발생하고, 공급사슬 상류로 갈수록 수요변동이 증폭되는 현상은?

① 채찍 효과   ② 포지셔닝 효과
③ 리스크 풀링 효과   ④ 크로스 도킹 효과
⑤ 레버리지 효과

해설

① (○) 채찍 효과(bull-whip effects)에 대한 설명이다.

② (✕) 포지셔닝(positioning)은 소비자에게 경쟁제품과는 다른 자사 제품만의 차별적 특성을 인식시키는 마케팅활동이다.

③ (✕) 리스크 풀링(risk pooling) 효과는 여러 수요를 통합하여 관리하면 전체 수요의 불확실성이 상대적으로 감소하는 현상이다.

④ (✕) 크로스 도킹(cross docking)은 물류센터로 입고되는 제품을 저장하지 아니하고, 재분류 후 바로 출고차량으로 옮겨 배송하는 방식으로, 물류비용 절감이나 재고수준 감소 등의 효과가 있다.

⑤ (✕) 레버리지(leverage) 효과는 차입금 등 타인의 자본을 지렛대로 삼아 자기자본이익률을 높이는 것으로, 보통 재무레버리지와

영업레버리지를 구분하여 사용한다.

정답 ①

119 □□□ ○ △ ✕

다음 중 도요타 생산시스템에서 정의한 7가지 낭비 유형에 해당하는 것을 모두 고른 것은?

> ㄱ. 과잉생산에 의한 낭비
> ㄴ. 대기시간으로 인한 낭비
> ㄷ. 재고로 인한 낭비
> ㄹ. 작업자 재교육으로 인한 낭비

① ㄱ, ㄴ   ② ㄷ, ㄹ   ③ ㄱ, ㄴ, ㄷ
④ ㄴ, ㄷ, ㄹ   ⑤ ㄱ, ㄴ, ㄷ, ㄹ

해설

③ (○) ㄱ, ㄴ, ㄷ이 도요타 생산시스템에서 정의한 7가지 낭비 유형에 해당하는 것이다.

[보충] 도요타 생산시스템에서 정의한 7가지 낭비 유형

- 재고의 낭비   · 과잉생산의 낭비   · 불량의 낭비
- 공정의 낭비   · 동작의 낭비   · 대기의 낭비
- 운반의 낭비

참고로, 도요타는 7가지 낭비를 예방·제거하기 위하여 JIT시스템, 자동화, 소(小)로트생산, TQC 및 현장개선을 도입하였다.

정답 ③

120 □□□ ○ △ ✕

다음의 수요예측기법 중 시계열(time series) 예측기법에 해당하는 것을 모두 고른 것은?

> ㄱ. 이동평균법   ㄴ. 지수평활법
> ㄷ. 델파이기법

① ㄱ   ② ㄴ   ③ ㄱ, ㄴ
④ ㄴ, ㄷ   ⑤ ㄱ, ㄴ, ㄷ

해설

③ (○) ㄱ, ㄴ이 시계열 예측기법에 해당하는 것이다.

[보충] 수요예측기법

- 정성적 예측기법: 개인의 판단이나 다수의 의견을 취합하여 미래 수요를 예측하는 기법으로, 중장기예측에 적합하나, 소요되는 시간과 비용이 크다.
  - ꏿ 델파이법, 시장-소비자조사법, 전문가의견법, 판매원의견종합법, 수명주기유추법, 자료(역사)유추법, 패널동의법 등
- 시계열 예측기법: 과거 수요에 기반하여 미래 수요를 예측하는 기법으로, 다른 기법에 비하여 적용이 간단하나, 장기예측에는 적합하지 아니하다.
  - ꏿ 이동평균법, 지수평활법, 추세분석법, 시계열분해법 등

- 인과형 예측기법: 과거 자료에서 변수를 추출하여 수요와의 인과관계를 분석함으로써 미래 수요를 예측하는 기법으로, 시간이 아닌 다른 독립변수를 사용한다.
  예 회귀분석법, 계량경제모형, 투입-산출모형, 선도지표법 등

정답 ③

121 □□□   ○ △ ×

거래의 결합관계가 비용의 발생과 부채의 증가에 해당하는 것은? (단, 거래금액은 고려하지 않는다)

① 외상으로 구입한 업무용 컴퓨터를 현금으로 결제하였다.
② 종업원 급여가 발생하였으나, 아직 지급하지 않았다.
③ 대여금에 대한 이자를 현금으로 수령하지 못하였으나 결산기말에 인식하였다.
④ 거래처에서 영업용 상품을 외상으로 구입하였다.
⑤ 은행으로부터 빌린 차입금을 상환하였다.

해설

① (×) (차변) 부채의 감소 | (대변) 자산의 감소
② (○) (차변) 비용의 발생 | (대변) <u>부채의 증가</u>
③ (×) (차변) 자산의 증가 | (대변) 수익의 발생
④ (×) (차변) 자산의 증가 | (대변) 부채의 증가
⑤ (×) (차변) 부채의 감소 | (대변) 자산의 감소

[보충] 회계상 모든 거래는 차변요소와 대변요소가 인과관계로 상호 결합되어 있으므로, 두 요소의 금액은 항상 일치하여야 한다.

> **차변요소와 대변요소**
> - 차변: 자산의 증가, 부채의 감소, 자본의 감소, 비용의 발생
> - 대변: 자산의 감소, 부채의 증가, 자본의 증가, 수익의 발생

정답 ②

122 □□□   ○ △ ×

도소매업을 영위하는 (주)한국의 재고 관련 자료가 다음과 같을 때 매출이익은?

총매출액	₩10,000	총매입액	₩7,000
매출환입액	50	매입에누리액	80
기초재고액	200	매입운임액	20
기말재고액	250		

① ₩2,980   ② ₩3,030   ③ ₩3,060
④ ₩3,080   ⑤ ₩3,110

해설

③ (○) 순매출액
  = 총매출액 − 매출에누리액 − 매출할인액 − 매출환입액
  = 10,000 − 0 − 0 − 50
  = 9,950

매출원가
= 기초재고액 + 순매입액 − 기말재고액
= 기초재고액 + (총매입액 + 매입운임액 − 매입에누리액 − 매입할인액 − 매입환출액) − 기말재고액
= 200 + (7,000 + 20 − 80 − 0 − 0) − 250
= 6,890

매출이익
= 순매출액 − 매출원가
= 9,950 − 6,890
= 3,060

[보충] 매입운임액과 달리 매출운임액은 운반비 계정과목으로 별도처리하므로, 계산 시 무시한다.

정답 ③

123 □□□   ○ △ ×

현행 K-IFRS에 의한 재무제표에 해당하지 않는 것은?

① 재무상태변동표   ② 포괄손익계산서
③ 자본변동표   ④ 현금흐름표
⑤ 주석

해설

① (×) 전체 재무제표는 다음을 모두 포함하여야 한다.
  - 기말 재무상태표
  - 기간 포괄손익계산서
  - 기간 자본변동표
  - 기간 현금흐름표
  - 주석(유의적인 회계정책 및 그 밖의 설명으로 구성)
  - 회계정책을 소급하여 적용하거나 재무제표의 항목을 소급하여 재작성 또는 재분류하는 경우, 가장 이른 비교기간의 기초 재무상태표

정답 ①

124 □□□   ○ △ ×

일반 사용자의 컴퓨터 시스템 접근을 차단한 후 접근을 허용하는 조건으로 대가를 요구하는 악성코드는?

① 스니핑(sniffing)   ② 랜섬웨어(ransomware)
③ 스팸웨어(spamware)   ④ 피싱(phishing)
⑤ 파밍(pharming)

해설

① (×) 스니핑은 <u>네트워크 주변을 지나다니는 패킷을 엿보다가 훔치는 행위</u>로, 약간의 패킷만 훔쳐도 특정 계정의 아이디나 비밀번호를 알아낼 수 있다.
② (○) 랜섬웨어에 대한 설명이다.
③ (×) 스팸웨어는 <u>스패머에 의하여 또는 스패머를 위하여 설계된 소프트웨어이다.</u>
④ (×) 피싱은 <u>금전취득을 목적으로 유명 기관이나 회사를 사칭하여</u>

주민등록번호, 계좌번호, 신용카드번호 등의 정보를 훔치는 행위로, 보이스피싱이 대표적이다.

⑤ (×) 파밍은 악성프로그램을 유포하고, 이에 감염된 PC를 조작하여 정상 사이트에 접속하더라도 가짜 사이트에 접속되게 함으로써 금융거래정보를 훔치는 행위이다.

정답 ②

125 □ □ □   ○ △ ×

다음에서 설명하는 기술발전의 법칙은?

> ○ 1965년 미국 반도체회사의 연구개발책임자가 주장하였다.
> ○ 마이크로프로세서의 성능은 18개월마다 2배씩 향상된다.

① 길더의 법칙   ② 메칼프의 법칙
③ 무어의 법칙   ④ 롱테일 법칙
③ 파레토 법칙

해설

① (×) 길더의 법칙은 가장 비싼 자원을 아끼기 위하여는 가장 값싼 자원을 엄청나게 사용하여야 한다는 법칙이다.

② (×) 메칼프의 법칙은 네트워크의 가치는 연결된 이용자 수의 제곱에 비례한다는 법칙이다.

③ (○) 무어의 법칙에 대한 설명이다.

④ (×) 롱테일 법칙은 80%의 사소한 다수가 20%의 핵심적 소수보다 뛰어난 가치를 창출한다는 법칙으로, 파레토 법칙과 대비되는 개념이다.

⑤ (×) 파레토 법칙은 전체 결과의 80%는 전체 원인의 20%에 기인한다는 법칙이다.

정답 ③

101 ☐☐☐   ○ △ ✕

프랜차이즈(franchise)에 관한 설명으로 옳지 않은 것은?

① 가맹점은 운영 측면에서 개인점포에 비해 자율성이 높다.
② 가맹본부의 사업확장이 용이하다.
③ 가맹점은 인지도가 있는 브랜드와 상품으로 사업을 시작할 수 있다.
④ 가맹점은 가맹본부로부터 경영지도와 지원을 받을 수 있다.
⑤ 가맹점은 프랜차이즈 비용이 부담이 될 수 있다.

해설

① (✕) 가맹점은 가맹본부의 경영방식을 따라야 하므로 자율경영이 어렵다.

[보충] 프랜차이즈

구분	가맹본부	가맹점
장점	• 브랜드 홍보 및 확장 • 경영노하우 활용 • 조직의 최소화 • 가맹점으로부터의 아이디어 제안	• 저렴한 창업비용 및 융자 지원 • 브랜드 활용 • 전문가의 경영컨설팅 • 교육 및 홍보 지원 • 가맹본부의 지속적인 정보 공유
단점	• 독자적인 변화 제약 • 가맹점 일방폐쇄 곤란 • 부실 가맹점 문제 • 광고비 과다지출	• 자율경영 제약 • 지속적인 로열티 지불 • 가맹본부의 파산 우려 • 브랜드 평판 하락

정답 ①

102 ☐☐☐   ○ △ ✕

앤소프(H. I. Ansoff)의 제품-시장 확장전략 중 기존제품으로 기존시장의 점유율을 확대해 가는 전략은?

① 원가우위 전략   ② 시장침투 전략
③ 시장개발 전략   ④ 제품개발 전략
⑤ 다각화 전략

해설

① (✕) 원가우위 전략은 포터(Porter)의 본원적 경쟁전략에서 낮은 원가의 재화·서비스로 넓은 영역에서 경쟁우위를 차지하기 위한 전략이다.
② (○) 시장침투 전략 = 기존제품 + 기존시장
③ (✕) 시장개발 전략 = 기존제품 + 신시장
④ (✕) 제품개발 전략 = 신제품 + 기존시장
⑤ (✕) 다각화 전략 = 신제품 + 신시장

[보충] 앤소프 매트릭스

정답 ②

103 ☐☐☐   ○ △ ✕

포터(M. Porter)의 산업구조분석모형에서 소비자 관점의 사용용도가 유사한 다른 제품을 고려하는 경쟁분석의 요소는?

① 산업 내 기존 경쟁업체 간 경쟁
② 잠재적 경쟁자의 진입가능성
③ 대체재의 위협
④ 공급자의 교섭력
⑤ 구매자의 교섭력

해설

① (✕) 산업 내 기존 경쟁업체 간 경쟁: 경쟁강도가 높을수록 이익창출가능성이 낮아지므로, 산업매력도는 하락하는데, 이는 산업집중도, 경쟁기업과의 동이성, 제품차별화, 초과설비, 산업의 비용구조 등에 의하여 결정된다.
② (✕) 잠재적 경쟁자의 진입가능성: 진입장벽이 낮을수록 경쟁자의 진입이 쉬워지므로, 산업매력도는 하락하는데, 이는 자본소요량, 규모의 경제, 절대적 비용우위, 브랜드, 유통망, 정부규제 및 특허 등에 의하여 결정된다.
③ (○) 대체재의 위협: 대체재가 많을수록 고객이동이 유발되므로, 산업매력도는 하락하는데, 이는 대체재로의 이동용이성 및 유용성 등에 의하여 결정된다.
④ (✕) 공급자의 교섭력: 공급자의 교섭력이 강할수록 원자재를 고가에 공급받게 되어 수익성이 떨어지므로, 산업매력도는 하락하는데, 이는 공급자의 가격민감도, 공급자의 상대적 크기, 정보수집능력, 구매자 전환비용 등에 의하여 결정된다.
⑤ (✕) 구매자의 교섭력: 구매자의 교섭력이 강할수록 이익창출가능성이 낮아지므로, 산업매력도는 하락하는데, 이는 구매자의 가격민감도, 구매자의 상대적 크기, 정보수집능력, 공급자 전환비용 등에 의하여 결정된다.

정답 ③

104 □□□   ○ △ ✕

직무스트레스에 관한 설명으로 옳지 않은 것은?

① 직무스트레스의 잠재적 원인으로는 환경요인, 조직적 요인, 개인적 요인이 존재한다.
② 직무스트레스 원인과 경험된 스트레스 간에 조정변수가 존재한다.
③ 사회적 지지는 직무스트레스의 조정변수이다.
④ 직무스트레스 결과로는 생리적 증상, 심리적 증상, 행동적 증상이 있다.
⑤ 직무스트레스와 직무성과 간의 관계는 U자형으로 나타난다.

해설

⑤ (✕) 적정 수준의 직무스트레스는 이상적인 성과창출에 도움이 되지만, 너무 낮거나 높은 수준의 직무스트레스는 오히려 부정적인 영향을 끼치므로, U자형이 아닌 역U자형으로 나타난다.

[보충] **직무스트레스와 직무성과 간의 관계**

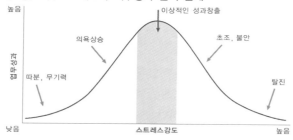

정답 ⑤

105 □□□   ○ △ ✕

메이요(E. Mayo)의 호손실험 중 배선작업실험에 관한 설명으로 옳지 않은 것은?

① 작업자를 둘러싸고 있는 사회적 요인들이 작업능률에 미치는 영향을 파악하였다.
② 생산현장에서 비공식조직을 확인하였다.
③ 비공식조직이 작업능률에 영향을 미치는 것을 발견하였다.
④ 관찰연구를 통해 진행되었다.
⑤ 경제적 욕구의 중요성을 재확인하였다.

해설

⑤ (✕) 배선작업실험으로써 경제적 욕구의 중요성보다는 작업자 상호 간에 의식적 · 무의식적으로 형성된 비공식조직의 중요성이 대두되었다.

[보충] **호손실험**

하버드 대학교 심리학자 메이요(Mayo)와 경영학자 뢰슬리스버거(Roethlisberger)가 미국의 호손공장에서 8년간 수행한 실험으로, 테일러의 과학적 관리론에 따라 물질적 보상이 과연 생산성을 향상시키는지를 검증하였는데, 실험 자체의 결과보다는 실험으로 도출된 심리효과인 호손효과로 더욱 유명하다.

- 1차 조명실험(1924.11.~1927.4.): 생산현장의 물리적 환경이 작업자에게 미치는 영향을 확인하기 위하여 진행한 실험으로, 여공들을 실험집단과 통제집단으로 나누어 조명의 밝기 등에 따른 생산성의 변화를 관찰하였으나, 조명 등의 밝기와 생산성 간에는 아무런 상관관계가 없음이 드러났다.
  참고로, 1차에서 끝날 예정이었던 호손실험은 위 결과로 인하여 추가실험이 진행되었다.
- 2차 계전기 조립실험(1927.4.~1929.6.): 생산성에 영향을 미치는 요인을 밝히기 위하여 진행한 실험으로, 계전기 조립라인에서 작업하는 여공들로 비공식조직을 구성케 하여 감시원과 함께 작업을 시킨 후 휴식시간, 간식제공, 임금지급 등 여러 조건을 변화시켰으나, 작업자와 감시원의 관계에 따라 생산성이 미세하게 향상되었을 뿐 생산성을 변화시키는 뚜렷한 요인은 찾지 못하였다.
- 3차 면접실험(1928.9.~1930.5.): 호손공장의 전 직원을 대상으로 면접을 진행하여 작업자의 불평불만을 조사한 실험으로, 물리적 조건보다는 사회 · 심리적 조건이 생산성과 어느 정도 관계가 있다는 결과를 얻었다.
- 4차 배선작업실험(1931.11.~1932.5.): 배선작업을 담당하는 14명의 남녀 작업자를 자연관찰한 실험으로, 일정 기간이 지나자 이들 사이에 다수의 무리가 생겨났는데, 각각의 비공식조직은 그 조직만의 작업규범을 바탕으로 공동이익을 추구함을 발견하였다.

결론적으로, 비공식조직이 생산성에 가장 큰 영향을 미친다고 볼 수 있다.

정답 ⑤

106 □□□   ○ △ ✕

조직설계의 상황변수에 해당하는 것을 모두 고른 것은?

ㄱ. 복잡성	ㄴ. 전략	ㄷ. 공식화
ㄹ. 기술	ㅁ. 규모	

① ㄱ, ㄴ, ㄷ   ② ㄱ, ㄴ, ㄹ   ③ ㄱ, ㄷ, ㅁ
④ ㄴ, ㄹ, ㅁ   ⑤ ㄷ, ㄹ, ㅁ

해설

④ (○) ㄴ, ㄹ, ㅁ이 조직설계의 상황변수에 해당하는 것이다.

[보충] **조직설계의 변수**
- 기본변수: 복잡성, 집권화 · 분권화, 공식화
- 상황변수: 규모, 연령, 환경, 기술, 전략, 목표, 문화 등

정답 ④

107 ☐☐☐　　　　　○ △ ×

맥그리거(D. McGregor)의 XY이론 중 Y이론에 관한 설명으로 옳은 것을 모두 고른 것은?

> ㄱ. 동기부여는 생리적 욕구나 안전욕구 단계에서만 가능하다.
> ㄴ. 작업조건이 잘 갖추어지면 일은 놀이와 같이 자연스러운 것이다.
> ㄷ. 대부분의 사람들은 엄격하게 통제되어야 하고, 조직목표를 달성하기 위해서는 강제되어야 한다.
> ㄹ. 사람은 적절하게 동기부여가 되면 자율적이고 창의적으로 업무를 수행한다.

① ㄱ, ㄴ　　　② ㄱ, ㄷ　　　③ ㄴ, ㄷ
④ ㄴ, ㄹ　　　⑤ ㄷ, ㄹ

해설

④ (○) ㄴ, ㄹ이 Y이론에 관한 설명으로 옳은 것이다.

[보충] XY이론

맥그리거는 인간본성을 부정적으로 보는 견해를 X이론, 긍정적으로 보는 견해를 Y이론으로 명명하였다.

X이론	• 인간에게 일은 생존하기 위하여 어쩔 수 없이 하여야 하는 귀찮은 것이다. • 인간은 일을 싫어하고, 될 수 있으면 피하려고 한다. • 따라서 조직목표 달성을 위하여는 인간에게 통제 및 지시를 하여야 한다. • 인간에게 유일한 동기부여수단은 금전적 보상이다. • 인간은 다루어지기를 좋아하고, 책임을 회피하려는 경향이 있다. • 대부분의 인간은 야망이 없고, 변화를 꺼리며, 안전을 추구한다.
Y이론	• 인간에게 일은 놀이나 휴식처럼 자연스러운 것이다. • 인간은 기본적인 욕구만 충족되면, 내적 동기부여로써 자신의 능력을 최대한 발휘하려고 한다. • 인간은 자신에게 부여된 목적을 달성하기 위하여 스스로에게 통제 및 지시를 한다. • 조직의 목표달성에 대한 헌신 그 자체가 인간에게 보상으로서의 역할을 한다. • 인간은 적절한 조건하에서 책임을 받아들일 뿐만 아니라 책임을 추구한다. • 대부분의 인간은 조직의 문제를 해결하기 위한 높은 수준의 창의력을 가지고 있다.

정답 ④

108 ☐☐☐　　　　　○ △ ×

다음에서 설명하는 조직이론은?

> ○ 조직형태는 환경에 의하여 선택되거나 도태될 수 있다.
> ○ 기존 대규모 조직들은 급격한 환경변화에 적응하기 어려워 공룡신세가 되기 쉽다.
> ○ 변화과정은 변이(variation), 선택(selection), 보존(retention)의 단계를 거친다.

① 자원의존이론　　　② 제도화이론
③ 학습조직이론　　　④ 조직군생태학이론
⑤ 거래비용이론

해설

① (×) 자원의존이론은 불확실한 환경하에서 조직이 생존하기 위하여는 그 환경에 적극적으로 대처함으로써 자원을 획득하고 유지하여야 한다는 이론이다.
② (×) 제도화이론은 조직의 생존을 위하여는 효율적인 생산체계를 구축하는 것 이상으로 이해관계자들로부터 정당성을 획득하는 것이 중요하다는 이론이다.
③ (×) 학습조직이론은 환경변화를 예측하고 필요한 지식을 습득할 뿐만 아니라 그 지식에 맞추어 행동을 수정하는 학습조직으로써 기업을 성장시킬 수 있다는 이론이다.
④ (○) 조직군생태학이론에 대한 설명이다.
⑤ (×) 거래비용이론은 특정 목적달성을 위한 대안선택 시 내부화보다 외부기업과의 거래비용이 낮은 경우에 기업은 그 거래를 선택한다는 이론이다.

정답 ④

109 ☐☐☐　　　　　○ △ ×

직무분석에 관한 설명으로 옳은 것은?

① 직무의 내용을 체계적으로 정리하여 직무명세서를 작성한다.
② 직무수행자에게 요구되는 자격요건을 정리하여 직무기술서를 작성한다.
③ 직무분석과 인력확보를 연계하는 것은 타당하지 않다.
④ 직무분석은 작업장의 안전사고 예방에 도움이 된다.
⑤ 직무분석은 직무평가 결과를 토대로 실시한다.

해설

① (×) ② (×) 직무명세서 ↔ 직무기술서

[보충] 직무기술서와 직무명세서

• 직무기술서: 직무분석 결과에 따라 직무 자체에 대한 전반적인 내용을 체계적으로 정리 · 작성한 기록으로, 직무의 명칭, 직종, 직무내용 요약, 수행과업, 직무수행의 방법 및 절차, 사용되는 장비 · 도구, 작업조건 등을 포함하여야 한다.
• 직무명세서: 직무분석 결과에 따라 직무수행자가 갖추어야 할 요건을 체계적으로 정리 · 작성한 기록으로, 직무의 명칭, 직종, 요구되는 교육수준, 기술수준, 지식수준, 정신적 · 육체적 능력,

작업경험 등을 포함하여야 한다.

③ (×) 존재 직무의 종류·양, 충원이 필요한 직무의 우선순위, 직무 수행에 필요한 자격, 인력과 직무 간 적합성 등의 직무분석 결과를 토대로 체계적인 인력확보가 가능하다.

[보충] 인력확보뿐만 아니라 인력평가·개발, 보상, 유지, 방출 등과도 연계할 수 있다.

④ (○) 올바른 직무수행방법, 사용장비 등의 직무분석 결과를 토대로 안전사고 예방대책 수립이 용이하다.

⑤ (×) 직무분석 ↔ 직무평가

[보충] 직무평가는 직무분석 결과에 따라 작성된 직무기술서를 토대로 조직 내 직무를 평가하고, 다른 직무와 비교함으로써 각 직무의 상대적 가치를 결정하는 과정이다.

정답 ④

110 □□□ ○ △ ×

스캔론플랜(Scanlon Plan)에 관한 설명으로 옳지 않은 것은?

① 기업이 창출한 부가가치를 기준으로 성과급을 산정한다.
② 집단성과급제도이다.
③ 생산제품의 판매가치와 인건비의 관계에서 배분액을 결정한다.
④ 실제인건비가 표준인건비보다 적을 때 그 차액을 보너스로 배분한다.
⑤ 산출된 보너스액 중 일정액을 적립한 후 종업원분과 회사분으로 배분한다.

해설

① (×) 부가가치가 아닌 판매가치(= 매출액 + 재고자산)를 기준으로 성과급을 산정한다.

[보충] 집단성과급제도

- 스캔론플랜: 위원회제도로써 종업원의 참여의식을 높이고, 판매가치를 기준으로 성과급을 산정하는 제도로, 재원의 25%는 사내유보하고, 나머지를 75(종업원) : 25(기업)로 배분한다.
- 럭커플랜: 생산성 향상을 위하여 노사협력체제를 구축하고, 부가가치를 기준으로 성과급을 산정하는 제도로, 재원의 1/3은 사내유보하고, 나머지를 50 : 50으로 배분한다.
- 임프로쉐어플랜: 산업공학기법을 적용하여 효율성을 제고하고, 단위당 소요되는 표준노동시간과 실제노동시간을 비교하여 절약된 노동시간을 기준으로 성과급을 산정하는 제도로, 재원을 50 : 50으로 배분한다.

구분	스캔론	럭커	임프로쉐어
이론	조직개발이론	노동경제이론	산업공학기법
철학	참여경영	효율경영	효율경영
참여	생산위원회	조정위원회	생산성향상팀
공식	$\dfrac{\text{노무비}}{\text{매출액}}$	$\dfrac{\text{노무비}}{\text{부가가치}}$	$\dfrac{\text{실제생산시간}}{\text{표준생산시간}}$
지급	월별 / 분기별	월별 / 분기별	주별 / 격주별

정답 ①

111 □□□ ○ △ ×

기존 브랜드명을 새로운 제품범주의 신제품에 사용하는 것은?

① 공동브랜딩(co-branding)
② 복수브랜딩(multi-branding)
③ 신규브랜드(new brand)
④ 라인확장(line extension)
⑤ 브랜드확장(brand extension)

해설

① (×) 공동브랜딩은 이미 강력한 인지도가 형성된 각 회사의 브랜드를 두 개 이상 결합하여 신제품에 적용하는 마케팅활동으로, 각 브랜드가치를 함께 높임과 동시에 적은 비용으로 많은 판매를 가능케 한다.
② (×) 복수브랜딩 = 신규 브랜드명 + 기존 제품범주
③ (×) 신규브랜드 = 신규 브랜드명 + 신규 제품범주
④ (×) 라인확장 = 기존 브랜드명 + 기존 제품범주
⑤ (○) 브랜드확장 = 기존 브랜드명 + 신규 제품범주

[보충] 브랜드 전략

	기존 브랜드명	신규 브랜드명
기존 제품범주	라인확장 전략 (기존+기존)	복수브랜딩 전략 (신규+기존)
신규 제품범주	브랜드확장 전략 (기존+신규)	신규브랜드 전략 (신규+신규)

정답 ⑤

112 □□□ ○ △ ×

제품의 기본가격을 조정하여 세분시장별로 가격을 달리하는 가격결정이 아닌 것은?

① 고객집단 가격결정
② 묶음제품 가격결정
③ 제품형태 가격결정
④ 입지 가격결정
⑤ 시간 가격결정

해설

① (○) 어린이 무료입장 / 성인 유료입장 등 고객집단에 따라 가격을 달리하는 세분시장별 가격결정이다.
② (×) 제품믹스 가격결정 중 하나이다.
③ (○) 초콜릿 음료 / 초콜릿 아이스크림 등 제품형태에 따라 가격을 달리하는 세분시장별 가격결정이다.
④ (○) VIP석 / 일반석 등 입지에 따라 가격을 달리하는 세분시장별 가격결정이다.
⑤ (○) 조조할인 / 일반관람 등 시간에 따라 가격을 달리하는 세분시장별 가격결정이다.

[보충] 제품믹스 가격결정

- 제품계열 가격결정: 제품의 등급이나 디자인에 따라 가격을 달리 설정 예 아이폰 시리즈 / 아이폰 SE 시리즈 등

- 사양제품 가격결정: <u>기본제품과 다양한 옵션의 조합에 따라</u> 가격을 달리 설정 @ 기본 맥북 / 맥북 + 칩↑ + 메모리↑ 등
- 종속제품 가격결정: <u>기본제품과 종속제품에 따라 가격을 달리</u> 설정 @ 저가의 복합기 + 고가의 잉크 등
- 묶음제품 가격결정: <u>기본제품과 옵션을 묶어서 하나의 가격</u>으로 제시 @ 햄버거 단품 / 햄버거 세트(= 햄버거 + 감자튀김 + 콜라) 등

정답 ②

113 □□□   ○ △ ✕

새로운 마케팅기회를 확보하기 위해 동일한 유통경로단계에 있는 둘 이상의 기업이 제휴하는 시스템은?

① 혁신 마케팅시스템
② 수평적 마케팅시스템
③ 계약형 수직적 마케팅시스템
④ 관리형 수직적 마케팅시스템
⑤ 기업형 수직적 마케팅시스템

해설
② (O) 수평적 마케팅시스템(horizontal marketing system; HMS)은 <u>독자적 마케팅활동을 위한 자본, 생산능력, 자원 등을 보유하지 못한 기업들이 제휴함으로써 시너지효과를 창출하기 위한 시스템</u>으로, 공생적 마케팅(symbiotic marketing)이라고도 한다.
[보충] 수직적 마케팅시스템(vertical marketing system; VMS) 생산업체, 도매업자, 소매업자 등의 경로구성원이 각자의 이익만을 극대화하기 위하여 반목하는 전통적 마케팅시스템의 문제를 해결하기 위하여 등장한 개념으로, <u>구성원 전체를 하나의 유기적 통합시스템으로서 전문적으로 관리</u>한다.
- 기업형 VMS: <u>하나의 경로구성원이 다른 경로구성원을 법적으로 소유함으로써 관리하는 시스템</u>
- 계약형 VMS: <u>규모의 경제를 달성하기 위하여 각 경로구성원이 공식적인 계약으로써 결합하는 시스템</u>
- 관리형 VMS: <u>가장 규모가 큰 경로구성원이 비공식적으로 영향력을 행사함으로써 유통경로를 조정하는 시스템</u>

통제력	기업형 VMS > 계약형 VMS > 관리형 VMS
초기비용	기업형 VMS > 계약형 VMS > 관리형 VMS
유연성	관리형 VMS > 계약형 VMS > 기업형 VMS

정답 ②

114 □□□   ○ △ ✕

증권시장선(SML)에 관한 설명으로 옳은 것을 모두 고른 것은?

> ㄱ. 개별주식의 기대수익률과 체계적 위험 간의 선형관계를 나타낸다.
> ㄴ. 효율적 포트폴리오에 한정하여 균형가격을 산출할 수 있다.
> ㄷ. 증권시장선보다 상단에 위치하는 주식은 주가가 과소평가된 주식이다.
> ㄹ. 증권시장선은 위험자산만을 고려할 경우, 효율적 투자기회선이다.

① ㄱ, ㄴ   ② ㄱ, ㄷ   ③ ㄱ, ㄹ
④ ㄴ, ㄷ   ⑤ ㄷ, ㄹ

해설
② (O) ㄱ, ㄷ이 옳은 것이다.
[보충] 증권시장선과 자본시장선
- 증권시장선: 개별자산의 균형수익률 도출을 위한 모형으로, 위험을 체계적 위험으로 계산하고, 효율적 포트폴리오뿐만 아니라 모든 자산에 성립한다.
  - 증권시장선 상단에 위치: 과소평가된 주식 [상소]
  - 증권시장선 하단에 위치: 과대평가된 주식 [하대]
- 자본시장선: 위험자산과 무위험자산 모두를 고려할 경우의 효율적 투자기회선으로, 위험을 총위험(체계적 위험 + 비체계적 위험)으로 계산하고, 효율적 포트폴리오에만 성립한다.

정답 ②

115 □□□   ○ △ ✕

재무상태표의 자산항목에 해당하지 않는 것은?
① 미수금   ② 단기대여금   ③ 선급금
④ 이익준비금   ⑤ 선급비용

해설
④ (✕) 이익준비금은 재무상태표의 자본항목(이익잉여금)에 해당하고, 나머지는 모두 자산항목(유동자산 > 당좌자산)에 해당한다.
[보충] 재무상태표의 항목

자산		
유동 자산	당좌 자산	현금 및 현금성자산, 단기금융자산, 매출채권, 유가증권, 미수금, 선급비용, 선급금 등
	재고 자산	상품, 제품, 반제품, 재공품, 부산물, 원재료(원자재), 저장품, 미착상품 등
	기타	미수수익, 선급비용, 이연법인세자산 등
비유동 자산	투자 자산	장기예금, 장기투자증권, 지분법적용투자주식, 장기대여금, 투자부동산 등
	유형 자산	토지, 건물, 구축물, 기계장치, 선박·항공기, 건설용 장비, 차량운반구, 비품 등
	무형 자산	영업권, 산업재산권(특허권, 상표권, 실용신안권 등), 광업권, 어업권, 개발비, 저작권 등

비유동 자산	기타	장기매출채권, 장기미수금, 장기선급금, 보증금 (임차보증금, 기타 보증금) 등
부채		
유동 부채		매입채무, 단기차입금, 미지급금, 선수금, 예수금, 미지급 비용, 선수수익, 유동성장기부채, 단기충당부채 등
비유동 부채		사채, 전환사채등신종사채, 장기차입금, 장기매입채무, 장기미지급금, 장기선수금, 퇴직급여충당부채, 퇴직연금 비지급금, 장기충당부채 등
자본		
자본금		보통주자본금, 우선주자본금 등
자본 잉여금		주식발행초과금, 감자차익, 합병차익, 자기주식처분이익, 재평가적립금 등
자본 조정		주식할인발행차금, 감자차손, 자기주식, 미교부주식배당 금, 자기주식처분손실, 주식매수선택권 등
이익 잉여금		이익준비금, 재무구조개선적립금, 법정적립금, 기타 임의 적립금, 미처분이익잉여금 등

정답 ④

116 □□□ ○ △ ×

투자안의 경제성 평가방법에 관한 설명으로 옳은 것은?
① 회계적 이익률법의 회계적 이익률은 연평균 영업이익을 연평균 매출액으로 나누어 산출한다.
② 회수기간법은 회수기간 이후의 현금흐름을 고려한다.
③ 순현재가치법은 재투자수익률을 내부수익률로 가정한다.
④ 내부수익률법에서 개별투자안의 경우, 내부수익률이 0보다 크면 경제성이 있다.
⑤ 수익성지수법에서 개별투자안의 경우, 수익성지수가 1보다 크면 경제성이 있다.

해설
① (×) 회계적 이익률법(ARR)은 각 투자안의 회계적 이익률을 계산하여 기업의 목표이익률보다 큰 투자안을 선택하는 경제성 평가방법으로, 회계적 이익률은 연평균 순이익을 연평균 투자액으로 나누어 산출한다.
② (×) 회수기간법(PPM)은 각 투자안의 회수기간을 계산하여 가장 짧은 투자안을 선택하는 경제성 평가방법으로, 회수기간은 투자금액을 모두 회수하는 데 걸리는 시간이다. 따라서 회수기간 이후의 현금흐름은 고려하지 아니한다.
③ (×) 순현재가치법(NPV)은 각 투자안의 순현재가치를 구하여 0보다 큰 투자안을 선택하는 경제성 평가방법으로, 순현재가치는 편익과 비용을 할인율에 따라 현재가치로 환산하고, 편익의 현재가치에서 비용의 현재가치를 제한 값이다.
[보충] 재투자수익률의 경우, 순현재가치법은 자본비용으로, 내부수익률법은 내부수익률로 가정한다.
④ (×) 내부수익률법(IRR)은 각 투자안의 내부수익률을 계산하여 기업의 자본비용보다 큰 투자안을 선택하는 경제성 평가방법으로, 내부수익률은 투자로써 기대되는 미래 현금유입의 현가(현재가치)와 현재 현금유출의 현가를 일치시켜 투자안의 순현가를 0으로

만드는 할인율이다.
⑤ (○) 수익성지수법(PI)은 각 투자안의 수익성지수를 계산하여 1보다 큰 투자안을 선택하는 경제성 평가방법으로, 수익성지수는 현금유입의 현가를 현금유출의 현가로 나누어 산출한다.

정답 ⑤

117 □□□ ○ △ ×

A주식에 대한 분산은 0.06이고, B주식에 대한 분산은 0.08이다. A주식의 수익률과 B주식의 수익률 간의 상관계수가 0인 경우, 총투자자금 중 A주식과 B주식에 절반씩 투자한 포트폴리오의 분산은?
① 0.025　　　② 0.035　　　③ 0.045
④ 0.055　　　⑤ 0.065

해설
② (○) $\sigma_p^2 = w_A^2 \sigma_A^2 + w_B^2 \sigma_B^2 + 2w_A w_B \sigma_A \sigma_B \rho_{AB}$
$= (0.5^2 \times 0.06) + (0.5^2 \times 0.08) + 0$
$= 0.015 + 0.020$
$= \underline{0.035}$
여기서, w는 가중치, σ^2은 분산, ρ는 상관계수이다.

정답 ②

118 □□□ ○ △ ×

경제적 주문량(EOQ)에 관한 설명으로 옳지 않은 것은?
① 연간 재고유지비용과 연간 주문비용의 합이 최소화되는 주문량을 결정하는 것이다.
② 연간 재고유지비용과 연간 주문비용이 같아지는 지점에서 결정된다.
③ 연간 주문비용이 감소하면 경제적 주문량이 감소한다.
④ 연간 재고유지비용이 감소하면 경제적 주문량이 감소한다.
⑤ 연간 수요량이 증가하면 경제적 주문량이 증가한다.

해설
④ (×) 경제적 주문량은 재고유지비용과 주문비용의 합을 최소화시키는 가장 경제적인 1회 주문량으로, 다음의 식으로 구할 수 있다.

경제적 주문량 = $\sqrt{(2 \times 수요량 \times 주문비용) / 재고유지비용}$

따라서 재고유지비용이 감소하면 경제적 주문량은 증가한다.
[보충] 경제적 주문량을 위한 가정
• 해당 품목의 수요는 정확하게 예측 가능하다.
 - 단일품목으로서 일정한 수요율을 가지고, 연간 수요량은 확정적이다.
 - 수요는 연중 균일하게 발생하고, 재고유지비용은 주문량에 따라 선형적으로 증가한다.
• 재고의 사용량은 일정하다.

- 주문량은 전량 일시에 입고된다.
- 조달기간은 일정하다.
- 각 주문은 지연 없이 끊이지 아니하고 계속된다.
- 재고부족이나 품절은 발생하지 아니한다.
- 단위당 재고유지비용은 일정하다.
- 단위당 주문비용은 할인이 적용되지 아니하고, 주문량에 관계 없이 일정하다.

정답 ④

119 □□□   ○ △ ×

생산프로세스에서 낭비를 제거하여 부가가치를 극대화하기 위한 것은?

① 린(lean) 생산
② 자재소요계획(MRP)
③ 장인생산(craft production)
④ 대량고객화(mass customization)
⑤ 오프쇼링(off-shoring)

해설

① (○) 린 생산은 도요타의 대표적인 생산방식으로, 각 생산단계에서 인력이나 설비를 필요한 만큼만 유지하고, JIT시스템을 도입하여 재고비용을 줄임으로써 생산효율을 극대화한다.
② (×) 자재소요계획은 완제품의 수량과 납기를 기초로 여러 자재의 소요량과 소요시기를 역산하고, 이를 바탕으로 자재조달계획을 수립하여 필요한 시기에 필요한 양의 자재를 필요한 장소에 입고하는 관리방식이다.
③ (×) 장인생산은 고도로 숙련된 인원들이 한 번에 하나 혹은 소량의 제품을 제작하는 생산방식으로, 대부분 수작업으로 이루어지고 고품질이어서 고가인 경우가 많다.
④ (×) 대량고객화는 고객에게 맞춤화된 상품이나 서비스를 대량생산하여 제공하는 생산방식이자 마케팅방식으로, 미국의 컴퓨터 제조업체 델(Dell)의 주문생산방식(made-to-order)이 대표적이다.
⑤ (×) 오프쇼링은 기업이 경비절감을 위하여 생산, 용역 등의 활동을 노무비가 저렴한 해외로 이전하는 아웃소싱의 한 형태이다.

정답 ①

120 □□□   ○ △ ×

(주)한국의 4개월간 제품 실제 수요량과 예측치가 다음과 같다고 할 때, 평균절대오차(MAD)는?

월(t)	실제 수요량(D_t)	예측치(F_t)
1월	200개	225개
2월	240개	220개
3월	300개	285개
4월	270개	290개

① 2.5
② 10
③ 20
④ 412.5
⑤ 1,650

해설

③ (○) 절대평균오차는 실제 수요량에서 예측치를 제한 절댓값을 합하여 예측기간수로 나눈 값이다.
MAD = {| (200 − 225) | + | (240 − 220) | + | (300 − 285) | + | (270 − 290) |} / 4
    = (| −25 | + 20 + 15 + | −20 |) / 4
    = (25 + 20 + 15 + 20) / 4
    = 20

정답 ③

121 □□□   ○ △ ×

서비스 품질평가에 사용되는 SERVQUAL 모형의 서비스 차원이 아닌 것은?

① 유형성(tangibles)
② 신뢰성(reliability)
③ 반응성(responsiveness)
④ 공감성(empathy)
⑤ 소멸성(perishability)

해설

⑤ (×) SERVQUAL 모형의 서비스 차원은 신뢰성, 반응성(대응성), 공감성, 확신성 및 유형성이다.

정답 ⑤

122 □□□   ○ △ ×

다음의 주어진 자료를 이용하여 산출한 기말자본액은?

<자료>
기초자산: 380,000원, 기초부채: 180,000원
당기 중 유상증자: 80,000원, 당기 중 현금배당: 40,000원
당기순이익: 100,000원

① 260,000원
② 300,000원
③ 340,000원
④ 380,000원
⑤ 420,000원

해설

③ (O) 기말자본 = 기초자본 + 순이익(- 순손실) + 출자금 - 인출금

= (기초자산 - 기초부채) + 당기순이익 + 당기 중 유상증자 - 당기 중 현금배당

= (380,000 - 180,000) + 100,000 + 80,000 - 40,000

= 340,000

정답 ③

---

123 □□□ ○ △ ✕

회계거래 분개에 관한 설명으로 옳은 것은?

① 매입채무의 증가는 차변에 기록한다.

② 장기대여금의 증가는 대변에 기록한다.

③ 자본금의 감소는 차변에 기록한다.

④ 임대료수익의 발생은 차변에 기록한다.

⑤ 급여의 지급은 대변에 기록한다.

해설

① (✕) 매입채무는 유동부채이므로 대변(부채의 증가)에 기록한다.

② (✕) 장기대여금은 비유동자산이므로 차변(자산의 증가)에 기록한다.

③ (O) 자본금은 자본이므로 차변(자본의 감소)에 기록한다.

④ (✕) 임대료수익은 수익이므로 대변(수익의 발생)에 기록한다.

⑤ (✕) 급여는 비용이므로 차변(비용의 발생)에 기록한다.

[보충] 회계상 모든 거래는 차변요소와 대변요소가 인과관계로 상호 결합되어 있으므로, 두 요소의 금액은 항상 일치하여야 한다.

> **차변요소와 대변요소**
> • 차변 : 자산의 증가, 부채의 감소, 자본의 감소, 비용의 발생
> • 대변 : 자산의 감소, 부채의 증가, 자본의 증가, 수익의 발생

정답 ③

---

124 □□□ ○ △ ✕

컴퓨터, 저장장치, 애플리케이션, 서비스 등과 같은 컴퓨팅 자원의 공유된 풀(pool)을 인터넷으로 접근할 수 있게 해 주는 것은?

① 클라이언트/서버 컴퓨팅(client/server computing)

② 엔터프라이즈 컴퓨팅(enterprise computing)

③ 온프레미스 컴퓨팅(on-premise computing)

④ 그린 컴퓨팅(green computing)

⑤ 클라우드 컴퓨팅(cloud computing)

해설

① (✕) 클라이언트/서버 컴퓨팅은 서비스요구자인 개인용 PC, 스마트폰 등의 클라이언트는 데이터 입력, 서비스제공자인 고성능 컴퓨터 서버는 데이터 저장, 처리 및 관리를 (나누어) 담당하는 구조이다.

예 월드 와이드 웹(www), 온라인 게임 등

② (✕) 엔터프라이즈 컴퓨팅은 기업이 효율적인 운영, 효과적인 관리 및 생산성 향상을 위하여 사용하는 수많은 정보기술도구로, 서버나 네트워크, 데이터베이스, 소프트웨어 등을 포함한다.

예 기업자원계획시스템, 고객관리시스템 등

③ (✕) ⑤ (O) 온프레미스 컴퓨팅은 원격으로 서버를 운영하는 클라우드 컴퓨팅과 대비되는 개념으로, 기업의 서버를 자체 시설에서 직접 운영하는 방식이다.

④ (✕) 그린 컴퓨팅은 컴퓨터의 설계, 제조, 사용, 폐기 등 일련의 과정에서 에너지효율성은 최대화하고, 환경영향성은 최소화하자는 기술캠페인의 일환이다.

정답 ⑤

---

125 □□□ ○ △ ✕

특정 기업의 이메일로 위장한 메일을 불특정다수에게 발송하여 권한 없이 데이터를 획득하는 방식은?

① 파밍(pharming)

② 스니핑(sniffing)

③ 피싱(phishing)

④ 서비스거부공격(denial-of-service attack)

⑤ 웜(worm)

해설

① (✕) 파밍은 악성프로그램을 유포하고, 이에 감염된 PC를 조작하여 정상 사이트에 접속하더라도 가짜 사이트에 접속되게 함으로써 금융거래정보를 훔치는 행위이다.

② (✕) 스니핑은 네트워크 주변을 지나다니는 패킷을 엿보다가 훔치는 행위로, 약간의 패킷만 훔쳐 특정 계정의 아이디나 비밀번호를 알아낼 수 있다.

③ (O) 피싱은 금전취득을 목적으로 유명 기관이나 회사를 사칭하여 주민등록번호, 계좌번호, 신용카드번호 등의 정보를 훔치는 행위로, 보이스피싱이 대표적이다.

④ (✕) 서비스거부공격은 정상적인 서비스를 제공하지 못하도록 의도적으로 시스템을 지나치게 바쁘게 만드는 행위로, Flood공격과 이를 응용한 분산서비스거부공격(DDoS)이 유명하다.

⑤ (✕) 웜은 스스로를 복제하여 네트워크 전체를 감염시키는 악성소프트웨어로, 다른 실행프로그램에 기생하는 바이러스와는 달리, 독자적으로 실행 가능하다.

정답 ③

101 □□□ ○ △ ✕

페이욜(H. Fayol)의 일반적 관리원칙에 해당하지 않는 것은?

① 지휘의 통일성   ② 직무의 분업화
③ 보상의 공정성   ④ 조직의 분권화
⑤ 권한과 책임의 일치

해설

④ (✕) 조직의 분권화가 아닌 중앙집권화이다.

[보충] 페이욜의 일반적 관리원칙

- 직무의 분업화   • 권한과 책임의 일치
- 규율   • 명령의 일원화
- 지휘의 통일성   • 목표를 위한 복종
- 보상의 공정성   • 조직의 중앙집권화
- 수직계층화   • 질서
- 공정성   • 고용보장
- 자주성   • 단결

페이욜의 경영활동

- 기술적 활동: 생산, 가공, 제조 등
- 영업적 활동: 구매, 판매, 교환(환불) 등
- 재무적 활동: 자금의 조달 및 관리 등
- 보전적 활동: 자산 및 종업원의 보호 등
- 회계적 활동: 재산목록, 대차대조표, 원가, 통계 등
- 관리적 활동: 계획, 조직화, 지휘, 조정, 통제 [관리5요소]

정답 ④

102 □□□ ○ △ ✕

다음의 특성에 해당되는 기업집중 형태는?

> ○ 주식소유, 금융적 방법 등에 의한 결합
> ○ 외형상으로 독립성이 유지되지만, 실질적으로는 종속관계
> ○ 모회사와 자회사 형태로 존재

① 카르텔(cartel)   ② 콤비나트(combinat)
③ 트러스트(trust)   ④ 콘체른(concern)
⑤ 디베스티처(divestiture)

해설

① (✕) 카르텔은 동일 산업 내의 기업들이 경쟁을 제한하고 시장을 통제하기 위하여 형성하는 기업집중 형태로, 각 기업은 법률적 · 경제적 독립성을 가진다.

② (✕) 콤비나트는 여러 생산단위가 하나의 기업으로 통합된 기업집중 형태로, 구로공단이나 울산공업단지 등이 대표적인 예이다.

③ (✕) 트러스트는 여러 기업의 자산을 하나의 신탁으로써 관리하는 기업집중 형태로, 이사회(신탁)가 모든 기업을 대표하여 결정을

내리므로, 각 기업은 법률적 · 경제적 독립성을 상실한다. 우리나라의 재벌이 트러스트에 해당한다.

④ (○) 콘체른에 대한 설명이다.

⑤ (✕) 디베스티처는 기업의 비효율적인 사업부문을 타 기업에 매각함으로써 구조를 조정하여 경쟁력을 향상시키는 기업집중 형태로, 분할매각이라고도 한다.

정답 ④

103 □□□ ○ △ ✕

캐롤(B.A. Carrol)의 피라미드 모형에서 제시된 기업의 사회적 책임의 단계로 옳은 것은?

① 경제적 책임 → 법적 책임 → 윤리적 책임 → 자선적 책임
② 경제적 책임 → 윤리적 책임 → 법적 책임 → 자선적 책임
③ 경제적 책임 → 자선적 책임 → 윤리적 책임 → 법적 책임
④ 경제적 책임 → 법적 책임 → 자선적 책임 → 윤리적 책임
⑤ 경제적 책임 → 윤리적 책임 → 자선적 책임 → 법적 책임

해설

① (○) 캐롤의 피라미드 모형은 가장 하위에 경제적 책임이 위치하고, 가장 상위에 자선적 책임이 위치하는데, 경제적 책임(수익창출) → 법적 책임(법률준수) → 윤리적 책임(윤리경영) → 자선적 책임(사회공헌) 순으로 고차원화가 진행된다.

정답 ①

104 □□□ ○ △ ✕

GE/맥킨지 매트릭스(GE/McKinsey matrix)에서 전략적 사업부를 분류하기 위한 두 기준은?

① 산업매력도 – 사업단위 위치(경쟁력)
② 시장성장률 – 시장점유율
③ 산업매력도 – 시장성장률
④ 사업단위 위치(경쟁력) – 시장점유율
⑤ 시장점유율 – 가격경쟁력

해설

① (○) GE/맥킨지 매트릭스에서 전략적 사업부를 분류하기 위한 두

기준은 산업매력도 – 사업단위 위치(경쟁력)이다.

[보충] GE/맥킨지 매트릭스

	H		
산업매력도	지위유지 집중투자	지위구축 투자	선별적 투자
	선별적 투자	선별적 투자 수익창출	제한적 확장 단계적 철수
	지위보호 신규진출	수익창출	철수
L			

H ←————— 사업단위 위치(경쟁력) —————→ L

정답 ①

---

105 □ □ □   ○ △ ✕

허츠버그(F. Herzberg)의 2요인이론에서 위생요인에 해당하는 것은?

① 성취감   ② 도전감   ③ 임금
④ 성장가능성   ⑤ 직무내용

해설

③ (○) 허츠버그(Herzberg)의 동기-위생이론은 2요인이론이라고도 하는데, 동기유발을 자극하는 요인에는 직무 그 자체와 관계되는 내적 요인(만족·동기), 직무환경과 관계되는 외적 요인(불만족·위생)이 있다. 위 경우 성취감, 도전감, 성장가능성 및 직무내용은 직무 그 자체와 관계되므로 동기요인, 임금은 직무환경과 관계되므로 위생요인이라 할 것이다.
참고로, 허츠버그에 따르면, 만족의 반대는 만족하지 못함이고, 불만족의 반대는 불만족하지 아니함이다.

[보충] 허츠버그의 동기-위생이론
• 내적 요인: 만족하지 못함 ↔ 만족 [동기요인]
• 외적 요인: 불만족 ↔ 불만족하지 아니함 [위생요인]

정답 ③

---

106 □ □ □   ○ △ ✕

전통적 직무설계와 관련 없는 것은?

① 분업   ② 과학적 관리   ③ 전문화
④ 표준화   ⑤ 직무순환

해설

⑤ (✕) 1770년대 아담 스미스는 『국부론』에서 분업의 중요성을 역설하였고, 1910년대 테일러는 과학적 관리로써 생산의 단순화·표준화·전문화를 직무설계에 도입하였다.

[보충] 전통적 직무설계는 직무전문화를 중시하였으나, 과도기(직무순환·직무확대)를 거쳐 현대(직무특성이론 등)에 이르기까지 다양한 직무설계가 등장하였다.

정답 ⑤

107 □ □ □   ○ △ ✕

인사평가의 분배적 오류에 해당하는 것은?

① 후광효과   ② 상동적 태도   ③ 관대화 경향
④ 대비오류   ⑤ 확증편향

해설

① (✕) 후광효과는 평가자가 피평가자의 어느 한 부분으로 전체를 평가하는 경향이다.
② (✕) 상동적 태도는 평가자가 지닌 선입견이나 편견으로 피평가자를 평가하는 경향이다.
③ (○) 분배적 오류는 평가자가 다수의 피평가자에게 부여하는 점수의 분포가 특정 방향으로 몰리는 경향으로, 점수를 실제보다 높게 주는 관대화 경향, 점수가 중간으로 집중되는 중심화 경향, 점수를 실제보다 낮게 주는 엄격화 경향 등이 있다.
④ (✕) 대비오류는 평가자가 다수의 피평가자 중에서 우수하거나 부족한 피평가자를 기준으로 나머지를 평가하는 경향이다.
⑤ (✕) 확증편향은 평가자가 자신의 가치관과 일치하는 피평가자의 정보만을 받아들이는 경향이다.

정답 ③

---

108 □ □ □   ○ △ ✕

교육참가자들이 소규모 집단을 구성하여 팀워크로 경영상의 실제 문제를 해결하도록 하여 문제해결과정에 대한 성찰을 통해 학습하게 하는 교육방식은?

① team learning
② organizational learning
③ problem based learning
④ blended learning
⑤ action learning

해설

① (✕) 팀학습은 구성원들이 각자의 생각을 공유함으로써 공통의 목적을 달성하기 위하여 노력하는 하나의 과정으로, 학습의 주체는 구성원이 아닌 팀이다.
② (✕) 조직학습은 구성원들의 경험으로부터 창출된 지식을 조직 수준에서 유지하고 전달하는 과정으로, 조직학습이 효과적으로 이루어지는 조직을 학습조직이라고 한다.
③ (✕) 문제기반학습은 구성원들의 주도하에 조력자와 함께 가상의 실재적 문제(authentic problem)를 해결하는 과정으로, 학습만을 목표로 한다.
④ (✕) 혼합학습은 두 가지 이상의 교육방식이 지니는 장점만을 결합하여 학습효과를 극대화하는 과정으로, 오프라인학습과 온라인학습의 병행이 가장 대표적인 형태이다.
⑤ (○) 액션러닝은 구성원들의 주도하에 조력자와 함께 실재하는 경영상 과제(real issues)를 해결하는 과정으로, 학습뿐만 아니라

과제해결도 목표로 한다. 문제기반학습과 유사하나 문제유형과 학습목표에서 대조된다.

정답 ⑤

109 □□□ ○ △ ×

마키아벨리즘(machiavellism)에 관한 설명으로 옳지 않은 것은?

① 마키아벨리즘은 자신의 이익을 위해 타인을 이용하고 조작하려는 성향이다.
② 마키아벨리즘이 높은 사람은 감정적 거리를 잘 유지한다.
③ 마키아벨리즘이 높은 사람은 남을 잘 설득하며, 자신도 잘 설득된다.
④ 마키아벨리즘이 높은 사람은 최소한의 규정과 재량권이 있을 때 높은 성과를 보이는 경향이 있다.
⑤ 마키아벨리즘이 높은 사람은 목적이 수단을 정당화시킬 수 있다고 믿는 경향이 있다.

해설
③ (×) 마키아벨리즘이 높은 사람은 남에게 설득되기보다 남을 설득하여 자신이 원하는 바를 얻는 데에 능하다.

정답 ③

110 □□□ ○ △ ×

조직으로부터 나오는 권력을 모두 고른 것은?

ㄱ. 보상적 권력	ㄴ. 전문적 권력
ㄷ. 합법적 권력	ㄹ. 준거적 권력
ㅁ. 강제적 권력	

① ㄱ, ㄴ, ㄷ   ② ㄱ, ㄴ, ㄹ   ③ ㄱ, ㄷ, ㅁ
④ ㄴ, ㄹ, ㅁ   ⑤ ㄷ, ㄹ, ㅁ

해설
③ (○) ㄱ, ㄷ, ㅁ이 조직으로부터 나오는 권력이다.
참고로, 합법적 권력은 강제적 권력과 보상적 권력을 포함한다.
[보충] 리더의 권력원천

구분	종류	원천
공식적 권력	강제적 권력	징계 · 처벌
	보상적 권력	수당 · 승진
	합법적 권력	조직 내 지위
개인적 권력	전문적 권력	전문성
	준거적 권력	인간성

정답 ③

111 □□□ ○ △ ×

직무특성모형(job characteristics model)의 핵심 직무차원에 포함되지 않는 것은?

① 성장욕구 강도(growth need strength)
② 과업정체성(task identity)
③ 과업중요성(task significance)
④ 자율성(autonomy)
⑤ 피드백(feedback)

해설
① (×) 직무특성모형의 핵심 직무차원은 기술다양성, 과업정체성, 과업중요성, 자율성 및 피드백이다.
[보충] 직무특성모형
• 핵심 직무차원
  - 기술다양성: 직무수행에 요구되는 기술의 다양성 정도
  - 과업정체성: 직무가 요구하는 업무 전체의 완성 정도와 인식 가능한 업무단위 정도
  - 과업중요성: 직무가 다른 사람들의 삶에 영향을 미치는 정도
  - 자율성: 개인에게 부여된 자율성과 재량 정도
  - 피드백: 직무성과에 대한 정보를 얻을 수 있는 정도
• 중요 심리상태
  - 의미충만: 기술다양성 · 과업정체성 · 과업중요성 → 직무경험에 대한 의미성
  - 책임감: 자율성 → 직무 자체에 대한 책임감
  - 결과에 대한 인식: 피드백 → 직무결과에 대한 인식
• 성과: 내재적 동기 상승, 작업의 질 향상, 높은 만족도, 낮은 결근율 · 이직률 등

정답 ①

112 □□□ ○ △ ×

다음 설명에 해당하는 의사결정기법은?

○ 자유롭게 아이디어를 제시할 수 있다.
○ 타인이 제시한 아이디어에 대해 비판은 금지된다.
○ 아이디어의 질보다 양을 강조한다.

① 브레인스토밍(brainstorming)
② 명목집단법(nominal group technique)
③ 델파이법(delphi technique)
④ 지명반론자법(devil's advocacy)
⑤ 프리모텀법(premortem)

해설
① (○) 브레인스토밍에 대한 설명이다.
② (×) 명목집단법은 다양한 분야에 종사하고 있는 익명의 사람들을 명목상의 집단으로 구성하고, 서면으로만 의사소통하되 진행자가 전체 의견을 취합한 후에는 토론 · 평가하여 투표로써 최종안을 결정한다.

③ (×) 델파이기법은 익명의 다수 전문가들로 패널을 구성하여 우편이나 전자우편만으로 의사소통하는데, 각자의 의견이 수렴하여 합의에 이를 때까지 설문과 응답을 되풀이함으로써 최종안을 도출한다.

[보충] 전문가들이 합의한 결론이 도출되므로 신뢰도는 뛰어나나, 합의에 이르는 지난한 과정 속에서 실용성 없는 원론적 결론만이 도출될 가능성이 높다는 한계점이 존재한다.

④ (×) 지명반론자법은 집단을 둘로 나누어 한 집단이 의견을 제시하면, 다른 한 집단이 그 의견의 문제점을 제기하고, 그 문제점을 해결하기 위하여 의견을 수정·보완하는 일련의 과정을 반복하여 최종안을 도출한다.

[보충] 반드시 집단을 둘로 나눌 필요는 없고, 집단 내에서 몇 명을 선택하여 반론자로 임명하여도 무방하다.

⑤ (×) 프리모템기법은 심리학자 클라인(Gary Klein)이 제안하였는데, 미리 의사결정이 실패한 상황을 가정하고, 그 원인을 분석하여 제거함으로써 의사결정의 성공가능성을 높인다.

정답 ①

113 □□□ ○ △ ×

선매품(shopping goods)에 관한 설명으로 옳은 것은?

① 소비자가 필요하다고 느낄 때 수시로 구매하는 경향을 보인다.
② 소비자는 가격, 품질, 스타일 등 다양한 정보를 수집하여 신중하게 비교하는 경향을 보인다.
③ 소비자는 잘 알지 못하거나 알고 있어도 능동적으로 구매하려 하지 않는다.
④ 일상생활에서 빈번히 구매하는 저관여 제품들이 많다.
⑤ 독특한 특징을 지니거나 브랜드 차별성을 지니는 제품들이 많다.

해설

① (×) ④ (×) 편의품에 대한 설명이다.
② (○) 선매품에 대한 설명이다.
③ (×) 미탐색품에 대한 설명이다.

[보충] 제품에 대한 정보가 전혀 없거나 있다 하더라도 평소에는 관심을 가지지 아니하는 소비재로, 보험이나 상조 등이 그 예이다.

⑤ (×) 전문품에 대한 설명이다.

[보충] 소비재의 분류

고려요인	편의품	선매품	전문품
구매빈도	높음	낮음	매우 낮음
구매패턴	습관적	계획적	기호우선
가격	저가	고가	초고가
제품유형	생필품 등	가전제품 등	사치품 등

정답 ②

114 □□□ ○ △ ×

브랜드(brand) 요소를 모두 고른 것은?

ㄱ. 징글(jingle)	ㄴ. 캐릭터(character)
ㄷ. 슬로건(slogan)	ㄹ. 심볼(symbol)

① ㄱ, ㄴ ② ㄷ, ㄹ ③ ㄱ, ㄴ, ㄷ
④ ㄴ, ㄷ, ㄹ ⑤ ㄱ, ㄴ, ㄷ, ㄹ

해설

⑤ (○) 모두 브랜드 요소이다.

[보충] 브랜드 요소
• 이름 • 로고·심볼 • 징글
• 슬로건 • 캐릭터 • 패키지
• 컬러 • 폰트 등

정답 ⑤

115 □□□ ○ △ ×

서비스의 특성으로 옳지 않은 것은?

① 무형성 ② 비분리성 ③ 반응성
④ 소멸성 ⑤ 변동성(이질성)

해설

③ (×) 서비스의 특성은 무형성(intangibility), 이질성(heterogeniety), 비분리성(inseparability) 및 소멸성(perishability)이다.

[보충] 서비스의 특성
• 무형성: 서비스는 형체가 없어 저장하거나 진열할 수 없고, 특허로 보호할 수 없으며, 가격을 설정하기 곤란하다.
• 이질성: 서비스의 생산자와 소비자에 따라 품질이 달라진다.
• 비분리성: 서비스의 생산·소비과정에 소비자가 참여하므로, 생산과 동시에 소비된다.
• 소멸성: 서비스는 저장할 수 없으므로, 소비되지 아니하면 곧바로 소멸한다.

정답 ③

116 ○ △ ✕

K사는 A, B, C 세 투자안을 검토하고 있다. 모든 투자안의 내용연수는 1년으로 동일하며, 투자안의 자본비용은 10%이다. 투자액은 투자실행 시 일시에 지출되며, 모든 현금흐름은 기간 말에 발생한다. 투자안의 투자액과 순현재가치(NPV)가 다음과 같을 경우, 내부수익률(IRR)이 높은 순서대로 나열한 것은?

투자안	A	B	C
투자액	100억 원	200억 원	250억 원
순현재가치	20억 원	30억 원	40억 원

① A, B, C　　② A, C, B　　③ B, A, C
④ C, A, B　　⑤ C, B, A

해설

② (O) 내부수익률을 구하기 위하여 먼저 순현금흐름(현금유입 – 현금유출)을 구하여야 하는데, 이는 순현재가치로 구할 수 있다.

> 순현재가치 = {순현금흐름 / (1 + 할인율)} – 투자액

위 식을 이용하여 순현금흐름을 구하면 다음과 같다.

> 순현금흐름 = (순현재가치 + 투자액) × (1 + 자본비용)

참고로, 할인율 = 투자자의 기대수익률 = 기업의 요구수익률(자본비용)이다.
- 투자안 A의 순현금흐름: (20 + 100) × (1 + 0.1) = 132억 원
- 투자안 B의 순현금흐름: (30 + 200) × (1 + 0.1) = 253억 원
- 투자안 C의 순현금흐름: (40 + 250) × (1 + 0.1) = 319억 원

> 0 = {순현금흐름 / (1 + 내부수익률)} – 투자액

위 식을 이용하여 내부수익률을 구하면 다음과 같다.

> 내부수익률 = (순현금흐름 / 투자액) – 1

- 투자안 A의 내부수익률: (132 / 100) – 1 = 0.320 = 32.0%
- 투자안 B의 내부수익률: (253 / 200) – 1 = 0.265 = 26.5%
- 투자안 C의 내부수익률: (319 / 250) – 1 = 0.276 = 27.6%

따라서 내부수익률이 높은 순서대로 나열한 것은 A, C, B이다.

정답 ②

117 ○ △ ✕

증권시장선(SML)과 자본시장선(CML)에 관한 설명으로 옳지 않은 것은?

① 증권시장선의 기울기는 표준편차로 측정된 위험 1단위에 대한 균형가격을 의미한다.
② 증권시장선 아래에 위치한 자산은 과대평가된 자산이다.
③ 자본시장선은 효율적 자산의 기대수익률과 표준편차의 선형관계를 나타낸다.
④ 자본시장선에 위치한 위험자산은 무위험자산과 시장포트폴리오의 결합으로 구성된 자산이다.
⑤ 자본시장선에 위치한 위험자산과 시장포트폴리오의 상관계수는 1이다.

해설

① (✕) 증권시장선의 기울기는 베타값의 증가분에 대하여 요구되는 위험프리미엄으로, 시장에서 결정되는 체계적 위험(β) 1단위당 대가를 의미한다.

정답 ①

118 ○ △ ✕

올해 말(t=1)에 예상되는 A사 보통주의 주당 배당금은 1,000원이며, 이후 배당금은 매년 10%씩 영구히 증가할 것으로 기대된다. 현재(t=0) A사 보통주의 주가(내재가치)가 10,000원이라고 할 경우, 이 주식의 자본비용은?

① 10%　　② 15%　　③ 20%
④ 25%　　⑤ 30%

해설

③ (O) 고든의 성장모형에 따르면, 주식의 현재가치는 다음의 식으로 구할 수 있다.

> 주식의 현재가치 = 배당금 / (자본비용 – 영구성장률)

위 식을 이용하여 자본비용을 구하면 다음과 같다.

> 자본비용 = (배당금 / 주식의 현재가치) + 영구성장률

자본비용 = (1,000 / 10,000) + 0.1 = 0.2 = 20%

정답 ③

119 ○ △ ✕

주식 A와 B의 기대수익률은 각각 10%, 20%이다. 총투자자금 중 40%를 주식 A에, 60%를 주식 B에 투자하여 구성한 포트폴리오 P의 기대수익률은?

① 15%　　② 16%　　③ 17%
④ 18%　　⑤ 19%

해설

② (O) 포트폴리오의 기대수익률은 <u>개별자산의 기대수익률과 포트폴리오에서의 비중을 곱하고 이를 합산하여 구한다.</u>

P의 기대수익률 = A의 (기대수익률 × 비중) + B의 (기대수익률 × 비중)

= (0.1 × 0.4) + (0.2 × 0.6)

= 0.04 + 0.12

= 0.16 = <u>16%</u>

정답 ②

120 □□□　　　　　　　　○ △ ×

식스시그마의 성공적 수행을 위한 5단계 활동으로 옳은 순서는?

① 계획 → 분석 → 측정 → 개선 → 평가
② 계획 → 분석 → 측정 → 평가 → 개선
③ 계획 → 측정 → 평가 → 통제 → 개선
④ 정의 → 측정 → 분석 → 개선 → 통제
⑤ 정의 → 측정 → 평가 → 통제 → 개선

해설

④ (O) 식스시그마의 성공적 수행을 위한 5단계 활동으로 옳은 순서는 정의(define) → 측정(measure) → 분석(analyze) → 개선(improve) → 관리(control)이다.

[보충] 식스시그마(6σ)

완벽에 가까운 제품이나 서비스의 개발 · 제공 · 관리를 목적으로 정립된 품질경영기법이자 철학으로, 모토로라의 엔지니어 빌 스미스에 의하여 개발되었다. 시그마는 정규분포에서의 표준편차로, 6시그마는 100만 개 중에서 3.4개, 즉 3.4ppm의 불량률을 추구한다는 의미이다. 이를 위하여 제조 분야뿐만 아니라 연구 · 개발, 영업, 서비스 등 기업의 모든 분야에 적용한다는 점에서 품질개선만을 중시하는 전사적 품질경영(TQM)과 차이가 있다.

정답 ④

121 □□□　　　　　　　　○ △ ×

공급자에서 기업 내 변환과정과 유통망을 거쳐 최종고객에 이르기까지 자재, 제품, 서비스 및 정보의 흐름을 전체 시스템 관점에서 설계하고 관리하는 것은?

① EOQ　　　② MRP　　　③ TQM
④ SCM　　　⑤ FMS

해설

① (×) 경제적 주문량(economic order quantity; EOQ)은 <u>재고유지비용과 주문비용의 합을 최소화시키는 가장 경제적인 1회 주문량</u>이다.

② (×) 자재소요계획(material requirements planning; MRP)은 <u>완제품의 수량과 납기를 기초로 여러 자재의 소요량과 소요시기를 역산하고, 이를 바탕으로 자재조달계획을 수립하여 필요한 시기에 필요한 양의 자재를 필요한 장소에 입고하는 관리방식</u>이다.

③ (×) 전사적 품질경영(total quality management; TQM)은 <u>고객이 요구하는 품질의 제품이나 서비스를 제공하기 위하여 기업 내 구성원 전원이 노력하도록 도모하는 관리방식</u>이다.

④ (O) 공급사슬관리(supply chain management; SCM)에 대한 설명이다.

⑤ (×) 유연생산체계(flexible manufacturing system; FMS)는 <u>다수의 수치제어(CNC) 작업장과 자동화된 물류 · 저장시스템을 연결한 고도의 스마트 생산방식으로, 서로 상이한 공정순서와 처리시간을 가진 공작물의 가공이 가능하다.</u>

정답 ④

122 □□□　　　　　　　　○ △ ×

공장을 신축하고자 1억 원의 토지를 현금으로 취득한 거래가 재무제표 요소에 미치는 영향은?

① 자본의 감소, 자산의 감소
② 자산의 증가, 자산의 감소
③ 자산의 증가, 자본의 증가
④ 자산의 증가, 부채의 증가
⑤ 비용의 증가, 자산의 감소

해설

② (O) <u>1억 원의 현금을 지출하였으므로, 유동자산 중 당좌자산이 감소하였으나, 그 대가로 토지를 취득하였으므로, 비유동자산 중 유형자산이 증가하였다.</u>

정답 ②

123 □□□　　　　　　　　○ △ ×

유형자산에 해당하는 항목을 모두 고른 것은?

ㄱ. 특허권	ㄴ. 건물
ㄷ. 비품	ㄹ. 라이선스

① ㄱ, ㄴ　　　② ㄴ, ㄷ　　　③ ㄱ, ㄴ, ㄷ
④ ㄴ, ㄷ, ㄹ　　　⑤ ㄱ, ㄴ, ㄷ, ㄹ

해설

② (O) ㄴ, ㄷ이 유형자산에 해당하는 항목이다.

[보충] 재무상태표의 항목

자산		
유동자산	당좌자산	현금 및 현금성자산, 단기금융자산, 매출채권, 유가증권, 미수금, 선급비용, 선급금 등
	재고자산	상품, 제품, 반제품, 재공품, 부산물, 원재료(원자재), 저장품, 미착상품 등
	기타	미수수익, 선급비용, 이연법인세자산 등
비유동자산	투자자산	장기예금, 장기투자증권, 지분법적용투자주식, 장기대여금, 투자부동산 등
	유형자산	토지, 건물, 구축물, 기계장치, 선박 · 항공기, 건설용 장비, 차량운반구, 비품 등

비유동 자산	무형 자산	영업권, 산업재산권(특허권, 상표권, 실용신안 권 등), 광업권, 어업권, 개발비, 저작권 등
	기타	장기매출채권, 장기미수금, 장기선급금, 보증금 (임차보증금, 기타 보증금) 등
부채		
유동 부채		매입채무, 단기차입금, 미지급금, 선수금, 예수금, 미지급 비용, 선수수익, 유동성장기부채, 단기충당부채 등
비유동 부채		사채, 전환사채등신종사채, 장기차입금, 장기매입채무, 장기미지급금, 장기선수금, 퇴직급여충당부채, 퇴직연금 비지급금, 장기충당부채 등
자본		
자본금		보통주자본금, 우선주자본금 등
자본 잉여금		주식발행초과금, 감자차익, 합병차익, 자기주식처분이익, 재평가적립금 등
자본 조정		주식할인발행차금, 감자차손, 자기주식, 미교부주식배당 금, 자기주식처분손실, 주식매수선택권 등
이익 잉여금		이익준비금, 재무구조개선적립금, 법정적립금, 기타 임의 적립금, 미처분이익잉여금 등

정답 ②

124 ☐☐☐   ○ △ ✕

재무상태표의 부채에 해당하지 않는 것은?

① 매입채무   ② 선급비용   ③ 선수금
④ 사채   ⑤ 예수금

해설
② (✕) 선급비용은 자산(유동자산 > 기타 유동자산)에 해당한다.

정답 ②

125 ☐☐☐   ○ △ ✕

**급여계산, 고객주문처리, 재고관리 등 일상적이고 반복적인
과업을 주로 수행하는 정보시스템은?**

① EIS   ② DSS   ③ ES
④ SIS   ⑤ TPS

해설
① (✕) 임원정보시스템(executive information system; EIS)은 임원
의 전략적 의사결정에 필요한 정보를 제공하는 시스템이다.
② (✕) 의사결정지원시스템(decision support system; DSS)은 대량
의 데이터를 분석하여 의사결정에 필요한 정보를 제공하는 대화형
시스템이다.
③ (✕) 전문가시스템(experts system; ES)은 전문가의 지식 등을 컴
퓨터에 축적하여 전문가와 동일하거나 그 이상의 문제해결능력을
가진 시스템으로, 현재는 딥러닝이 그 자리를 대체하고 있다.
④ (✕) 전략정보시스템(strategic information system; SIS)은 기업이
경쟁우위를 확보하는 데 필요한 정보를 제공하는 시스템이다.
⑤ (○) 거래처리시스템(transactional processing system; TPS)에 대
한 설명이다.

경영학개론

101 ☐☐☐ ○△✕

페로우(C. Perrow)가 제시한 기술분류 기준으로 옳은 것을 모두 고른 것은?

ㄱ. 기술복잡성	ㄴ. 과업다양성
ㄷ. 상호의존성	ㄹ. 과업정체성
ㅁ. 문제분석가능성	

① ㄱ, ㄴ ② ㄴ, ㄹ ③ ㄴ, ㅁ
④ ㄷ, ㅁ ⑤ ㄱ, ㄷ, ㄹ

해설

③ (O) ㄴ, ㅁ이 페로우가 제시한 기술분류 기준으로 옳은 것이다.

[보충] 페로우의 기술분류
- 과업다양성: 업무를 수행하는 과정에서 마주하는 예외의 빈도
- 문제분석가능성: 예외상황에서 올바른 대안을 모색하는 과정의 난이도

참고로, 일상적 기술일수록 기계적 구조, 비일상적 기술일수록 유기적 구조를 가진다.

		과업다양성	
		낮음	높음
문제분석가능성	낮음	장인기술 다양성↓ 가능성↓	비일상적 기술 다양성↑ 가능성↓
	높음	일상적 기술 다양성↓ 가능성↑	공학적 기술 다양성↑ 가능성↑

정답 ③

102 ☐☐☐ ○△✕

(주)한국은 정부의 대규모 사업에 참여하면서 다수 기업과 공동출자를 하고자 한다. 이 전략유형에 해당하는 것은?

① 우회전략(turnaround strategy)
② 집중전략(concentration strategy)
③ 프랜차이징(franchising)
④ 컨소시엄(consortium)
⑤ 포획전략(captive strategy)

해설

① (✕) 우회전략은 경쟁기업이 선점한 세분시장에 진입하는 대신 다른 세분시장을 개척하여 선점하는 전략이다.

[보충] 또는 전체 경기가 후퇴하거나 침체되는 열악한 환경하에서 기업이 사업방향을 전환하는 등의 혁신적인 변화를 꾀하는 전략을

뜻하기도 한다.

② (✕) 집중전략은 특정 세분시장을 설정하고 경영자원을 집중시켜 한정적인 경쟁우위를 만들어 내는 전략이다.

③ (✕) 프랜차이징은 가맹본부의 상표 등에 대한 사용권을 허락받은 가맹점이 수익의 일부를 수수료로 제공하는 계약이다.

④ (O) 컨소시엄에 대한 설명이다.

⑤ (✕) 포획전략은 기업이 자사 제품에 대한 유리한 정보를 계속적으로 제공하여 그 제품에 관심을 가지고 있던 소비자의 구매를 이끌어 내는 전략이다.

정답 ④

103 ☐☐☐ ○△✕

매트릭스 조직의 장점에 해당하지 않는 것은?

① 구성원들 간 갈등해결 용이
② 환경불확실성에 신속한 대응
③ 인적자원의 유연한 활용
④ 제품다양성 확보
⑤ 구성원들의 역량향상 기회 제공

해설

① (✕) 매트릭스 조직은 계층(수직)적인 기능식 조직에 수평적인 사업부제 조직을 결합한 형태로, 구성원들은 특정 부서 소속으로서 각 프로젝트에 배치되므로, 두 명의 관리자를 가지게 된다. 이와 같은 구조로 인하여 기능식 조직과 사업부제 조직, 부서관리자와 프로젝트관리자의 요구 사이에서 발생하는 갈등이 빈번한 편이다.

정답 ①

104 ☐☐☐ ○△✕

사용자가 노동조합의 정당한 활동을 방해하는 것은?

① 태업 ② 단체교섭
③ 부당노동행위 ④ 노동쟁의
⑤ 준법투쟁

해설

① (✕) 태업은 노동조합이 형식적으로 노무제공은 계속하되 고의적으로 작업능률을 저하시키는 행위이다.

② (✕) 단체교섭은 노동조합이 사용자와 임금, 근로시간, 후생, 해고 기타 대우 등에 관하여 쟁의권을 바탕으로 교섭하는 행위이다.

③ (O) 부당노동행위는 근로자의 노동3권, 즉 단결권 · 단체교섭권 · 단체행동권을 방해하는 사용자의 행위이다.

④ (✕) 노동쟁의는 노동조합과 사용자의 근로조건에 관한 의견의 불일치로 인하여 발생한 분쟁이다.

⑤ (×) 준법투쟁은 노동조합이 법령, 단체협약 등의 내용을 필요 이
상으로 엄격하게 준수함으로써 작업능률을 저하시키는 행위이다.

정답 ③

105 ☐☐☐   ○ △ ×

하우스(R. House)가 제시한 경로-목표이론의 리더십 유형
에 해당하지 않는 것은?
① 권한위임적 리더십   ② 지시적 리더십
③ 지원적 리더십   ④ 성취지향적 리더십
⑤ 참가적 리더십

해설
① (×) 권한위임적 리더십은 경로-목표이론의 리더십 유형에 해당
하지 아니한다.
[보충] 하우스의 리더십 유형
• 지시적 리더십: 부하들의 과업을 계획하고 규정을 마련하는 등
적극적으로 주도하는 리더십 유형
• 지원적 리더십: 부하들의 욕구, 복지 등에 관심을 가지고 만족스
러운 인간관계를 조성하기 위하여 노력하는 리더십 유형
• 참가적 리더십: 부하들의 의견을 의사결정에 반영하고 정보를
공유하는 등 집단을 중시하는 리더십 유형
• 성취지향적 리더십: 부하들에게 목표달성, 성과개선 등을 강조
하여 능력발휘를 격려하는 리더십 유형

정답 ①

106 ☐☐☐   ○ △ ×

구성원들 간 의사소통이 강력한 특정 리더에게 집중되는
유형은?
① 원형   ② Y자형   ③ 수레바퀴형
④ 사슬형   ⑤ 전체연결형

해설
① (×) 원형은 권력의 집중이 없고 민주적으로 결성된 조직에서 나
타나는 유형이다.
② (×) Y자형은 리더가 아닌 대표성만을 지닌 인물이 존재하는 조직
에서 나타나는 유형이다.
③ (○) 수레바퀴형에 대한 설명이다.
④ (×) 사슬형은 권한체계가 명확한 공식적인 조직에서 나타나는 유
형이다.
④ (×) 전체연결형은 리더가 없고 구성원 모두가 자유롭게 의사소통
할 수 있는 조직에서 나타나는 유형이다.

정답 ③

107 ☐☐☐   ○ △ ×

기업의 사회적 책임 중에서 제1의 책임에 해당하는 것은?
① 법적 책임   ② 경제적 책임   ③ 윤리적 책임
④ 자선적 책임   ⑤ 환경적 책임

해설
② (○) 캐롤의 피라미드 모형은 가장 하위에 경제적 책임이 위치하
고, 가장 상위에 자선적 책임이 위치하는데, 경제적 책임(수익창
출) → 법적 책임(법률준수) → 윤리적 책임(윤리경영) → 자선적
책임(사회공헌) 순으로 고차원화가 진행된다.

정답 ②

108 ☐☐☐   ○ △ ×

파스칼(R. Pascale)과 피터스(T. Peters)의 조직문화 7S 중
다른 요소들을 연결시켜 주는 핵심적인 요소는?
① 전략(Strategy)   ② 관리기술(skill)
③ 공유가치(Shared value) ④ 시스템(system)
⑤ 구성원(staff)

해설
③ (○) 7S는 파스칼과 피터스가 제시한 조직문화의 구성요소로, 7S
중 다른 요소들을 연결시켜 주는 핵심적인 요소는 공유가치이다.
[보충] 파스칼과 피터스의 조직문화 7S
• 공유가치: 구성원 모두가 공유하는 가치관이자 조직 전반에 대
한 믿음 내지 신념으로, 다른 요소들을 연결하는 핵심요소
• 전략: 조직의 이념·목적을 달성하기 위하여 장기적인 방향을
제공하는 요소
• 구조: 전략수행에 필요한 틀로서 조직구조, 직무설계 방침·규
정 등 구성원의 역할을 규정하는 요소
• 시스템: 보상제도 – 인센티브, 경영정보 – 의사결정시스템, 결
과측정 – 조정·통제 등 조직의 운영에 틀이 되는 요소
• 스타일: 리더의 조직관리 스타일로, 구성원의 행동이나 조직의
분위기 등에 직접적인 영향을 주는 요소
• 구성원: 조직문화를 드러내는 인적 요소
• 기술: 하드웨어뿐만 아니라 소프트웨어 기술 등 조직의 전략을
수행하는 요소

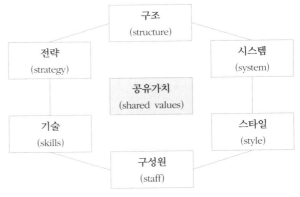

정답 ③

109

브룸(V. Vroom)이 제시한 기대이론의 작동순서로 올바른 것은?

① 기대감 → 수단성 → 유의성
② 기대감 → 유의성 → 수단성
③ 수단성 → 유의성 → 기대감
④ 유의성 → 수단성 → 기대감
⑤ 유의성 → 기대감 → 수단성

해설

① (O) 브룸(Vroom)의 기대이론은 동기부여 강도를 기대감 × 수단성 × 유의성으로 공식화하는데, 기대감(노력-성과)은 노력이 성과달성으로 이어질 것이라는 개인의 지각도, 수단성(성과-보상)은 성과달성으로 보상이 주어질 것이라는 개인의 지각도, 유의성(유인)은 그 보상이 종업원에게 매력적인 정도이다.

정답 ①

110

MBO에서 목표설정 시 SMART 원칙으로 옳지 않은 것은?

① 구체적(specific)이어야 한다.
② 측정 가능(measurable)하여야 한다.
③ 조직목표와의 일치성(aligned with organizational goals)이 있어야 한다.
④ 현실적이며 결과지향적(realistic and result-oriented)이어야 한다.
⑤ 훈련 가능(trainable)하여야 한다.

해설

⑤ (×) 목표관리(management by objectives; MBO)에 따르면, 목표는 시간제약적(time-bound)이어야 한다.

정답 ⑤

111

(주)한국은 10,000원에 상당하는 두루마리 화장지 가격을 9,990원으로 책정하였다. 이러한 가격결정방법은?

① 단수가격　　② 명성가격　　③ 층화가격
④ 촉진가격　　⑤ 관습가격

해설

① (O) 단수가격(odd pricing)은 상품의 가격에 단수를 붙이는 가격결정방법이다. 예 990원, 9,990원 등
　[보충] 단수란 2로 나누면 1이 남는 1, 3, 5, 7, 9 등의 홀수를 말한다.
② (×) 명성가격(prestige pricing)은 가격이 곧 품질이라고 판단하는 소비자를 대상으로 지불 가능한 가장 높은 가격을 책정하는 가격

결정방법이다. 예 사치품 등
③ (×) 층화가격(lining pricing)은 같은 계열의 상품 내에서 단계적으로 가격을 책정하는 가격결정방법이다. 예 아이폰 시리즈 등
④ (×) 촉진가격(promotion pricing)은 판매촉진을 위하여 낮은 가격이나 원가 이하의 가격을 책정하는 가격결정방법이다. 예 가격할인, 이벤트 등
⑤ (×) 관습가격(customary pricing)은 오랜 기간 관습적으로 가격이 고정되어 있는 상품의 가격을 책정하는 가격결정방법이다. 예 껌, 콩나물 등
　[보충] 관습가격은 수량을 줄이거나 품질을 조정함으로써 가격상승효과를 얻는다.

정답 ①

112

마약퇴치운동과 같이 불건전한 수요를 파괴시키는 데 활용되는 마케팅은?

① 동시화마케팅(synchro marketing)
② 재마케팅(remarketing)
③ 디마케팅(demarketing)
④ 대항마케팅(counter marketing)
⑤ 터보마케팅(turbo marketing)

해설

① (×) 동시화마케팅은 비수기 수요의 감소요인을 파악하고 보완·개선하여 성수기 수요와의 간극을 줄이기 위한 마케팅이다.
② (×) 재마케팅은 감퇴적 수요에 대응하기 위하여 제품에 대한 관심을 다시 유발하기 위한 마케팅이다.
③ (×) 디마케팅은 의도적으로 수요를 줄임으로써 제품의 가치를 높이는 마케팅으로, 목적인 공익, 수급조절, 이미지 향상, 규제회피, 수익제고 등에 따라 다섯 가지 유형으로 구별된다.
④ (O) 대항마케팅은 불공정한 수요를 제거하기 위한 마케팅으로, 수요를 줄이기 위한 디마케팅과 달리 수요 자체를 완전히 소멸시키는 것을 목적으로 한다.
⑤ (×) 터보마케팅은 더 좋은 제품을 더 싼 가격으로 더 빨리 제공함으로써 경쟁우위를 차지하기 위한 마케팅이다.

정답 ④

113 ☐☐☐ ○ △ ✕

마케팅전략에 관한 설명으로 옳은 것은?

① 마케팅비용을 절감하기 위해 차별화 마케팅전략을 도입한다.
② 제품전문화 전략은 표적시장 선정전략의 일종이다.
③ 포지셔닝은 전체 시장을 목표로 하는 마케팅전략이다.
④ 제품의 확장속성이란 판매자가 제공하거나 구매자가 추구하는 본질적 편익을 말한다.
⑤ 시장세분화 전제조건으로서의 실질성이란 세분시장의 구매력 등이 측정 가능하여야 함을 의미한다.

해설

① (✕) 차별화 마케팅전략은 각 세분시장의 특성에 알맞은 마케팅을 달리 적용하므로, 도입 시 마케팅비용은 오히려 상승한다.
② (○) 표적시장 선정전략에는 단일구획 집중, 제품전문화, 시장전문화, 선별적 전문화, 전체시장 포괄 등이 있다.

[보충] 표적시장 선정전략
- 단일구획 집중: 단일 제품으로 단일 세분시장 공략

a		

- 제품전문화: 단일 제품으로 다수 세분시장 공략

a	a	a

- 시장전문화: 다수 제품으로 다수 세분시장 공략

a		
b		
c		

- 선별적 전문화: 다수 제품으로 특정 세분시장 공략

a		
		b
	c	

- 전체시장 포괄: 다수 제품으로 전체 세분시장 공략

a	b	c
d	e	f
g	h	i

③ (✕) 포지셔닝(positioning)은 소비자에게 경쟁제품과는 다른 자사 제품만의 차별적 특성을 인식시키는 마케팅활동이다.
④ (✕) 제품의 확장속성이란 경쟁제품이 제공하는 편익과 구분되는 차별화된 편익을 말한다.
⑤ (✕) 측정가능성에 대한 설명이다.

[보충] 시장세분화의 전제조건
- 측정가능성: 세분시장의 특성을 측정할 수 있어야 한다.
- 접근가능성: 세분시장에 유효하게 접근할 수 있어야 한다.
- 실행가능성: 세분시장별 마케팅믹스를 개발할 수 있어야 한다.
- 이질(동이)성: 세분시장 내의 동질성과 세분시장 간의 이질성이 있어야 한다.
- 실질성: 세분시장이 규모의 경제가 가능할 정도로 커야 한다.

정답 ②

114 ☐☐☐ ○ △ ✕

포터(M. Porter)의 가치사슬(value chain) 모델에서 주요활동(primary activities)에 해당하는 것은?

① 인적자원관리 ② 서비스 ③ 기술개발
④ 기획 · 재무 ⑤ 법률자문

해설

② (○) 주요활동, 즉 본원적 활동에 해당하는 것은 서비스이다.
참고로, 기획 · 재무와 법률자문은 인프라에 속한다.

[보충] 포터의 가치사슬모델
기업은 여러 활동을 사슬처럼 엮어 고객에게 가치를 제공하는데, 포터는 직접적으로 가치를 창출하는 활동을 본원적 활동, 본원적 활동을 가능케 하는 활동을 지원적 활동으로 분류하였다.

본원적 활동	지원적 활동			
내부물류(입고)	인프라	인적자원	기술개발	구매조달
운영 · 제조				
외부물류(출고)				
영업 · 마케팅				
서비스				

▼

이윤(margin)

정답 ②

115 ☐☐☐ ○ △ ✕

경영정보시스템 용어에 관한 설명으로 옳지 않은 것은?

① 비즈니스 프로세스 리엔지니어링(business process reengineering)은 새로운 방식으로 최대한의 이득을 얻기 위해 기존의 비즈니스 프로세스를 변경하는 것이다.
② 비즈니스 인텔리전스(business intelligence)는 사용자가 정보에 기반하여 보다 나은 비즈니스 의사결정을 돕기 위한 응용프로그램, 기술 및 데이터 분석 등을 포함하는 시스템이다.
③ 의사결정지원시스템(decision support system)은 컴퓨터를 이용하여 의사결정자가 효과적인 의사결정을 할 수 있도록 지원하는 시스템이다.
④ 위키스(Wikis)는 사용자들이 웹페이지 내용을 쉽게 추가 · 편집할 수 있는 웹사이트의 일종이다.
⑤ 자율 컴퓨팅(autonomous computing)은 지리적으로 분산된 네트워크 환경에서 수많은 컴퓨터와 데이터베이스 등을 고속 네트워크로 연결하여 공유할 수 있도록 한다.

해설

⑤ (✕) 자율 컴퓨팅은 컴퓨터가 자신의 상태를 인식하여 인간의 최소한의 관여나 관여 없이 스스로 환경을 설정하고, 최적화를 조율하며, 복구부터 보호까지 처리할 수 있다는 개념으로, IBM의 마케팅 중 하나이다.

참고로, 지문은 그리드 컴퓨팅(grid computing)에 대한 설명이다.

정답 ⑤

116 □□□   ○ △ ×

품질의 산포가 우연원인에 의한 것인지, 이상원인에 의한 것인지를 밝혀 주는 역할을 하며, 제조공정의 상태를 파악하기 위해 공정관리에 이용되는 것은?

① 파레토도   ② 관리도   ③ 산포도
④ 특성요인도   ⑤ 히스토그램

해설

① (×) 파레토도는 전체 결과의 80%는 전체 원인의 20%에 기인한다는 파레토 법칙을 기반으로 한 도표로, 공정에서 불량의 주된 원인을 찾는 도구로 많이 사용되고 있다.

[보충] 파레토도의 활용
실수, 클레임, 사고 등 불량의 현상이나 원인을 분류하여 횟수나 손실액을 기준으로 큰 순서대로 나열하고, 이를 막대그래프로 표현하여 시각화한다.

② (○) 관리도에 대한 설명이다.
③ (×) 산포도는 변량이 흩어져 있는 정도를 하나의 수로 나타낸 값으로, 변산도라고도 한다.
④ (×) 특성요인도는 공정에서의 특성(결과나 문제)과 원인의 관계를 알아보기 쉽게 작성한 도표로, 생선뼈그림이나 나뭇가지그림이라고 불리기도 한다.
⑤ (×) 히스토그램은 도수분포를 막대그래프로 표현한 도표로, 일반적인 막대그래프와는 달리 가로축(계급)과 세로축(도수)을 모두 사용한다.

[보충] 품질관리도구의 종류
• 히스토그램   • 파레토도   • 체크시트
• 관리도   • 특성요인도   • 순서도
• 산포도 등

정답 ②

117 □□□   ○ △ ×

(주)한국의 연도별 제품판매량은 다음과 같다. 과거 3년간의 데이터를 바탕으로 단순이동평균법을 적용하였을 때 2020년도의 수요예측량은?

연도	판매량(개)
2014	2,260
2015	2,090
2016	2,110
2017	2,150
2018	2,310
2019	2,410

① 2,270   ② 2,280   ③ 2,290
④ 2,300   ⑤ 2,310

해설

③ (○) 2020년도의 수요예측량 = 2017~2019년의 평균판매량
= (2,150 + 2,310 + 2,410) / 3
= 2,290

참고로, 단순이동평균법은 최근 몇 년간의 시계열 관측치의 평균을 내년 예측치로 사용한다.

정답 ③

118 □□□   ○ △ ×

선물거래에 관한 설명으로 옳지 않은 것은?

① 조직화된 공식시장에서 거래가 이루어진다.
② 다수의 불특정 참가자가 자유롭게 시장에 참여한다.
③ 거래대상, 거래단위 등의 거래조건이 표준화되어 있다.
④ 계약의 이행을 보증하려는 제도적 장치로 일일정산, 증거금 등이 있다.
⑤ 반대매매를 통한 중도청산이 어려워 만기일에 실물의 인수 · 인도가 이루어진다.

해설

⑤ (×) 선물거래는 중도청산이 가능하고, 청산소가 이행을 보증하므로 신용위험이 없다.
참고로, 지문은 선도거래에 대한 설명이다.

[보충] 선물거래와 선도거래
선물거래와 선도거래 모두 기초자산을 미래 일정 시점에 특정 가격으로 매수 · 매도하는 계약임에는 동일하나, 선물거래는 표준화된 계약인 반면, 선도거래는 당사자 간의 합의에 의한 계약이라는 점에서 차이가 있다.

구분	선물거래	선도거래
거래조건	표준화	당사자 간 합의
거래장소	거래소	당사자 간 합의
중도청산	쉬움	어려움
신용위험	없음	있음

일일정산	거래일별로 정산	거래종료일에 정산
거래종료	만기일 이전에 종료	실물인수도 시 종료

정답 ⑤

119 ☐☐☐   ○ △ ✕

다음에서 설명하는 투자안의 경제적 평가방법은?

○ 투자안으로부터 예상되는 미래 기대현금 유입액의 현재가치와 기대현금 유출액의 현재가치를 일치시키는 할인율을 구한다.
○ 산출된 할인율, 즉 투자수익률을 최소한의 요구수익률인 자본비용 또는 기회비용과 비교하여 투자안의 채택 여부를 결정한다.

① 순현가법   ② 수익성지수법   ③ 회수기간법
④ 내부수익률법   ⑤ 평균회계이익률법

해설

① (✕) 순현재가치법(NPV)은 각 투자안의 순현재가치를 구하여 0보다 큰 투자안을 선택하는 경제성 평가방법으로, 순현재가치는 편익과 비용을 할인율에 따라 현재가치로 환산하고, 편익의 현재가치에서 비용의 현재가치를 제한 값이다.
② (✕) 수익성지수법(PI)은 각 투자안의 수익성지수를 계산하여 1보다 큰 투자안을 선택하는 경제성 평가방법으로, 수익성지수는 현금유입의 현가를 현금유출의 현가로 나누어 산출한다.
③ (✕) 회수기간법(PPM)은 각 투자안의 회수기간을 계산하여 가장 짧은 투자안을 선택하는 경제성 평가방법으로, 회수기간은 투자금액을 모두 회수하는 데 걸리는 시간이다.
④ (○) 내부수익률법에 대한 설명이다.
⑤ (✕) 회계적 이익률법(ARR)은 각 투자안의 회계적 이익률을 계산하여 기업의 목표이익률보다 큰 투자안을 선택하는 경제성 평가방법으로, 회계적 이익률은 연평균 순이익을 연평균 투자액으로 나누어 산출한다.

정답 ④

120 ☐☐☐   ○ △ ✕

(주)한국의 총자산이 40억 원, 비유동자산이 25억 원, 유동부채가 10억 원인 경우, 유동비율은?

① 50%   ② 70%   ③ 100%
④ 150%   ⑤ 200%

해설

④ (○) 유동비율 = (유동자산 / 유동부채) × 100
= {(총자산 - 비유동자산) / 유동부채} × 100
= {(40 - 25) / 10} × 100
= 150%

정답 ④

121 ☐☐☐   ○ △ ✕

자본항목의 분류가 다른 것은?

① 주식할인발행차금   ② 감자차손
③ 자기주식   ④ 미교부주식배당금
⑤ 자기주식처분이익

해설

⑤ (✕) 주식할인발행차금, 감자차손, 자기주식, 미교부주식배당금은 자본조정, 자기주식처분이익은 자본잉여금이다.

[보충] 재무상태표의 항목

자산		
유동자산	당좌자산	현금 및 현금성자산, 단기금융자산, 매출채권, 유가증권, 미수금, 선급비용, 선급금 등
	재고자산	상품, 제품, 반제품, 재공품, 부산물, 원재료(원자재), 저장품, 미착상품 등
	기타	미수수익, 선급비용, 이연법인세자산 등
비유동자산	투자자산	장기예금, 장기투자증권, 지분법적용투자주식, 장기대여금, 투자부동산 등
	유형자산	토지, 건물, 구축물, 기계장치, 선박·항공기, 건설용 장비, 차량운반구, 비품 등
	무형자산	영업권, 산업재산권(특허권, 상표권, 실용신안권 등), 광업권, 어업권, 개발비, 저작권 등
	기타	장기매출채권, 장기미수금, 장기선급금, 보증금(임차보증금, 기타 보증금) 등
부채		
유동부채		매입채무, 단기차입금, 미지급금, 선수금, 예수금, 미지급비용, 선수수익, 유동성장기부채, 단기충당부채 등
비유동부채		사채, 전환사채등신종사채, 장기차입금, 장기매입채무, 장기미지급금, 장기선수금, 퇴직급여충당부채, 퇴직연금비지급금, 장기충당부채 등
자본		
자본금		보통주자본금, 우선주자본금 등
자본잉여금		주식발행초과금, 감자차익, 합병차익, 자기주식처분이익, 재평가적립금 등
자본조정		주식할인발행차금, 감자차손, 자기주식, 미교부주식배당금, 자기주식처분손실, 주식매수선택권 등
이익잉여금		이익준비금, 재무구조개선적립금, 법정적립금, 기타 임의적립금, 미처분이익잉여금 등

정답 ⑤

122 ☐ ☐ ☐   ○ △ ✕

부채에 관한 설명으로 옳지 않은 것은?

① 매입채무는 일반적인 상거래에서 발생한 외상매입금과 지급어음을 말한다.
② 예수금은 거래처나 종업원을 대신하여 납부기관에 납부할 때 소멸하는 부채이다.
③ 미지급금은 비유동자산의 취득 등 일반적인 상거래 이외에서 발생한 채무를 말한다.
④ 장기차입금의 상환기일이 결산일로부터 1년 이내에 도래하는 경우, 유동성장기차입금으로 대체하고 유동부채로 분류한다.
⑤ 매입채무, 차입금, 선수금, 사채 등은 금융부채에 속한다.

해설

⑤ (✕) 금융부채는 현금(또는 기타 금융자산)을 지급하거나 불리한 조건으로 금융자산을 교환하여야 하는 계약상의 의무이므로, 재화나 용역을 제공하여야 할 계약상의 의무인 선수금은 비금융부채라 할 것이다.

금융부채	당기손익인식금융부채, 기타 금융부채(매입채무, 차입금, 미지급금, 사채, 임대보증금 등)
비금융부채	미지급법인세, 미지급재산세, 소송충당부채, 제품보증충당부채, 선수금, 선수수익, 가수금, 예수금 등

정답 ⑤

123 ☐ ☐ ☐   ○ △ ✕

재무상태표와 관련되는 것을 모두 고른 것은?

> ㄱ. 수익·비용대응의 원칙
> ㄴ. 일정 시점의 재무상태
> ㄷ. 유동성배열법
> ㄹ. 일정 기간의 경영성과
> ㅁ. 자산, 부채 및 자본

① ㄱ, ㄴ   ② ㄱ, ㄹ   ③ ㄴ, ㄷ, ㄹ
④ ㄴ, ㄷ, ㅁ   ⑤ ㄷ, ㄹ, ㅁ

해설

④ (○) ㄴ, ㄷ, ㅁ이 재무상태표와 관련되는 것이다.
[보충] 유동성배열법은 자산의 현금화가 가장 빠른 순서, 즉 유동성이 높은 순서대로 배열하여 대차대조표를 작성하는 방법으로, 이와 반대의 순서대로 작성하는 방법을 고정식배열법이라고 한다.

> **재무제표**
> • 손익계산서: 일정 기간 동안의 경영성과를 나타내는 재무제표로, 수익·비용대응의 원칙에 따라 작성한다.
> • 재무상태표: 일정 시점의 경영성과를 나타내는 재무제표로, 자산, 부채 및 자본을 유동성배열법에 따라 작성한다.

정답 ④

124 ☐ ☐ ☐   ○ △ ✕

전자(상)거래의 유형에 관한 설명으로 옳은 것은?

① B2E는 기업과 직원 간 전자(상)거래를 말한다.
② B2C는 소비자와 소비자 간 전자(상)거래를 말한다.
③ B2B는 기업 내 전자(상)거래를 말한다.
④ C2C는 기업과 소비자 간 전자(상)거래를 말한다.
⑤ C2G는 기업 간 전자(상)거래를 말한다.

해설

① (○) B2E(business to employee): 기업과 직원 간 거래
② (✕) B2C(business to consumer): 기업과 소비자 간 거래
③ (✕) B2B(business to business): 기업과 기업 간 거래
④ (✕) C2C(consumer to consumer): 소비자와 소비자 간 거래
⑤ (✕) C2G(consumer to government): 소비자와 정부 간 거래

정답 ①

125 ☐ ☐ ☐   ○ △ ✕

기업이 미래 의사결정 및 예측을 위하여 보유하고 있는 고객, 거래, 상품 등의 데이터와 각종 외부 데이터를 분석하여 숨겨진 패턴이나 규칙을 발견하는 것은?

① 데이터 관리(data management)
② 데이터 무결성(data integrity)
③ 데이터 마이닝(data mining)
④ 데이터 정제(data cleaning)
⑤ 데이터 마트(data mart)

해설

① (✕) 데이터 관리는 기업의 데이터를 수명주기 동안 안전하고 효율적이며 경제적인 방식으로 수집·분류·저장·사용하는 등의 활동이다.
② (✕) 데이터 무결성은 데이터의 전송·저장·처리 등 모든 과정에서 변경되거나 손상되지 아니하도록 완전성·정확성·일관성을 유지함을 보장하는 활동이다.
③ (○) 데이터 마이닝에 대한 설명이다.
④ (✕) 데이터 정제는 오류데이터를 평균값 등으로 대체하고, 정제가 필요한 데이터의 부분이나 전체를 삭제하며, 회귀식 등을 이용하여 예측값을 삽입하는 등 데이터의 신뢰도를 높이는 활동으로, 데이터 전처리라고도 한다.
⑤ (✕) 데이터 마트는 데이터 웨어하우스에서 데이터를 추출하여 사용자에게 제공하는 역할을 한다.

정답 ③

101 ☐☐☐   ○ △ ✕

테일러(F. W. Taylor)의 과학적 관리법에 관한 설명으로 옳지 않은 것은?

① 시간 및 동작 연구
② 기능적 직장제도
③ 집단 중심의 보상
④ 과업에 적합한 종업원 선발과 훈련 강조
⑤ 고임금 저노무비 지향

해설

③ (✕) 테일러의 과학적 관리는 집단 중심의 보상이 아닌 차별적 성과급제도를 강조하였다.

[보충] 테일러는 노동자의 생산성과 효율성을 극대화시키기 위하여 과학적 관리를 도입하였는데, 이는 고임금 저노무비, 합리적 과업관리 및 과학적 작업방식 등을 핵심으로 하였다.

과학적 관리의 특징

- 과업관리: 작업을 과업단위로 분류하고, 각 과업에 적합한 작업자를 선발하며, 시간·동작연구로써 작업을 표준화하였다.
  참고로, 과업관리의 성공을 위한 4원칙은 다음과 같다.
  - 공정한 일일 최대과업량
  - 표준화된 제 조건
  - 성공에 따른 보상제공
  - 실패에 따른 손실부담
- 차별적 성과급제도: 작업량 달성 여부를 기준으로 차별임금을 지급함으로써 생산량 증대를 꾀하였다.
- 기획부제도: 노동자가 기획과 집행에 모두 투입되는 것을 막기 위하여 별도의 기획부를 설치하였다.
- 기능식 직장제도: 기능별로 직장(foreman)을 나누고 직장으로 하여금 노동자를 관리토록 하였다.
- 작업지도표제도: 직장이 작업지도표를 작성함으로써 미숙련 노동자를 관리·통제하였다.

정답 ③

102 ☐☐☐   ○ △ ✕

매슬로우(A. H. Maslow)의 욕구단계이론에 관한 설명으로 옳지 않은 것은?

① 최하위 단계의 욕구는 생리적 욕구이다.
② 최상위 단계의 욕구는 자아실현 욕구이다.
③ 욕구계층을 5단계로 설명하고 있다.
④ 다른 사람으로부터 인정과 존경을 받고자 하는 욕구는 성장욕구에 속한다.
⑤ 하위단계의 욕구가 충족되어야 상위단계의 욕구를 충족시키기 위한 동기부여가 된다.

해설

④ (✕) 매슬로우의 욕구단계이론은 자아실현 욕구만을 성장욕구로 분류하였다.

[보충] 욕구단계이론

인간의 욕구는 중요도에 따라 일련의 단계를 형성한다는 동기이론 중 하나로, 발표 당시 매슬로우는 인간의 욕구를 5단계로 분류하였는데, 일반적으로 하위욕구가 우선적으로 나타나고, 이를 만족시키지 아니하는 이상 상위욕구는 나타나지 아니한다.

성장	자아실현 욕구	잠재력을 극대화하여 자기의 완성을 바라는 욕구
결핍	존중욕구	내외적으로 인정을 받고 지위를 확보하고자 하는 욕구
	소속 및 애정 욕구	타인과 관계를 형성하고 사랑하며 사랑받고자 하는 욕구
	안전욕구	생리적 욕구의 박탈로부터 자유로워지고자 하는 욕구
	생리적 욕구	산소, 의식주 등 삶 그 자체를 유지하기 위한 욕구

정답 ④

103 ☐☐☐   ○ △ ✕

균형성과표(Balanced Score Card)에 해당하지 않는 것은?

① 고객 관점   ② 내부프로세스 관점
③ 사회적 책임 관점   ④ 학습과 성장 관점
⑤ 재무 관점

해설

③ (✕) 균형성과표는 비전과 전략, 관점과 성과지표, 핵심 성공요인과 성과지표를 구성요소로 하는데, 조직의 전략을 재무, 고객, 내부프로세스, 학습 및 성장 등 네 가지 관점으로 평가하고, 각 관점의 성과지표들을 균형 있게 반영하여 통합하는 성과측정 관리시스템이다.

[보충] 균형성과표의 관점

후행 지표	재무 관점	주주들은 우리 기업을 어떻게 보는가? → 주주들이 만족하는가?
	고객 관점	고객들은 우리 기업을 어떻게 보는가? → 고객들이 만족하는가?
선행 지표	내부프로세스 관점	우리 기업은 경영활동 전반에서 어떤 점이 탁월하여야 하는가? → 고객만족을 위하여 필요한 내부역량을 갖추었는가?
	학습 및 성장 관점	우리 기업은 지속적으로 가치를 개선하고 창출할 수 있는가? → 내부의 인적자원과 시스템이 학습·성장하고 있는가?

정답 ③

104 ☐☐☐   ○ △ ×

강화계획(schedules of reinforcement)에서 불규칙한 횟수의 바람직한 행동 후 강화요인을 제공하는 기법은?

① 고정간격법   ② 변동간격법   ③ 고정비율법
④ 변동비율법   ⑤ 연속강화법

해설

① (×) 고정간격법은 일정한 간격으로 강화요인을 제공하는 기법이다. 예 급여, 정기상여 등
② (×) 변동간격법은 불규칙한 간격으로 강화요인을 제공하는 기법이다. 예 칭찬, 인센티브 등
③ (×) 고정비율법은 일정한 비율로 강화요인을 제공하는 기법이다. 예 정기 판매수당 등
④ (○) 변동비율법에 대한 설명으로, 불규칙한 비율로 강화요인을 제공하는 기법이다. 예 차별성과급 등
⑤ (×) 연속강화법은 바람직한 행동을 할 때마다 강화요인을 제공하는 기법으로, 가장 효과적이지만 비경제적이다.
　　[보충] 강화법은 연속강화법과 단속강화법으로 나뉘는데, 단속강화법은 다시 간격강화법(고정간격법·변동간격법)과 비율강화법(고정비율법·변동비율법)으로 나뉜다.

정답 ④

105 ☐☐☐   ○ △ ×

아담스(J. S. Adams)의 공정성이론에서 조직구성원들이 개인적 불공정성을 시정(是正)하기 위한 방법에 해당하지 않는 것은?

① 투입의 변경
② 산출의 변경
③ 투입과 산출의 인지적 왜곡
④ 장(場) 이탈
⑤ 준거인물 유지

해설

⑤ (×) 준거인물의 유지가 아닌 변경이 필요하다.
　　[보충] 불공정성 시정방법
　　• 투입의 변경　　　　　• 산출의 변경
　　• 투입·산출의 인지적 왜곡　• 이직
　　• 준거인물에 영향　　　• 준거인물의 변경

정답 ⑤

106 ☐☐☐   ○ △ ×

직무급의 특징에 관한 설명으로 옳지 않은 것은?

① 직무의 상대적 가치에 따라 개별임금이 결정된다.
② 능력주의 인사풍토 조성에 유리하다.
③ 인건비의 효율성이 증대된다.
④ 동일노동 동일임금 실현이 가능해진다.
⑤ 시행절차가 간단하고 적용이 용이하다.

해설

⑤ (×) 직무급은 직무의 상대적 가치에 따라 임금을 결정하므로, 도입을 위하여는 직무가 분석 가능하도록 체계화되어 있어야 하고, 각 직무의 상대적 가치를 평가하여야 하는 등 시행절차가 복잡하여 적용이 용이하지 아니하다.
　　[보충] 직무급 도입절차
　　직무분류 → 직무분석 → 직무평가 → 직무등급 결정 → 등급별 임금책정 → 실행

정답 ⑤

107 ☐☐☐   ○ △ ×

노동조합의 조직형태에 관한 설명으로 옳지 않은 것은?

① 직종별 노동조합은 동종 근로자집단으로 조직되어 단결이 강화되고, 단체교섭과 임금협상이 용이하다.
② 일반노동조합은 숙련근로자들의 최저 생활조건을 확보하기 위한 조직으로, 초기에 발달한 형태이다.
③ 기업별 노동조합은 조합원들이 동일 기업에 종사하고 있으므로, 근로조건을 획일적으로 적용하기가 용이하다.
④ 산업별 노동조합은 기업과 직종을 초월한 거대한 조직으로서 정책활동 등에 의해 압력단체로서의 지위를 가진다.
⑤ 연합체조직은 각 지역이나 기업 또는 직종별 단위조합이 단체의 자격으로 지역적 내지 전국적 조직의 구성원이 되는 형태이다.

해설

② (×) 일반노동조합은 기업이나 직종 등을 구별하지 아니하고 특정 지역이나 수개의 산업에 종사하는 일반근로자들, 특히 주로 단순 노무에 종사하는 미숙련 노동자들에 의하여 폭넓게 조직되는 노동

조합의 조직형태이다.

참고로, 지문은 직종별 노동조합에 대한 설명이다.

정답 ②

108 ☐☐☐   ○ △ ✕

상사 A에 대한 나의 태도를 기술한 것이다. 다음에 해당하는 태도의 구성요소를 옳게 연결한 것은?

> ㄱ. 나의 상사 A는 권위적이다.
> ㄴ. 나는 상사 A가 권위적이어서 좋아하지 않는다.
> ㄷ. 나는 권위적인 상사 A의 지시를 따르지 않겠다.

① ㄱ. 감정적 요소 ㄴ. 인지적 요소 ㄷ. 행동적 요소
② ㄱ. 감정적 요소 ㄴ. 행동적 요소 ㄷ. 인지적 요소
③ ㄱ. 인지적 요소 ㄴ. 행동적 요소 ㄷ. 감정적 요소
④ ㄱ. 인지적 요소 ㄴ. 감정적 요소 ㄷ. 행동적 요소
⑤ ㄱ. 행동적 요소 ㄴ. 감정적 요소 ㄷ. 인지적 요소

해설

④ (○) ㄱ 인지적 요소, ㄴ 감정적 요소, ㄷ 행동적 요소
[보충] 태도의 개념화
• 인지적 요소: 대상에게 가지는 개인의 주관적 사고
• 감정적 요소: 대상에게 가지는 개인의 긍정적·부정적 느낌
• 행동(의욕)적 요소: 대상에 대한 개인의 행동 성향

정답 ④

109 ☐☐☐   ○ △ ✕

프렌치와 레이븐(French & Raven)의 권력원천 분류에 따라 개인적 원천의 권력에 해당하는 것을 모두 고른 것은?

> ㄱ. 강제적 권력   ㄴ. 준거적 권력
> ㄷ. 전문적 권력   ㄹ. 합법적 권력
> ㅁ. 보상적 권력

① ㄱ, ㄴ   ② ㄴ, ㄷ   ③ ㄷ, ㄹ
④ ㄹ, ㅁ   ⑤ ㄱ, ㄴ, ㅁ

해설

② (○) ㄴ, ㄷ이 개인적 원천의 권력에 해당하는 것이다.
[보충] 리더의 권력원천

구분	종류	원천
공식적 권력	강제적 권력	징계·처벌
	보상적 권력	수당·승진
	합법적 권력	조직 내 지위
개인적 권력	전문적 권력	전문성
	준거적 권력	인간성

정답 ②

110 ☐☐☐   ○ △ ✕

모집방법 중 사내공모제(job posting system)의 특징에 관한 설명으로 옳지 않은 것은?

① 종업원의 상위직급 승진기회가 제한된다.
② 외부인력의 영입이 차단되어 조직이 정체될 가능성이 있다.
③ 지원자의 소속부서 상사와의 인간관계가 훼손될 수 있다.
④ 특정 부서의 선발 시 연고주의를 고집할 경우, 조직 내 파벌이 조성될 수 있다.
⑤ 선발과정에서 여러 번 탈락되었을 때 지원자의 심리적 위축감이 고조된다.

해설

① (✕) 사내공모제가 상위직급에 도입될 경우, 오히려 승진기회가 제공되어 사기진작에 효과적이다.
[보충] 사내공모제

장점	단점
• 상위직급에 도입될 경우, 승진기회 제공	• 외부인력 영입이 차단되어 조직정체 우려
• 상사, 동료 등 평판조회 원천이 많아 신뢰성 향상	• 연고주의로 인한 조직 내 파벌 조성 우려
• 해당 기업에 익숙한 지원자들이므로 이직률 감소 등	• 지원자와 소속부서 상사와의 관계 훼손 등

정답 ①

111 ☐☐☐   ○ △ ✕

인사고과의 오류 중 피고과자가 속한 사회적 집단에 대한 평가에 기초하여 판단하는 것은?

① 상동적 오류(stereotyping errors)
② 논리적 오류(logical errors)
③ 대비오류(contrast errors)
④ 근접오류(proximity errors)
⑤ 후광효과(halo effect)

해설

① (○) 상동적 오류는 평가자가 지닌 선입견이나 편견으로 피평가자를 평가하는 경향이다.
② (✕) 논리적 오류는 평가자가 평가요소 간의 관계를 유추하여 유사하다고 생각되는 평가요소를 동일하게 평가하는 경향이다.
③ (✕) 대비오류는 평가자가 다수의 피평가자 중에서 우수하거나 부족한 피평가자를 기준으로 나머지를 평가하는 경향이다.
④ (✕) 근접오류는 평가자가 근접한 평가요소, 평가결과 및 특정 평가시간에 유사하게 평가하는 경향이다.
⑤ (✕) 후광효과는 평가자가 피평가자의 어느 한 부분으로 전체를 평가하는 경향이다.

정답 ①

112 ▢▢▢ ○ △ ✕

집단의사결정의 특징에 관한 설명으로 옳지 않은 것은?

① 구성원으로부터 다양한 정보를 얻을 수 있다.

② 의사결정에 참여한 구성원들의 교육효과가 높게 나타난다.

③ 구성원의 합의에 의한 것이므로 수용도와 응집력이 높아진다.

④ 서로의 의견에 비판 없이 동의하는 경향이 있다.

⑤ 차선책을 채택하는 오류가 발생하지 않는다.

해설

⑤ (✕) 집단의사결정 시 집단사고, 소수에 의한 지배, 지나친 응집성 등으로 차선책을 채택하는 오류가 발생할 수 있다.

[보충] 집단의사결정

장점	단점
• 다양한 정보 획득	• 집단 내 정치적 힘 작용
• 문제에 대한 다각도 접근	• 의사결정시간 지연
• 구성원의 합의가 전제되므로 정당성 증대	• 집단사고 위험
	• 무비판적 동의 경향
• 응집력 및 교육효과 상승	• 차선책 채택 우려

정답 ⑤

113 ▢▢▢ ○ △ ✕

생산성을 높이고, 유통을 효율화시키는 등 주로 원가절감에 관심을 갖는 마케팅 개념은?

① 판매 개념   ② 생산 개념

③ 관계마케팅 개념   ④ 통합마케팅 개념

⑤ 내부마케팅 개념

해설

② (○) 생산 개념에 대한 설명이다.

[보충] 마케팅 개념의 발전

• 기업 중심 마케팅

  - 생산 개념(수요 > 공급): 저렴한 제품을 많이 제공하자.

  - 제품 개념(수요 = 공급): 차별화된 제품을 제공하자.

  - 판매 개념(수요 < 공급): 공격적으로 제품을 홍보하자.

• 고객 중심 마케팅

  - 마케팅 개념: 고객 중심으로 다시 생각하자.

  - 사회적 마케팅 개념: 환경이나 공익도 생각하자.

정답 ②

114 ▢▢▢ ○ △ ✕

수요가 공급을 초과할 때 수요를 감소시키는 것을 목적으로 하는 마케팅 관리기법은?

① 전환적 마케팅(conversional marketing)

② 동시화마케팅(synchro marketing)

③ 자극적 마케팅(stimulative marketing)

④ 개발적 마케팅(developmental marketing)

⑤ 디마케팅(demarketing)

해설

① (✕) 전환적 마케팅은 부정적 수요를 긍정적 수요로 전환하기 위한 마케팅이다.

② (✕) 동시화마케팅은 비수기 수요의 감소요인을 파악하고 보완·개선하여 성수기 수요와의 간극을 줄이기 위한 마케팅이다.

③ (✕) 자극적 마케팅은 무(無)수요로부터 긍정적 수요를 이끌어 내기 위한 마케팅이다.

④ (✕) 개발적 마케팅은 새로운 제품을 개발하여 잠재적 수요를 실질적 수요로 변환시키기 위한 마케팅이다.

⑤ (○) 디마케팅은 의도적으로 수요를 줄임으로써 제품의 가치를 높이는 마케팅으로, 목적인 공익, 수급조절, 이미지 향상, 규제회피, 수익제고 등에 따라 다섯 가지 유형으로 구별된다.

정답 ⑤

115 ▢▢▢ ○ △ ✕

수직적 마케팅시스템(Vertical Marketing System) 중 소유권의 정도와 통제력이 강한 유형에 해당하는 것은?

① 계약형 VMS   ② 기업형 VMS   ③ 관리형 VMS

④ 협력형 VMS   ⑤ 혼합형 VMS

해설

② (○) 기업형 VMS에 대한 설명이다.

[보충] 수직적 마케팅시스템(vertical marketing system; VMS)

생산업체, 도매업자, 소매업자 등의 경로구성원이 각자의 이익만을 극대화하기 위하여 반목하는 전통적 마케팅시스템의 문제를 해결하기 위하여 등장한 개념으로, 구성원 전체를 하나의 유기적 통합시스템으로서 전문적으로 관리한다.

• 기업형 VMS: 하나의 경로구성원이 다른 경로구성원을 법적으로 소유함으로써 관리하는 시스템

• 계약형 VMS: 규모의 경제를 달성하기 위하여 각 경로구성원이 공식적인 계약으로써 결합하는 시스템

• 관리형 VMS: 가장 규모가 큰 경로구성원이 비공식적으로 영향력을 행사함으로써 유통경로를 조정하는 시스템

통제력	기업형 VMS > 계약형 VMS > 관리형 VMS
초기비용	기업형 VMS > 계약형 VMS > 관리형 VMS
유연성	관리형 VMS > 계약형 VMS > 기업형 VMS

정답 ②

116 ☐☐☐   ○ △ ✕

소비자 심리에 근거한 가격결정방법으로 옳지 않은 것은?

① 종속가격(captive pricing)

② 단수가격(odd pricing)

③ 준거가격(reference pricing)

④ 긍지가격(prestige pricing)

⑤ 관습가격(customary pricing)

해설

① (✕) 종속가격은 기본제품과 종속제품의 가격을 달리 책정하는 가격결정방법이다. 예 저가의 복합기 + 고가의 잉크 등

② (○) 단수가격은 상품의 가격에 단수를 붙이는 가격결정방법이다.
예 990원, 9,990원 등
[보충] 단수란 2로 나누면 1이 남는 1, 3, 5, 7, 9 등의 홀수를 말한다.

③ (○) 준거가격은 소비자가 상품에 대하여 기대하는 가격, 즉 그 상품의 평가가격이다.

④ (○) 명성가격은 가격이 곧 품질이라고 판단하는 소비자를 대상으로 지불 가능한 가장 높은 가격을 책정하는 가격결정방법이다.
예 사치품 등

⑤ (○) 관습가격은 오랜 기간 관습적으로 가격이 고정되어 있는 상품의 가격을 책정하는 가격결정방법이다. 예 껌, 콩나물 등
[보충] 관습가격은 수량을 줄이거나 품질을 조정함으로써 가격상승효과를 얻는다.

정답 ①

117 ☐☐☐   ○ △ ✕

(주)한국의 유동자산은 1,200,000원이고, 유동비율과 당좌비율은 각각 200%와 150%이다. (주)한국의 재고자산은?

① 300,000원   ② 600,000원   ③ 900,000원

④ 1,800,000원   ⑤ 2,400,000원

해설

① (○) 유동비율 = 유동자산 / 유동부채

⇒ 유동부채 = 유동자산 / 유동비율

= 1,200,000 / 200%

= 1,200,000 / 2

= 600,000원

당좌비율 = 당좌자산 / 유동부채

⇒ 당좌자산 = 당좌비율 × 유동부채

= 150% × 600,000

= 1.5 × 600,000

= 900,000원

유동자산 = 당좌자산 + 재고자산

⇒ 재고자산 = 유동자산 − 당좌자산

= 1,200,000 − 900,000

= 300,000원

정답 ①

118 ☐☐☐   ○ △ ✕

투자안의 경제성 분석방법 중 화폐의 시간가치를 고려한 방법을 모두 고른 것은?

ㄱ. 회수기간법	ㄴ. 수익성지수법
ㄷ. 회계적 이익률법	ㄹ. 순현재가치법
ㅁ. 내부수익률법	

① ㄱ, ㄴ   ② ㄱ, ㄹ   ③ ㄴ, ㄷ

④ ㄴ, ㄹ, ㅁ   ⑤ ㄷ, ㄹ, ㅁ

해설

④ (○) 화폐의 시간가치를 고려한 현금흐름할인법에는 순현재가치법, 내부수익률법 및 수익성지수법이 있다.

[보충] 투자안의 경제성 평가방법 분류

대분류	중분류	소분류
회수기간법	–	–
원가비교법	제조원가비교법	–
	연간비용법	
투자수익률법	단순수익률법	–
	회계적 이익률법	• 자기자본이익률 • 총자산이익률 • 투자수익률법
	현금흐름할인법	• 순현재가치법 • 내부수익률법 • 수익성지수법

정답 ④

119 ☐☐☐   ○ △ ✕

(주)한국의 자기자본시장가치와 타인자본시장가치는 각각 5억 원이다. 자기자본비용은 16%이고, 세전 타인자본비용은 12%이다. 법인세율이 50%일 때 (주)한국의 가중평균자본비용(WACC)은?

① 6%   ② 8%   ③ 11%

④ 13%   ⑤ 15%

해설

③ (○) 가중평균자본비용

= 자기자본비용 × (자기자본 / 전체자본) + 타인자본비용 × (타인자본 / 전체자본)

= 16% × (5 / 10) + 6% × (5 / 10)

= 0.16 × 0.5 + 0.06 × 0.5

= 0.08 + 0.03

= 0.11 = 11%

참고로, 타인자본비용은 법인세를 내지 아니하므로, 법인세 비중만큼의 비용이 발생하지 아니한다.

타인자본비용 = 12% × (1 − 50%) = 0.12 ×(1 − 0.5) = 0.12 × 0.5 = 0.06 = 6%

정답 ③

120

○ △ ✕

(주)한국의 A부품에 대한 연간수요는 4,000개이며, A부품 구입가격은 단위당 8,000원이다. 1회당 주문비용은 4,000원이고, 단위당 연간 재고유지비용은 구입가격의 10%일 때 A부품의 경제적 주문량(EOQ)은?

① 100개   ② 200개   ③ 300개

④ 400개   ⑤ 600개

해설

② (O) 경제적 주문량 = $\sqrt{(2 \times 수요량 \times 주문비용) / 재고유지비용}$

$= \sqrt{(2 \times 4,000 \times 4,000) / (8,000 \times 10\%)}$

$= \sqrt{(2 \times 4,000 \times 4,000) / (8,000 \times 0.1)}$

$= \sqrt{40,000}$

= 200개

정답 ②

121

○ △ ✕

수요예측기법 중 인과형 예측기법(causal forecasting methods)에 해당하는 것은?

① 델파이법   ② 패널동의법

③ 회귀분석법   ④ 판매원의견종합법

⑤ 자료유추법

해설

③ (O) 회귀분석법만이 인과형 예측기법이고, 나머지는 모두 정성적 예측기법이다.

[보충] 수요예측기법

- 정성적 예측기법: 개인의 판단이나 다수의 의견을 취합하여 미래 수요를 예측하는 기법으로, 중장기예측에 적합하나, 소요되는 시간과 비용이 크다.
  예 델파이법, 시장-소비자조사법, 전문가의견법, 판매원의견종합법, 수명주기유추법, 자료(역사)유추법, 패널동의법 등
- 시계열 예측기법: 과거 수요에 기반하여 미래 수요를 예측하는 기법으로, 다른 기법에 비하여 적용이 간단하나, 장기예측에는 적합하지 아니하다.
  예 이동평균법, 지수평활법, 추세분석법, 시계열분해법 등
- 인과형 예측기법: 과거 자료에서 변수를 추출하여 수요와의 인과관계를 분석함으로써 미래 수요를 예측하는 기법으로, 시간이 아닌 다른 독립변수를 사용한다.
  예 회귀분석법, 계량경제모형, 투입-산출모형, 선도지표법 등

정답 ③

122

○ △ ✕

포괄손익계산서의 계정에 해당하지 않는 것은?

① 감가상각비   ② 광고비

③ 매출원가   ④ 자기주식처분이익

⑤ 유형자산처분이익

해설

④ (✕) 자기주식처분이익은 재무상태표의 자본항목(자본잉여금)에 해당한다.

[보충] 손익계산서의 계정

매출액	
매출원가	
매출총이익	매출액 – 매출원가
판매관리비	급여, 퇴직급여, 복리후생비, 임차료, 접대비, 감가상각비, 세금과 공과, 광고선전비, 경상개발비, 대손상각비, 기타 판매관리비
영업이익	
영업외수익	이자수익, 배당금수익, 임대료, 유가증권처분이익, 유가증권평가이익, 외환차익, 외화환산이익, 지분법평가이익, 투자유가증권감액손실환입, 투자자산처분이익, 유형자산처분이익, 사채상환이익, 법인세환급액, 잡이익
영업외비용	이자비용, 기타 대손상각비, 유가증권처분손실, 유가증권처분이익, 유가증권평가손실, 재고자산평가손실, 외환차손, 외화환산손실, 기부금, 지분법평가손실, 투자유가증권감액손실, 투자자산처분손실, 유형자산처분손실, 사채상환손실, 법인세추납액, 잡손실
법인세비용차감전이익	
법인세비용 등	

정답 ④

123

○ △ ✕

(주)한국(결산일: 12월 31일)은 2017년 초 기계장치를 2,000,000원에 취득하고, 잔존가치 200,000원, 내용연수 5년, 정액법으로 감가상각하였다. (주)한국은 2019년 초 이 기계장치를 1,300,000원에 처분하였다. (주)한국의 기계장치 처분으로 인한 손익은?

① 처분이익 20,000원   ② 처분손실 20,000원

③ 처분이익 100,000원   ④ 처분손실 100,000원

⑤ 처분손실 300,000원

해설

① (O) 매기 감가상각비(정액법) = (취득원가 – 잔존가치) / 내용연수

= (2,000,000 – 200,000) / 5

= 360,000원

(주)한국은 위 기계장치를 2017년 초에 취득하여 2019년 초에 처분하였으므로, 2기 감가상각비 720,000원을 제한 1,280,000원이 처분 당시 기계장치의 가치이다. 따라서 1,300,000원에 기계장치를 처분한 (주)한국은 20,000원의 처분이익을 보았다 할 것이다.

정답 ①

124 ⬜⬜⬜　　　　　○ △ ✕

다음 중 자본잉여금에 해당하는 항목은?

① 미교부주식배당금
② 법정적립금
③ 임의적립금
④ 미처분이익잉여금
⑤ 주식발행초과금

해설

⑤ (○) 미교부주식배당금은 자본조정, 법정적립금·임의적립금·미처분이익잉여금은 이익잉여금, 주식발행초과금은 자본잉여금에 해당한다.

[보충] 재무상태표의 항목

자산		
유동자산	당좌자산	현금 및 현금성자산, 단기금융자산, 매출채권, 유가증권, 미수금, 선급비용, 선급금 등
	재고자산	상품, 제품, 반제품, 재공품, 부산물, 원재료(원자재), 저장품, 미착상품 등
	기타	미수수익, 선급비용, 이연법인세자산 등
비유동자산	투자자산	장기예금, 장기투자증권, 지분법적용투자주식, 장기대여금, 투자부동산 등
	유형자산	토지, 건물, 구축물, 기계장치, 선박·항공기, 건설용 장비, 차량운반구, 비품 등
	무형자산	영업권, 산업재산권(특허권, 상표권, 실용신안권 등), 광업권, 어업권, 개발비, 저작권 등
	기타	장기매출채권, 장기미수금, 장기선급금, 보증금(임차보증금, 기타 보증금) 등
부채		
유동부채		매입채무, 단기차입금, 미지급금, 선수금, 예수금, 미지급비용, 선수수익, 유동성장기부채, 단기충당부채 등
비유동부채		사채, 전환사채등신종사채, 장기차입금, 장기매입채무, 장기미지급금, 장기선수금, 퇴직급여충당부채, 퇴직연금비지급금, 장기충당부채 등
자본		
자본금		보통주자본금, 우선주자본금 등
자본잉여금		주식발행초과금, 감자차익, 합병차익, 자기주식처분이익, 재평가적립금 등
자본조정		주식할인발행차금, 감자차손, 자기주식, 미교부주식배당금, 자기주식처분손실, 주식매수선택권 등
이익잉여금		이익준비금, 재무구조개선적립금, 법정적립금, 기타 임의적립금, 미처분이익잉여금 등

정답 ⑤

125 ⬜⬜⬜　　　　　○ △ ✕

스마트폰에 신용카드 등의 금융정보를 담아 10~15cm의 근거리에서 결제를 가능하게 하는 무선통신기술은?

① 블루투스(Bluetooth)
② GPS(Global Positioning System)
③ NFC(Near Field Communication)
④ IoT(Internet of Things)
⑤ 텔레매틱스(Telematics)

해설

① (✕) 블루투스는 휴대용 장치 간의 양방향 근거리 무선통신기술·표준·제품을 총칭하는 용어이다.
② (✕) GPS는 미국 국방부에서 개발하여 미국 운수부와 관리하는 위성항법시스템이다.
③ (○) NFC에 대한 설명이다.
④ (✕) IoT는 다양한 사물을 인터넷으로 연결하여 사람과 사물, 사물과 사물 간 상호 소통이 가능토록 한 서비스기술로, 사물인터넷이라고도 한다.
⑤ (✕) 텔레매틱스는 GPS와 무선통신기술을 결합하여 운송장비 안에서 위성항법, 이동통신 등을 제공하는 서비스기술이다.

정답 ③

101 ☐☐☐ ○ △ ×

동종 또는 유사업종의 기업들이 법적, 경제적 독립성을 유지하면서 협정을 통해 수평적으로 결합하는 형태는?

① 지주회사(holding company)
② 카르텔(cartel)
③ 컨글로메리트(conglomerate)
④ 트러스트(trust)
⑤ 콘체른(concern)

해설

① (×) 지주회사는 주식소유로써 그 주식회사의 사업내용을 지배하는 것을 목적으로 하는 회사이다.
② (○) 카르텔에 대한 설명이다.
③ (×) 컨글로메리트는 업종이 전혀 다른 이종기업을 매수·병합하여 하나의 기업으로서 지배하는 기업집중 형태로, 복합기업이라고도 한다.
④ (×) 트러스트는 여러 기업의 자산을 하나의 신탁으로써 관리하는 기업집중 형태로, 이사회(신탁)가 모든 기업을 대표하여 결정을 내리므로, 각 기업은 법률적·경제적 독립성을 상실한다. 우리나라의 재벌이 트러스트에 해당한다.
⑤ (×) 콘체른은 주식소유 등의 금융적 방법에 의하여 결합하는 기업집중 형태로, 모회사와 자회사로 존재하는데, 경제적 독립성은 상실하고 외형상 법률적 독립성이 유지되나, 실질상 종속관계이다.

정답 ②

102 ☐☐☐ ○ △ ×

포터(M. Porter)의 경쟁전략 유형에 해당하는 것은?

① 차별화(differentiation) 전략
② 블루오션(blue ocean) 전략
③ 방어자(defender) 전략
④ 반응자(reactor) 전략
⑤ 분석자(analyzer) 전략

해설

① (○) 차별화 전략은 포터의 본원적 경쟁전략에서 차별화된 재화·서비스로 넓은 영역에서 경쟁우위를 차지하기 위한 전략이다.
② (×) 새롭게 탄생하거나 경쟁자가 거의 없는 시장으로, 경쟁이 아닌 창조로써 수요가 창출되고, 높은 수익과 빠른 성장을 기대할 수 있다.
　[보충] 레드오션(red ocean)은 블루오션의 반대 개념으로, 경쟁자가 많아 이미 포화되어 버린 기존의 시장이다.
③ (×) ④ (×) ⑤ (×) 마일즈와 스노우의 전략이다.

[보충] 포터의 본원적 경쟁전략

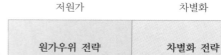
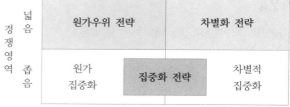

		경쟁우위	
		저원가	차별화
경쟁영역	넓음	원가우위 전략	차별화 전략
	좁음	원가 집중화	집중화 전략 / 차별적 집중화

마일즈와 스노우의 전략

• 공격자(prospector) 전략: 고객의 새로운 니즈를 신속하게 파악하여 신제품 개발로 이를 충족시키는 전략
• 방어자 전략: 기존의 제품을 개선하여 고객을 충족시킴으로써 기존의 시장점유율을 유지하는 전략
• 분석자 전략: 공격자를 분석하여 성공가능성이 보이면 신속하게 뒤따라 진입하여 후발주자의 이점을 살리는 전략
• 반응자 전략: 어떠한 전략도 가지지 아니한 낙오자

정답 ①

103 ☐☐☐ ○ △ ×

다음 사례에서 A의 행동을 설명하는 동기부여이론은?

> 팀원 A는 작년도 목표 대비 업무실적을 100% 달성하였다. 이에 반해 같은 팀 동료 B는 동일 목표 대비 업무실적이 10% 부족하였지만, A와 동일한 인센티브를 받았다. 이 사실을 알게 된 A는 팀장에게 추가 인센티브를 요구하였으나, 받아들여지지 않자 결국 이직하였다.

① 기대이론　　　② 공정성이론
③ 욕구단계이론　④ 목표설정이론
⑤ 인지적 평가이론

해설

① (×) 브룸(Vroom)의 기대이론은 동기부여 강도를 기대감 × 수단성 × 유의성으로 공식화하는데, 기대감(노력-성과)은 노력이 성과달성으로 이어질 것이라는 개인의 지각도, 수단성(성과-보상)은 성과달성으로 보상이 주어질 것이라는 개인의 지각도, 유의성(유인)은 그 보상이 종업원에게 매력적인 정도이다.
② (○) 애덤스(Adams)의 공정성이론에 대한 설명이다.
③ (×) 매슬로우(Maslow)의 욕구단계이론은 인간의 욕구는 중요도에 따라 일련의 단계를 형성한다는 동기이론 중 하나로, 발표 당시 매슬로우는 인간의 욕구를 5단계로 분류하였는데, 일반적으로 하위욕구가 우선적으로 나타나고, 이를 만족시키지 아니하는 이상 상위욕구는 나타나지 아니한다.

④ (×) 로크(Locke)의 목표설정이론에 따르면, 종업원에게 달성하여야 할 목표를 분명히 하고 그 목표가 수용 가능한 것이라면 동기가 유발되는데, 이는 인간이 합리적으로 행동한다는 기본가정에 기초한다. 목표란 종업원이 얻고자 하는 사물이나 장래에 달성하고자 하는 상태로서 구체성, 난이도, 참여도, 피드백, 경쟁, 수용성 등의 속성을 지녀야 한다.

⑤ (×) 데시(Deci)와 라이언(Ryan)의 인지평가이론은 내적 동기가 유발되어 있는 종업원에게 외적 보상을 제공하면 내적 동기가 감소한다는 이론으로, 유기적 통합이론, 인과지향성이론, 기본심리욕구이론과 함께 자기결정성이론을 구성한다. 인지평가이론의 핵심은, 외적 보상을 제공하여 내적 동기가 감소한 종업원으로부터 그 외적 보상을 축소하거나 제거하더라도, 기존의 내적 동기가 되살아나지 아니한다는 점이다.

정답 ②

104

○ △ ×

평가센터법(assessment center)에 관한 설명으로 옳지 않은 것은?

① 평가에 대한 신뢰성이 양호하다.
② 승진에 대한 의사결정에 유용하다.
③ 교육훈련에 대한 타당성이 높다.
④ 평가센터에 초대받지 못한 종업원의 심리적 저항이 예상된다.
⑤ 다른 평가기법에 비해 상대적으로 비용과 시간이 적게 소요된다.

해설
⑤ (×) 평가센터법은 다수의 피평가자를 한데 모아 2~3일간 합숙시키고, 다수의 평가자가 집중적으로 관찰·평가하므로, 다른 평가기법에 비하여 상대적으로 비용과 시간이 많이 소요된다.

정답 ⑤

105

○ △ ×

최저임금제의 필요성으로 옳지 않은 것은?

① 계약자유원칙의 한계 보완
② 저임금노동자 보호
③ 임금인하 경쟁 방지
④ 유효수요 창출
⑤ 소비자부담 완화

해설
⑤ (×) 최저임금제로 인하여 기업은 제품의 가격을 일정 수준 이하로 인하할 수 없게 되므로, 소비자부담은 오히려 가중된다.

정답 ⑤

106

○ △ ×

인사평가방법 중 피평가자의 능력, 태도, 작업, 성과 등에 관련된 표준행동들을 제시하고, 평가자가 해당 서술문을 대조하여 평가하는 방법은?

① 서열법
② 평정척도법
③ 체크리스트법
④ 중요사건기술법
⑤ 목표관리법

해설
① (×) 서열법은 직무의 상대적 가치, 즉 중요도, 난이도, 위험도 등에 기하여 피평가자의 서열을 매겨 평가하는 인사평가방법이다.
② (×) 평정척도법은 피평가자의 성과달성 정도를 사전에 개발한 단계적 척도로써 평가하는 인사평가방법이다.
③ (○) 체크리스트법에 대한 설명이다.
④ (×) 중요사건기술법은 피평가자의 직무수행과정에서 조직목표 달성의 성패와 관련하여 기록한 사건을 중심으로 평가하는 인사평가방법이다.
⑤ (×) 목표관리법은 평가자와 피평가자의 합의하에 설정한 목표의 양적·질적 달성 정도를 평가하는 인사평가방법이다.

정답 ③

107

○ △ ×

교육훈련 필요성을 파악하기 위한 일반적인 분석방법이 아닌 것은?

① 전문가자문법
② 역할연기법
③ 자료조사법
④ 면접법
⑤ 델파이기법

해설
② (×) 역할연기법은 관리자뿐만 아니라 일반 종업원을 대상으로 인간관계에 대한 태도개선 및 대인기술 향상을 목적으로 하는 교육훈련기법으로, 특정 상황하에서 각자에게 기대되는 역할을 수행토록 함으로써 서로를 이해하고 이상적인 행동을 학습시킨다.

정답 ②

108

○ △ ×

맥그리거(D. McGregor)의 X-Y이론은 인간에 대한 기본가정에 따라 동기부여방식이 달라진다는 것이다. Y이론에 해당하는 가정 또는 동기부여방식이 아닌 것은?

① 문제해결을 위한 창조적 능력 보유
② 직무수행에 대한 분명한 지시
③ 조직목표 달성을 위한 자기통제
④ 성취감과 자아실현 추구
⑤ 노동에 대한 자연스러운 수용

해설
② (×) X이론에 해당하는 가정 또는 동기부여방식이다.

[보충] XY이론

맥그리거는 인간본성을 부정적으로 보는 견해를 X이론, 긍정적으로 보는 견해를 Y이론으로 명명하였다.

X이론	• 인간에게 일은 생존하기 위하여 어쩔 수 없이 하여야 하는 귀찮은 것이다. • 인간은 일을 싫어하고, 될 수 있으면 피하려고 한다. • 따라서 조직목표 달성을 위하여는 인간에게 통제 및 지시를 하여야 한다. • 인간에게 유일한 동기부여수단은 금전적 보상이다. • 인간은 다루어지기를 좋아하고, 책임을 회피하려는 경향이 있다. • 대부분의 인간은 야망이 없고, 변화를 꺼려하며, 안전을 추구한다.
Y이론	• 인간에게 일은 놀이나 휴식처럼 자연스러운 것이다. • 인간은 기본적인 욕구가 충족되면, 내적 동기부여로써 자신의 능력을 최대한 발휘하려고 한다. • 인간은 자신에게 부여된 목적을 달성하기 위하여 스스로에게 통제 및 지시를 한다. • 조직의 목표달성에 대한 헌신 그 자체가 인간에게 보상으로서의 역할을 한다. • 인간은 적절한 조건하에서 책임을 받아들일 뿐만 아니라 책임을 추구한다. • 대부분의 인간은 조직의 문제를 해결하기 위한 높은 수준의 창의력을 가지고 있다.

정답 ②

109 □□□　　　　　　　　　　○ △ ✕

서번트(servant) 리더의 특성으로 옳지 않은 것은?

① 부하의 성장을 위해 헌신한다.
② 부하의 감정에 공감하고 이해하려고 노력한다.
③ 권력이나 지시보다는 설득으로 부하를 대한다.
④ 조직의 구성원들에게 공동체 정신을 심어 준다.
⑤ 비전달성을 위해 위험감수 등 비범한 행동을 보인다.

해설

⑤ (✕) 카리스마 리더의 특성이다.

[보충] 카리스마 리더와 변혁적 리더는 많은 부분에서 유사하나, 다음과 같은 차이가 있다.
• 하우스에 따르면, 카리스마 리더는 인상관리, 정보통제, 비관습적 행동, 위험감수 등으로 비범한 이미지를 형성함으로써 극단적인 존경을 받고, 부하의 무조건적인 복종·신뢰를 유도한다.
• 번즈에 따르면, 변혁적 리더는 부하의 잠재능력 개발, 권한위임, 중요한 정보에의 접근 허용, 불필요한 통제 제거 등으로 리더에 대한 의존성을 줄이고, 부하의 자기실현을 유도한다.

정답 ⑤

110 □□□　　　　　　　　　　○ △ ✕

다음에서 설명하는 것은?

○ 기업이 주어진 인건비로 평시보다 더 많은 부가가치를 창출하였을 경우, 이 초과된 부가가치를 노사협동의 산물로 보고 기업과 종업원 간에 배분하는 제도
○ 노무비 외 원재료비 및 기타 비용의 절감액도 인센티브 산정에 반영함

① 연봉제　　　　② 개인성과급제　　③ 임금피크제
④ 럭커플랜　　　⑤ 스캔론플랜

해설

① (✕) 연봉제는 종업원의 능력과 성과에 따라 매년 임금수준을 결정하는 제도이다.
② (✕) 개인성과급제는 종업원별 능력과 성과에 기초하여 개별 임금수준을 결정하는 제도로, 집단이나 조직도 그 대상이 된다.
③ (✕) 임금피크제는 고용보장을 전제로 일정 연령에 도달한 종업원의 임금을 조정하는 제도이다.
④ (○) 럭커플랜에 대한 설명이다.
⑤ (✕) 스캔론플랜은 위원회제도로써 종업원의 참여의식을 높이고, 판매가치를 기준으로 성과급을 산정하는 제도로, 재원의 25%는 사내유보하고, 나머지를 75(종업원) : 25(기업)로 배분한다.

정답 ④

111 □□□　　　　　　　　　　○ △ ✕

다음에서 설명하는 소비재는?

○ 특정 브랜드에 대한 고객충성도가 높다.
○ 제품마다 고유한 특성을 지니고 있다.
○ 브랜드마다 차이가 크다.
○ 구매 시 많은 시간과 노력을 필요로 한다.

① 편의품(convenience goods)
② 선매품(shopping goods)
③ 전문품(specialty goods)
④ 자본재(capital items)
⑤ 원자재(raw materials)

해설

① (✕) 편의품은 구매 시 많은 시간과 노력을 필요로 하지 아니하고, 가격이 저렴하여 빈번히 구매하는 소비재이다.
② (✕) 선매품은 구매 시 최선의 선택을 위하여 다수의 제품을 비교하고, 구매빈도가 비교적 낮은 소비재이다.
③ (○) 소비재인 전문품에 대한 설명이다.
④ (✕) 자본재는 소비재의 생산에 사용되는 산업재로서 설비, 건물, 차량 등이다.
⑤ (✕) 원자재는 소비재의 생산에 직접적으로 투입되는 산업재로서 석유, 나무, 금속 등이다.

정답 ③

112 ☐☐☐   ○ △ ✕

신제품 가격결정방법 중 초기고가전략(skimming pricing)을 채택하기 어려운 경우는?

① 수요의 가격탄력성이 높은 경우
② 생산 및 마케팅 비용이 높은 경우
③ 경쟁자의 시장진입이 어려운 경우
④ 제품의 혁신성이 큰 경우
⑤ 독보적인 기술이 있는 경우

해설

① (O) 수요의 가격탄력성이 높을수록 가격변화에 대한 수요가 민감하게 반응하므로, 초기고가전략이 아닌 시장침투전략을 채택하여야 한다.

[보충] 신제품 가격결정방법
- 초기고가전략(스키밍가격전략): 신제품 도입 초기에 고가로 시장에 진입하여 가격에 둔감한 고소득층을 공략하고, 점진적으로 가격을 낮추어 중산층과 저소득층까지 흡수하는 전략으로, 수요의 가격탄력성이 낮은 경우에 적합하다.
- 초기저가전략(침투가격전략): 신제품 도입 초기에 저가로 시장에 진입하여 인지도에 따라 점진적으로 가격을 높이는 전략으로, 수요의 가격탄력성이 높은 경우에 적합하다.
- 탄력가격전략(가격차별): 수요의 가격탄력성이 상이한 다수의 세분시장을 대상으로 각기 다른 가격을 설정하는 전략으로, 국제거래의 경우에 적합하다.

정답 ①

113 ☐☐☐   ○ △ ✕

효과적인 시장세분화를 위한 요건으로 옳지 않은 것은?

① 측정가능성   ② 충분한 시장규모
③ 접근가능성   ④ 세분시장 간의 동질성
⑤ 실행가능성

해설

④ (✕) 세분시장 간의 동질성이 아닌 이질성이 있어야 한다.

[보충] 시장세분화의 전제조건
- 측정가능성: 세분시장의 특성을 측정할 수 있어야 한다.
- 접근가능성: 세분시장에 유효하게 접근할 수 있어야 한다.
- 실행가능성: 세분시장별 마케팅믹스를 개발할 수 있어야 한다.
- 이질(동이)성: 세분시장 내의 동질성과 세분시장 간의 이질성이 있어야 한다.
- 실질성: 세분시장이 규모의 경제가 가능할 정도로 커야 한다.

정답 ④

114 ☐☐☐   ○ △ ✕

촉진믹스(promotion mix) 활동에 해당되지 않는 것은?

① 옥외광고   ② 방문판매   ③ 홍보
④ 가격할인   ⑤ 개방적 유통

해설

⑤ (✕) 개방적 유통은 유통경로전략의 하나로, 이외에 선택적 유통 및 전속적 유통이 있다.

[보충] 촉진믹스
촉진믹스는 마케팅 커뮤니케이션을 위한 기업의 수단이다.
- 광고: 기업의 제품이나 서비스를 노출하기 위한 (유료) 비개인적 커뮤니케이션 예 인쇄광고, CF, 인터넷광고 등
- 인적 판매: 기존고객이나 잠재고객에 대한 개인적 커뮤니케이션 예 박람회, 전시회, 세미나 등
- 판매촉진: 제품이나 서비스의 구매를 촉진하기 위한 커뮤니케이션 예 가격할인, 할인쿠폰, 팝업스토어 등
- PR(public relation): 기업의 이미지나 평판을 제고하기 위한 (무료) 커뮤니케이션 예 보도, 광고, 캠페인 등
- 직접마케팅: 기업이 제품이나 서비스를 소비자에게 직접 제공하기 위한 커뮤니케이션 예 카탈로그, 이메일, SNS 등

정답 ⑤

115 ☐☐☐   ○ △ ✕

A기업은 액면가액 10,000원, 만기 2년, 액면이자율 연 3%인 채권을 발행하였다. 시장이자율이 연 2%라면, 이 채권의 이론가격은? (단, 가격은 소수점 첫째 자리에서 반올림한다)

① 9,194원   ② 9,594원   ③ 10,194원
④ 10,594원   ⑤ 10,994원

해설

③ (O) 채권의 이론가격은 정기적으로 받는 이자수입, 만기 시 돌려받는 액면가액을 시장이자율로 할인한 현재가치로, 다음의 식으로 구한다.

$$\sum_{t=1}^{n} \frac{C}{(1+r)^t} + \frac{F}{(1+r)^n}$$

여기서, C: 이자지급액 = 액면가액 × 액면이자율, F: 액면가액, n: 만기, r: 시장이자율

채권의 이론가격 = {10,000 × 0.03 / (1 + 0.02)} + {10,000 × 0.03 / (1 + 0.02)^2} + {10,000 / (1 + 0.02)^2}
= (300 / 1.02) + (300 / 1.02^2) + (10,000 / 1.02^2)
= 294 + 288 + 9,612
= 10,194원

정답 ③

116 □□□ ○ △ ×

자본예산은 투자로 인한 수익이 1년 이상에 걸쳐 장기적으로 실현될 투자결정에 관한 일련의 과정을 말한다. 투자안의 평가방법에 해당하지 않는 것은?

① 유동성분석법
② 수익성지수법
③ 순현재가치법
④ 내부수익률법
⑤ 회수기간법

해설

① (×) 유동성분석법은 1년 내의 유동자산으로 유동부채를 감당할 수 있는지를 평가하는 방법으로, 기업의 지불능력을 판단하기 위한 지표이다.

② (○) 수익성지수법(PI)은 각 투자안의 수익성지수를 계산하여 1보다 큰 투자안을 선택하는 경제성 평가방법으로, 수익성지수는 현금유입의 현가를 현금유출의 현가로 나누어 산출한다.

③ (○) 순현재가치법(NPV)은 각 투자안의 순현재가치를 구하여 0보다 큰 투자안을 선택하는 경제성 평가방법으로, 순현재가치는 편익과 비용을 할인율에 따라 현재가치로 환산하고, 편익의 현재가치에서 비용의 현재가치를 제한 값이다.

④ (○) 내부수익률법(IRR)은 각 투자안의 내부수익률을 계산하여 기업의 자본비용보다 큰 투자안을 선택하는 경제성 평가방법으로, 내부수익률은 투자로써 기대되는 미래 현금유입의 현가와 현재 현금유출의 현가를 일치시켜 투자안의 순현가를 0으로 만드는 할인율이다.

⑤ (○) 회수기간법(PPM)은 각 투자안의 회수기간을 계산하여 가장 짧은 투자안을 선택하는 경제성 평가방법으로, 회수기간은 투자금액을 모두 회수하는 데 걸리는 시간이다.

정답 ①

117 □□□ ○ △ ×

A기업은 2019년 1월 1일에 150만 원을 투자하여 2019년 12월 31일과 2020년 12월 31일에 각각 100만 원을 회수하는 투자안을 고려하고 있다. A기업의 요구수익률이 연 10%일 때 이 투자안의 순현재가치(NPV)는 약 얼마인가? (단, 연 10% 기간이자율에 대한 2기간 단일현가계수와 연금현가계수는 각각 0.8264, 1.7355이다)

① 90,910원
② 173,550원
③ 182,640원
④ 235,500원
⑤ 256,190원

해설

④ (○) 순현재가치 = {1,000,000 / (1 + 0.1)} + {1,000,000 / (1 + 0.1)^2}
$\qquad$ − 1,500,000

$\qquad$ = [1,000,000 × {(1 / 1.1) + (1 / 1.1^2)}] − 1,500,000

$\qquad$ = (1,000,000 × <u>1.7355</u>) − 1,500,000

$\qquad$ = <u>235,500</u>

정답 ④

118 □□□ ○ △ ×

최종품목 또는 완제품의 주생산일정계획(master production schedule)을 기반으로 제품생산에 필요한 각종 원자재, 부품, 중간조립품의 주문량과 주문시기를 결정하는 재고관리방법은?

① 자재소요계획(MRP)
② 적시(JIT)생산시스템
③ 린(lean) 생산
④ 공급사슬관리(SCM)
⑤ 칸반(kanban)시스템

해설

① (○) 자재소요계획에 대한 설명이다.

② (×) 적시생산은 생산에 필요한 부품을 필요한 때에 필요한 양만큼 주문하여 생산량은 유지하되 생산성을 향상시키는 관리방식으로, 린 생산에 사용된다.

③ (×) 린 생산은 도요타의 대표적인 생산방식으로, 각 생산단계에서 인력이나 설비를 필요한 만큼만 유지하고, JIT시스템을 도입하여 재고비용을 줄임으로써 생산효율을 극대화한다.

④ (×) 공급사슬관리는 제품이 생산되어 판매되기까지의 연쇄과정, 즉 공급업자 – 제조업자 – 도매상 – 소매상 – 고객 등의 공급흐름을 전체적으로 설계하는 관리방식이다.

⑤ (×) 칸반시스템은 생산과정에서 효율성을 높이기 위한 간소화된 작업흐름 관리방식이다.

> **칸반(간판)시스템**
> 칸반이란 가로 4인치×세로 8인치 정도의 플라스틱카드로, 생산흐름을 통제하기 위하여 사용된다. 칸반은 기본적으로 생산(이동)수량, 제품명, 품번, 다음 공정이나 대기할 장소의 주소, 생산(이동)일자 등의 정보를 담고 있는데, 이로써 생산지시 및 운반지시의 역할을 한다.

정답 ①

119 □□□ ○ △ ×

A점포의 연간 자전거 판매수량은 500대이고, 한 번 주문할 때 소용되는 주문비용은 10만 원이다. 자전거 한 대의 구입가격은 15만 원이며, 재고유지를 위해 매년 부담하는 비용은 대당 1만 원이다. A점포의 경제적 주문량(EOQ)과 최적 주문횟수는 각각 얼마인가?

① 50대, 5회
② 50대, 10회
③ 100대, 5회
④ 100대, 7회
⑤ 250대, 2회

해설

③ (○) 경제적 주문량 = $\sqrt{(2 \times 수요량 \times 주문비용) / 재고유지비용}$

$\qquad$ = $\sqrt{(2 \times 500 \times 100,000) / (10,000)}$

$\qquad$ = $\sqrt{10,000}$

$\qquad$ = <u>100대</u>

최적 주문횟수 = 500 / 100 = <u>5회</u>

정답 ③

120 ☐☐☐ ○ △ ✕

재고품목을 가치나 상대적 중요도에 따라 차별화하여 관리하는 ABC 재고관리에 관한 설명으로 옳은 것은?

① A등급은 재고가치가 낮은 품목들이 속한다.
② A등급 품목은 로트크기를 크게 유지한다.
③ C등급 품목은 재고유지비가 높다.
④ ABC등급 분석을 위해 롱테일(long tail) 법칙을 활용한다.
⑤ 가격, 사용량 등을 기준으로 등급을 구분한다.

해설

⑤ (○) ABC 재고관리는 품목의 가격, 사용량 등을 기준으로 등급별로 분류하는 관리방식으로, 재고비용 감소와 관리효율성 제고를 목적으로 하는데, 파레토 법칙을 기반으로 한다.

[보충] ABC 재고관리

구분	A등급	B등급	C등급
재고가치	높음	중간	낮음
관리수준	엄격	중간	느슨
로트크기	낮게	중간	높게
유지비용	높음	중간	낮음
주문주기	짧게	중간	길게
안전재고	소량	중간	대량

정답 ⑤

121 ☐☐☐ ○ △ ✕

시산표는 재무상태표 구성요소와 포괄손익계산서 구성요소를 한곳에 집계한 표이다. 다음 시산표 등식에서 (   )에 들어갈 항목으로 옳은 것은?

> 자산 + 비용 = 부채 + (   ) + 수익

① 매출액   ② 자본   ③ 법인세
④ 미지급금   ⑤ 감가상각비

해설

② (○) 자산 + 비용 = 부채 + 자본 + 수익

정답 ②

122 ☐☐☐ ○ △ ✕

당좌자산에 해당하는 것을 모두 고른 것은?

> ㄱ. 현금   ㄴ. 보통예금
> ㄷ. 투자부동산   ㄹ. 단기금융상품

① ㄱ, ㄴ   ② ㄷ, ㄹ   ③ ㄱ, ㄴ, ㄹ
④ ㄴ, ㄷ, ㄹ   ⑤ ㄱ, ㄴ, ㄷ, ㄹ

해설

③ (○) ㄱ, ㄴ, ㄹ이 당좌자산에 해당하는 것이다.

[보충] 재무상태표의 항목

자산		
유동 자산	당좌 자산	현금 및 현금성자산, 단기금융자산, 매출채권, 유가증권, 미수금, 선급비용, 선급금 등
	재고 자산	상품, 제품, 반제품, 재공품, 부산물, 원재료(원자재), 저장품, 미착상품 등
	기타	미수수익, 선급비용, 이연법인세자산 등
비유동 자산	투자 자산	장기예금, 장기투자증권, 지분법적용투자주식, 장기대여금, 투자부동산 등
	유형 자산	토지, 건물, 구축물, 기계장치, 선박·항공기, 건설용 장비, 차량운반구, 비품 등
	무형 자산	영업권, 산업재산권(특허권, 상표권, 실용신안권 등), 광업권, 어업권, 개발비, 저작권 등
	기타	장기매출채권, 장기미수금, 장기선급금, 보증금 (임차보증금, 기타 보증금) 등

부채	
유동 부채	매입채무, 단기차입금, 미지급금, 선수금, 예수금, 미지급비용, 선수수익, 유동성장기부채, 단기충당부채 등
비유동 부채	사채, 전환사채등신종사채, 장기차입금, 장기매입채무, 장기미지급금, 장기선수금, 퇴직급여충당부채, 퇴직연금비지급금, 장기충당부채 등

자본	
자본금	보통주자본금, 우선주자본금 등
자본 잉여금	주식발행초과금, 감자차익, 합병차익, 자기주식처분이익, 재평가적립금 등
자본 조정	주식할인발행차금, 감자차손, 자기주식, 미교부주식배당금, 자기주식처분손실, 주식매수선택권 등
이익 잉여금	이익준비금, 재무구조개선적립금, 법정적립금, 기타 임의적립금, 미처분이익잉여금 등

정답 ③

123 ☐☐☐ ○ △ ✕

재무상태표의 항목에 해당되지 않는 것은?

① 차입금   ② 이익잉여금   ③ 매출채권
④ 판매비   ⑤ 재고자산

해설

④ (✕) 판매비는 손익계산서의 계정에 해당되는 것이다.

[보충] 손익계산서의 계정

매출액	
매출원가	
매출총이익	매출액 − 매출원가
판매관리비	급여, 퇴직급여, 복리후생비, 임차료, 접대비, 감가상각비, 세금과 공과, 광고선전비, 경상개발비, 대손상각비, 기타 판매관리비
영업이익	

영업외수익	이자수익, 배당금수익, 임대료, 유가증권처분이익, 유가증권평가이익, 외환차익, 외화환산이익, 지분법평가이익, 투자유가증권감액손실환입, 투자자산처분이익, 유형자산처분이익, 사채상환이익, 법인세환급액, 잡이익
영업외비용	이자비용, 기타 대손상각비, 유가증권처분손실, 유가증권처분이익, 유가증권평가손실, 재고자산평가손실, 외환차손, 외화환산손실, 기부금, 지분법평가손실, 투자유가증권감액손실, 투자자산처분손실, 유형자산처분손실, 사채상환손실, 법인세추납액, 잡손실
법인세비용차감전이익	
법인세비용 등	

정답 ④

124 ☐☐☐ ○ △ ✕

네트워크 붕괴를 목적으로 다수의 잘못된 통신이나 서비스 요청을 특정 네트워크 또는 웹 서버에 보내는 방식을 의미하는 것은?

① 스푸핑(spoofing)
② 스니핑(sniffing)
③ 서비스거부공격(denial−of−service attack)
④ 신원도용(identity theft)
⑤ 피싱(phishing)

해설

① (✕) 스푸핑은 공격자의 악의적인 시도에 의하여 피해자가 잘못된 연결을 신뢰토록 하여 정보를 훔치는 행위로, 2차 피해가 발생하기 쉽다.
② (✕) 스니핑은 네트워크 주변을 지나다니는 패킷을 엿보다가 훔치는 행위로, 약간의 패킷만 훔쳐도 특정 계정의 아이디나 비밀번호를 알아낼 수 있다.
③ (○) 서비스거부공격에 대한 설명이다.
④ (✕) 신원도용은 특정 인물로 가장하기 위하여 그 인물의 주민등록번호나, 운전면허번호, 신용카드번호 등의 정보를 훔치는 행위로, 취직을 목적으로 하는 경우가 빈번하다.
⑤ (✕) 피싱은 금전취득을 목적으로 유명 기관이나 회사를 사칭하여 주민등록번호, 계좌번호, 신용카드번호 등의 정보를 훔치는 행위로, 보이스피싱이 대표적이다.

정답 ③

125 ☐☐☐ ○ △ ✕

다음에서 설명하는 것은?

> 지리적으로 분산된 네트워크 환경에서 수많은 컴퓨터와 저장장치, 데이터베이스 시스템 등과 같은 자원들을 고속네트워크로 연결하여 그 자원을 공유할 수 있도록 하는 방식

① 전문가시스템(Expert System)
② 그린 컴퓨팅(Green Computing)
③ 사물인터넷(Internet of Things)
④ 그리드 컴퓨팅(Grid Computing)
⑤ 인트라넷(Intranet)

해설

① (✕) 전문가시스템(experts system; ES)은 전문가의 지식 등을 컴퓨터에 축적하여 전문가와 동일하거나 그 이상의 문제해결능력을 가진 시스템으로, 현재는 딥러닝이 그 자리를 대체하고 있다.
② (✕) 그린 컴퓨팅은 컴퓨터의 설계, 제조, 사용, 폐기 등 일련의 과정에서 에너지효율성은 최대화하고, 환경영향성은 최소화하자는 기술캠페인의 일환이다.
③ (✕) IoT는 다양한 사물을 인터넷으로 연결하여 사람과 사물, 사물과 사물 간 상호 소통이 가능토록 한 서비스기술로, 사물인터넷이라고도 한다.
④ (○) 그리드 컴퓨팅에 대한 설명이다.
⑤ (✕) 인트라넷은 조직 내부의 업무를 통합하는 폐쇄적 근거리통신망으로, 조직에서만 접속이 가능하다.

정답 ④

101 ☐☐☐ ○ △ ×

제품/시장 매트릭스(product/market matrix)에서 신제품을 가지고 신시장에 진출하는 성장전략은?

① 다각화 전략
② 제품개발 전략
③ 집중화 전략
④ 시장침투 전략
⑤ 시장개발 전략

해설

① (○) 다각화 전략 = 신제품 + 신시장
② (×) 제품개발 전략 = 신제품 + 기존시장
③ (×) 집중화 전략은 포터의 본원적 경쟁전략에서 낮은 원가나 차별화된 재화 · 서비스로 좁은 영역에서 경쟁우위를 차지하기 위한 전략이다.
④ (×) 시장침투 전략 = 기존제품 + 기존시장
⑤ (×) 시장개발 전략 = 기존제품 + 신시장

[보충] 앤소프 매트릭스

	기존제품	신제품
신시장	**시장개발 전략** (기존제품 + 신시장)	**다각화 전략** (신제품 + 신시장)
기존시장	**시장침투 전략** (기존제품 + 기존시장)	**제품개발 전략** (신제품 + 기존시장)

위험도

정답 ①

102 ☐☐☐ ○ △ ×

경영이론의 주창자와 그 내용이 옳지 않은 것은?

① 테일러(Taylor): 차별적 성과급제
② 메이요(Mayo): 비공식조직의 중시
③ 페이욜(Fayol): 권한과 책임의 원칙
④ 포드(Ford): 고임금 고가격의 원칙
⑤ 베버(Weber): 규칙과 절차의 중시

해설

④ (×) 포드: 고임금 저가격의 원칙

정답 ④

103 ☐☐☐ ○ △ ×

생산수량과 일정을 토대로 필요한 자재조달계획을 수립하는 관리시스템은?

① CIM
② FMS
③ MRP
④ SCM
⑤ TQM

해설

① (×) 컴퓨터통합생산(computer integrated manufacturing; CIM)은 생산공정의 모든 단계를 컴퓨터로 통합한 소프트웨어 지향의 관리방식이다.
② (×) 유연생산체계(flexible manufacturing system; FMS)는 다수의 수치제어(CNC) 작업장과 자동화된 물류 · 저장시스템을 연결한 고도의 스마트 생산방식으로, 서로 상이한 공정순서와 처리시간을 가진 공작물의 가공이 가능하다.
③ (○) 자재소요계획(material requirements planning; MRP)은 완제품의 수량과 납기를 기초로 여러 자재의 소요량과 소요시기를 역산하고, 이를 바탕으로 자재조달계획을 수립하여 필요한 시기에 필요한 양의 자재를 필요한 장소에 입고하는 관리방식이다.
④ (×) 공급사슬관리(supply chain management; SCM)는 제품이 생산되어 판매되기까지의 연쇄과정, 즉 공급업자 – 제조업자 – 도매상 – 소매상 – 고객 등의 공급흐름을 전체적으로 설계하는 관리방식이다.
⑤ (×) 전사적 품질경영(total quality management; TQM)은 고객이 요구하는 품질의 제품이나 서비스를 제공하기 위하여 기업 내 구성원 전원이 노력하도록 도모하는 관리방식이다.

정답 ③

104 ☐☐☐ ○ △ ×

다음에서 설명하는 조직이론은?

○ 조직의 환경요인들은 상호의존적인 관계를 형성하여야 한다.
○ 조직생존의 핵심적인 요인은 자원을 획득하고 유지할 수 있는 능력이다.
○ 조직은 자율성과 독립성을 유지하기 위하여 환경에 대한 영향력을 행사해야 한다.

① 제도화이론
② 자원의존이론
③ 조직군생태학이론
④ 거래비용이론
⑤ 학습조직이론

해설

① (×) 제도화이론은 조직의 생존을 위하여는 효율적인 생산체계를 구축하는 것 이상으로 이해관계자들로부터 정당성을 획득하는 것

이 중요하다는 이론이다.

② (O) 자원의존이론에 대한 설명이다.

③ (×) 조직환경의 절대성을 강조하는 조직군생태학이론은 조직의 생존이나 사멸은 조직환경의 선택에 의하여 좌우된다는 이론이다.

④ (×) 거래비용이론은 특정 목적달성을 위한 대안선택 시 내부화보다 외부기업과의 거래비용이 낮은 경우에 기업은 그 거래를 선택한다는 이론이다.

⑤ (×) 학습조직이론은 환경변화를 예측하고 필요한 지식을 습득할 뿐만 아니라 그 지식에 맞추어 행동을 수정하는 학습조직으로써 기업을 성장시킬 수 있다는 이론이다.

정답 ②

105 □□□ ○ △ ×

다음 설명에 해당하는 직무설계는?

> ○ 직무성과가 경제적 보상보다는 개인의 심리적 만족에 있다고 전제한다.
> ○ 종업원에게 직무의 정체성과 중요성을 높여 주고 일의 보람과 성취감을 느끼게 한다.
> ○ 종업원에게 많은 자율성과 책임을 부여하여 직무경험의 기회를 제공한다.

① 직무순환 　　　　　② 직무전문화
③ 직무특성화 　　　　④ 수평적 직무확대
⑤ 직무충실화

해설

① (×) 직무순환은 종업원을 다양한 직무에 배치하여 순환토록 함으로써 기술다양성을 증가시키는 직무설계이다.

② (×) 직무전문화는 종업원이 수행하는 다수의 과업을 숫자 면에서 줄임으로써 생산성을 향상시키는 직무설계이다.

③ (×) 직무특성화는 종업원의 다양성을 고려하여 적합한 과업을 수행토록 함으로써 동기부여를 유도하는 직무설계이다.

④ (×) 수평적 직무확대는 종업원이 수행하는 과업을 숫자 면에서 증가시키되 권한이나 책임은 유지하는 직무설계이다.
참고로, 수직적 직무확대는 권한이나 책임도 함께 증가한다.

⑤ (O) 직무충실화에 대한 설명이다.

[보충] 직무확대

구분	개인 수준	집단 수준
수평적 직무확대	직무확대	직무교차
		직무순환
수직적 직무확대	직무충실	준자율적 작업집단

정답 ⑤

106 □□□ ○ △ ×

호손실험(Hawthorne experiment)의 순서가 바르게 나열된 것은?

> ㄱ. 면접실험　　　　　ㄴ. 조명실험
> ㄷ. 배전기 전선작업실 관찰　　ㄹ. 계전기 조립실험

① ㄱ → ㄴ → ㄷ → ㄹ　　② ㄱ → ㄹ → ㄷ → ㄴ
③ ㄴ → ㄹ → ㄱ → ㄷ　　④ ㄴ → ㄹ → ㄷ → ㄱ
⑤ ㄹ → ㄱ → ㄷ → ㄴ

해설

③ (O) 조명실험 → 계전기 조립실험 → 면접실험 → 배전기 전선작업실 관찰

정답 ③

107 □□□ ○ △ ×

기대이론에서 동기부여를 유발하는 요인에 관한 설명으로 옳지 않은 것은?

① 수단성이 높아야 동기부여가 된다.
② 기대가 높아야 동기부여가 된다.
③ 조직에 대한 신뢰가 클수록 수단성이 높아진다.
④ 가치관에 부합되는 보상이 주어질수록 유의성이 높아진다.
⑤ 종업원들은 주어진 보상에 대하여 동일한 유의성을 갖는다.

해설

⑤ (×) 종업원마다 보상에 부여하는 가치, 즉 유의성이 상이하므로, 조직은 종업원의 기대와 보상을 일치시켜야 한다.

정답 ⑤

108 □□□ ○ △ ×

리더십에 관한 설명으로 옳지 않은 것은?

① 거래적 리더십은 리더와 종업원 사이의 교환이나 거래관계를 통해 발휘된다.
② 서번트 리더십은 목표달성이라는 결과보다 구성원에 대한 서비스에 초점을 둔다.
③ 카리스마적 리더십은 비전달성을 위해 위험감수 등 비범한 행동을 보인다.
④ 변혁적 리더십은 장기비전을 제시하고, 구성원들의 가치관 변화와 조직몰입을 증가시킨다.
⑤ 슈퍼 리더십은 리더가 종업원들을 관리하고 통제할 수 있는 힘과 기술을 가지도록 하는 데 초점을 둔다.

109

○ △ ×

질적 인력수요 예측기법에 해당하지 않는 것은?

① 브레인스토밍법
② 명목집단법
③ 시나리오기법
④ 자격요건분석법
⑤ 노동과학적 기법

해설
⑤ (×) 노동과학적 기법은 양적 인력수요 예측기법에 해당한다.

[보충] 인력수요 예측기법

정성적(질적) 기법	정량적(양적) 기법
• 경영자의 직관 • 자격요건분석법 • 시나리오기법 • 델파이기법 • 명목집단법 등	• 통계적 기법 　– 생산성비율분석법 　– 추세분석법 　– 회귀분석법 등 • 노동과학적 기법 　– 공정별 표준시간산출법 　– 노동시간측정법 등 • 화폐적 기법 등

정답 ⑤

110

○ △ ×

종업원 선발을 위한 면접에 관한 설명으로 옳은 것은?

① 비구조화 면접은 표준화된 질문지를 사용한다.
② 집단 면접의 경우, 맥락효과(context effect)가 발생할 수 있다.
③ 면접의 신뢰성과 타당성을 높이기 위해 면접내용 개발 단계에서 면접관이나 경영진을 배제한다.
④ 위원회 면접은 한 명의 면접자가 여러 명의 피면접자를 평가하는 방식이다.
⑤ 스트레스 면접은 여러 시기에 걸쳐 여러 사람이 면접하는 방식이다.

해설
① (×) 구조화 면접은 미리 정해진 질문을 바탕으로 진행되는 반면, 비구조화 면접은 자유로운 대화 형식으로 진행된다.
② (○) <u>맥락효과는 먼저 알게 된 정보를 나중에 알게 된 정보의 판단 기준으로 삼아 전체적인 맥락을 만드는 경향으로</u>, 집단 면접에서 자주 발생한다.
③ (×) 면접내용 개발단계에 면접관이나 경영진을 참여시킴으로써 면접의 신뢰성과 타당성을 높일 수 있다.
④ (×) 위원회 면접은 다수의 면접자가 한 명의 피면접자를 평가하

⑤ (×) 스트레스 면접은 피면접자의 스트레스에 대한 반응을 평가하는 방식으로, 기간이나 횟수와는 관계없다.

정답 ②

111

○ △ ×

노사관계에 관한 설명으로 옳지 않은 것은?

① 좁은 의미의 노사관계는 집단적 노사관계를 의미한다.
② 메인트넌스숍(maintenance shop)은 조합원이 아닌 종업원에게도 노동조합비를 징수하는 제도이다.
③ 우리나라 노동조합의 조직형태는 기업별 노조가 대부분이다.
④ 사용자는 노동조합의 파업에 대응하여 직장을 폐쇄할 수 있다.
⑤ 채용 이후 자동적으로 노동조합에 가입하는 제도는 유니온숍(union shop)이다.

해설
② (×) 메인터넌스숍은 <u>고용조건으로 일정 기간 동안 조합원 자격을 유지하여야 하는 제도이다.</u>
참고로, 지문은 에이전시숍에 대한 설명이다.

정답 ②

112

○ △ ×

시장세분화에 관한 설명으로 옳지 않은 것은?

① 세분화된 시장 내에서는 이질성이 극대화되도록 해야 한다.
② 효과적인 시장세분화를 위해서는 시장의 규모가 측정 가능해야 한다.
③ 나이, 성별, 소득은 인구통계학적 세분화 기준에 속한다.
④ 제품 사용상황, 추구편익은 행동적 세분화 기준에 속한다.
⑤ 라이프스타일, 성격은 심리도식적 세분화 기준에 속한다.

해설
① (×) 세분화된 시장 내에서는 이질성이 아닌 동질성이 극대화되도록 하여야 한다.

[보충] 시장세분화의 전제조건
• 측정가능성: 세분시장의 특성을 측정할 수 있어야 한다.
• 접근가능성: 세분시장에 유효하게 접근할 수 있어야 한다.
• 실행가능성: 세분시장별 마케팅믹스를 개발할 수 있어야 한다.
• 이질(동이)성: <u>세분시장 내의 동질성과 세분시장 간의 이질성이 있어야 한다.</u>
• 실질성: 세분시장이 규모의 경제가 가능할 정도로 커야 한다.

정답 ①

113 ☐☐☐   ○ △ ✕

A사가 프린터를 저렴하게 판매한 후 그 프린터의 토너를
비싼 가격으로 결정하는 방법은?

① 종속제품 가격결정(captive product pricing)
② 묶음 가격결정(bundle pricing)
③ 단수 가격결정(odd pricing)
④ 침투 가격결정(penetration pricing)
⑤ 스키밍 가격결정(skimming pricing)

해설

① (○) 종속제품 가격결정에 대한 설명이다.
② (✕) 묶음 가격결정은 둘 이상의 상품을 결합하여 할인된 가격으
   로 제공하는 전략이다.
③ (✕) 단수 가격결정은 상품의 가격에 단수를 붙이는 전략이다.
   [보충] 단수란 2로 나누면 1이 남는 1, 3, 5, 7, 9 등의 홀수를
   말한다.
④ (✕) 침투 가격결정(초기저가전략)은 신제품 도입 초기에 저가로
   시장에 진입하여 인지도에 따라 점진적으로 가격을 높이는 전략으
   로, 수요의 가격탄력성이 높은 경우에 적합하다.
⑤ (✕) 스키밍 가격결정(초기고가전략)은 신제품 도입 초기에 고가
   로 시장에 진입하여 가격에 둔감한 고소득층을 공략하고, 점진적
   으로 가격을 낮추어 중산층과 저소득층까지 흡수하는 전략으로,
   수요의 가격탄력성이 낮은 경우에 적합하다.

정답 ①

114 ☐☐☐   ○ △ ✕

제품 구성요소 중 유형제품(tangible product)에 해당하는
것은?

① 보증(guarantee)   ② 상표명(brand name)
③ 대금결제방식(payment)   ④ 배달(delivery)
⑤ 애프터서비스(after service)

해설

② (○) 제품 구성요소 중 유형제품에 해당하는 것은 상표명이고, 나
   머지는 모두 확장제품에 해당하는 것이다.
   [보충] 제품 구성요소
   • 핵심제품: 가장 근본적인 차원의 제품으로, 소비자가 제품을
     구매함으로써 얻고자 하는 편익 그 자체
   • 유형제품: 핵심제품을 형상화한 실제적 제품 예 브랜드, 스타일,
     품질, 특성, 포장 등
   • 확장제품: 핵심제품과 유형제품을 확장한 부가적 편익 예 배달,
     설치, 보증, 대금결제방식, A/S 등

정답 ②

115 ☐☐☐   ○ △ ✕

다음에서 증권시장선(SML)을 이용하여 A주식의 균형기대
수익률을 구한 값은?

> ○ 무위험이자율: 5%
> ○ 시장포트폴리오 기대수익률: 10%
> ○ A주식의 베타: 1.2

① 5%   ② 7%   ③ 9%
④ 11%   ⑤ 13%

해설

④ (○) A주식의 균형기대수익률
   = 무위험이자율 + (시장포트폴리오 기대수익률 − 무위험이자
     율) × A주식의 베타
   = 5% + (10% − 5%) × 1.2
   = 0.05 + (0.10 − 0.05) × 1.2
   = 0.11 = 11%

정답 ④

116 ☐☐☐   ○ △ ✕

자본자산가격결정모형(CAPM)의 가정으로 옳지 않은 것은?

① 투자자는 위험회피형 투자자이며, 기대효용 극대화를
   추구한다.
② 무위험자산이 존재하며, 무위험이자율로 무제한 차입
   또는 대출이 가능하다.
③ 세금과 거래비용이 존재하는 불완전자본시장이다.
④ 투자자는 평균−분산 기준에 따라 포트폴리오를 선택
   한다.
⑤ 모든 투자자는 투자대상의 미래수익률의 확률분포에
   대하여 동질적 예측을 한다.

해설

③ (✕) 자본자산가격결정모형은 가정의 비현실성으로 인하여 비판
   받고 있다.
   [보충] 자본자산가격결정모형의 가정
   • 투자자의 절대적 합리성
   • 미래수익률의 동질적 예측
   • 평균−분산 기준에 의한 선택
   • 단일기간의 투자
   • 무위험자산의 존재
   • 완전자본시장(세금과 거래비용 부존재)

정답 ③

117 ☐☐☐   ○ △ ×

자본시장선(CML)에 관한 설명으로 옳은 것을 모두 고른 것은?

> ㄱ. 위험자산과 무위험자산을 둘 다 고려할 경우의 효율적 투자기회선이다.
> ㄴ. 자본시장선 아래에 위치하는 주식은 주가가 과소평가된 주식이다.
> ㄷ. 개별주식의 기대수익률과 체계적 위험 간의 선형관계를 나타낸다.
> ㄹ. 효율적 포트폴리오의 균형가격을 산출하는 데 필요한 할인율을 제공한다.

① ㄱ, ㄴ   ② ㄴ, ㄷ   ③ ㄱ, ㄹ
④ ㄷ, ㄹ   ⑤ ㄴ, ㄷ, ㄹ

해설

③ (○) ㄱ, ㄹ이 옳은 것이다.

[보충] 증권시장선과 자본시장선
- 증권시장선: 개별자산의 균형수익률 도출을 위한 모형으로, 위험을 체계적 위험으로 계산하고, 효율적 포트폴리오뿐만 아니라 모든 자산에 성립한다.
  - 증권시장선 상단에 위치: 과소평가된 주식 [상승]
  - 증권시장선 하단에 위치: 과대평가된 주식 [하락]
- 자본시장선: 위험자산과 무위험자산 모두를 고려할 경우의 효율적 투자기회선으로, 위험을 총위험(체계적 위험 + 비체계적 위험)으로 계산하고, 효율적 포트폴리오에만 성립한다.

정답 ③

118 ☐☐☐   ○ △ ×

유동비율 = {(A) / 유동부채} × 100, 자기자본순이익률 (ROE) = (1 + 부채비율) × (B)일 때 각각 옳게 짝지어진 것은?

① A: 유동자산, B: 총자본순이익률
② A: 유동자산, B: 매출액순이익률
③ A: 유동자산, B: 총자본회전율
④ A: 유형자산, B: 총자본회전율
⑤ A: 유형자산, B: 매출액영업이익률

해설

① (○) 유동비율 = (유동자산 / 유동부채) × 100, 자기자본순이익률 (ROE) = (1 + 부채비율) × 총자본순이익률

[보충] 자기자본순이익률을 달리 표현하면 다음과 같다.

> ROE = 순이익률 × 총자산회전율 × 재무레버리지
> = (순이익 / 매출액) × (매출액 / 총자산) × (총자산 / 자기자본)

정답 ①

119 ☐☐☐   ○ △ ×

회계감사의 감사의견에 포함되지 않는 것은?

① 적정의견   ② 부적정의견   ③ 한정의견
④ 불한정의견   ⑤ 의견거절

해설

④ (×) 회계감사의 감사의견에는 적정의견, 한정의견, 부적정의견, 의견거절이 있다.

[보충] 회계감사
기업이 작성한 회계기록을 독립적 제3자, 주로 공인회계사가 분석·검토하여 그 적정 여부에 관한 감사의견을 표명하는 절차로, 감사목적에 따라 재무제표감사, 이행감사 및 업무감사로 구분하나, 일반적으로 회계감사라 함은 재무제표감사를 의미한다.

정답 ④

120 ☐☐☐   ○ △ ×

자본항목에 해당하는 것은?

① 이익잉여금   ② 사채   ③ 영업권
④ 미수수익   ⑤ 선수수익

해설

① (○) 영업권과 미수수익은 자산항목, 사채와 선수수익은 부채항목, 이익잉여금은 자본항목에 해당한다.

[보충] 재무상태표의 항목

자산		
유동자산	당좌자산	현금 및 현금성자산, 단기금융자산, 매출채권, 유가증권, 미수금, 선급비용, 선급금 등
	재고자산	상품, 제품, 반제품, 재공품, 부산물, 원재료(원자재), 저장품, 미착상품 등
	기타	미수수익, 선급비용, 이연법인세자산 등
비유동자산	투자자산	장기예금, 장기투자증권, 지분법적용투자주식, 장기대여금, 투자부동산 등
	유형자산	토지, 건물, 구축물, 기계장치, 선박·항공기, 건설용 장비, 차량운반구, 비품 등
	무형자산	영업권, 산업재산권(특허권, 상표권, 실용신안권 등), 광업권, 어업권, 개발비, 저작권 등
	기타	장기매출채권, 장기미수금, 장기선급금, 보증금(임차보증금, 기타 보증금) 등
부채		
유동부채		매입채무, 단기차입금, 미지급금, 선수금, 예수금, 미지급비용, 선수수익, 유동성장기부채, 단기충당부채 등
비유동부채		사채, 전환사채등신종사채, 장기차입금, 장기매입채무, 장기미지급금, 장기선수금, 퇴직급여충당부채, 퇴직연금비지급금, 장기충당부채 등
자본		
자본금		보통주자본금, 우선주자본금 등
자본잉여금		주식발행초과금, 감자차익, 합병차익, 자기주식처분이익, 재평가적립금 등
자본조정		주식할인발행차금, 감자차손, 자기주식, 미교부주식배당금, 자기주식처분손실, 주식매수선택권 등

이익 잉여금	이익준비금, 재무구조개선적립금, 법정적립금, 기타 임의 적립금, 미처분이익잉여금 등

정답 ①

121 □□□ ○ △ ×

최근 3개월 자료로 가중이동평균법을 적용할 때 5월의 예측
생산량은? (단, 가중치는 0.5, 0.3, 0.2를 적용한다)

구분	1월	2월	3월	4월
제품생산량(개)	90만	70만	90만	110만

① 87만 개　　② 90만 개　　③ 93만 개
④ 96만 개　　⑤ 99만 개

해설

④ (O) 가중이동평균법은 가장 최근의 실적일수록 높은 가중치를
　　부여하므로, 5월의 예측생산량은 다음과 같이 구할 수 있다.
　　5월의 예측생산량 = (70만 × 0.2) + (90만 × 0.3) + (110만 × 0.5)
　　　　　　　　　　　= 140,000 + 270,000 + 550,000
　　　　　　　　　　　= 960,000 = 96만 개

정답 ④

122 □□□ ○ △ ×

다음이 설명하는 기법은?

> ○ 비구조적인 문제를 다루는 데 유용하다.
> ○ 경험을 체계화하고 정형화하여 해결책을 발견한다.

① 팀빌딩　　② 휴리스틱　　③ 군집분석
④ 회귀분석　　⑤ 선형계획법

해설

① (×) 팀빌딩은 조직 내 구성원들 간의 팀워크를 향상시킴으로써
　　효율적인 성과를 달성하기 위한 일련의 활동으로, 게임이나 토론,
　　프로젝트 협업훈련 등을 활용한다.
② (O) 휴리스틱에 대한 설명이다.
　　[보충] 휴리스틱
　　불충분한 정보나 시간으로 인하여 합리적인 판단이 불가하거나,
　　합리적인 판단이 불필요한 상황하에서 만족할 만한 해결방안을
　　찾는 기법으로, 발견법이라고도 한다.
③ (×) 군집분석은 각 데이터의 유사성을 측정하여 다수의 군집으로
　　분류하고, 군집 간 상이성을 규명하는 기법이다.
④ (×) 회귀분석은 독립변수와 종속변수 사이의 함수관계를 데이터
　　에 의하여 규명하는 기법이다.
⑤ (×) 선형계획법은 한정된 조건을 효율적으로 할당하여 목적함수
　　를 최대화하거나 최소화하는 기법이다.

정답 ②

123 □□□ ○ △ ×

전사적 자원관리(ERP) 도입의 효과가 아닌 것은?

① 신기술 수용 및 활용
② 사업장 및 업무 통합
③ 고객이미지 개선
④ 정보 적시제공
⑤ 업무프로세스 복잡화

해설

⑤ (×) 전사적 자원관리(enterprise resource planning; ERP)는 기업
　　전체의 관점에서 생산자원뿐만 아니라 인사자원, 재무자원, 시간
　　자원 등 광의적 개념의 경영자원을 하나의 통합시스템으로 재구축
　　하여 생산성을 극대화하는 관리기법으로, 업무프로세스 효율화를
　　목적으로 한다.

정답 ⑤

124 □□□ ○ △ ×

모바일 비즈니스의 특성으로 옳지 않은 것은?

① 편재성　　② 접근성　　③ 고정성
④ 편리성　　⑤ 접속성

해설

③ (×) e-비즈니스와 구별되는 모바일 비즈니스의 가장 뚜렷한 특성
　　은 이동성과 접근성이다.
　　[보충] e-비즈니스와 모바일 비즈니스

e - 비즈니스	모바일 비즈니스
• PC 등	• 스마트폰 등
• 넓은 화면	• 작은 화면
• 큰 용량의 메모리	• 적은 용량의 메모리
• 빠른 처리속도	• 비교적 느린 처리속도
• 다양한 입출력장치	• 단일한 입출력장치
• 고정성	• 이동성·접근성

정답 ③

125 □□□ ○ △ ×

빅데이터(big data)의 기본적 특성(3v)으로 옳은 것을 모두
고른 것은?

> ㄱ. 거대한 양(volume)　　ㄴ. 모호성(vagueness)
> ㄷ. 다양한 형태(variety)　　ㄹ. 생성속도(velocity)

① ㄱ, ㄴ　　② ㄴ, ㄷ　　③ ㄱ, ㄴ, ㄹ
④ ㄱ, ㄷ, ㄹ　　⑤ ㄴ, ㄷ, ㄹ

해설

④ (O) ㄱ, ㄷ, ㄹ이 빅데이터의 기본적 특성으로 옳은 것이다.

[보충] 빅데이터의 기본적 특성(V)과 새로운 특성(V)
- 대용량(volume), 생성속도(velocity), 다양성(variety)
- 정확성(veracity), 가변성(variability), 시각화(visualization)

> **빅데이터 분석기술**
> - 아파치 하둡: 대용량 자료를 처리할 수 있는 컴퓨터 클러스터에서 동작하는 분산응용프로그램 지원
> - 텍스트마이닝: 비(반)정형 텍스트데이터로부터 자연언어처리기술에 기하여 유용한 정보를 추출
> - 오피니언마이닝: 소셜미디어 등의 정형 · 비정형 텍스트의 선호도(긍정 · 부정 · 중립)를 판별
> - 소셜네트워크 분석: 소셜네트워크의 연결구조, 강도 등을 바탕으로 사용자의 영향력을 측정
> - 군집분석: 각 데이터의 유사성을 측정하여 다수의 군집으로 분류하고, 군집 간 상이성을 규명

정답 ④

101 □□□   ○ △ ×

막스 베버(Max Weber)가 제시한 관료제이론의 주요 내용이 아닌 것은?

① 규정에 따른 직무배정과 직무수행
② 능력과 과업에 따른 선발과 승진
③ 상황적합적 관리
④ 계층에 의한 관리
⑤ 규칙과 문서에 의한 관리

해설

③ (×) 상황적합적 관리는 모든 상황에 적합한 최선의 보편적 원리를 부정하고, 각 상황에 따라 달리 대응하여야 함을 강조하므로, 이를 전제하는 관료제이론 등의 고전이론과는 거리가 멀다.

정답 ③

102 □□□   ○ △ ×

매슬로우(A.H. Maslow)가 제시한 욕구단계이론의 내용이 아닌 것은?

① 권한위임에 대한 욕구
② 신체적 안전에 대한 욕구
③ 소속감이나 애정에 대한 욕구
④ 의식주에 대한 욕구
⑤ 존경받고 싶은 욕구

해설

① (×) 권한위임에 대한 욕구는 매슬로우가 제시한 욕구단계이론의 내용이 아닌 것이다.

[보충] 욕구단계이론

인간의 욕구는 중요도에 따라 일련의 단계를 형성한다는 동기이론 중 하나로, 발표 당시 매슬로우는 인간의 욕구를 5단계로 분류하였는데, 일반적으로 하위욕구가 우선적으로 나타나고, 이를 만족시키지 아니하는 이상 상위욕구는 나타나지 아니한다.

성장	자아실현 욕구	잠재력을 극대화하여 자기의 완성을 바라는 욕구
결핍	존중욕구	내외적으로 인정을 받고 지위를 확보하고자 하는 욕구
	소속 및 애정 욕구	타인과 관계를 형성하고 사랑하며 사랑받고자 하는 욕구
	안전욕구	생리적 욕구의 박탈로부터 자유로워지고자 하는 욕구
	생리적 욕구	산소, 의식주 등 삶 그 자체를 유지하기 위한 욕구

정답 ①

103 □□□   ○ △ ×

다음에서 설명하는 경영혁신기법으로 옳은 것은?

> 통계적 품질관리를 기반으로 품질혁신과 고객만족을 달성하기 위하여 전사적으로 실행하는 경영혁신기법이며, 제조과정뿐만 아니라 제품개발, 판매, 서비스, 사무업무 등 거의 모든 분야에서 활용 가능함

① 학습조직(learning organization)
② 다운사이징(downsizing)
③ 리스트럭처링(restructuring)
④ 리엔지니어링(reengineering)
⑤ 6시그마(six sigma)

해설

① (×) 조직학습은 구성원들의 경험으로부터 창출된 지식을 조직 수준에서 유지하고 전달하는 과정으로, 조직학습이 효과적으로 이루어지는 조직을 학습조직이라고 한다.

② (×) ③ (×) 리스트럭처링, 곧 구조조정은 기업의 체질개선을 위하여 부실 사업단위를 통폐합하거나 축소·폐지하는 급진적 경영혁신기법으로, 수익성을 제고할 수 있으나 사기저하와 생산성 하락 등의 부작용이 나타날 수 있다.
참고로, 다운사이징은 장기적 리스트럭처링 중 하나이다.

④ (×) 리엔지니어링은 기업의 프로세스를 고객만족의 관점에서 근본적으로 재설계함으로써 비용, 품질, 서비스 등 기업의 핵심성과의 개선을 추구하는 경영혁신기법이다.

⑤ (○) 6시그마에 대한 설명이다.

[보충] 식스시그마(6σ)

완벽에 가까운 제품이나 서비스의 개발·제공·관리를 목적으로 정립된 품질경영기법이자 철학으로, 모토로라의 엔지니어 빌 스미스에 의하여 개발되었다. 시그마는 정규분포에서의 표준편차로, 6시그마는 100만 개 중에서 3.4개, 즉 3.4ppm의 불량률을 추구한다는 의미이다. 이를 위하여 제조 분야뿐만 아니라 연구·개발, 영업, 서비스 등 기업의 모든 분야에 적용한다는 점에서 품질개선만을 중시하는 전사적 품질경영(TQM)과 차이가 있다.

정답 ⑤

104 □□□   ○ △ ×

브릭스(BRICs)로 일컬어지는 신흥경제권 국가가 아닌 것은?

① 인도   ② 캐나다   ③ 러시아
④ 브라질   ⑤ 중국

해설

② (×) 기존 선진국의 위상이 상대적으로 축소되고 면적과 인구규모가 큰 이머징마켓(신흥개발국)이 부상함에 따라 붙여진 이름으로,

브라질(Brazil), 러시아(Russia), 인도(India), 중국(China)이 BRICs
로 시작하였으나, 후에 남아프리카 공화국(South Afreca)이 정식으
로 참가하면서 BRICS가 되었다.

정답 ②

105

임금수준의 관리에 관한 설명으로 옳지 않은 것은?

① 대외적 공정성을 확보하기 위해서는 노동시장의 임금
  수준 파악이 필요하다.
② 기업의 임금 지불능력을 파악하는 기준으로 생산성과
  수익성을 들 수 있다.
③ 임금수준 결정 시 선도전략은 유능한 종업원을 유인하
  는 효과가 크다.
④ 임금수준의 관리는 적정성의 원칙을 지향한다.
⑤ 임금수준의 하한선은 기업의 지불능력에 의하여 결정
  된다.

해설
⑤ (×) 임금수준의 상한선은 기업의 지불능력(생산성·수익성), 하
  한선은 종업원의 생계비(실태생계비·이론생계비)와 최저임금제
  에 의하여 결정된다.

정답 ⑤

106

**허츠버그(F. Herzberg)의 2요인이론에서 동기요인을 모두
고른 것은?**

ㄱ. 상사와의 관계	ㄴ. 성취
ㄷ. 회사정책 및 관리방침	ㄹ. 작업조건
ㅁ. 인정	

① ㄱ, ㄴ   ② ㄱ, ㅁ   ③ ㄴ, ㄷ
④ ㄴ, ㅁ   ⑤ ㄹ, ㅁ

해설
④ (○) 허츠버그(Herzberg)의 동기-위생이론은 2요인이론이라고도
  하는데, 동기유발을 자극하는 요인에는 직무 그 자체와 관계되는
  내적 요인(만족·동기), 직무환경과 관계되는 외적 요인(불만족·
  위생)이 있다. 위 경우 성취, 인정은 직무 그 자체와 관계되므로
  동기요인, 상사와의 관계, 회사정책 및 관리방침, 작업조건은 직무
  환경과 관계되므로 위생요인이라 할 것이다.
  참고로, 허츠버그에 따르면, 만족의 반대는 만족하지 못함이고,
  불만족의 반대는 불만족하지 아니함이다.
  [보충] 허츠버그의 동기-위생이론
  • 내적 요인: 만족하지 못함 ↔ 만족 [동기요인]
  • 외적 요인: 불만족 ↔ 불만족하지 아니함 [위생요인]

정답 ④

107

다음 설명에 해당하는 인사평가기법은?

> 평가자가 피평가자의 일상 작업생활에 대한 관찰 등을 통해
> 특별히 효과적이거나 비효과적인 행동, 업적 등을 기록하
> 고, 이를 평가시점에 정리하여 평가하는 기법

① 서열법   ② 평정척도법
③ 체크리스트법   ④ 중요사건기술법
⑤ 강제선택서술법

해설
① (×) 서열법은 직무의 상대적 가치, 즉 중요도, 난이도, 위험도 등
  에 기하여 피평가자의 서열을 매겨 평가하는 인사평가기법이다.
② (×) 평정척도법은 피평가자의 성과달성 정도를 사전에 개발한 단
  계적 척도로써 평가하는 인사평가기법이다.
③ (×) 체크리스트법은 능력, 태도, 작업, 성과 등에 관련된 표준행동
  을 기술하고, 평가자가 해당 기술문과 피평가자를 대조·체크하여
  평가하는 인사평가기법이다.
④ (○) 중요사건기술법에 대한 설명이다.
⑤ (×) 강제선택서술법은 평가자가 응답방식이 예, 아니오 등 쌍으
  로 구분되어 있는 평가항목 중 피평가자와 가까운 것을 선택하여
  평가하는 인사평가기법이다.

정답 ④

108

다음 설명에 해당하는 것은?

> 전환배치 시 해당 종업원의 '능력(적성) – 직무 – 시간'이라
> 는 세 가지 측면을 모두 고려하여 이들 간의 적합성을 극대
> 화시켜야 된다는 원칙

① 연공주의   ② 균형주의
③ 상향이동주의   ④ 인재육성주의
⑤ 적재적소적시주의

해설
⑤ (○) 적재적소적시주의에 대한 설명이다.
  [보충] 전환배치의 원칙
  • 적재적소적시주의: 종업원의 능력(적성) – 직무 – 시간의 적합
    성을 극대화시켜야 한다.
  • 인재육성주의: 종업원의 능력을 소모시키기보다는 성장시켜야
    한다.
  • 균형주의: 조직 내 상하좌우 모든 종업원에 대하여 고려하여야
    한다.

정답 ⑤

109 □□□   ○ △ ✕

인간관계론에 해당하는 내용은?

① 기획업무와 집행업무를 분리시킴으로써 계획과 통제의 개념 확립

② 시간 및 동작 연구를 통하여 표준과업량 설정

③ 자연발생적으로 형성된 비공식조직의 존재 인식

④ 과업에 적합한 근로자 선발 및 교육훈련방법 고안

⑤ 전문기능별 책임자가 작업에 대한 분업적 지도 수행

해설

③ (○) 호손실험의 결과에 기초하여 대두된 인간관계론은 인간을 기계적으로 취급하지 아니하고, 근로자의 욕구와 비공식조직을 중시하며, 조직과 근로자의 목표 간에 균형을 유지하는 참여적 관리를 추구하였다.

참고로, 나머지 지문들은 모두 테일러의 과학적 관리론에 대한 설명이다.

정답 ③

110 □□□   ○ △ ✕

직무기술서에 포함되는 사항이 아닌 것은?

① 요구되는 지식   ② 작업조건

③ 직무수행의 절차   ④ 수행되는 과업

⑤ 직무수행의 방법

해설

① (○) 요구되는 지식은 직무명세서에 포함되는 사항이다.

[보충] 직무기술서와 직무명세서

• 직무기술서: 직무분석 결과에 따라 직무 자체에 대한 전반적인 내용을 체계적으로 정리 · 작성한 기록으로, 직무의 명칭, 직종, 직무내용 요약, 수행과업, 직무수행의 방법 및 절차, 사용되는 장비 · 도구, 작업조건 등을 포함하여야 한다.

• 직무명세서: 직무분석 결과에 따라 직무수행자가 갖추어야 할 요건을 체계적으로 정리 · 작성한 기록으로, 직무의 명칭, 직종, 요구되는 교육수준, 기술수준, 지식수준, 정신적 · 육체적 능력, 작업경험 등을 포함하여야 한다.

정답 ①

111 □□□   ○ △ ✕

프렌치(J.R.P. French)와 레이븐(B. Raven)이 구분한 5가지 권력유형이 아닌 것은?

① 합법적 권력   ② 기회적 권력   ③ 강제적 권력

④ 보상적 권력   ⑤ 준거적 권력

해설

② (✕) 프렌치와 레이븐이 구분한 5가지 권력유형은 강제적 권력, 보상적 권력, 합법적 권력, 전문적 권력, 준거적 권력이다.

[보충] 리더의 권력원천

구분	종류	원천
공식적 권력	강제적 권력	징계 · 처벌
	보상적 권력	수당 · 승진
	합법적 권력	조직 내 지위
개인적 권력	전문적 권력	전문성
	준거적 권력	인간성

정답 ②

112 □□□   ○ △ ✕

다음 설명에 해당하는 지각오류는?

> 어떤 대상(개인)으로부터 얻은 일부 정보가 다른 부분의 여러 정보들을 해석할 때 영향을 미치는 것

① 자존적 편견   ② 후광효과   ③ 투사

④ 통제의 환상   ⑤ 대조효과

해설

① (✕) 자존적 편견은 유리한 결과의 원인은 자신에게서 찾고, 불리한 결과의 원인은 타인이나 외부환경에서 찾는 경향이다.

② (○) 후광효과에 대한 설명이다.

③ (✕) 투사는 개인의 부정적 감정이나 태도의 원인을 타인에게서 찾거나 타인에게 전이시키려는 경향이다.

④ (✕) 통제의 환상은 개인이 사건이나 환경을 자신이 원하는 방향으로 쉽게 이끌 수 있다고 믿는 경향이다.

⑤ (✕) 대조효과는 둘 이상의 서로 다른 자극을 비교할 때 그 차이가 실제보다 더 크게 느껴지는 경향이다.

정답 ②

113 □□□   ○ △ ✕

보스턴 컨설팅 그룹(BCG)의 사업 포트폴리오 매트릭스에 관한 설명으로 옳은 것은?

① 산업의 매력도와 사업의 강점을 기준으로 분류한다.

② 물음표(question mark)에 속해 있는 사업단위는 투자가 필요하나 성장가능성은 낮다.

③ 개(dog)에 속해 있는 사업단위는 확대전략이 필수적이다.

④ 별(star)에 속해 있는 사업단위는 철수나 매각이 필수적이다.

⑤ 자금젖소(cash cow)에 속해 있는 사업단위는 수익이 높고 안정적이다.

해설

① (✕) 상대적 시장점유율과 시장성장률을 기준으로 분류한다.

② (✕) 물음표에 속하여 있는 사업단위는 성장가능성이 높아 투자가

필요하다.
③ (✕) 개에 속하여 있는 사업단위는 철수나 매각이 필수적이다.
④ (✕) 별에 속하여 있는 사업단위는 확대전략이 필수적이다.
⑤ (〇) 자금젖소에 속하여 있는 사업단위는 수익이 높고 안정적이므로, 현금확보가 용이하다.

[보충] 보스톤 컨설팅 그룹은 기업의 다양한 포트폴리오를 네 영역의 매트릭스로 설명하였는데, 이를 BCG 매트릭스라고 한다.
• 별(star): 상대적 시장점유율과 시장성장률이 모두 높아 계속적인 투자를 요하는 유망사업
• 현금젖소(cash cow): 상대적 시장점유율이 높아 시장성장률이 낮아도 현금을 확보하기 좋은 사업
참고로, 현금젖소로 창출된 많은 잉여자금은 주로 별이나 물음표에 재투자한다.
• 물음표(question mark): 상대적 시장점유율은 낮으나 시장성장률이 높은 신규사업
참고로, 물음표는 별이 될 수도 있고 개가 될 수도 있는 사업으로, 투자를 결정하였다면 상대적 시장점유율을 높이기 위하여 많은 투자를 요한다.
• 개(dog): 상대적 시장점유율과 시장성장률이 모두 낮아 철수를 요하는 사업

BCG 매트릭스

정답 ⑤

114 □□□ 〇 △ ✕

마케팅 커뮤니케이션 활동인 촉진믹스(promotion mix)의 구성요소와 관련이 없는 것은?
① 선별적 유통점포 개설 ② 구매시점 진열
③ PR(public relations) ④ 광고
⑤ 인적 판매

해설
① (✕) 선별적 유통점포 개설은 촉진믹스의 구성요소와 관련이 없는 것이다.
[보충] 촉진믹스
촉진믹스는 마케팅 커뮤니케이션을 위한 기업의 수단이다.
• 광고: 기업의 제품이나 서비스를 노출하기 위한 (유료) 비개인적 커뮤니케이션 예 인쇄광고, CF, 인터넷광고 등
• 인적 판매: 기존고객이나 잠재고객에 대한 개인적 커뮤니케이션 예 박람회, 전시회, 세미나 등
• 판매촉진: 제품이나 서비스의 구매를 촉진하기 위한 커뮤니케이션 예 가격할인, 할인쿠폰, 팝업스토어 등

• PR(public relation): 기업의 이미지나 평판을 제고하기 위한 (무료) 커뮤니케이션 예 보도, 광고, 캠페인 등
• 직접마케팅: 기업이 제품이나 서비스를 소비자에게 직접 제공하기 위한 커뮤니케이션 예 카탈로그, 이메일, SNS 등

정답 ①

115 □□□ 〇 △ ✕

소비자들의 구매의사결정과정을 순서대로 바르게 나열한 것은?
① 정보탐색 → 필요인식 → 대안평가 → 구매 → 구매 후 행동
② 정보탐색 → 필요인식 → 구매 → 대안평가 → 구매 후 행동
③ 정보탐색 → 대안평가 → 필요인식 → 구매 → 구매 후 행동
④ 필요인식 → 정보탐색 → 대안평가 → 구매 → 구매 후 행동
⑤ 대안평가 → 정보탐색 → 필요인식 → 구매 → 구매 후 행동

해설
④ (〇) 필요인식 → 정보탐색 → 대안평가 → 구매(의사결정) → 구매 후 행동
[보충] 구매의사결정과정
• 필요인식: 소비자의 실제적 상황과 이상적 상황의 차이(필요)를 인식하는 단계
• 정보탐색: 필요충족을 위하여 상품에 대한 정보를 찾는 단계
• 대안평가: 찾은 정보를 바탕으로 대안을 만들어 각 대안을 비교하는 단계
• 구매(의사결정): 가장 만족스러운 대안을 선택하는 단계
• 구매 후 행동: 구매한 상품에 대한 만족을 평가하는 단계(이후 구매의사결정과정에 영향)

정답 ④

116 □□□ 〇 △ ✕

제품구매에 대한 심리적 불편을 겪게 되는 인지부조화(cognitive dissonance)에 관한 설명으로 옳은 것은?
① 반품이나 환불이 가능할 때 많이 발생한다.
② 구매제품의 만족수준에 정비례하여 발생한다.
③ 고관여 제품에서 많이 발생한다.
④ 제품구매 전에 경험하는 긴장감과 걱정의 감정을 뜻한다.
⑤ 사후서비스(A/S)가 좋을수록 많이 발생한다.

해설
① (✕) ④ (✕) ⑤ (✕) 제품구매에 대한 심리적 불편을 겪게 되는

인지부조화, 즉 구매 후 부조화는 제품구매 이후에 자신의 선택에 대하여 느끼는 의구심이므로, 선택을 번복할 수 있는 반품이나 환불이 가능하거나 사후서비스가 좋을수록 적게 발생한다.

② (×) 위와 같은 이유로, 구매제품의 만족수준에 반비례하여 발생한다.

③ (○) 고관여 제품은 고가이어서 구매를 결정하기까지 오랜 시간이 소요되는, 즉 구매리스크가 큰 제품이므로, 인지부조화가 많이 발생할 수밖에 없다.

정답 ③

117 □□□   ○ △ ×

총자산회전율의 산식은?

① 매출액/매출채권   ② 매출액/총자산

③ 순이익/자기자본   ④ 총자산/매출액

⑤ 자기자본/순이익

해설

① (×) 매출액 / 매출채권 = 매출채권회전율

② (○) ④ (×) 매출액 / 총자산 = 총자산회전율

③ (×) ⑤ (×) 순이익 / 자기자본 = 자기자본이익률

정답 ②

118 □□□   ○ △ ×

주식에 관한 설명으로 옳지 않은 것은?

① 기업의 이익 중 일부를 주주에게 분배하는 것을 배당이라 한다.

② 기업은 발행한 보통주에 대한 상환의무를 갖지 않는다.

③ 주식은 자금조달이 필요한 경우 추가로 발행될 수 있다.

④ 모든 주식은 채권과 달리 액면가가 없다.

⑤ 주주는 투자한 금액 내에서 유한책임을 진다.

해설

④ (×) 액면가는 주식이나 채권에 표시되는 표면가격이다.

정답 ④

119 □□□   ○ △ ×

생산시스템 설계에 해당하는 것은?

① 일정관리   ② 시설입지   ③ 재고관리

④ 품질관리   ⑤ 수요예측

해설

② (○) 제품생산을 위한 준비, 제품 및 공정 설계, 생산능력 결정, 시설입지 선정, 설비배치, 작업설계 및 측정 등이 생산시스템 설계에 해당한다.

참고로, 나머지는 생산시스템 운영 및 통제에 해당한다.

정답 ②

120 □□□   ○ △ ×

해리스(F.W. Harris)가 제시한 EOQ(경제적 주문량) 모형의 가정으로 옳은 것은?

① 단일품목만을 대상으로 한다.

② 조달기간은 분기단위로 변동한다.

③ 수량할인이 적용된다.

④ 연간수요량은 알 수 없다.

⑤ 주문비용은 주문량에 정비례한다.

해설

① (○) 조달기간은 일정하며, 수량할인은 적용되지 아니하고, 연간수요량은 확정적이며, 주문비용은 주문량에 관계없이 일정하다.

[보충] 경제적 주문량을 위한 가정

• 해당 품목의 수요는 정확하게 예측 가능하다.
  - 단일품목으로서 일정한 수요율을 가지고, 연간 수요량은 확정적이다.
  - 수요는 연중 균일하게 발생하고, 재고유지비용은 주문량에 따라 선형적으로 증가한다.
• 재고의 사용량은 일정하다.
• 주문량은 전량 일시에 입고된다.
• 조달기간은 일정하다.
• 각 주문은 지연 없이 끊이지 아니하고 계속된다.
• 재고부족이나 품절은 발생하지 아니한다.
• 단위당 재고유지비용은 일정하다.
• 단위당 주문비용은 할인이 적용되지 아니하고, 주문량에 관계없이 일정하다.

정답 ①

121 □□□   ○ △ ×

다음 자료를 이용하여 당기순이익을 구하면? (단, 회계기간은 1월 1일부터 12월 31일까지이다)

영업이익	300,000원
이자비용	10,000원
영업 외 수익	50,000원
법인세비용	15,000원

① 275,000원   ② 290,000원   ③ 325,000원

④ 335,000원   ⑤ 340,000원

해설

③ (○) 당기순이익 = 법인세비용 차감 전 이익 – 법인세비용
= (영업이익 + 영업 외 수익 – 영업 외 비용) - 법인세비용

$$= (300,000 + 50,000 - 10,000) - 15,000$$
$$= 325,000원$$

정답 ③

122 ☐☐☐ ○ △ ✕

다음과 같은 조건에서 손익분기점에 도달하기 위한 판매수량(단위)은?

단위당 판매가격	20,000원
단위당 변동비	14,000원
총고정비	48,000,000원

① 5,000 ② 6,000 ③ 7,000
④ 8,000 ⑤ 9,000

해설

④ (○) 손익분기점은 매출액에서 변동비를 제한 나머지가 총고정비와 일치하는 점이므로, 손익분기점에 도달하기 위한 판매수량(단위)은 다음의 식으로 구할 수 있다.

손익분기점
(단위당 판매가격 × 판매수량) - (단위당 변동비 × 판매수량)
= 총고정비

판매수량 = 총고정비 / (단위당 판매가격 - 단위당 변동비)
= 48,000,000 / (20,000 - 14,000)
= 48,000,000 / 6,000
= 8,000

정답 ④

123 ☐☐☐ ○ △ ✕

경영정보시스템의 분석 및 설계과정에서 수행하는 작업이 아닌 것은?

① 입력자료의 내용, 양식, 형태, 분량 분석
② 출력물의 양식, 내용, 분량, 출력주기 정의
③ 시스템 테스트를 위한 데이터 준비, 시스템 수정
④ 자료가 출력되기 위해 필요한 수식연산, 비교연산, 논리연산 설계
⑤ 데이터베이스 구조 및 특성, 자료처리 분량 및 속도, 레코드 및 파일구조 명세화

해설

③ (✕) 시스템 테스트를 위한 데이터 준비, 시스템 수정은 경영정보시스템의 작업 및 검사과정에서 수행하는 작업이다.

정답 ③

124 ☐☐☐ ○ △ ✕

빅데이터 기술에 관한 설명으로 옳지 않은 것은?
① 관계형 데이터베이스인 NoSQL, Hbase 등을 분석에 활용한다.
② 구조화되지 않은 데이터도 분석대상으로 한다.
③ 많은 양의 정보를 처리한다.
④ 빠르게 변화하거나 증가하는 데이터도 분석이 가능하다.
⑤ 제조업, 금융업, 유통업 등 다양한 분야에 활용된다.

해설

① (✕) NoSQL 등은 비관계형 데이터베이스이다.
[보충] 빅데이터 분석기술
• 아파치 하둡: 대용량 자료를 처리할 수 있는 컴퓨터 클러스터에서 동작하는 분산응용프로그램 지원
• 텍스트마이닝: 비(반)정형 텍스트데이터로부터 자연언어처리기술에 기하여 유용한 정보를 추출
• 오피니언마이닝: 소셜미디어 등의 정형 · 비정형 텍스트의 선호도(긍정 · 부정 · 중립)를 판별
• 소셜네트워크 분석: 소셜네트워크의 연결구조, 강도 등을 바탕으로 사용자의 영향력을 측정
• 군집분석: 각 데이터의 유사성을 측정하여 다수의 군집으로 분류하고, 군집 간 상이성을 규명

정답 ①

125 ☐☐☐ ○ △ ✕

다음에서 설명하는 것은?

기업의 자재, 회계, 구매, 생산, 판매, 인사 등 모든 업무의 흐름을 효율적으로 지원하기 위한 통합정보시스템

① CRM ② SCM ③ DSS
④ KMS ⑤ ERP

해설

① (✕) 고객관계관리(customer relationship management; CRM)는 기업과 고객, 기존고객과 잠재고객의 상호작용을 문서화, 추적 및 관리하는 일련의 통합기술이다.
② (✕) 공급사슬관리(supply chain management; SCM)는 제품이 생산되어 판매되기까지의 연쇄과정, 즉 공급업자 - 제조업자 - 도매상 - 소매상 - 고객 등의 공급흐름을 전체적으로 설계하는 관리방식이다.
③ (✕) 의사결정지원시스템(decision support system; DSS)은 대량의 데이터를 분석하여 의사결정에 필요한 정보를 제공하는 대화형 시스템이다.
④ (✕) 지식관리시스템(knowledge management system; KMS)은 기업에 축적된 지식을 시스템화하여 공유 · 관리하는 시스템이다.
⑤ (○) 전사적 자원관리(enterprise resource planning; ERP)에 대한 설명이다.

정답 ⑤

101 ☐☐☐   ○ △ ✕

포터(M. Porter)의 가치사슬모델에서 주요활동에 해당하지 않은 것은?

① 운영·제조 ② 입고·출고 ③ 고객서비스
④ 영업·마케팅 ⑤ 인적자원관리

해설

⑤ (✕) 인적자원관리는 본원적 활동(primary activities)이 아닌 지원적 활동(support activities)에 해당한다.

[보충] 포터의 가치사슬모델

기업은 여러 활동을 사슬처럼 엮어 고객에게 가치를 제공하는데, 포터는 직접적으로 가치를 창출하는 활동을 본원적 활동, 본원적 활동을 가능케 하는 활동을 지원적 활동으로 분류하였다.

본원적 활동	지원적 활동			
내부물류(입고)	인프라	인적자원	기술개발	구매조달
운영·제조				
외부물류(출고)				
영업·마케팅				
서비스				

▼

이윤(margin)

정답 ⑤

102 ☐☐☐   ○ △ ✕

BCG의 성장-점유율 매트릭스에서 시장성장률은 낮고, 상대적 시장점유율이 높은 영역은?

① Dog ② Star
③ Cash Cow ④ Problem Child
⑤ Question Mark

해설

③ (○) 시장성장률은 낮고, 상대적 시장점유율이 높은 영역은 현금젖소(cash cow)이다.

[보충] 보스톤 컨설팅 그룹은 기업의 다양한 포트폴리오를 네 영역의 매트릭스로 설명하였는데, 이를 BCG 매트릭스라고 한다.

• 별(star): 상대적 시장점유율과 시장성장률이 모두 높아 계속적인 투자를 요하는 유망사업
• 현금젖소(cash cow): 상대적 시장점유율이 높아 시장성장률이 낮아도 현금을 확보하기 좋은 사업
  참고로, 현금젖소로 창출된 많은 잉여자금은 주로 별이나 물음표에 재투자한다.
• 물음표(question mark): 상대적 시장점유율은 낮으나 시장성장률이 높은 신규사업
  참고로, 물음표는 별이 될 수도 있고 개가 될 수도 있는 사업으

로, 투자를 결정하였다면 상대적 시장점유율을 높이기 위하여 많은 투자를 요한다.
• 개(dog): 상대적 시장점유율과 시장성장률이 모두 낮아 철수를 요하는 사업

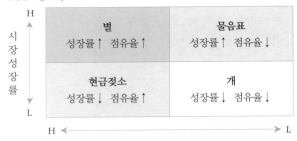

BCG 매트릭스

정답 ③

103 ☐☐☐   ○ △ ✕

테일러(F. Taylor)의 과학적 관리의 특징으로 옳지 않은 것은?

① 과업관리 ② 작업지도표제도
③ 차별적 성과급제 ④ 기능식 직장제도
⑤ 컨베이어 시스템

해설

⑤ (✕) 테일러는 노동자의 생산성과 효율성을 극대화시키기 위하여 과학적 관리를 도입하였는데, 이는 고임금 저노무비, 합리적 과업관리 및 과학적 작업방식 등을 핵심으로 하였다.

[보충] 컨베이어 시스템은 포드의 관리기법으로, 포드시스템이라고도 한다. 포드는 기업을 사회적·공적 기구이자 사회봉사기관이라고 인식하였는데, 이와 같은 경영이념을 달성하기 위하여 원가절감을 위한 대량생산체제를 도입하였다.

참고로, 포드시스템은 부품의 표준화, 제품의 단순화, 작업의 전문화를 그 특징으로 한다.

과학적 관리의 특징

• 과업관리: 작업을 과업단위로 분류하고, 각 과업에 적합한 작업자를 선발하며, 시간·동작연구로써 작업을 표준화하였다.
  참고로, 과업관리의 성공을 위한 4원칙은 다음과 같다.
  - 공정한 일일 최대과업량
  - 표준화된 제 조건
  - 성공에 따른 보상제공
  - 실패에 따른 손실부담
• 차별적 성과급제도: 작업량 달성 여부를 기준으로 차별임금을 지급함으로써 생산량 증대를 꾀하였다.

- 기획부제도: 노동자가 기획과 집행에 모두 투입되는 것을 막기 위하여 별도의 기획부를 설치하였다.
- 기능식 직장제도: 기능별로 직장(foreman)을 나누고 직장으로 하여금 노동자를 관리토록 하였다.
- 작업지도표제도: 직장이 작업지도표를 작성함으로써 미숙련 노동자를 관리 · 통제하였다.

정답 ⑤

104 ☐☐☐ ○ △ ✕

임금관리에 관한 설명으로 옳지 않은 것은?
① 임금체계는 공정성이 중요한 관심사이다.
② 연공급은 근속연수를 기준으로 임금을 차등화하는 제도이다.
③ 직무급은 직무의 표준화와 전문화가 선행되어야 한다.
④ 직능급은 동일 직무를 수행하면 동일 임금을 지급한다.
⑤ 임금수준을 결정하는 주요요인에는 기업의 지불능력과 생산성 등이 있다.

해설

④ (✕) 직무급에 대한 설명이다. 직능급은 동일 직능에 따라 동일 임금을 지급한다. 즉, 직무가 같더라도 직능이 다르면, 그 직능에 따라 차별하여 임금을 지급한다.

[보충] 임금체계의 제 형태
- 연공급: 근속연수, 나이, 학력 등 연공 및 속인적 요소에 기초하여 임금결정
- 직무급: 직무의 중요도, 난이도, 책임 정도 등을 기준으로 상대적 가치를 결정하고, 이에 기초하여 임금결정
- 직능급: 직능, 즉 직무수행능력의 수준에 기초하여 임금결정(가장 대표적인 능력주의 임금체계)

임금관리의 3요소
- 임금수준
  - 임금의 크기, 즉 평균 급여수준(임금의 총액)에 관한 것
  - 기업의 지불능력, 종업원의 생계비 및 사회일반의 임금수준 고려
- 임금체계
  - 임금의 결정에 관한 것으로, 공정성이 중요
  - 연공급, 직무급, 직능급 등의 임금결정체계와 기본급, 상여금, 각종 수당 등의 임금구성체계로 구분
- 임금형태
  - 임금의 산정 · 지불에 관한 것
  - 고정급(시간급, 일급, 주급, 월급, 연봉), 변동급(성과급, 할증급, 상여급), 이외에 특수임금제로 구분

정답 ④

105 ☐☐☐ ○ △ ✕

수단성(instrumentality) 및 유의성(valence)을 포함한 동기부여이론은?
① 기대이론(expectancy theory)
② 2요인이론(two factor theory)
③ 강화이론(reinforcement theory)
④ 목표설정이론(goal setting theory)
⑤ 인지평가이론(cognitive evaluation theory)

해설

① (○) 브룸(Vroom)의 기대이론은 동기부여 강도를 기대감 × 수단성 × 유의성으로 공식화하는데, 기대감(노력-성과)은 노력이 성과달성으로 이어질 것이라는 개인의 지각도, 수단성(성과-보상)은 성과달성으로 보상이 주어질 것이라는 개인의 지각도, 유의성(유인)은 그 보상이 종업원에게 매력적인 정도이다.

② (✕) 허츠버그(Herzberg)의 동기-위생이론은 2요인이론이라고도 하는데, 동기유발을 자극하는 요인에는 직무 그 자체와 관계되는 내적 요인(만족 · 동기), 직무환경과 관계되는 외적 요인(불만족 · 위생)이 있고, 종업원의 동기를 유발하기 위하여는 만족요인을 증가시키고 불만족요인을 감소시켜야 한다.
참고로, 허츠버그에 따르면, 만족의 반대는 만족하지 못함이고, 불만족의 반대는 불만족하지 아니함이다.
[보충] 허츠버그의 동기-위생이론
- 내적 요인: 만족하지 못함 ↔ 만족 [동기요인]
- 외적 요인: 불만족 ↔ 불만족하지 아니함 [위생요인]

③ (✕) 강화는 특정 자극에 대한 반응이 반복되어 고착화되는 현상으로, 강화이론은 강화로써 종업원의 동기를 유발한다.
[보충] 강화의 종류
- 정적 강화: 바람직한 결과를 제공함으로써 행동을 증가시키는 것 예 인정, 임금인상 등
- 소거: 바람직한 결과를 제거함으로써 행동을 감소시키는 것 예 무시, 임금삭감 등
- 처벌: 바람직하지 아니한 결과를 제공함으로써 행동을 감소시키는 것 예 징계, 해고 등
- 부적 강화: 바람직하지 아니한 결과를 제거함으로써 행동을 증가시키는 것 예 질책이나 고통 제거 등

④ (✕) 로크(Locke)의 목표설정이론에 따르면, 종업원에게 달성하여야 할 목표를 분명히 하고 그 목표가 수용 가능한 것이라면 동기가 유발되는데, 이는 인간이 합리적으로 행동한다는 기본가정에 기초한다. 목표란 종업원이 얻고자 하는 사물이나 장래에 달성하고자 하는 상태로서 구체성, 난이도, 참여도, 피드백, 경쟁, 수용성 등의 속성을 지녀야 한다.

⑤ (✕) 인지평가이론은 내적 동기가 유발되어 있는 종업원에게 외적 보상을 제공하면 내적 동기가 감소한다는 이론으로, 유기적 통합이론, 인과지향성이론, 기본심리욕구이론과 함께 자기결정성이론을 구성한다. 인지평가이론의 핵심은, 외적 보상을 제공하여 내적 동기가 감소한 종업원으로부터 그 외적 보상을 축소하거나 제거하더라도, 기존의 내적 동기가 되살아나지 아니한다는 점이다.

정답 ①

106 □□□ ○ △ ✕

델파이기법에 관한 설명으로 옳지 않은 것은?

① 전문가들을 두 그룹으로 나누어 진행한다.
② 많은 전문가들의 의견을 취합하여 재조정과정을 거친다.
③ 의사결정 및 의견개진과정에서 타인의 압력이 배제된다.
④ 전문가들을 공식적으로 소집하여 한 장소에 모이게 할 필요가 없다.
⑤ 미래의 불확실성에 대한 의사결정 및 장기예측에 좋은 방법이다.

해설

① (✕) 델파이기법은 익명의 다수 전문가들로 패널을 구성하여 우편이나 전자우편만으로 의사소통하는데, 각자의 의견이 수렴하여 합의에 이를 때까지 설문과 응답을 되풀이함으로써 최종안을 도출한다. 따라서 두 그룹으로 나누어 진행하지 아니한다.
[보충] 전문가들이 합의한 결론이 도출되므로 신뢰도는 뛰어나나, 합의에 이르는 지난한 과정 속에서 실용성 없는 원론적 결론만이 도출될 가능성이 높다는 한계점이 존재한다.

정답 ①

107 □□□ ○ △ ✕

선발시험 합격자들의 시험성적과 입사 후 일정 기간이 지나서 이들이 달성한 직무성과와의 상관관계를 측정하는 지표는?

① 신뢰도　　② 대비효과　　③ 현재타당도
④ 내용타당도　　⑤ 예측타당도

해설

① (✕) 신뢰도는 선발도구의 일관성을 수치로 표현한 것으로, 수치가 일정하다면 그 선발도구의 신뢰도가 높음을 의미한다.
② (✕) 대비효과는 둘 이상의 서로 다른 자극을 비교할 때 그 차이가 실제보다 더 크게 느껴지는 인지적 오류로, 인사고과의 오류 중 대비오류를 유발하는 현상이다.
③ (✕) ④ (✕) ⑤ (○) 타당도는 선발도구가 평가목적을 얼마나 충족하는가를 표현한 것으로, 주로 기준 관련 타당도, 내용타당도 및 구성타당도로 구분된다.
[보충] 타당도의 종류
• 기준 관련 타당도: 선발도구의 예측기준치와 측정대상의 성과기준치가 얼마나 일치하는가를 나타낸다.
　- 현재타당도: 현직 종업원의 예측기준치와 성과기준치의 상관관계를 측정한다.
　- 예측타당도: 선발시험 합격자들의 예측기준치와 입사 후 그들이 달성한 성과기준치의 상관관계를 측정한다.
• 내용타당도: 선발도구의 내용이 측정하고자 하는 개념을 얼마나 잘 반영하고 있는가를 나타낸다.
• 구성타당도: 선발도구가 측정하고자 하는 개념을 얼마나 정확하게 측정하고 있는가를 나타낸다.

정답 ⑤

108 □□□ ○ △ ✕

Big 5 모델에서 제시하는 다섯 가지 성격요소가 아닌 것은?

① 개방성(openness)
② 객관성(objectivity)
③ 외향성(extraversion)
④ 성실성(conscientiousness)
⑤ 정서적 안정성(emmotional stability)

해설

② (✕) 코스타(Costa)와 매크레이(McCrae)가 개발한 Big 5 모형에서 제시하는 다섯 가지 성격요소는 신경성(정서적 안정성), 외향성, 개방성, 우호성(친화성) 및 성실성이다.

정답 ②

109 □□□ ○ △ ✕

Communication에서 전달된 메시지를 자신에게 주는 의미로 변환시키는 사고과정은?

① 잡음(noise)　　② 해독(decoding)
③ 반응(response)　　④ 부호화(encoding)
⑤ 피드백(feedback)

해설

② (○) 의사소통과정에서 전달된 메시지를 자신에게 주는 의미로 변환시키는 사고과정은 해독이다.
[보충] 의사소통과정

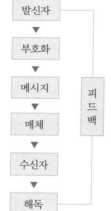

• 발신자: 메시지를 보내는 사람
• 부호화: 전달하고자 하는 바를 말, 문자, 그림 등으로 전환하는 과정
• 메시지: 부호화를 거친 상대방이 전달하고자 하는 바
• 매체: 메시지 전달수단(대화, 전화, 컴퓨터 등)
• 수신자: 메시지를 받는 사람
• 해독: 메시지를 해석하는 과정
• 피드백: 수신인의 메시지에 대한 반응
• 잡음: 의사소통을 방해하는 외부현상

정답 ②

110 ☐☐☐ ○ △ ✕

다음 주장에 해당하는 이론은?

> ㄱ. 조직의 생존을 위해 이해관계자들로부터 정당성을 얻는 것이 중요하다.
> ㄴ. 동일 산업 내의 조직형태 및 경영관행 등이 유사성을 보이는 것은 조직들이 서로 모방하기 때문이다.

① 대리인이론　　　　　② 제도화이론
③ 자원의존이론　　　　④ 조직군생태학이론
⑤ 협력적 네트워크이론

해설

① (✕) 대리인이론은 조직과 관련된 이해관계자들의 문제는 조직 내 계약관계에 의하여 이루어진다는 이론이다.
② (○) 위 주장에 해당하는 이론은 제도화이론이다.
③ (✕) 자원의존이론은 불확실한 환경하에서 조직이 생존하기 위하여는 그 환경에 적극적으로 대처함으로써 자원을 획득하고 유지하여야 한다는 이론이다.
④ (✕) 조직환경의 절대성을 강조하는 조직군생태학이론은 조직의 생존이나 사멸은 조직환경의 선택에 의하여 좌우된다는 이론이다.
⑤ (✕) 협력적 네트워크이론은 희소자원의 공유와 상호 경쟁력 강화를 위하여 협력하는 조직 간 관계를 설명하는 이론이다.

정답　②

111 ☐☐☐ ○ △ ✕

조합원 및 비조합원 모두에게 조합비를 징수하는 shop제도는?

① open shop　　　　　② closed shop
③ agency shop　　　　④ preferential shop
⑤ maintenance shop

해설

① (✕) 오픈숍은 사용자가 조합가입 여부와 상관없이 누구나 채용할 수 있고, 근로자도 조합에 대한 가입·탈퇴가 자유로운 제도이다.
② (✕) 클로즈드숍은 사용자가 조합원만을 채용할 수 있고, 조합원 자격을 상실한 근로자는 해고하여야 하는 제도이다.
　[보충] 클로즈드숍과 달리 채용 이후에 조합가입을 강제하고, 조합원 자격을 상실한 근로자를 해고하여야 하는 제도인 유니온숍 (union shop)도 존재한다.
③ (○) 에이전시숍은 조합가입의사가 없는 근로자에게 이를 강제하지 아니하되, 조합가입을 대신하여 조합비를 징수하는 제도이다.
④ (✕) 프리퍼런셜숍은 사용자가 조합가입 여부와 상관없이 누구나 채용할 수 있으나, 조합원을 우선하여 채용하여야 하는 제도이다.
⑤ (✕) 메인터넌스숍은 고용조건으로 일정 기간 동안 조합원 자격을 유지하여야 하는 제도이다.

정답　③

112 ☐☐☐ ○ △ ✕

표적시장에 관한 설명으로 옳지 않은 것은?

① 단일표적시장에는 집중적 마케팅전략을 구사한다.
② 다수표적시장에는 순환적 마케팅전략을 구사한다.
③ 통합표적시장에는 역세분화 마케팅전략을 구사한다.
④ 인적, 물적, 기술적 자원이 부족한 기업은 보통 집중적 마케팅전략을 구사한다.
⑤ 세분시장 평가 시에는 세분시장의 매력도, 기업의 목표와 자원 등을 고려해야 한다.

해설

② (✕) 표적시장이 다수인 경우, 각 세분시장의 특성에 알맞은 마케팅을 달리 적용하는 차별화 마케팅전략을 구사한다.

정답　②

113 ☐☐☐ ○ △ ✕

전형적인 제품수명주기(PLC)에 관한 설명으로 옳지 않은 것은?

① 도입기, 성장기, 성숙기, 쇠퇴기의 4단계로 나누어진다.
② 성장기에는 제품선호형 광고에서 정보제공형 광고로 전환한다.
③ 도입기에는 제품인지도를 높이기 위해 광고비가 많이 소요된다.
④ 성숙기에는 제품의 매출성장률이 점차적으로 둔화되기 시작한다.
⑤ 쇠퇴기에는 제품에 대해 유지전략, 수확전략, 철수전략 등을 고려할 수 있다.

해설

② (✕) 성장기에는 신제품을 인식시키기 위한 도입기의 정보제공형 광고에서 제품선호형 광고로 전환한다.

정답　②

114 □□□   ○ △ ✕

통합적 마케팅 커뮤니케이션에 관한 설명 중 옳지 않은 것은?

① 강화광고는 기존 사용자에게 브랜드에 대한 확신과 만족도를 높여 준다.
② 가족브랜딩(family branding)은 개별 브랜딩과는 달리 한 제품을 촉진하면 나머지 제품도 촉진된다는 이점이 있다.
③ 촉진에서 풀(pull)정책은 제품에 대한 강화수요를 유발할 목적으로 광고나 판매촉진 등을 활용하는 정책이다.
④ PR은 조직의 이해관계자들에게 호의적인 인상을 심어 주기 위하여 홍보, 후원, 이벤트, 웹사이트 등을 사용하는 커뮤니케이션방법이다.
⑤ 버즈(buzz)마케팅은 소비자에게 메시지를 빨리 전파할 수 있게 이메일이나 모바일을 통하여 메시지를 공유한다.

해설
⑤ (✕) 버즈마케팅은 <u>소비자가 자발적으로 상품에 대한 긍정적인 메시지를 전파하도록 유도하는 마케팅기법으로</u>, 바이럴마케팅의 일종이다.

정답 ⑤

115 □□□   ○ △ ✕

투자안의 순현가를 0으로 만드는 수익률(할인율)은?

① 초과수익률   ② 실질수익률   ③ 경상수익률
④ 내부수익률   ⑤ 명목수익률

해설
① (✕) 초과수익률은 수익률에서 무위험이자율을 제한 부분이다.
② (✕) ⑤ (✕) 실질수익률은 <u>인플레이션을 고려한 투자수익률</u>이고, 명목수익률은 인플레이션을 고려하지 아니한 투자수익률이다.
③ (✕) 경상수익률은 채권수익률의 일종으로, 채권 투자원금에 대한 연간 표면이자 수입의 비율이다.
④ (○) 내부수익률은 투자로써 기대되는 미래 현금유입의 현가와 현재 현금유출의 현가를 일치시켜 <u>투자안의 순현가를 0으로 만드는 할인율</u>이다.

정답 ④

116 □□□   ○ △ ✕

매출액순이익률이 2%이고, 총자본회전율이 5인 기업의 총자본순이익률은?

① 1%   ② 2.5%   ③ 5%
④ 7%   ⑤ 10%

해설
⑤ (○) 총자본순이익률 = 순이익 / 총자본
= (순이익 / 매출액) × (매출액 / 총자본)
= 매출액순이익률 × 총자본회전율
= 2% × 5
= <u>10%</u>

정답 ⑤

117 □□□   ○ △ ✕

매년 말 200만 원을 영원히 지급받는 영구연금의 현재가치는? (단, 연간이자율은 10%)

① 1,400만 원   ② 1,600만 원   ③ 1,800만 원
④ 2,000만 원   ⑤ 2,200만 원

해설
④ (○) 영구연금의 현재가치 = 발생연금 / 연간이자율
= 200만 원 / 10%
= 200만 원 × (100 / 10)
= 2,000만 원

정답 ④

118 □□□   ○ △ ✕

A기업은 1년간 400개의 부품을 사용한다. 부품가격은 개당 1,000원, 주문비용은 회당 10,000원, 단위당 연간 재고유지비용은 부품가격의 20%라면, 이 부품의 경제적 주문량(EOQ)은?

① 100개   ② 150개   ③ 200개
④ 250개   ⑤ 300개

해설
③ (○) 경제적 주문량 = $\sqrt{(2 \times 수요량 \times 주문비용) / 재고유지비용}$
= $\sqrt{(2 \times 400 \times 10,000) / (1,000 \times 20\%)}$
= $\sqrt{(2 \times 400 \times 10,000) / (1,000 \times 0.2)}$
= $\sqrt{40,000}$
= <u>200개</u>

정답 ③

119 □□□   ○ △ ✕

생산관리의 전형적인 목표(과업)로 옳지 않은 것은?

① 촉진강화   ② 품질향상   ③ 원가절감
④ 납기준수   ⑤ 유연성 제고

해설

① (×) 생산관리의 전형적인 목표(과업)는 최고의 품질을 위한 품질 향상, 최소의 비용을 위한 원가절감, 최단의 시간을 위한 납기준수 및 최대의 유연성을 위한 유연성 제고이다. 이외에도 수량이나 생산성 제고 등이 생산관리의 목표가 될 수 있다.

정답 ①

120 □□□ ○ △ ×

JIT(Just-in-time)시스템의 특징으로 옳지 않은 것은?

① 푸쉬(push) 방식이다.
② 필요한 만큼의 자재만을 생산한다.
③ 공급자와 긴밀한 관계를 유지한다.
④ 가능한 한 소량 로트(lot) 크기를 사용하여 재고를 관리한다.
⑤ 생산지시와 자재이동을 가시적으로 통제하기 위한 방법으로 간판(Kanban)을 사용한다.

해설

① (×) 적시생산은 생산에 필요한 부품을 필요한 때에 필요한 양만큼 주문하여 생산량은 유지하되 생산성을 향상시키는 관리방식으로, 재고수준을 최소화하기 위하여 풀 방식을 사용한다.

[보충] 푸시 방식과 풀 방식
- 푸시 방식: 수요예측에 기반하여 상품을 생산하고 소비자에게 제공(push)하는 방식으로, 대량생산이 가능하여 규모의 경제를 실현할 수 있으나, 대량재고가 발생할 위험이 있다.
- 풀 방식: 소비자의 주문(pull)에 따라 상품을 생산하고 재고를 보충하는 방식으로, 대량재고가 발생할 위험은 없으나, 푸시 방식과 달리 규모의 경제를 실현하기 어렵다.

칸반(간판)시스템
칸반이란 가로 4인치×세로 8인치 정도의 플라스틱카드로, 생산흐름을 통제하기 위하여 사용된다. 칸반은 기본적으로 생산(이동)수량, 제품명, 품번, 다음 공정이나 대기할 장소의 주소, 생산(이동)일자 등의 정보를 담고 있는데, 이로써 생산지시 및 운반지시의 역할을 한다.

정답 ①

121 □□□ ○ △ ×

내용연수를 기준으로 초기에 비용을 많이 계상하는 감가상각방법은?

① 정액법 ② 정률법 ③ 선입선출법
④ 후입선출법 ⑤ 저가법

해설

① (×) 정액법은 내용연수 동안 매기 일정액을 상각하는 방법으로, 연 감가상각비 = (취득원가 - 잔존가액) / 내용연수이다.
② (○) 정률법은 기초 미상각잔액에 매기 일정률을 곱하여 상각하는

방법으로, 연 감가상각비 = (기초 장부금액) × 상각률이다. 이때 상각률 = 1 - (잔존가액 / 취득원가) ^ (1 / 내용연수)이다. 따라서 초기에 비용을 많이 계상할 수밖에 없다.
③ (×) 선입선출법(first in, first out; FIFO)은 장부상 먼저 입고된 재고부터 출고된 것으로 간주하는 재고자산의 원가계산방법으로, 실제 출고순서는 장부와 다를 수 있다.
예 1 | 2 | 3 ⋯ → 1 | 2 | 3 ⋯
④ (×) 후입선출법(last in, first out; LIFO)은 선입선출법과 반대로, 나중에 입고된 재고부터 출고된 것으로 간주하는 재고자산의 원가계산방법이다.
예 1 | 2 | 3 ⋯ → ⋯ 3 | 2 | 1
⑤ (×) 저가법은 재고자산의 시가(순실현가치)가 원가 이하로 하락할 경우, 두 금액을 비교하여 낮은 금액으로 표시하는 재고자산의 원가계산방법이다.

정답 ②

122 □□□ ○ △ ×

액면가액 5,000원인 주식 100주를 발행하여 회사를 설립할 경우, 올바른 분개는?

① (차) 현금 500,000 (대) 부채 500,000
② (차) 자본금 500,000 (대) 부채 500,000
③ (차) 자본금 500,000 (대) 현금 500,000
④ (차) 현금 500,000 (대) 자본금 500,000
⑤ (차) 부채 500,000 (개) 자본금 500,000

해설

④ (○) 주식의 액면가액과 발행가액이 동일한 액면발행으로 가정하면, 납입된 금액 전부가 자본금계정으로 계상된다. 따라서 차변에 현금 500,000원, 대변에 자본금 500,000원을 기입한다.

정답 ④

123 □□□ ○ △ ×

재무상태표에서 비유동자산에 해당하는 계정과목은?

① 영업권 ② 매입채무 ③ 매출채권
④ 자기주식 ⑤ 법정적립금

해설

① (○) 자산 > 비유동자산 > 무형자산 > 영업권
② (×) 부채 > 유동부채 > 매입채무
③ (×) 자산 > 유동자산 > 당좌자산 > 매출채권
④ (×) 자본 > 자본조정 > 자기주식
⑤ (×) 자본 > 이익잉여금 > 법정적립금

정답 ①

124 ☐☐☐　　　　　　　　　　○ △ ✕

데이터 중복을 최소화하고, 무결성을 극대화하며, 최상의 성능을 달성할 수 있도록 관계형 데이터베이스를 분석하고 효율화하는 과정을 지칭하는 용어는?

① 통합화(integration)
② 최적화(optimization)
③ 정규화(normalization)
④ 집중화(centralization)
⑤ 표준화(standardization)

해설

① (✕) 통합화는 <u>가용성을 높이기 위하여 다양한 소스의 데이터를</u> 모아 단일화시키고, 보다 가치 있는 데이터로 통합하는 과정이다.
② (✕) 최적화는 데이터를 전반적으로 파악하여 추출, 분석 및 사용 시 속도와 효율성을 향상시키는 과정이다.
③ (○) 정규화는 <u>데이터의 중복을 최소화하고, 무결성을 극대화하며, 데이터베이스의 용량을 개선하는 등 관계형 데이터베이스를 분석하고 효율화하는 과정</u>이다.
④ (✕) 집중화는 데이터를 저속도의 통신회선으로부터 고속도의 통신회선으로 재전송하기 전에 이를 수집하는 과정이다.
⑤ (✕) 표준화는 데이터의 명칭, 정의, 형식 등 원칙을 수립하여 이를 전체적으로 적용하는 과정이다.

정답 ③

125 ☐☐☐　　　　　　　　　　○ △ ✕

USB는 컴퓨터와 주변장치(키보드, 마우스, 메모리스틱 등)를 연결하는 장치이다. 여기서 USB는 U=Universal, S=Serial, B=(　　)의 약자이다. 괄호 안에 들어갈 단어는?

① Bit　　　　　② Bus　　　　　③ Box
④ Boot　　　　⑤ Base

해설

② (○) 범용직렬버스(universal serial bus)는 컴퓨터와 주변기기를 연결하는 데 사용하는 입출력 표준규격 중 하나로, USB라고 줄여 부른다.

정답 ②

용어사전

가격결정방법   20 · 19

- 관습가격(customary pricing): 오랜 기간 관습적으로 가격이 고정되어 있는 상품의 가격을 책정하는 가격결정방법 예 껌, 콩나물 등
  [보충] 관습가격은 수량을 줄이거나 품질을 조정함으로써 가격상승효과를 얻는다.
- 단수가격(odd pricing): 상품의 가격에 단수를 붙이는 가격결정방법 예 990원, 9,990원 등
  [보충] 단수란 2로 나누면 1이 남는 1, 3, 5, 7, 9 등의 홀수를 말한다.
- 명성가격(prestige pricing): 가격이 곧 품질이라고 판단하는 소비자를 대상으로 지불 가능한 가장 높은 가격을 책정하는 가격결정방법 예 사치품 등
- 종속가격: 기본제품과 종속제품의 가격을 달리 책정하는 가격결정방법 예 저가의 복합기 + 고가의 잉크 등
- 준거가격: 소비자가 상품에 대하여 기대하는 가격, 즉 그 상품의 평가가격
- 촉진가격(promotion pricing): 판매촉진을 위하여 낮은 가격이나 원가 이하의 가격을 책정하는 가격결정방법 예 가격할인, 이벤트 등
- 층화가격(lining pricing): 같은 계열의 상품 내에서 단계적으로 가격을 책정하는 가격결정방법 예 아이폰 시리즈 등

감가상각방법   24 · 15

- 정률법: 기초 미상각잔액에 매기 일정률을 곱하여 상각하는 방법으로, 연 감가상각비 = (기초 장부금액) × 상각률이다. 이때 상각률 = 1 − (잔존가액 / 취득원가) ^ (1 / 내용연수)이다. 따라서 초기에 비용을 많이 계상할 수밖에 없다.
- 정액법: 내용연수 동안 매기 일정액을 상각하는 방법으로, 연 감가상각비 = (취득원가 − 잔존가액) / 내용연수이다.

강화계획   19

- 고정간격법: 일정한 간격으로 강화요인을 제공하는 기법이다. 예 급여, 정기상여 등
- 변동간격법: 불규칙한 간격으로 강화요인을 제공하는 기법이다. 예 칭찬, 인센티브 등
- 고정비율법: 일정한 비율로 강화요인을 제공하는 기법이다. 예 정기 판매수당 등
- 변동비율법: 불규칙한 비율로 강화요인을 제공하는 기법이다. 예 차별성과급 등
- 연속강화법: 바람직한 행동을 할 때마다 강화요인을 제공하는 기법으로, 가장 효과적이지만 비경제적이다.
  [보충] 강화법은 연속강화법과 단속강화법으로 나뉘는데, 단속강화법은 다시 간격강화법(고정간격법 · 변동간격법)과 비율강화법(고정비율법 · 변동비율법)으로 나뉜다.

강화의 종류   15

- 정적 강화: 바람직한 결과를 제공함으로써 행동을 증가시키는 것 예 인정, 임금인상 등
- 소거: 바람직한 결과를 제거함으로써 행동을 감소시키는 것 예 무시, 임금삭감 등
- 처벌: 바람직하지 아니한 결과를 제공함으로써 행동을 감소시키는 것 예 징계, 해고 등
- 부적 강화: 바람직하지 아니한 결과를 제거함으로써 행동을 증가시키는 것 예 질책이나 고통 제거 등

경영혁신기법   16

- 리스트럭처링: 곧 구조조정은 기업의 체질개선을 위하여 부실 사업단위를 통폐합하거나 축소 · 폐지하는 급진적 경영혁신기법으로, 수익성을 제고할 수 있으나 사기저하와 생산성 하락 등의 부작용이 나타날 수 있다.
  참고로, 다운사이징은 장기적 리스트럭처링 중 하나이다.
- 리엔지니어링: 기업의 프로세스를 고객만족의 관점에서 근본적으로 재설계함으로써 비용, 품질, 서비스 등 기업의 핵심성과의 개선을 추구하는 경영혁신기법이다.

경영환경   23

- 거시환경(일반환경): 경제적 환경, 정치적 환경, 인구통계적 환경, 사회문화적 환경, 자연적 환경, 기술적 환경 등
- 미시환경(과업환경): 기업(자사), 공급자, 중간상, 경쟁자, 공중, 소비자 등

경제적 주문량   22 · 19 · 18 · 15

$$경제적\ 주문량 = \sqrt{(2 \times 수요량 \times 주문비용) / 재고유지비용}$$

경제적 주문량을 위한 가정   22 · 16

- 해당 품목의 수요는 정확하게 예측 가능하다.
  - 단일품목으로서 일정한 수요율을 가지고, 연간 수요량은 확정적이다.
  - 수요는 연중 균일하게 발생하고, 재고유지비용은 주문량에 따라 선형적으로 증가한다.
- 재고의 사용량은 일정하다.
- 주문량은 전량 일시에 입고된다.
- 조달기간은 일정하다.
- 각 주문은 지연 없이 끊이지 아니하고 계속된다.
- 재고부족이나 품절은 발생하지 아니한다.
- 단위당 재고유지비용은 일정하다.
- 단위당 주문비용은 할인이 적용되지 아니하고, 주문량에 관계없이 일정하다.

공급사슬관리의 핵심 성과지표   24

- 재고회전율: 평균재고에 대한 매출의 비율로, 기업의 재고관리 효율성과 관련이 있는데, 빠르게 출고되고 재입고될수록 재고회전율은 상승한다.
- 주문충족시간: 주문 후 제품이나 서비스가 고객에게 전달되기까지의 시간으로, 고객만족도와 관련이 있다.

- 반품관리: 요청 후 제품이나 서비스가 반환되기까지의 과정으로, 운영비용 절감과 관련이 있다.

공동브랜딩 22

이미 강력한 인지도가 형성된 각 회사의 브랜드를 두 개 이상 결합하여 신제품에 적용하는 마케팅활동으로, 각 브랜드가치를 함께 높임과 동시에 적은 비용으로 많은 판매를 가능케 한다.

과학적 관리의 특징 .... 24·19·15

- 과업관리: 작업을 과업단위로 분류하고, 각 과업에 적합한 작업자를 선발하며, 시간·동작연구로써 작업을 표준화하였다.
  참고로, 과업관리의 성공을 위한 4원칙은 다음과 같다.
  - 공정한 일일 최대과업량
  - 표준화된 제 조건
  - 성공에 따른 보상제공
  - 실패에 따른 손실부담
- 차별적 성과급제도: 작업량 달성 여부를 기준으로 차별임금을 지급함으로써 생산량 증대를 꾀하였다.
- 기획부제도: 노동자가 기획과 집행에 모두 투입되는 것을 막기 위하여 별도의 기획부를 설치하였다.
- 기능식 직장제도: 기능별로 직장(foreman)을 나누고 직장으로 하여금 노동자를 관리토록 하였다.
- 작업지도표제도: 직장이 작업지도표를 작성함으로써 미숙련 노동자를 관리·통제하였다.

관리시스템 .... 24·22·21·18·17·16·15

- 공급사슬관리(supply chain management; SCM): 제품이 생산되어 판매되기까지의 연쇄과정, 즉 공급업자 – 제조업자 – 도매상 – 소매상 – 고객 등의 공급흐름을 전체적으로 설계하는 관리방식
- 린 생산(lean manufacturing): 도요타의 대표적인 생산방식으로, 각 생산단계에서 인력이나 설비를 필요한 만큼만 유지하고, JIT시스템을 도입하여 재고비용을 줄임으로써 생산효율을 극대화한다.
- ABC 재고관리: 품목의 가격, 사용량 등을 기준으로 등급별로 분류하는 관리방식으로, 재고비용 감소와 관리효율성 제고를 목적으로 하는데, 파레토 법칙을 기반으로 한다.
- 유연생산체계(flexible manufacturing system; FMS): 다수의 수치제어(CNC) 작업장과 자동화된 물류·저장시스템을 연결한 고도의 스마트 생산방식으로, 서로 상이한 공정순서와 처리시간을 가진 공작물의 가공이 가능하다.
- 자재소요계획(material requirements planning; MRP): 완제품의 수량과 납기를 기초로 여러 자재의 소요량과 소요시기를 역산하고, 이를 바탕으로 자재조달계획을 수립하여 필요한 시기에 필요한 양의 자재를 필요한 장소에 입고하는 관리방식
- 적시생산(just-in-time; JIT): 생산에 필요한 부품을 필요한 때에 필요한 양만큼 주문하여 생산량은 유지하되 생산성을 향상시키는 관리방식으로, 린 생산에 사용된다.
- 전사적 자원관리(enterprise resource planning; ERP): 기업 전체의 관점에서 생산자원뿐만 아니라 인사자원, 재무자원, 시간자원 등 광의적 개념의 경영자원을 하나의 통합시스템으로 재구축하여 생산성을 극대화하는 관리기법으로, 업무프로세스 효율화를 목적으로 한다.
- 전사적 품질경영(total quality management; TQM): 고객이 요구하는 품질의 제품이나 서비스를 제공하기 위하여 기업 내 구성원 전원이 노력하도록 도모하는 관리방식

- 컴퓨터통합생산(computer integrated manufacturing; CIM): 생산공정의 모든 단계를 컴퓨터로 통합한 소프트웨어 지향의 관리방식

교육방식 .... 21·16

- 문제기반학습: 구성원들의 주도하에 조력자와 함께 가상의 실재적 문제(authentic problem)를 해결하는 과정으로, 학습만을 목표로 한다.
- 액션러닝: 구성원들의 주도하에 조력자와 함께 실재하는 경영상 과제(real issues)를 해결하는 과정으로, 학습뿐만 아니라 과제해결도 목표로 한다. 문제기반학습과 유사하나 문제유형과 학습목표에서 대조된다.
- 조직학습: 구성원들의 경험으로부터 창출된 지식을 조직 수준에서 유지하고 전달하는 과정으로, 조직학습이 효과적으로 이루어지는 조직을 학습조직이라고 한다.
- 팀학습: 구성원들이 각자의 생각을 공유함으로써 공통의 목적을 달성하기 위하여 노력하는 하나의 과정으로, 학습의 주체는 구성원이 아닌 팀이다.
- 혼합학습: 두 가지 이상의 교육방식이 지니는 장점만을 결합하여 학습효과를 극대화하는 과정으로, 오프라인학습과 온라인학습의 병행이 가장 대표적인 형태이다.

구매의사결정과정 16

- 필요인식: 소비자의 실제적 상황과 이상적 상황의 차이(필요)를 인식하는 단계
- 정보탐색: 필요충족을 위하여 상품에 대한 정보를 찾는 단계
- 대안평가: 찾은 정보를 바탕으로 대안을 만들어 각 대안을 비교하는 단계
- 구매(의사결정): 가장 만족스러운 대안을 선택하는 단계
- 구매 후 행동: 구매한 상품에 대한 만족을 평가하는 단계(이후 구매의사결정과정에 영향)

군집분석 .... 24·17

각 데이터의 유사성을 측정하여 다수의 군집으로 분류하고, 군집 간 상이성을 규명하는 기법

균형성과표의 관점 19

후행 지표	재무 관점	주주들은 우리 기업을 어떻게 보는가? → 주주들이 만족하는가?
	고객 관점	고객들은 우리 기업을 어떻게 보는가? → 고객들이 만족하는가?
선행 지표	내부프로세스 관점	우리 기업은 경영활동 전반에서 어떤 점이 탁월하여야 하는가? → 고객만족을 위하여 필요한 내부역량을 갖추었는가?
	학습 및 성장 관점	우리 기업은 지속적으로 가치를 개선하고 창출할 수 있는가? → 내부의 인적자원과 시스템이 학습·성장하고 있는가?

기술발전의 법칙 23

- 길더의 법칙: 가장 비싼 자원을 아끼기 위하여는 가장 값싼 자원을 엄청나게 사용하여야 한다는 법칙
- 롱테일 법칙: 80%의 사소한 다수가 20%의 핵심적 소수보다 뛰어난 가치를 창출한다는 법칙으로, 파레토 법칙과 대비되는 개념
- 메칼프의 법칙: 네트워크의 가치는 연결된 이용자 수의 제곱에 비례한다는 법칙
- 무어의 법칙: 마이크로프로세서의 성능은 18개월마다 2배씩 향상

된다는 법칙
- 파레토 법칙: 전체 결과의 80%는 전체 원인의 20%에 기인한다는 법칙

기업집중 형태 21 · 18
- 디베스티처: 기업의 비효율적인 사업부문을 타 기업에 매각함으로써 구조를 조정하여 경쟁력을 향상시키는 기업집중 형태로, 분할매각이라고도 한다.
- 지주회사: 주식소유로써 그 주식회사의 사업내용을 지배하는 것을 목적으로 하는 회사이다.
- 카르텔: 동일 산업 내의 기업들이 경쟁을 제한하고 시장을 통제하기 위하여 형성하는 기업집중 형태로, 각 기업은 법률적 · 경제적 독립성을 가진다.
- 컨글로메리트: 업종이 전혀 다른 이종기업을 매수 · 병합하여 하나의 기업으로서 지배하는 기업집중 형태로, 복합기업이라고도 한다.
- 콘체른: 주식소유 등의 금융적 방법에 의하여 결합하는 기업집중 형태로, 모회사와 자회사로 존재하는데, 경제적 독립성은 상실하고 외형상 법률적 독립성이 유지되나, 실질상 종속관계이다.
- 콤비나트: 여러 생산단위가 하나의 기업으로 통합된 기업집중 형태로, 구로공단이나 울산공업단지 등이 대표적인 예이다.
- 트러스트: 여러 기업의 자산을 하나의 신탁으로써 관리하는 기업집중 형태로, 이사회(신탁)가 모든 기업을 대표하여 결정을 내리므로, 각 기업은 법률적 · 경제적 독립성을 상실한다. 우리나라의 재벌이 트러스트에 해당한다.

기업형태 23 · 18
- 개인기업: 기업주 개인이 무한책임을 부담하는 회사로, 법인격 없이 기업주에게 종속된다.
- 유한회사: 1인 이상의 출자사원으로 구성되는 회사로, 각 사원은 간접 · 유한책임을 부담하되 회사채권자에 대한 책임은 지지 아니한다.
- 유한책임회사: 1인 이상의 유한책임사원으로 구성되는 회사로, 각 사원은 유한회사와 달리 회사채권자에 대하여 출자가액 한도의 간접 · 유한책임을 부담한다.
- 주식회사: 1인 이상의 주주로 구성되는 회사로, 각 주주는 주식의 인수한도 내에서 출자의무만을 부담할 뿐 회사채무에 대한 책임은 부담하지 아니한다.
- 합명회사: 2인 이상의 무한책임사원으로 구성되는 회사로, 각 사원은 직접 · 연대 · 무한책임을 부담하고, 기관이 없는 것이 특징이다.
- 합자회사: 1인 이상의 무한책임사원과 1인 이상의 유한책임사원으로 구성되는 회사로, 무한책임사원은 직접 · 연대 · 무한책임을 부담하고, 유한책임사원은 직접 · 연대 · 유한책임(출자가액 한도)을 부담한다.

| ㄴ |

노동조합 관련 용어 20
- 노동쟁의: 노동조합과 사용자의 근로조건에 관한 의견의 불일치로 인하여 발생한 분쟁
- 단체교섭: 노동조합이 사용자와 임금, 근로시간, 후생, 해고 기타 대우 등에 관하여 쟁의권을 바탕으로 교섭하는 행위
- 부당노동행위: 근로자의 노동3권, 즉 단결권 · 단체교섭권 · 단체행동권을 방해하는 사용자의 행위
- 준법투쟁: 노동조합이 법령, 단체협약 등의 내용을 필요 이상으로 엄격하게 준수함으로써 작업능률을 저하시키는 행위

- 태업: 노동조합이 형식적으로 노무제공은 계속하되 고의적으로 작업능률을 저하시키는 행위

| ㄷ |

단체교섭 유형 24
- 공동교섭: 산업별 노동조합과 그 지부가 공동으로 사용자와 교섭하는 방식
- 기업별 교섭: 특정 기업이나 사업장에서의 노동조합이 사용자와 교섭하는 방식
- 대각선교섭: 산업별 노동조합 또는 교섭권을 위임받은 상급단체가 개별기업의 사용자와 교섭하는 방식
- 집단교섭: 다수의 노동조합과 그에 대응하는 다수의 사용자가 서로 집단을 만들어 교섭하는 방식
- 통일적 교섭: 산업별 · 직종별 노동조합이 이에 대응하는 산업별 · 직종별 사용자단체와 교섭하는 방식

대량고객화 22
고객에게 맞춤화된 상품이나 서비스를 대량생산하여 제공하는 생산방식이자 마케팅방식으로, 미국의 컴퓨터 제조업체 델(Dell)의 주문생산 방식(made-to-order)이 대표적이다.

데이터 관련 용어 20 · 15
- 데이터 관리: 기업의 데이터를 수명주기 동안 안전하고 효율적이며 경제적인 방식으로 수집 · 분류 · 저장 · 사용하는 등의 활동
- 데이터 마이닝: 기업이 미래 의사결정 및 예측을 위하여 보유하고 있는 각종 데이터를 분석하여 숨겨진 패턴을 발견하는 활동이다.
- 데이터 마트: 데이터 웨어하우스에서 데이터를 추출하여 사용자에게 제공하는 역할을 한다.
- 데이터 무결성: 데이터의 전송 · 저장 · 처리 등 모든 과정에서 변경되거나 손상되지 아니하도록 완전성 · 정확성 · 일관성을 유지함을 보장하는 활동
- (데이터) 정규화: 데이터의 중복을 최소화하고, 무결성을 극대화하며, 데이터베이스의 용량을 개선하는 등 관계형 데이터베이스를 분석하고 효율화하는 과정
- 데이터 정제: 오류데이터를 평균값 등으로 대체하고, 정제가 필요한 데이터의 부분이나 전체를 삭제하며, 회귀식 등을 이용하여 예측값을 삽입하는 등 데이터의 신뢰도를 높이는 활동으로, 데이터 전처리라고도 한다.
- (데이터) 집중화: 데이터를 저속도의 통신회선으로부터 고속도의 통신회선으로 재전송하기 전에 이를 수집하는 과정
- (데이터) 최적화: 데이터를 전반적으로 파악하여 추출, 분석 및 사용 시 속도와 효율성을 향상시키는 과정
- (데이터) 통합화: 가용성을 높이기 위하여 다양한 소스의 데이터를 모아 단일화시키고, 보다 가치 있는 데이터로 통합하는 과정
- (데이터) 표준화: 데이터의 명칭, 정의, 형식 등 원칙을 수립하여 이를 전체적으로 적용하는 과정

도요타 생산시스템에서 정의한 7가지 낭비 유형 23
- 재고의 낭비
- 과잉생산의 낭비
- 불량의 낭비
- 공정의 낭비
- 동작의 낭비
- 대기의 낭비
- 운반의 낭비

동기부여이론 20 · 19 · 18 · 17 · 16 · 15
- 기대이론: 동기부여 강도를 기대감 × 수단성 × 유의성으로 공식화

하는데, 기대감(노력-성과)은 노력이 성과달성으로 이어질 것이라는 개인의 지각도, 수단성(성과-보상)은 성과달성으로 보상이 주어질 것이라는 개인의 지각도, 유의성(유인)은 그 보상이 종업원에게 매력적인 정도이다.

- 목표설정이론: 종업원에게 달성하여야 할 목표를 분명히 하고 그 목표가 수용 가능한 것이라면 동기가 유발되는데, 이는 인간이 합리적으로 행동한다는 기본가정에 기초한다. 목표란 종업원이 얻고자 하는 사물이나 장래에 달성하고자 하는 상태로서 구체성, 난이도, 참여도, 피드백, 경쟁, 수용성 등의 속성을 지녀야 한다.
- 욕구단계이론: 인간의 욕구는 중요도에 따라 일련의 단계를 형성한다는 동기이론 중 하나로, 발표 당시 매슬로우는 인간의 욕구를 5단계로 분류하였는데, 일반적으로 하위욕구가 우선적으로 나타나고, 이를 만족시키지 아니하는 이상 상위욕구는 나타나지 아니한다.
- 인지평가이론: 내적 동기가 유발되어 있는 종업원에게 외적 보상을 제공하면 내적 동기가 감소한다는 이론으로, 유기적 통합이론, 인과지향성이론, 기본심리욕구이론과 함께 자기결정성이론을 구성한다. 인지평가이론의 핵심은, 외적 보상을 제공하여 내적 동기가 감소한 종업원으로부터 그 외적 보상을 축소하거나 제거하더라도, 기존의 내적 동기가 되살아나지 아니한다는 점이다.

| ㄹ |

레버리지(leverage) 효과 23
차입금 등 타인의 자본을 지렛대로 삼아 자기자본이익률을 높이는 것으로, 보통 재무레버리지와 영업레버리지를 구분하여 사용한다.

로렌츠곡선 22
인구의 누적비율과 소득의 누적비율을 각각 축으로 하여 계층별 소득분포를 표시한 곡선

로저스의 혁신에 대한 수용자 유형 23
- 혁신자(2.5%): 모험을 좋아하고, 교양이 있으며, 전통적인 사회규범에 얽매이지 아니하고, 주로 혁신을 불러일으킨다.
- 조기수용자(13.5%): 교양이 있고, 인기가 많으며, 전통적인 사회규범을 잘 따르고, 조기다수자에게 혁신을 전파하는 역할을 담당한다.
- 조기다수자(34%): 매우 신중하여 혁신에 대한 수용이 다소 늦지만, 많은 사회적 접촉으로써 조기수용자에게 영향을 받는다.
- 후기다수자(34%): 의심이 많아 혁신에 대한 수용이 늦다. 이는 낮은 사회·경제적 위치에 기인할 수 있다.
- 지각수용자(16%): 사회적 접촉이 한정되어 있고, 극단적인 위험회피 성향을 지니고 있어 혁신에 대한 수용이 가장 늦다.

리더의 권력원천 .... 21 · 19 · 16

구분	종류	원천
공식적 권력	강제적 권력	징계 · 처벌
	보상적 권력	수당 · 승진
	합법적 권력	조직 내 지위
개인적 권력	전문적 권력	전문성
	준거적 권력	인간성

리스크 풀링(risk pooling) 효과 23
여러 수요를 통합하여 관리하면 전체 수요의 불확실성이 상대적으로 감소하는 현상

| ㅁ |

마일즈와 스노우의 전략 .... 24 · 18
- 공격자(prospector) 전략: 고객의 새로운 니즈를 신속하게 파악하여 신제품 개발로 이를 충족시키는 전략
- 방어자(defender) 전략: 기존의 제품을 개선하여 고객을 충족시킴으로써 기존의 시장점유율을 유지하는 전략
- 분석자(analyzer) 전략: 공격자를 분석하여 성공가능성이 보이면 신속하게 뒤따라 진입하여 후발주자의 이점을 살리는 전략
- 반응자(reactor) 전략: 어떠한 전략도 가지지 아니한 낙오자

마케팅 유형 .... 20 · 19 · 15
- 개발적 마케팅: 새로운 제품을 개발하여 잠재적 수요를 실질적 수요로 변환시키기 위한 마케팅
- 대항마케팅: 불공정한 수요를 제거하기 위한 마케팅으로, 수요를 줄이기 위한 디마케팅과 달리 수요 자체를 완전히 소멸시키는 것을 목적으로 한다.
- 동시화마케팅: 비수기 수요의 감소요인을 파악하고 보완·개선하여 성수기 수요와의 간극을 줄이기 위한 마케팅
- 디마케팅: 의도적으로 수요를 줄임으로써 제품의 가치를 높이는 마케팅으로, 목적인 공익, 수급조절, 이미지 향상, 규제회피, 수익제고 등에 따라 다섯 가지 유형으로 구별된다.
- 버즈마케팅: 소비자가 자발적으로 상품에 대한 긍정적인 메시지를 전파하도록 유도하는 마케팅으로, 바이럴마케팅의 일종이다.
- 자극적 마케팅: 무(無)수요로부터 긍정적 수요를 이끌어 내기 위한 마케팅
- 재마케팅: 감퇴적 수요에 대응하기 위하여 제품에 대한 관심을 다시 유발하기 위한 마케팅
- 전환적 마케팅: 부정적 수요를 긍정적 수요로 전환하기 위한 마케팅
- 터보마케팅: 더 좋은 제품을 더 싼 가격으로 더 빨리 제공함으로써 경쟁우위를 차지하기 위한 마케팅

마케팅 개념의 발전 .... 23 · 19
기업경영에서 마케팅 개념은 생산 개념 → 제품 개념 → 판매 개념 → 마케팅 개념 (→ 사회적 마케팅 개념) 순으로 발전하여 왔다.
- 기업 중심 마케팅
  - 생산 개념(수요 > 공급): 저렴한 제품을 많이 제공하자.
  - 제품 개념(수요 = 공급): 차별화된 제품을 제공하자.
  - 판매 개념(수요 < 공급): 공격적으로 제품을 홍보하자.
- 고객 중심 마케팅
  - 마케팅 개념: 고객 중심으로 다시 생각하자.
  - 사회적 마케팅 개념: 환경이나 공익도 생각하자.

민츠버그의 조직유형 23

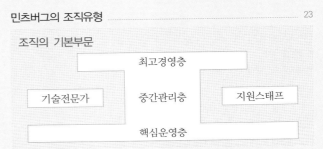

- 단순구조: 최고경영층이 발단된 조직으로, 권한이 최고경영자에게 집중되어 있고, 계층이 단순하며, 공식화 정도가 낮다. 의사결정이 매우 빠르지만, 최고경영자의 판단에 따라 조직의 성패가 좌우될

수 있다. 📝 창업기업, 중소기업 등의 소규모 조직

- 기계적 관료제: 기술전문가 부문이 발달된 조직으로, 작업이 세분화되어 있고, 반복적으로 수행되며, 현장에서의 공식화 정도가 매우 높다. 작업의 효율성이 뛰어나지만, 환경변화에 대한 적응력이 부족하다. 📝 정부, 은행 등의 대규모 조직
- 전문적 관료제: 핵심운영층이 발달된 조직으로, 기술 및 지식의 표준화로써 전문가에게 재량권을 부여하고, 집권화와 분권화가 동시에 이루어지며, 복잡하지만 안정적인 환경에 적합하다. 작업에 대한 몰입 정도가 높지만, 재량권 남용으로 인한 갈등이 발생할 수 있다. 📝 종합병원, 대학 등의 중·소규모 조직
- 사업부제: 중간관리층이 발달된 조직으로, 독자적으로 운영되는 다수의 사업부로 구성되어 있고, 하나의 본부가 모든 사업부를 관리하며, 철저히 시장 중심으로 운영된다. 자원의 효율적인 배분이 가능하지만, 성과시스템이 관리자의 혁신을 방해할 우려가 있다. 📝 대기업 등의 대규모 조직 내 중·소규모 조직
- 애드호크라시(임시특별제): 지원스태프 부문이 발달된 조직으로, 행동의 공식화가 요구되지 아니하는 유기적인 구조이고, 유동적이며, 각 경계가 불분명하다. 시장변화에 신속하게 대응할 수 있지만, 권한이 모호하다는 한계가 있다. 📝 연구소, TF 등의 소규모 조직

조직유형	조정기제	권한
단순구조	감독	중앙집권화
기계적 관료제	작업의 표준화	수평적 분권화
전문적 관료제	기술의 표준화	집권화·분권화
사업부제	산출물 표준화	수직적 분권화
애드호크라시	상호조정	선택적 분권화

| ㅂ |

변혁적 리더십의 구성요소 _____ 24·17

- 영감적 동기부여: 모두가 공감할 수 있는 바람직한 목표를 제시하고, 부하들이 이를 인식·이해할 수 있도록 상징을 사용하는 것
- 이상적 영향력: 달성 가능한 목표를 설정하고 이를 확신함으로써 부하들의 존경과 신뢰를 유도하는 것
- 지적 자극: 구습으로부터의 탈피를 강조함으로써 오래된 문제를 창의적인 접근으로 해결토록 독려하는 것
- 개인화된 배려: 부하들 간 욕구의 차이를 인정함으로써 개별적인 관심을 공평하게 제공하는 것

분개 _____ 24·23·22

회계상 모든 거래는 차변요소와 대변요소가 인과관계로 상호 결합되어 있으므로, 두 요소의 금액은 항상 일치하여야 한다.

- 차변: 자산의 증가, 부채의 감소, 자본의 감소, 비용의 발생
- 대변: 자산의 감소, 부채의 증가, 자본의 증가, 수익의 발생

불공정성 시정방법 _____ 19

- 투입의 변경
- 투입·산출의 인지적 왜곡
- 준거인물에 영향
- 산출의 변경
- 이직
- 준거인물의 변경

브랜드 요소 _____ 24·21

- 이름
- 슬로건
- 컬러
- 로고·심볼
- 캐릭터
- 폰트 등
- 징글
- 패키지

브랜드 전략 _____ 22

	기존 브랜드명	신규 브랜드명
기존 제품범주	라인확장 전략 (기존+기존)	복수브랜딩 전략 (신규+기존)
신규 제품범주	브랜드확장 전략 (기존+신규)	신규브랜드 전략 (신규+신규)

브릭스(BRICs) _____ 16

기존 선진국의 위상이 상대적으로 축소되고 면적과 인구규모가 큰 이머징마켓(신흥개발국)이 부상함에 따라 붙여진 이름으로, 브라질(Brazil), 러시아(Russia), 인도(India), 중국(China)이 BRICs로 시작하였으나, 후에 남아프리카 공화국(South Afreca)이 정식으로 참가하면서 BRICS가 되었다.

BCG 매트릭스 _____ 23·16·15

- 별(star): 상대적 시장점유율과 시장성장률이 모두 높아 계속적인 투자를 요하는 유망사업
- 현금젖소(cash cow): 상대적 시장점유율이 높아 시장성장률이 낮아도 현금을 확보하기 좋은 사업
  참고로, 현금젖소로 창출된 많은 잉여자금은 주로 별이나 물음표에 재투자한다.
- 물음표(question mark): 상대적 시장점유율은 낮으나 시장성장률이 높은 신규사업
  참고로, 물음표는 별이 될 수도 있고 개가 될 수도 있는 사업으로, 투자를 결정하였다면 상대적 시장점유율을 높이기 위하여 많은 투자를 요한다.
- 개(dog): 상대적 시장점유율과 시장성장률이 모두 낮아 철수를 요하는 사업

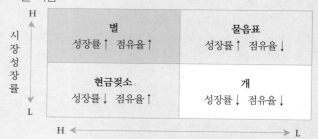

빅데이터 분석기술 _____ 24·17·16

- 아파치 하둡: 대용량 자료를 처리할 수 있는 컴퓨터 클러스터에서 동작하는 분산응용프로그램 지원
- 텍스트마이닝: 비(반)정형 텍스트데이터로부터 자연언어처리기술에 기하여 유용한 정보를 추출
- 오피니언마이닝: 소셜미디어 등의 정형·비정형 텍스트의 선호도(긍정·부정·중립)를 판별
- 소셜네트워크 분석: 소셜네트워크의 연결구조, 강도 등을 바탕으로 사용자의 영향력을 측정
- 군집분석: 각 데이터의 유사성을 측정하여 다수의 군집으로 분류하고, 군집 간 상이성을 규명

빅데이터의 기본적 특성(V)과 새로운 특성(V) 17
- 대용량(volume), 생성속도(velocity), 다양성(variety)
- 정확성(veracity), 가변성(variability), 시각화(visualization)

Big 5 모델에서 제시하는 다섯 가지 성격요소 23 · 15
코스타(Costa)와 매크레이(McCrae)가 개발한 Big 5 모형에서 제시하는 다섯 가지 성격요소는 신경성(정서적 안정성), 외향성, 개방성, 우호성(친화성) 및 성실성이다.

| ㅅ |

사내공모제 24 · 19

장점	단점
• 상위직급에 도입될 경우, 승진 기회 제공	• 외부인력 영입이 차단되어 조직 정체 우려
• 상사, 동료 등 평판조회 원천이 많아 신뢰성 향상	• 연고주의로 인한 조직 내 파벌 조성 우려
• 해당 기업에 익숙한 지원자들이므로 이직률 감소 등	• 지원자와 소속부서 상사와의 관계 훼손 등

상황요인 23
- 리더-부하관계(좋음 / 나쁨): 부하가 리더를 신뢰하고 따르려는 정도
- 과업구조(구조적 / 비구조적): 목표가 명확하고 구체적인 정도
- 리더의 지위권력(강함 / 약함): 리더의 권한이 부하에게 미치는 정도

생산목표상의 경쟁우선순위 24
최고의 품질을 위한 품질향상, 최소의 비용을 위한 원가절감, 최단의 시간을 위한 납기준수 및 최대의 유연성을 위한 유연성 제고이다. 이외에도 수량이나 생산성 제고 등이 경쟁우선순위가 될 수 있다.

SERVQUAL 모형의 서비스 차원 22
신뢰성, 반응성(대응성), 공감성, 확신성 및 유형성

서비스의 특성 21
- 무형성: 서비스는 형체가 없어 저장하거나 진열할 수 없고, 특허로 보호할 수 없으며, 가격을 설정하기 곤란하다.
- 이질성: 서비스의 생산자와 소비자에 따라 품질이 달라진다.
- 비분리성: 서비스의 생산 · 소비과정에 소비자가 참여하므로, 생산과 동시에 소비된다.
- 소멸성: 서비스는 저장할 수 없으므로, 소비되지 아니하면 곧바로 소멸한다.

선물거래와 선도거래 20
선물거래와 선도거래 모두 기초자산을 미래 일정 시점에 특정 가격으로 매수 · 매도하는 계약임에는 동일하나, 선물거래는 표준화된 계약인 반면, 선도거래는 당사자 간의 합의에 의한 계약이라는 점에서 차이가 있다.

구분	선물거래	선도거래
거래조건	표준화	당사자 간 합의
거래장소	거래소	당사자 간 합의
중도청산	쉬움	어려움
신용위험	없음	있음
일일정산	거래일별로 정산	거래종료일에 정산
거래종료	만기일 이전에 종료	실물인수도 시 종료

선형계획법 17
한정된 조건을 효율적으로 할당하여 목적함수를 최대화하거나 최소화하는 기법

소득분배 측정 22 · 21 · 19 · 18
- 지니계수의 값이 작을수록, 로렌츠곡선이 대각선에 가까울수록, 십분위분배율이 클수록 평등한 분배상태이다. 즉, 지니계수의 값이 커질수록 로렌츠곡선은 대각선에서 멀어지고, 십분위분배율은 작아진다.
  참고로, 두 로렌츠곡선이 교차하는 경우, 분배상태의 평등 정도는 비교할 수 없게 된다.
- 로렌츠곡선이 교차하더라도 지니계수 값은 동일할 수 있다. 다만, 두 로렌츠곡선이 교차하는 경우, 분배상태의 평등 정도는 비교할 수 없게 된다. 지니계수는 로렌츠곡선이 서로 교차하지 아니하는 경우에 유의미하다.

소비재의 분류 21

고려요인	편의품	선매품	전문품
구매빈도	높음	낮음	매우 낮음
구매패턴	습관적	계획적	기호우선
가격	저가	고가	초고가
제품유형	생필품 등	가전제품 등	사치품 등

손익계산서의 계정 19 · 18

매출액	
매출원가	
매출총이익	매출액 − 매출원가
판매관리비	급여, 퇴직급여, 복리후생비, 임차료, 접대비, 감가상각비, 세금과 공과, 광고선전비, 경상개발비, 대손상각비, 기타 판매관리비
영업이익	
영업외수익	이자수익, 배당금수익, 임대료, 유가증권처분이익, 유가증권평가이익, 외환차익, 외화환산이익, 지분법평가이익, 투자유가증권감액손실환입, 투자자산처분이익, 유형자산처분이익, 사채상환이익, 법인세환급액, 잡이익
영업외비용	이자비용, 기타 대손상각비, 유가증권처분손실, 유가증권처분이익, 유가증권평가손실, 재고자산평가손실, 외환차손, 외화환산손실, 기부금, 지분법평가손실, 투자유가증권감액손실, 투자자산처분손실, 유형자산처분손실, 사채상환손실, 법인세추납액, 잡손실
법인세비용차감전이익	
법인세비용 등	

숍(shop)제도 15
- 메인터넌스숍: 고용조건으로 일정 기간 동안 조합원 자격을 유지하여야 하는 제도
- 에이전시숍: 조합가입의사가 없는 근로자에게 이를 강제하지 아니하되, 조합가입을 대신하여 조합비를 징수하는 제도
- 오픈숍: 사용자가 조합가입 여부와 상관없이 누구나 채용할 수 있고, 근로자도 조합에 대한 가입 · 탈퇴가 자유로운 제도
- 클로즈드숍: 사용자가 조합원만을 채용할 수 있고, 조합원 자격을 상실한 근로자는 해고하여야 하는 제도

[보충] 클로즈드숍과 달리 채용 이후에 조합가입을 강제하고, 조합원 자격을 상실한 근로자를 해고하여야 하는 제도인 유니온숍(union shop)도 존재한다.

- 프리퍼런셜숍: 사용자가 조합가입 여부와 상관없이 누구나 채용할 수 있으나, 조합원을 우선하여 채용하여야 하는 제도

수요예측기법 · 23 · 19

- 정성적 예측기법: 개인의 판단이나 다수의 의견을 취합하여 미래 수요를 예측하는 기법으로, 중장기예측에 적합하나, 소요되는 시간과 비용이 크다.

  예 델파이법, 시장-소비자조사법, 전문가의견법, 판매원의견종합법, 수명주기유추법, 자료(역사)유추법, 패널동의법 등

- 시계열 예측기법: 과거 수요에 기반하여 미래 수요를 예측하는 기법으로, 다른 기법에 비하여 적용이 간단하나, 장기예측에는 적합하지 아니하다.

  예 이동평균법, 지수평활법, 추세분석법, 시계열분해법 등

- 인과형 예측기법: 과거 자료에서 변수를 추출하여 수요와의 인과관계를 분석함으로써 미래 수요를 예측하는 기법으로, 시간이 아닌 다른 독립변수를 사용한다.

  예 회귀분석법, 계량경제모형, 투입-산출모형, 선도지표법 등

수직적 마케팅시스템(vertical marketing system; VMS) · 22 · 19

생산업체, 도매업자, 소매업자 등의 경로구성원이 각자의 이익만을 극대화하기 위하여 반목하는 전통적 마케팅시스템의 문제를 해결하기 위하여 등장한 개념으로, 구성원 전체를 하나의 유기적 통합시스템으로서 전문적으로 관리한다.

- 기업형 VMS: 하나의 경로구성원이 다른 경로구성원을 법적으로 소유함으로써 관리하는 시스템
- 계약형 VMS: 규모의 경제를 달성하기 위하여 각 경로구성원이 공식적인 계약으로써 결합하는 시스템
- 관리형 VMS: 가장 규모가 큰 경로구성원이 비공식적으로 영향력을 행사함으로써 유통경로를 조정하는 시스템

통제력	기업형 VMS > 계약형 VMS > 관리형 VMS
초기비용	기업형 VMS > 계약형 VMS > 관리형 VMS
유연성	관리형 VMS > 계약형 VMS > 기업형 VMS

수평적 마케팅시스템(horizontal marketing system; HMS) · 22

독자적 마케팅활동을 위한 자본, 생산능력, 자원 등을 보유하지 못한 기업들이 제휴함으로써 시너지효과를 창출하기 위한 시스템으로, 공생적 마케팅(symbiotic marketing)이라고도 한다.

SMART 원칙 · 20

- 구체적(specific)이어야 한다.
- 측정 가능(measurable)하여야 한다.
- 조직목표와의 일치성(aligned with organizational goals)이 있어야 한다.
- 현실적이며 결과지향적(realistic and result-oriented)이어야 한다.
- 시간제약적(time-bound)이어야 한다.

시장세분화의 전제조건 · 24 · 20 · 18 · 17

- 측정가능성: 세분시장의 특성을 측정할 수 있어야 한다.
- 접근가능성: 세분시장에 유효하게 접근할 수 있어야 한다.
- 실행가능성: 세분시장별 마케팅믹스를 개발할 수 있어야 한다.
- 이질(동이)성: 세분시장 내의 동질성과 세분시장 간의 이질성이 있어야 한다.
- 실질성: 세분시장이 규모의 경제가 가능할 정도로 커야 한다.

신제품 가격결정방법 · 18 · 17

- 초기고가전략(스키밍가격전략): 신제품 도입 초기에 고가로 시장에 진입하여 가격에 둔감한 고소득층을 공략하고, 점진적으로 가격을 낮추어 중산층과 저소득층까지 흡수하는 전략으로, 수요의 가격탄력성이 낮은 경우에 적합하다.
- 초기저가전략(침투가격전략): 신제품 도입 초기에 저가로 시장에 진입하여 인지도에 따라 점진적으로 가격을 높이는 전략으로, 수요의 가격탄력성이 높은 경우에 적합하다.
- 탄력가격전략(가격차별): 수요의 가격탄력성이 상이한 다수의 세분시장을 대상으로 각기 다른 가격을 설정하는 전략으로, 국제거래의 경우에 적합하다.

식스시그마(6σ) · 21 · 16

완벽에 가까운 제품이나 서비스의 개발 · 제공 · 관리를 목적으로 정립된 품질경영기법이자 철학으로, 모토로라의 엔지니어 빌 스미스에 의하여 개발되었다. 시그마는 정규분포에서의 표준편차로, 6시그마는 100만 개 중에서 3.4개, 즉 3.4ppm의 불량률을 추구한다는 의미이다. 이를 위하여 제조 분야뿐만 아니라 연구 · 개발, 영업, 서비스 등 기업의 모든 분야에 적용한다는 점에서 품질개선만을 중시하는 전사적 품질경영(TQM)과 차이가 있다.

[보충] 식스시그마의 성공적 수행을 위한 5단계 활동으로 옳은 순서는 정의(define) → 측정(measure) → 분석(analyze) → 개선(im- prove) → 관리(control)이다.

심리적 가격 · 24

- 준거가격: 구매자가 가격이 비싼지 싼지를 판단하는 기준으로 삼는 가격
- 유보가격: 구매자가 어떤 상품에 대하여 지불할 용의가 있는 최고가격
- 최저수용가격: 구매자가 품질을 의심하지 아니하고 구매할 수 있는 최저가격

| ㅇ |

앤소프 매트릭스 · 22 · 17

	기존제품	신제품
신시장	시장개발 전략 (기존제품+신시장)	다각화 전략 (신제품+신시장)
기존시장	시장침투 전략 (기존제품+기존시장)	제품개발 전략 (신제품+기존시장)

위험도

ABC 재고관리 · 18

구분	A등급	B등급	C등급
재고가치	높음	중간	낮음
관리수준	엄격	중간	느슨
로트크기	낮게	중간	높게

유지비용	높음	중간	낮음
주문주기	짧게	중간	길게
안전재고	소량	중간	대량

XY이론 22 · 18
맥그리거는 인간본성을 부정적으로 보는 견해를 X이론, 긍정적으로 보는 견해를 Y이론으로 명명하였다.

X이론	• 인간에게 일은 생존하기 위하여 어쩔 수 없이 하여야 하는 귀찮은 것이다. • 인간은 일을 싫어하고, 될 수 있으면 피하려고 한다. • 따라서 조직목표 달성을 위하여는 인간에게 통제 및 지시를 하여야 한다. • 인간에게 유일한 동기부여수단은 금전적 보상이다. • 인간은 다루어지기를 좋아하고, 책임을 회피하려는 경향이 있다. • 대부분의 인간은 야망이 없고, 변화를 꺼려하며, 안전을 추구한다.
Y이론	• 인간에게 일은 놀이나 휴식처럼 자연스러운 것이다. • 인간은 기본적인 욕구만 충족되면, 내적 동기부여로써 자신의 능력을 최대한 발휘하려고 한다. • 인간은 자신에게 부여된 목적을 달성하기 위하여 스스로에게 통제 및 지시를 한다. • 조직의 목표달성에 대한 헌신 그 자체가 인간에게 보상으로서의 역할을 한다. • 인간은 적절한 조건하에서 책임을 받아들일 뿐만 아니라 책임을 추구한다. • 대부분의 인간은 조직의 문제를 해결하기 위한 높은 수준의 창의력을 가지고 있다.

오프쇼링 22
기업이 경비절감을 위하여 생산, 용역 등의 활동을 노무비가 저렴한 해외로 이전하는 아웃소싱의 한 형태이다.

욕구단계 19 · 16

성장	자아실현 욕구	잠재력을 극대화하여 자기의 완성을 바라는 욕구
결핍	존중욕구	내외적으로 인정을 받고 지위를 확보하고자 하는 욕구
	소속 및 애정 욕구	타인과 관계를 형성하고 사랑하며 사랑받고자 하는 욕구
	안전욕구	생리적 욕구의 박탈로부터 자유로워지고자 하는 욕구
	생리적 욕구	산소, 의식주 등 삶 그 자체를 유지하기 위한 욕구

의사결정기법 21 · 18 · 17 · 15
• 델파이기법: 익명의 다수 전문가들로 패널을 구성하여 우편이나 전자우편만으로 의사소통하는데, 각자의 의견이 수렴하여 합의에 이를 때까지 설문과 응답을 되풀이함으로써 최종안을 도출한다.
[보충] 전문가들이 합의한 결론이 도출되므로 신뢰도는 뛰어나나, 합의에 이르는 지난한 과정 속에서 실용성 없는 원론적 결론만이 도출될 가능성이 높다는 한계점이 존재한다.
• 명목집단법: 다양한 분야에 종사하고 있는 익명의 사람들을 명목상의 집단으로 구성하고, 서면으로만 의사소통하되 진행자가 전체

의견을 취합한 후에는 토론 · 평가하여 투표로써 최종안을 결정한다.
• 지명반론자법: 집단을 둘로 나누어 한 집단이 의견을 제시하면, 다른 한 집단이 그 의견의 문제점을 제기하고, 그 문제점을 해결하기 위하여 의견을 수정 · 보완하는 일련의 과정을 반복하여 최종안을 도출한다.
[보충] 반드시 집단을 둘로 나눌 필요는 없고, 집단 내에서 몇 명을 선택하여 반론자로 임명하여도 무방하다.
• 프리모텀기법: 심리학자 클라인(Gary Klein)이 제안하였는데, 미리 의사결정이 실패한 상황을 가정하고, 그 원인을 분석하여 제거함으로써 의사결정의 성공가능성을 높인다.

의사소통과정 15
• 발신자: 메시지를 보내는 사람
• 부호화: 전달하고자 하는 바를 말, 문자, 그림 등으로 전환하는 과정
• 메시지: 부호화를 거친 상대방이 전달하고자 하는 바
• 매체: 메시지 전달수단(대화, 전화, 컴퓨터 등)
• 수신자: 메시지를 받는 사람
• 해독: 메시지를 해석하는 과정
• 피드백: 수신인의 메시지에 대한 반응
• 잡음: 의사소통을 방해하는 외부현상

의사소통 유형 20
• 사슬형: 권한체계가 명확한 공식적인 조직에서 나타나는 유형
• 수레바퀴형: 구성원들 간 의사소통이 강력한 특정 리더에게 집중되는 유형
• Y자형: 리더가 아닌 대표성만을 지닌 인물이 존재하는 조직에서 나타나는 유형
• 원형: 권력의 집중이 없고 민주적으로 결성된 조직에서 나타나는 유형
• 전체연결형: 리더가 없고 구성원 모두가 자유롭게 의사소통할 수 있는 조직에서 나타나는 유형

의사소통의 장해요인 24
• 발신자에 의한 장애: 목적의 결여, 기술의 부족, 민감성의 부족, 신뢰성의 부족, 준거체계의 차이 등
• 수신자에 의한 장애: 평가적 경향, 선입견, 선택적 청취, 피드백의 부족 등
• 상황에 의한 장애: 어의사용의 오류, 정보의 과부화, 시간압박, 지위차이, 분위기, 비언어적 메시지의 오용 등

e-비즈니스와 모바일 비즈니스 17

e-비즈니스	모바일 비즈니스
• PC 등 • 넓은 화면 • 큰 용량의 메모리 • 빠른 처리속도 • 다양한 입출력장치 • 고정성	• 스마트폰 등 • 작은 화면 • 적은 용량의 메모리 • 비교적 느린 처리속도 • 단일한 입출력장치 • 이동성 · 접근성

인간관계론 16
호손실험의 결과에 기초하여 대두된 인간관계론은 인간을 기계적으로 취급하지 아니하고, 근로자의 욕구와 비공식조직을 중시하며, 조직과 근로자의 목표 간에 균형을 유지하는 참여적 관리를 추구하였다.

인력수요 예측기법 17

정성적(질적) 기법	정량적(양적) 기법

• 경영자의 직관
• 자격요건분석법
• 시나리오기법
• 델파이기법
• 명목집단법 등
	• 통계적 기법
	  – 생산성비율분석법
	  – 추세분석법
	  – 회귀분석법 등
	• 노동과학적 기법
	  – 공정별 표준시간산출법
	  – 노동시간측정법 등
	• 화폐적 기법 등

인사고과의 오류 .... 24 · 21 · 19
- 근접오차: 평가자가 근접한 평가요소, 평가결과 및 특정 평가시간에 유사하게 평가하는 경향
- 논리적 오류: 평가자가 평가요소 간의 관계를 유추하여 유사하다고 생각되는 평가요소를 동일하게 평가하는 경향
- 대비오류: 평가자가 다수의 피평가자 중에서 우수하거나 부족한 피평가자를 기준으로 나머지를 평가하는 경향
- 맥락효과: 먼저 알게 된 정보를 나중에 알게 된 정보의 판단기준으로 삼아 전체적인 맥락을 만드는 경향으로, 집단 면접에서 자주 발생
- 분배적 오류: 평가자가 다수의 피평가자에게 부여하는 점수의 분포가 특정 방향으로 몰리는 경향으로, 점수를 실제보다 높게 주는 관대화 경향, 점수가 중간으로 집중되는 중심화 경향, 점수를 실제보다 낮게 주는 엄격화 경향 등
- 상동적 태도: 평가자가 지닌 선입견이나 편견으로 피평가자를 평가하는 경향
- 현혹효과: 한 분야에서의 피평가자에 대한 인상으로써 다른 분야에서의 피평가자를 평가하는 경향
- 확증편향: 평가자가 자신의 가치관과 일치하는 피평가자의 정보만을 받아들이는 경향
- 후광효과: 평가자가 피평가자의 어느 한 부분으로 전체를 평가하는 경향

인사평가기법 .... 18 · 16
- 강제선택서술법: 평가자가 응답방식이 예, 아니오 등 쌍으로 구분되어 있는 평가항목 중 피평가자와 가까운 것을 선택하여 평가하는 인사평가기법
- 목표관리법: 평가자와 피평가자의 합의하에 설정한 목표의 양적 · 질적 달성 정도를 평가하는 인사평가기법
- 서열법: 직무의 상대적 가치, 즉 중요도, 난이도, 위험도 등에 기하여 피평가자의 서열을 매겨 평가하는 인사평가기법
- 중요사건기술법: 피평가자의 직무수행과정에서 조직목표 달성의 성패와 관련하여 기록한 사건을 중심으로 평가하는 인사평가기법
- 체크리스트법: 능력, 태도, 작업, 성과 등에 관련된 표준행동을 기술하고, 평가자가 해당 기술문과 피평가자를 대조 · 체크하여 평가하는 인사평가기법
- 평정척도법: 피평가자의 성과달성 정도를 사전에 개발한 단계적 척도로써 평가하는 인사평가기법

인지부조화 16
- 제품구매에 대한 심리적 불편을 겪게 되는 인지부조화, 즉 구매 후 부조화는 제품구매 이후에 자신의 선택에 대하여 느끼는 의구심이므로, 선택을 번복할 수 있는 반품이나 환불이 가능하거나 사후서비스가 좋을수록 적게 발생한다.

- 위와 같은 이유로, 구매제품의 만족수준에 반비례하여 발생한다.
- 고관여 제품은 고가이어서 구매를 결정하기까지 오랜 시간이 소요되는, 즉 구매리스크가 큰 제품이므로, 인지부조화가 많이 발생할 수밖에 없다.

임금관리의 3요소 .... 24 · 15
- 임금수준
  - 임금의 크기, 즉 평균 급여수준(임금의 총액)에 관한 것
  - 기업의 지불능력, 종업원의 생계비 및 사회일반의 임금수준 고려
  [보충] 임금수준의 상한선은 기업의 지불능력(생산성 · 수익성), 하한선은 종업원의 생계비(실태생계비 · 이론생계비)와 최저임금제에 의하여 결정된다.
- 임금체계
  - 임금의 결정에 관한 것으로, 공정성이 중요
  - 연공급, 직무급, 직능급 등의 임금결정체계와 기본급, 상여금, 각종 수당 등의 임금구성체계로 구분
- 임금형태
  - 임금의 산정 · 지불에 관한 것
  - 고정급(시간급, 일급, 주급, 월급, 연봉), 변동급(성과급, 할증급, 상여급), 이외에 특수임금제로 구분

임금체계의 제 형태 15
- 연공급: 근속연수, 나이, 학력 등 연공 및 속인적 요소에 기초하여 임금결정
- 직무급: 직무의 중요도, 난이도, 책임 정도 등을 기준으로 상대적 가치를 결정하고, 이에 기초하여 임금결정
- 직능급: 직능, 즉 직무수행능력의 수준에 기초하여 임금결정(가장 대표적인 능력주의 임금체계)

|ㅈ|

자본시장선 .... 24 · 22 · 21 · 17
위험자산과 무위험자산 모두를 고려할 경우의 효율적 투자기회선으로, 위험을 총위험(체계적 위험 + 비체계적 위험)으로 계산하고, 효율적 포트폴리오에만 성립한다.

자본자산가격결정모형의 가정 17
- 투자자의 절대적 합리성
- 미래수익률의 동질적 예측
- 평균–분산 기준에 의한 선택
- 단일기간의 투자
- 무위험자산의 존재
- 완전자본시장(세금과 거래비용 부존재)

장인생산 22
고도로 숙련된 인원들이 한 번에 하나 혹은 소량의 제품을 제작하는 생산방식으로, 대부분 수작업으로 이루어지고 고품질이어서 고가인 경우가 많다.

재고자산의 원가계산방법 15
- 선입선출법(first in, first out; FIFO): 장부상 먼저 입고된 재고부터 출고된 것으로 간주하는 재고자산의 원가계산방법으로, 실제 출고 순서는 장부와 다를 수 있다.
  예) 1 | 2 | 3 ⋯ → 1 | 2 | 3 ⋯
- 후입선출법(last in, first out; LIFO): 선입선출법과 반대로, 나중에

입고된 재고부터 출고된 것으로 간주하는 재고자산의 원가계산방법

예 1 | 2 | 3 ⋯ → ⋯ 3 | 2 | 1

- 저가법: 재고자산의 시가(순실현가치)가 원가 이하로 하락할 경우, 두 금액을 비교하여 낮은 금액으로 표시하는 재고자산의 원가계산방법

재무상태표의 항목
24 · 22 · 21 · 20 · 19 · 18 · 17

자산		
유동 자산	당좌 자산	현금 및 현금성자산, 단기금융자산, 매출채권, 유가증권, 미수금, 선급비용, 선급금 등
	재고 자산	상품, 제품, 반제품, 재공품, 부산물, 원재료(원자재), 저장품, 미착상품 등
	기타	미수수익, 선급비용, 이연법인세자산 등
비유동 자산	투자 자산	장기예금, 장기투자증권, 지분법적용투자주식, 장기대여금, 투자부동산 등
	유형 자산	토지, 건물, 구축물, 기계장치, 선박·항공기, 건설용장비, 차량운반구, 비품 등
	무형 자산	영업권, 산업재산권(특허권, 상표권, 실용신안권 등), 광업권, 어업권, 개발비, 저작권 등
	기타	장기매출채권, 장기미수금, 장기선급금, 보증금(임차보증금, 기타 보증금) 등
부채		
유동 부채		매입채무, 단기차입금, 미지급금, 선수금, 예수금, 미지급비용, 선수수익, 유동성장기부채, 단기충당부채 등
비유동 부채		사채, 전환사채등신종사채, 장기차입금, 장기매입채무, 장기미지급금, 장기선수금, 퇴직급여충당부채, 퇴직연금비지급금, 장기충당부채 등
자본		
자본금		보통주자본금, 우선주자본금 등
자본 잉여금		주식발행초과금, 감자차익, 합병차익, 자기주식처분이익, 재평가적립금 등
자본 조정		주식할인발행차금, 감자차손, 자기주식, 미교부주식배당금, 자기주식처분손실, 주식매수선택권 등
이익 잉여금		이익준비금, 재무구조개선적립금, 법정적립금, 기타 임의적립금, 미처분이익잉여금 등

재무제표
20

- 손익계산서: 일정 기간 동안의 경영성과를 나타내는 재무제표로, 수익·비용대응의 원칙에 따라 작성한다.
- 재무상태: 일정 시점의 경영성과를 나타내는 재무제표로, 자산, 부채 및 자본을 유동성배열법에 따라 작성한다.

재무제표의 구성요소
23

- 기말 재무상태표
- 기간 포괄손익계산서
- 기간 자본변동표
- 기간 현금흐름표
- 주석(유의적인 회계정책 및 그 밖의 설명으로 구성)
- 회계정책을 소급하여 적용하거나 재무제표의 항목을 소급하여 재작성 또는 재분류하는 경우, 가장 이른 비교기간의 기초 재무상태표

적대적 M&A의 방어전략
23

- 그린메일: 경영권이 취약한 기업의 지분을 매입하고, 대주주를 협박하여 비싸게 되파는 전략으로, 대주주는 경영권 방어라는 이득을

취할 수 있으나, 일반주주는 손실을 입게 된다.

참고로, 그린메일에는 일정 기간 동안 기업인수 시도를 하지 아니하겠다는 협정이 동반되는 것이 일반적이므로, 방어전략이라고 볼 수 있다.

- 독약(독소)조항: 피인수기업의 기존 주주에게 일정 조건이 충족되면 상당히 할인된 가격으로 주식을 매입할 수 있는 권리를 부여함으로써 적대적 매수자에게 손실을 가하는 전략
- 백기사: 피인수기업에 적당한 방어수단이 없을 경우, 적대적 매수자를 대신하여 피인수기업을 매수할 우호적인 제3자에게 각종 정보와 편의를 제공하여 그 인수를 돕는 전략
- 왕관의 보석: 피인수기업이 스스로 핵심자산을 처분함으로써 적대적 매수자의 인수의지를 꺾는 전략
- 황금낙하산: 최고경영자나 기업의 임원들이 인수로 인한 경영권 변동으로 퇴사할 경우, 거액의 퇴직금 등을 지급하도록 사전에 합의함으로써 고용안정성을 확보하고, 기업의 인수비용을 높이는 전략

전자(상)거래 유형
20

- B2B(business to business): 기업과 기업 간 거래
- B2C(business to consumer): 기업과 소비자 간 거래
- B2E(business to employee): 기업과 직원 간 거래
- C2C(consumer to consumer): 소비자와 소비자 간 거래
- C2G(consumer to government): 소비자와 정부 간 거래

전기통신금융사기
23 · 22 · 18 · 17

- 랜섬웨어: 악성코드로 일반 사용자의 컴퓨터 시스템 접근을 차단한 후 접근을 허용하는 조건으로 대가를 요구하는 행위이다.
- 서비스거부공격: 정상적인 서비스를 제공하지 못하도록 의도적으로 시스템을 지나치게 바쁘게 만드는 행위로, Flood공격과 이를 응용한 분산서비스거부공격(DDoS)이 유명하다.
- 스니핑: 네트워크 주변을 지나다니는 패킷을 엿보다가 훔치는 행위로, 약간의 패킷만 훔쳐도 특정 계정의 아이디나 비밀번호를 알아낼 수 있다.
- 스팸웨어: 스패머에 의하여 또는 스패머를 위하여 설계된 소프트웨어이다.
- 스푸핑: 공격자의 악의적인 시도에 의하여 피해자가 잘못된 연결을 신뢰토록 하여 정보를 훔치는 행위로, 2차 피해가 발생하기 쉽다.
- 신원도용: 특정 인물로 가장하기 위하여 그 인물의 주민등록번호나, 운전면허번호, 신용카드번호 등의 정보를 훔치는 행위로, 취직을 목적으로 하는 경우가 빈번하다.
- 웜: 스스로를 복제하여 네트워크 전체를 감염시키는 악성소프트웨어로, 다른 실행프로그램에 기생하는 바이러스와는 달리, 독자적으로 실행 가능하다.
- 파밍: 악성프로그램을 유포하고, 이에 감염된 PC를 조작하여 정상 사이트에 접속하더라도 가짜 사이트에 접속되게 함으로써 금융거래정보를 훔치는 행위이다.
- 피싱: 금전취득을 목적으로 유명 기관이나 회사를 사칭하여 주민등록번호, 계좌번호, 신용카드번호 등의 정보를 훔치는 행위로, 보이스피싱이 대표적이다.

전략유형
20

- 우회전략: 경쟁기업이 선점한 세분시장에 진입하는 대신 다른 세분시장을 개척하여 선점하는 전략

[보충] 또는 전체 경기가 후퇴하거나 침체되는 열악한 환경하에서 기업이 사업방향을 전환하는 등의 혁신적인 변화를 꾀하는 전략을

뜻하기도 한다.
- **집중전략**: 특정 세분시장을 설정하고 경영자원을 집중시켜 한정적인 경쟁우위를 만들어 내는 전략
- **컨소시엄**: 공통의 목적을 위한 협회나 조합을 설립하는 전략
- **포획전략**: 기업이 자사 제품에 대한 유리한 정보를 계속적으로 제공하여 그 제품에 관심을 가지고 있던 소비자를 포획하는 전략

전환배치의 원칙 ·········· 16
- **적재적소적시주의**: 종업원의 능력(적성) – 직무 – 시간의 적합성을 극대화시켜야 한다.
- **인재육성주의**: 종업원의 능력을 소모시키기보다는 성장시켜야 한다.
- **균형주의**: 조직 내 상하좌우 모든 종업원에 대하여 고려하여야 한다.

정보시스템 ·········· 21 · 20 · 18 · 16
- **거래처리시스템**(transactional processing system; TPS): 급여계산, 고객주문 처리, 재고관리 등 일상적 · 반복적 과업을 주로 수행하는 시스템
- **고객관계관리**(customer relationship management; CRM): 기업과 고객, 기존고객과 잠재고객의 상호작용을 문서화, 추적 및 관리하는 일련의 통합기술
- **의사결정지원시스템**(decision support system; DSS): 대량의 데이터를 분석하여 의사결정에 필요한 정보를 제공하는 대화형 시스템
- **임원정보시스템**(executive information system; EIS): 임원의 전략적 의사결정에 필요한 정보를 제공하는 시스템
- **전략정보시스템**(strategic information system; SIS): 기업이 경쟁우위를 확보하는 데 필요한 정보를 제공하는 시스템
- **전문가시스템**(experts system; ES): 전문가의 지식 등을 컴퓨터에 축적하여 전문가와 동일하거나 그 이상의 문제해결능력을 가진 시스템으로, 현재는 딥러닝이 그 자리를 대체하고 있다.
- **지식관리시스템**(knowledge management system; KMS): 기업에 축적된 지식을 시스템화하여 공유 · 관리하는 시스템

제품 구성요소 ·········· 17
- **핵심제품**: 가장 근본적인 차원의 제품으로, 소비자가 제품을 구매함으로써 얻고자 하는 편익 그 자체
- **유형제품**: 핵심제품을 형상화한 실제적 제품 예 브랜드, 스타일, 품질, 특성, 포장 등
- **확장제품**: 핵심제품과 유형제품을 확장한 부가적 편익 예 배달, 설치, 보증, 대금결제방식, A/S 등

제품믹스 가격결정 ·········· 22
- **제품계열 가격결정**: 제품의 등급이나 디자인에 따라 가격을 달리 설정 예 아이폰 시리즈 / 아이폰 SE 시리즈 등
- **사양제품 가격결정**: 기본제품과 다양한 옵션의 조합에 따라 가격을 달리 설정 예 기본 맥북 / 맥북 + 칩↑ + 메모리↑ 등
- **종속제품 가격결정**: 기본제품과 종속제품에 따라 가격을 달리 설정 예 저가의 복합기 + 고가의 잉크 등
- **묶음제품 가격설정**: 기본제품과 옵션을 묶어서 하나의 가격으로 제시 예 햄버거 단품 / 햄버거 세트(= 햄버거 + 감자튀김 + 콜라) 등

제품설계기법 ·········· 24 · 23
- **가치분석**(value analysis)**과 가치공학**(value engineering): 가치분석과 가치공학은 모두 원가절감과 제품의 가치개선을 위한 제품설계기법으로, VA는 생산 중인 제품에 적용하는 반면, VE는 생산 이전의

제품에 적용한다는 차이점이 있다.
- **동시공학**(concurrent engineering): 제품의 설계단계에서부터 전사 및 외부 관련업체까지 모두 참여하여 납기단축, 비용절감, 품질향상 등을 달성코자 하는 제품설계기법
- **모듈러설계**(modular design): 여러 부품으로 구성된 표준중간조립품인 모듈(module)을 개발하여 부품원가를 낮추고, 이를 조합함으로써 제품의 다양성을 높이는 제품설계기법
- **품질기능전개**(quality function deployment): 고객의 요구를 기술명세(특성)로 변환하고, 이를 제품에 반영하는 제품설계기법

제품수명주기 ·········· 24
- **개발기**: 제품을 최종시험하고 시장조사에 기하여 출시전략을 수립
- **도입기**: 제품의 인지도를 형성하고 목표시장에 접근하기 위하여 투자
- **성장기**: 판매량이 급속히 증가함에 따라 이익이 발생하고, 경쟁에 직면하게 되므로 추가적인 투자가 필요
- **성숙기**: 판매량이 점차 감소하는 대신 고점에서 유지되므로, 경쟁우위를 점하기 위하여 고객, 품질 등을 관리
- **쇠퇴기**: 판매량이 지속적으로 감소하므로, 흑자인 제품은 유지하고 적자인 제품은 폐기

조직구조 ·········· 24 · 23 · 20
- **네트워크 조직구조**: 효율적인 자원공유를 위하여 복수의 독립조직을 수직 · 수평적으로 연계한 형태로, 관리비용을 절감할 수 있고, 소규모 기업도 전 세계의 자원과 전문인력을 활용할 수 있다.
- **매트릭스 조직구조**: 계층(수직)적인 기능식 조직에 수평적인 사업부제 조직을 결합한 형태로, 구성원들은 특정 부서 소속으로서 각 프로젝트에 배치되므로, 두 명의 관리자를 가지게 된다.
- **사업별 조직구조**: 제품이나 서비스, 지역별로 조직을 분할하여 필요한 권한을 부여하고, 이익책임단위로서 자율적으로 사업활동을 수행하는 사업부들로 구성한 조직이다.
- **지역별 조직구조**: 지역을 중심으로 부서화하고, 각 지역에 업무 전체를 책임지는 지역관리자를 배치하여 반독립적으로 운영하는 조직으로, 지역별 특성이 뚜렷한 경우에 적합하다.
- **프로세스 조직구조**: 고객의 요구에 신속하게 대응할 수 있도록 리엔지니어링으로 재설계한 조직으로, 핵심 프로세스를 중심으로 수평적으로 조직화하여 수평적 조직구조라고도 한다.

조직설계의 변수 ·········· 22
- **기본변수**: 복잡성, 집권화 · 분권화, 공식화
- **상황변수**: 규모, 연령, 환경, 기술, 전략, 목표, 문화 등

조직수명주기 단계 ·········· 23
- **창업 단계**: 조직이 창업되어 창의력을 바탕으로 성장하는 단계로, 창업주를 중심으로 운영되고, 종업원이 증가하면서 관리문제가 나타나며, 강력한 관리자가 필요하게 된다.
- **집단공동체 단계**: 창업주나 외부영입 관리자의 리더십을 바탕으로 성장하는 단계로, 조직개편으로 체계화가 이루어지고, 중간관리자가 재량권을 요구하기 시작하며, 권한의 위임과 이를 통제할 메커니즘이 필요하게 된다.
- **공식화 단계**: 공식적인 내부 통제시스템의 도입을 바탕으로 성장하는 단계로, 최고경영자는 전사관리만을 다루고, 나머지 의사결정은 중간관리자에게 위양되어 지나친 관료주의가 문제되며, 조직의 정교화가 필요하게 된다.

- 정교화 단계: 팀워크나 수평적 조정을 바탕으로 성장하는 단계로, 조직문화가 중요한 관리요소가 되고, 일시적인 쇠퇴기에 진입할 수 있으며, 조직의 재활이 필요하게 된다.

조직의 환경에 대한 대응방안 24
- 환경적응
  - 완충화: 투입·산출을 완충하여 불확실성을 흡수하거나 해결
  - 평준화: 예측된 수요변화에 따라 조직 조정
  - 예측: 완충화나 평준화로 해결할 수 없는 환경변화의 규칙성 파악
  - 할당: 조직 내 특정 활동에 대한 중요성 강조
  - 경계연결: 정보수집·분석을 위하여 환경과 교환관계 구축
- 환경통제
  - 환경과의 우호관계 창출: 합병, 합작투자, 겸임중역제도, 중역채용, 광고·PR 등
  - 환경 자체의 변경: 활동영역 변경, 로비, 산업조합, 불법 등

조직이론 22·17·15
- 거래비용이론: 특정 목적달성을 위한 대안선택 시 내부화보다 외부 기업과의 거래비용이 낮은 경우에 기업은 그 거래를 선택한다는 이론
- 대리인이론: 조직과 관련된 이해관계자들의 문제는 조직 내 계약관계에 의하여 이루어진다는 이론
- 자원의존이론: 불확실한 환경하에서 조직이 생존하기 위하여는 그 환경에 적극적으로 대처함으로써 자원을 획득하고 유지하여야 한다는 이론
- 제도화이론: 조직의 생존을 위하여는 효율적인 생산체계를 구축하는 것 이상으로 이해관계자들로부터 정당성을 획득하는 것이 중요하다는 이론
- 조직군생태학이론: 조직의 생존이나 사멸은 조직환경의 선택에 의하여 좌우된다는 이론
- 학습조직이론: 환경변화를 예측하고 필요한 지식을 습득할 뿐만 아니라 그 지식에 맞추어 행동을 수정하는 학습조직으로써 기업을 성장시킬 수 있다는 이론
- 협력적 네트워크이론: 희소자원의 공유와 상호 경쟁력 강화를 위하여 협력하는 조직 간 관계를 설명하는 이론

주식회사의 특징 23
- 주식회사의 본질은 주식, 자본금 및 주주의 유한책임이다. 여기서 주식은 회사의 입장에서는 자본금의 구성요소, 주주의 입장에서는 지위를 얻기 위하여 회사에 납부하여야 하는 출자금액을 의미한다.
- 주식회사는 법인으로서 주주총회, 이사회·대표이사, 감사(감사위원회) 등의 필요기관과 설립 시 검사인, 조사를 위한 검사인, 외부감사인 등의 임시기관으로 활동한다.
- 주식회사는 지분의 증권화 및 자유로운 양도로써 다수의 주주를 모집할 수 있고, 대규모 자본을 조달할 수 있으며, 전문경영인을 고용하여 소유와 경영을 분리할 수도 있다.

증권시장선 24·22·21·17
개별자산의 균형수익률 도출을 위한 모형으로, 위험을 체계적 위험으로 계산하고, 효율적 포트폴리오뿐만 아니라 모든 자산에 성립한다.
- 증권시장선 상단에 위치: 과소평가된 주식 [상소]
- 증권시장선 하단에 위치: 과대평가된 주식 [하대]

지각오류 16
- 대조효과: 둘 이상의 서로 다른 자극을 비교할 때 그 차이가 실제보다 더 크게 느껴지는 경향이다.
- 자존적 편견: 유리한 결과의 원인은 자신에게서 찾고, 불리한 결과의 원인은 타인이나 외부환경에서 찾는 경향이다.
- 통제의 환상: 개인이 사건이나 환경을 자신이 원하는 방향으로 쉽게 이끌 수 있다고 믿는 경향이다.
- 투사: 개인의 부정적 감정이나 태도의 원인을 타인에게서 찾거나 타인에게 전이시키려는 경향이다.
- 후광효과: 한 대상으로부터 얻은 일부 정보로 다른 여러 정보를 해석하는 경향

지니계수 21·16
- 한 집단의 소득분배 상태의 평등 정도를 평가하는 기준이다.
- 10분위분배율이나 5분위분배율 등과 함께 대표적인 소득분배 측정 방법 중 하나이다.
- 45도 대각선과 로렌츠곡선 사이에 만들어지는 초승달 모양의 면적을 45도 대각선 아래의 삼각형 면적으로 나눈 비율이다.
- 0과 1 사이의 값을 갖는다.
- 계수의 값이 작을수록 평등한 분배상태를 나타낸다.

참고로, 지니계수는 로렌츠곡선이 대각선에 접근할수록 그 값이 작아지는데, 로렌츠곡선이 대각선과 겹치는 경우, 지니계수는 0의 값을 가지게 되고, 이를 완전평등하다고 본다.

GE/맥킨지 매트릭스 21

H ↑	지위유지 집중투자	지위구축 투자	선별적 투자
산업매력도	선별적 투자	선별적 투자 수익창출	제한적 확장 단계적 철수
L ↓	지위보호 신규진출	수익창출	철수
	H ──────	──────	────── L

사업단위 위치(경쟁력)

직무급 19
직무의 상대적 가치에 따라 임금을 결정하므로, 도입을 위하여는 직무가 분석 가능하도록 체계화되어 있어야 하고, 각 직무의 상대적 가치를 평가하여야 하는 등 시행절차가 복잡하여 적용이 용이하지 아니하다.
[보충] 직무급 도입절차
직무분류 → 직무분석 → 직무평가 → 직무등급 결정 → 등급별 임금 책정 → 실행

직무기술서 22·16
직무분석 결과에 따라 직무 자체에 대한 전반적인 내용을 체계적으로 정리·작성한 기록으로, 직무의 명칭, 직종, 직무내용 요약, 수행과업, 직무수행의 방법 및 절차, 사용되는 장비·도구, 작업조건 등을 포함하여야 한다.

직무명세서 22·16
직무분석 결과에 따라 직무수행자가 갖추어야 할 요건을 체계적으로

정리·작성한 기록으로, 직무의 명칭, 직종, 요구되는 교육수준, 기술수준, 지식수준, 정신적·육체적 능력, 작업경험 등을 포함하여야 한다.

직무설계   21 · 17
- 직무순환: 종업원을 다양한 직무에 배치하여 순환토록 함으로써 기술다양성을 증가시키는 직무설계
- 직무전문화: 종업원이 수행하는 다수의 과업을 숫자 면에서 줄임으로써 생산성을 향상시키는 직무설계
- 직무충실화: 종업원의 직무를 수직적으로 확대함으로써 직무내용을 보다 풍부히 하고, 의사결정의 자유와 책임을 부과하는 직무설계
- 직무특성화: 종업원의 다양성을 고려하여 적합한 과업을 수행토록 함으로써 동기부여를 유도하는 직무설계

직무특성모형   23 · 21
- 핵심 직무차원
  - 기술다양성: 직무수행에 요구되는 기술의 다양성 정도
  - 과업정체성: 직무가 요구하는 업무 전체의 완성 정도와 인식 가능한 업무단위 정도
  - 과업중요성: 직무가 다른 사람들의 삶에 영향을 미치는 정도
  - 자율성: 개인에게 부여된 자율성과 재량 정도
  - 피드백: 직무성과에 대한 정보를 얻을 수 있는 정도
- 중요 심리상태
  - 의미충만: 기술다양성·과업정체성·과업중요성 → 직무경험에 대한 의미성
  - 책임감: 자율성 → 직무 자체에 대한 책임감
  - 결과에 대한 인식: 피드백 → 직무결과에 대한 인식
- 성과: 내재적 동기 상승, 작업의 질 향상, 높은 만족도, 낮은 결근율·이직률 등

직무평가   22
직무분석 결과에 따라 작성된 직무기술서를 토대로 조직 내 직무를 평가하고, 다른 직무와 비교함으로써 각 직무의 상대적 가치를 결정하는 과정이다.

직무평가방법   24
- 분류법(등급법): 사전에 작성한 직무등급표와 직무를 비교하여 해당 등급에 편입시키는 방법으로, 간단하고 비용이 적게 들며 이해하기 쉬우나, 등급의 정의와 분류가 어렵고 그 과정이 주관적이다.
- 서열법: 직무 전체를 포괄적으로 평가하여 상호 비교함으로써 직무 간 서열을 결정하는 방법으로, 간편하고 신속하며 소규모 조직에 적용하기 쉬우나, 주관이 개입될 여지가 크고 서열의 일관성을 확보하기 어렵다.
- 요소비교법: 사전에 설정한 기준직무와 평가요소를 각 직무와 비교하여 모든 직무의 상대적 가치를 결정하는 방법으로, 공정성과 신뢰성이 우수하고 직무 전체를 평가할 수 있으나, 기준직무 선정 시 주관이 개입될 여지가 크고 이해가 어렵다.
- 점수법: 사전에 작성한 평가요소별 점수표와 직무를 비교하여 각 요소별로 점수를 부여하는 방법으로, 비교적 객관적이고 평가자의 주관을 배제할 수 있으나, 평가요소의 선정이 어렵고 복잡하며 비용이 많이 든다.

직무확대   17
종업원이 수행하는 과업을 숫자 면에서 증가시키되 권한이나 책임은 유지하는 수평적 직무확대와, 권한이나 책임도 함께 증가하는 수직적 직무확대로 구분된다.

구분	개인 수준	집단 수준
수평적 직무확대	직무확대	직무교차
		직무순환
수직적 직무확대	직무충실	준자율적 작업집단

집단사고의 증상   23
- 무오류의 환상: 집단이 잘못될 리가 없다고 믿는다.
- 합리화의 환상: 집단의 결정을 무조건 합리화한다.
- 도덕성의 환상: 자신의 집단이 우월하다고 생각한다.
- 만장일치의 환상: 침묵을 암묵적 동의로 받아들인다.
- 동조압력: 집단에 의문을 품은 자를 매도한다.
- 자기검열: 집단에 반대하는 의견을 스스로 무시한다.
- 집단초병: 집단 외부의 정보를 적극적으로 차단한다.
- 적에 대한 상동적 태도: 타 집단은 모두 같다는 부정적 태도

집단성과급제도   22 · 18
- 스캔론플랜: 위원회제도로써 종업원의 참여의식을 높이고, 판매가치를 기준으로 성과급을 산정하는 제도로, 재원의 25%는 사내유보하고, 나머지를 75(종업원) : 25(기업)로 배분한다.
- 럭커플랜: 생산성 향상을 위하여 노사협력체제를 구축하고, 부가가치를 기준으로 성과급을 산정하는 제도로, 재원의 1/3은 사내유보하고, 나머지를 50 : 50으로 배분한다.
- 임프로쉐어플랜: 산업공학기법을 적용하여 효율성을 제고하고, 단위당 소요되는 표준노동시간과 실제노동시간을 비교하여 절약된 노동시간을 기준으로 성과급을 산정하는 제도로, 재원을 50 : 50으로 배분한다.

구분	스캔론	럭커	임프로쉐어
이론	조직개발이론	노동경제이론	산업공학기법
철학	참여경영	효율경영	효율경영
참여	생산위원회	조정위원회	생산성향상팀
공식	$\dfrac{노무비}{매출액}$	$\dfrac{노무비}{부가가치}$	$\dfrac{실제생산시간}{표준생산시간}$
지급	월별 / 분기별	월별 / 분기별	주별 / 격주별

집단의사결정   19

장점	단점
• 다양한 정보 획득 • 문제에 대한 다각도 접근 • 구성원의 합의가 전제되므로 정당성 증대 • 응집력 및 교육효과 상승	• 집단 내 정치적 힘 작용 • 의사결정시간 지연 • 집단사고 위험 • 무비판적 동의 경향 • 차선책 채택 우려

| ㅊ |

채찍 효과(bull-whip effects)   24 · 23
최종소비자의 수요변동정보가 전달되는 과정에서 지연이나 왜곡현상이 발생하여 재고부족이나 과잉문제가 유발되고, 공급사슬 상류로 갈수록 수요변동이 증폭되는 현상

촉진믹스   18 · 16
- 광고: 기업의 제품이나 서비스를 노출하기 위한 (유료) 비개인적

커뮤니케이션 예 인쇄광고, CF, 인터넷광고 등
- 인적 판매: 기존고객이나 잠재고객에 대한 개인적 커뮤니케이션 예 박람회, 전시회, 세미나 등
- 판매촉진: 제품이나 서비스의 구매를 촉진하기 위한 커뮤니케이션 예 가격할인, 할인쿠폰, 팝업스토어 등
- PR(public relation): 기업의 이미지나 평판을 제고하기 위한 (무료) 커뮤니케이션 예 보도, 광고, 캠페인 등
- 직접마케팅: 기업이 제품이나 서비스를 소비자에게 직접 제공하기 위한 커뮤니케이션 예 카탈로그, 이메일, SNS 등

참고로, 세부적으로 PR은 기업과 공중의 관계를 우호적으로 개선시키기 위한 행위를 뜻하는 반면, 홍보(publicity)는 기업이나 그 기업의 상품을 인식시키기 위한 행위를 뜻한다. 따라서 PR이 목적하는 바가 홍보보다 크다 할 것이다.

[보충] 광고는 buy me, 홍보는 know me라고 알아두자.

| ㅋ |

카츠의 경영자 기술 24
- 전문적 기술(technical skill): 지식, 직무 등과 관련된 기술
- 대인적 기술(interpersonal skill): 구성원과의 관계형성을 유지하는 기술
- 개념적 기술(conceptual skill): 창의성을 바탕으로 새로운 대안을 탐색하는 기술

카츠의 경영자 역할 24
- 대인역할: 조직 내에서는 리더, 조직 외에서는 섭외자로서의 역할 – 대표, 리더, 연결
- 정보역할: 의사결정을 위하여 정보를 탐색·수집·전달하는 역할 – 정보수집자, 정보전파자, 대변인
- 의사결정역할: 여러 대안 가운데 조직을 위한 최선의 대안을 선택하는 역할 – 기업가, 문제해결자, 자원배분자, 협상가

칸반(간판)시스템 .... 18·15
칸반이란 가로 4인치×세로 8인치 정도의 플라스틱카드로, 생산흐름을 통제하기 위하여 사용된다. 칸반은 기본적으로 생산(이동)수량, 제품명, 품번, 다음 공정이나 대기할 장소의 주소, 생산(이동)일자 등의 정보를 담고 있는데, 이로써 생산지시 및 운반지시의 역할을 한다.

캐롤의 피라미드 모형 .... 24·21·20
가장 하위에 경제적 책임이 위치하고, 가장 상위에 자선적 책임이 위치하는데, 경제적 책임(수익창출) → 법적 책임(법률준수) → 윤리적 책임(윤리경영) → 자선적 책임(사회공헌) 순으로 고차원화가 진행

컴퓨팅 유형 .... 24·22·20
- 그리드 컴퓨팅: 지리적으로 분산된 네트워크 환경에서 다수의 컴퓨터 리소스를 결합하여 정보를 공유하고 처리할 수 있는 컴퓨팅 인프라이다.
- 그린 컴퓨팅: 컴퓨터의 설계, 제조, 사용, 폐기 등 일련의 과정에서 에너지효율성은 최대화하고, 환경영향성은 최소화하자는 기술캠페인의 일환이다.
- 엔터프라이즈 컴퓨팅: 기업이 효율적인 운영, 효과적인 관리 및 생산성 향상을 위하여 사용하는 수많은 정보기술도구로, 서버나 네트워크, 데이터베이스, 소프트웨어 등을 포함한다.
  예 기업자원계획시스템, 고객관리시스템 등

- 엣지 컴퓨팅: 데이터가 생성된 위치와 물리적으로 가까운 로컬장치(스마트폰, 태블릿, IoT장치 등)에서 실시간으로 그 데이터를 처리, 분석 및 저장하는 기술로, 주로 IoT와 함께 사용된다.
- 온디멘드 컴퓨팅: 클라우드 컴퓨팅 개념으로, 외부의 서비스공급자가 서버를 운영한다.
- 온프레미스 컴퓨팅: 원격으로 서버를 운영하는 클라우드 컴퓨팅과 대비되는 개념으로, 기업의 서버를 자체 시설에서 직접 운영하는 방식이다.
- 자율 컴퓨팅: 컴퓨터가 자신의 상태를 인식하여 인간의 최소한의 관여나 관여 없이 스스로 환경을 설정하고, 최적화를 조율하며, 복구부터 보호까지 처리할 수 있다는 개념으로, IBM의 마케팅 중 하나이다.
- 클라이언트/서버 컴퓨팅: 서비스요구자인 개인용 PC, 스마트폰 등의 클라이언트는 데이터 입력, 서비스제공자인 고성능 컴퓨터 서버는 데이터 저장, 처리 및 관리를 (나누어) 담당하는 구조이다.
  예 월드 와이드 웹(www), 온라인 게임 등

켈리의 귀인이론 23
귀인이론은 행동원인을 추론하는 일련의 과정에 대한 이론으로, 귀인은 행동원인을 어딘가에 귀속시킨다는 의미이다. 귀인은 내적 귀인과 외적 귀인으로 구분되는데, 행동원인을 행위자의 내부적 요소에서 찾으면 내적 귀인, 외부적 요소에서 찾으면 외적 귀인이라고 한다. 켈리의 귀속이론에 따르면, 일관성·합의성·특이성에 의하여 행동원인의 귀속방향이 결정된다.
- 일관성: 개인이 시간의 변화와 상관없이 특정 상황에서 동일한 행동을 하는가에 대한 문제로, 일관성이 높을수록 내적 귀인, 낮을수록 외적 귀인을 시도한다.
- 합의성: 특정 행동이 많은 사람에게서 동일하게 나타나는가에 대한 문제로, 합의성이 높을수록 외적 귀인, 낮을수록 내적 귀인을 시도한다.
- 특이성: 개인이 다른 상황과는 달리 특정 상황에서만 특정 행동을 하는가에 대한 문제로, 특이성이 높을수록 외적 귀인, 낮을수록 내적 귀인을 시도한다.

크로스 도킹(cross docking) 23
물류센터로 입고되는 제품을 저장하지 아니하고, 재분류 후 바로 출고차량으로 옮겨 배송하는 방식으로, 물류비용 절감이나 재고수준 감소 등의 효과가 있다.

킬만의 갈등관리 유형 24
- 경쟁형(competing): 매우 독단적인 태도로, 자신의 이해충족을 위하여 타인의 희생을 강요함으로써 문제를 해결하는 유형
- 수용형(accommodation): 상대방과의 우호적인 관계를 우선하는 태도로, 자신의 이익을 양보하거나 포기함으로써 문제를 해결하려는 유형
- 타협형(compromising): 어느 정도 독단적이면서도 협조적인 태도로, 양보로써 서로의 이익을 부분적으로 충족하여 문제를 해결하는 유형
- 협력형(collaborating): 독단적이면서도 협조적인 태도로, 모두의 관심을 충족시키기 위한 문제의 본질을 파악하고 해결하기 위하여 노력하는 유형
- 회피형(avoiding): 독단적이지 아니하나 협조적이지도 아니한 태도로, 문제를 무시하거나 해결을 미루는 유형

| ㅌ |

타당도의 종류 15
- 기준 관련 타당도: 선발구도의 예측기준치와 측정대상의 성과기준

치가 얼마나 일치하는가를 나타낸다.
- 현재타당도: 현직 종업원의 예측기준치와 성과기준치의 상관관계를 측정한다.
- 예측타당도: 선발시험 합격자들의 예측기준치와 입사 후 그들이 달성한 성과기준치의 상관관계를 측정한다.
- 내용타당도: 선발도구의 내용이 측정하고자 하는 개념을 얼마나 잘 반영하고 있는가를 나타낸다.
- 구성타당도: 선발도구가 측정하고자 하는 개념을 얼마나 정확하게 측정하고 있는가를 나타낸다.

태도의 개념화 19
- 인지적 요소: 대상에게 가지는 개인의 주관적 사고
- 감정적 요소: 대상에게 가지는 개인의 긍정적·부정적 느낌
- 행동(의욕)적 요소: 대상에 대한 개인의 행동 성향

통신기술 .... 19 · 18 · 15
- 범용직렬버스(universal serial bus): 컴퓨터와 주변기기를 연결하는 데 사용하는 입출력 표준규격 중 하나로, USB라고 줄여 부른다.
- 블루투스(Bluetooth): 휴대용 장치 간의 양방향 근거리 무선통신기술·표준·제품을 총칭하는 용어
- IoT(Internet of Things): 다양한 사물을 인터넷으로 연결하여 사람과 사물, 사물과 사물 간 상호 소통이 가능토록 한 서비스기술로, 사물인터넷이라고도 한다.
- NFC(Near Field Communication): 스마트폰에 신용카드 등의 금융정보를 담아 15cm 내의 근거리에서 결제를 가능케 하는 무선통신기술
- 인트라넷: 조직 내부의 업무를 통합하는 폐쇄적 근거리통신망으로, 조직에서만 접속이 가능하다.
- GPS(Global Positioning System): 미국 국방부에서 개발하여 미국 운수부와 관리하는 위성항법시스템
- 텔레매틱스(Telematics): GPS와 무선통신기술을 결합하여 운송장비 안에서 위성항법, 이동통신 등을 제공하는 서비스기술

투자안의 경제성 평가방법 .... 22 · 20 · 18
- 내부수익률법(IRR): 각 투자안의 내부수익률을 계산하여 기업의 자본비용보다 큰 투자안을 선택하는 경제성 평가방법으로, 내부수익률은 투자로써 기대되는 미래 현금유입의 현가와 현재 현금유출의 현가를 일치시켜 투자안의 순현가를 0으로 만드는 할인율이다.
- 수익성지수법(PI): 각 투자안의 수익성지수를 계산하여 1보다 큰 투자안을 선택하는 경제성 평가방법으로, 수익성지수는 현금유입의 현가를 현금유출의 현가로 나누어 산출한다.
- 순현재가치법(NPV): 각 투자안의 순현재가치를 구하여 0보다 큰 투자안을 선택하는 경제성 평가방법으로, 순현재가치는 편익과 비용을 할인율에 따라 현재가치로 환산하고, 편익의 현재가치에서 비용의 현재가치를 제한 값이다.
- 유동성분석법: 1년 내의 유동자산으로 유동부채를 감당할 수 있는지를 평가하는 방법으로, 기업의 지불능력을 판단하기 위한 지표이다.
- 회계적 이익률법(ARR): 각 투자안의 회계적 이익률을 계산하여 기업의 목표이익률보다 큰 투자안을 선택하는 경제성 평가방법으로, 회계적 이익률은 연평균 순이익을 연평균 투자액으로 나누어 산출한다.
- 회수기간법(PPM): 각 투자안의 회수기간을 계산하여 가장 짧은 투자안을 선택하는 경제성 평가방법으로, 회수기간은 투자금액을 모두 회수하는 데 걸리는 시간이다. 따라서 회수기간 이후의 현금흐름은 고려하지 아니한다.

[보충] 재투자수익률의 경우, 순현재가치법은 자본비용으로, 내부수익률법은 내부수익률로 가정한다.

투자안의 경제성 평가방법 분류 .... 24 · 19

대분류	중분류	소분류
회수기간법	–	–
원가비교법	제조원가비교법	–
	연간비용법	
투자수익률법	단순수익률법	–
	회계적 이익률법	• 자기자본이익률 • 총자산이익률 • 투자수익률법
	현금흐름할인법	• 순현재가치법 • 내부수익률법 • 수익성지수법

팀빌딩 17
조직 내 구성원들 간의 팀워크를 향상시킴으로써 효율적인 성과를 달성하기 위한 일련의 활동으로, 게임이나 토론, 프로젝트 협업훈련 등을 활용한다.

| ㅍ |

파스칼과 피터스의 조직문화 7S 20
- 공유가치: 구성원 모두가 공유하는 가치관이자 조직 전반에 대한 믿음 내지 신념으로, 다른 요소들을 연결하는 핵심요소
- 전략: 조직의 이념·목적을 달성하기 위하여 장기적인 방향을 제공하는 요소
- 구조: 전략수행에 필요한 틀로서 조직구조, 직무설계 방침·규정 등 구성원의 역할을 규정하는 요소
- 시스템: 보상제도 – 인센티브, 경영정보 – 의사결정시스템, 결과측정 – 조정·통제 등 조직의 운영에 틀이 되는 요소
- 스타일: 리더의 조직관리 스타일로, 구성원의 행동이나 조직의 분위기 등에 직접적인 영향을 주는 요소
- 구성원: 조직문화를 드러내는 인적 요소
- 기술: 하드웨어뿐만 아니라 소프트웨어 기술 등 조직의 전략을 수행하는 요소

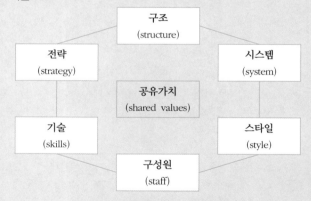

판매촉진 24
제품이나 서비스의 구매를 촉진하기 위한 커뮤니케이션
- 소비자와 소매업자 대상 판매촉진
  - 가격 판매촉진: 할인쿠폰, 리베이트, 보너스팩, 보상판매, 가격할인 등
  - 비가격 판매촉진: 샘플, 무료사용, 사은품, 현상경품 등
- 중간상과 도매상 대상 판매촉진

- 가격 판매촉진: 중간상공제, 입점공제, 구매공제, 광고공제, 진열공제 등
- 판매원 훈련, 판매보조자료 제공, 판촉품 제공, 반품 등

페로우의 기술분류   24·20

- 과업다양성: 업무를 수행하는 과정에서 마주하는 예외의 빈도
- 문제분석가능성: 예외상황에서 올바른 대안을 모색하는 과정의 난이도

참고로, 일상적 기술일수록 기계적 구조, 비일상적 기술일수록 유기적 구조를 가진다.

과업다양성

		낮음	높음
문제분석가능성	낮음	**장인기술** 다양성↓ 가능성↓	**비일상적 기술** 다양성↑ 가능성↓
	높음	**일상적 기술** 다양성↓ 가능성↑	**공학적 기술** 다양성↑ 가능성↑

페이욜의 경영활동   24·21

- 기술적 활동: 생산, 가공, 제조 등
- 영업적 활동: 구매, 판매, 교환(환불) 등
- 재무적 활동: 자금의 조달 및 관리 등
- 보전적 활동: 자산 및 종업원의 보호 등
- 회계적 활동: 재산목록, 대차대조표, 원가, 통계 등
- 관리적 활동: 계획, 조직화, 지휘, 조정, 통제 [관리5요소]

페이욜의 관리5요소   24

- 계획: 조직의 목표설정 및 전략수립
- 조직화: 목표달성을 위한 인적·물적 구조 설정
- 지휘: 조직구성원 간의 활동 유지관리
- 조정: 조직 내에서 발생하는 분쟁·갈등 해결
- 통제: 계획대로 진행되고 있는지 관찰 및 조정

페이욜의 일반적 관리원칙   21

- 직무의 분업화
- 규율
- 지휘의 통일성
- 보상의 공정성
- 수직계층화
- 공정성
- 자주성
- 권한과 책임의 일치
- 명령의 일원화
- 목표를 위한 복종
- 조직의 중앙집권화
- 질서
- 고용보장
- 단결

포드시스템   15

포드는 기업을 사회적·공적 기구이자 사회봉사기관이라고 인식하였는데, 이와 같은 경영이념을 달성하기 위하여 원가절감을 위한 대량생산체제를 도입하였다.

참고로, 포드시스템은 부품의 표준화, 제품의 단순화, 작업의 전문화를 그 특징으로 한다.

포지셔닝(positioning)   23·20

소비자에게 경쟁제품과는 다른 자사 제품만의 차별적 특성을 인식시키는 마케팅활동

포터의 가치사슬모델   20·15

기업은 여러 활동을 사슬처럼 엮어 고객에게 가치를 제공하는데, 포터는 직접적으로 가치를 창출하는 활동을 본원적 활동, 본원적 활동을 가능케 하는 활동을 지원적 활동으로 분류하였다.

본원적 활동	지원적 활동			
내부물류(입고)	인프라	인적자원	기술개발	구매조달
운영·제조				
외부물류(출고)				
영업·마케팅				
서비스				

▼

이윤(margin)

포터의 본원적 경쟁전략   18·17

경쟁우위

		저원가	차별화
경쟁영역	넓음	**원가우위 전략**	**차별화 전략**
	좁음	원가 집중화	차별적 집중화

※ **집중화 전략**

포터의 산업구조분석모형   24

- 산업 내 기존 경쟁업체 간 경쟁: 경쟁강도가 높을수록 이익창출가능성이 낮아지므로, 산업매력도는 하락하는데, 이는 산업집중도, 경쟁기업과의 동이성, 제품차별화, 초과설비, 산업의 비용구조 등에 의하여 결정
- 잠재적 경쟁자의 진입가능성: 진입장벽이 낮을수록 경쟁자의 진입이 쉬워지므로, 산업매력도는 하락하는데, 이는 자본소요량, 규모의 경제, 절대적 비용우위, 브랜드, 유통망, 정부규제 및 특허 등에 의하여 결정
- 대체재의 위협: 대체재가 많을수록 고객이동이 유발되므로, 산업매력도는 하락하는데, 이는 대체재로의 이동용이성 및 유용성 등에 의하여 결정
- 공급자의 교섭력: 공급자의 교섭력이 강할수록 원자재를 고가에 공급받게 되어 수익성이 떨어지므로, 산업매력도는 하락하는데, 이는 공급자의 가격민감도, 공급자의 상대적 크기, 정보수집능력, 구매자 전환비용 등에 의하여 결정
- 구매자의 교섭력: 구매자의 교섭력이 강할수록 이익창출가능성이 낮아지므로, 산업매력도는 하락하는데, 이는 구매자의 가격민감도, 구매자의 상대적 크기, 정보수집능력, 공급자 전환비용 등에 의하여 결정

표적시장 선정전략   20

- 단일구획 집중: 단일 제품으로 단일 세분시장 공략

a		

- 제품전문화: 단일 제품으로 다수 세분시장 공략

a	a	a

- 시장전문화: 다수 제품으로 다수 세분시장 공략

a		
b		
c		

- 선별적 전문화: 다수 제품으로 특정 세분시장 공략

a		
		b
	c	

- 전체시장 포괄: 다수 제품으로 전체 세분시장 공략

a	b	c
d	e	f
g	h	i

푸시 방식 15

수요예측에 기반하여 상품을 생산하고 소비자에게 제공(push)하는 방식으로, 대량생산이 가능하여 규모의 경제를 실현할 수 있으나, 대량재고가 발생할 위험이 있다.

풀 방식 15

소비자의 주문(pull)에 따라 상품을 생산하고 재고를 보충하는 방식으로, 대량재고가 발생할 위험은 없으나, 푸시 방식과 달리 규모의 경제를 실현하기 어렵다.

품질관리도구 20

- 관리도: 하나의 중심선과 두개의 관리한계선(관리상한선·관리하한선)으로 구성된 도표로, 품질의 산포를 관리함으로써 제조공정의 상태를 파악하는 데 사용된다.
- 산포도: 변량이 흩어져 있는 정도를 하나의 수로 나타낸 값으로, 변산도라고도 한다.
- 특성요인도: 공정에서의 특성(결과나 문제)과 원인의 관계를 알아보기 쉽게 작성한 도표로, 생선뼈그림이나 나뭇가지그림이라고 불리기도 한다.
- 파레토도: 전체 결과의 80%는 전체 원인의 20%에 기인한다는 파레토 법칙을 기반으로 한 도표로, 공정에서 불량의 주된 원인을 찾는 도구로 많이 사용되고 있다.
  [보충] 파레토도의 활용
  실수, 클레임, 사고 등 불량의 현상이나 원인을 분류하여 횟수나 손실액을 기준으로 큰 순서대로 나열하고, 이를 막대그래프로 표현하여 시각화한다.
- 히스토그램: 도수분포를 막대그래프로 표현한 도표로, 일반적인 막대그래프와는 달리 가로축(계급)과 세로축(도수)을 모두 사용한다.

품질관리도구의 종류 20

- 히스토그램
- 파레토도
- 체크시트
- 관리도
- 특성요인도
- 순서도
- 산포도 등

품질비용 24

- 적합비용
  - 예방비용: 제품이나 서비스의 결함예방을 위하여 지출되는 비용
    예 임직원 교육, 품질계획, 설계검토, 공정설계, 장비 등
  - 평가비용: 제품이나 서비스의 품질측정을 위하여 지출되는 비용
    예 감리, 완제품 검사, 파괴테스트, 시험기기 관리 등
- 부적합비용
  - 내부실패비용: 고객에게 전달되기 전에 제품이나 서비스를 수정하거나 실패를 진단하는 데 지출되는 비용
    예 스크랩, 재작업, 재검사, 작업중단, 폐기처분, 불량 등
  - 외부실패비용: 고객에게 전달된 뒤에 제품이나 서비스를 수정하는 데 지출되는 비용
    예 반품, 제조물책임, 수리, 부채, 보증, 고객불만 등

프랜차이즈 22

구분	가맹본부	가맹점
장점	• 브랜드 홍보 및 확장 • 경영노하우 활용 • 조직의 최소화 • 가맹점으로부터의 아이디어 제안	• 저렴한 창업비용 및 융자 지원 • 브랜드 활용 • 전문가의 경영컨설팅 • 교육 및 홍보 지원 • 가맹본부의 지속적인 정보 공유
단점	• 독자적인 변화 제약 • 가맹점 일방폐쇄 곤란 • 부실 가맹점 문제 • 광고비 과다지출	• 자율경영 제약 • 지속적인 로열티 지불 • 가맹본부의 파산 우려 • 브랜드 평판 하락

| ㅎ |

하우스의 리더십 유형 20

- 지시적 리더십: 부하들의 과업을 계획하고 규정을 마련하는 등 적극적으로 주도하는 리더십 유형
- 지원적 리더십: 부하들의 욕구, 복지 등에 관심을 가지고 만족스러운 인간관계를 조성하기 위하여 노력하는 리더십 유형
- 참가적 리더십: 부하들의 의견을 의사결정에 반영하고 정보를 공유하는 등 집단을 중시하는 리더십 유형
- 성취지향적 리더십: 부하들에게 목표달성, 성과개선 등을 강조하여 능력발휘를 격려하는 리더십 유형

핵심자기평가 24

개인이 자기 자신이나 타인, 주변환경을 지각함으로써 스스로의 가치, 역량, 능력 등에 대하여 평가하는 하나의 프레임

허츠버그의 동기-위생이론 .... 21 · 16 · 15

허츠버그(Herzberg)의 동기-위생이론은 2요인이론이라고도 하는데, 동기유발을 자극하는 요인에는 직무 그 자체와 관계되는 내적 요인(만족·동기), 직무환경과 관계되는 외적 요인(불만족·위생)이 있다. 참고로, 허츠버그에 따르면, 만족의 반대는 만족하지 못함이고, 불만족의 반대는 불만족하지 아니함이다.

- 내적 요인: 만족하지 못함 ↔ 만족 [동기요인]
- 외적 요인: 불만족 ↔ 불만족하지 아니함 [위생요인]

호손실험
22 · 17

하버드 대학교 심리학자 메이요(Mayo)와 경영학자 뢰슬리스버거 (Roethlisberger)가 미국의 호손공장에서 8년간 수행한 실험으로, 테일러의 과학적 관리론에 따라 물질적 보상이 과연 생산성을 향상시키는 지를 검증하였는데, 실험 자체의 결과보다는 실험으로 도출된 심리효과인 호손효과로 더욱 유명하다.

- 1차 조명실험(1924.11.~1927.4.): 생산현장의 물리적 환경이 작업자에게 미치는 영향을 확인하기 위하여 진행한 실험으로, 여공들을 실험집단과 통제집단으로 나누어 조명의 밝기 등에 따른 생산성의 변화를 관찰하였으나, 조명 등의 밝기와 생산성 간에는 아무런 상관관계가 없음이 드러났다.

  참고로, 1차에서 끝날 예정이었던 호손실험은 위 결과로 인하여 추가실험이 진행되었다.

- 2차 계전기 조립실험(1927.4.~1929.6.): 생산성에 영향을 미치는 요인을 밝히기 위하여 진행한 실험으로, 계전기 조립라인에서 작업하는 여공들로 비공식조직을 구성케 하여 감시원과 함께 작업을 시킨 후 휴식시간, 간식제공, 임금지급 등 여러 조건을 변화시켰으나, 작업자와 감시원의 관계에 따라 생산성이 미세하게 향상되었을 뿐 생산성을 변화시키는 뚜렷한 요인은 찾지 못하였다.

- 3차 면접실험(1928.9.~1930.5.): 호손공장의 전 직원을 대상으로 면접을 진행하여 작업자의 불평불만을 조사한 실험으로, 물리적 조건보다는 사회 · 심리적 조건이 생산성과 어느 정도 관계가 있다는 결과를 얻었다.

- 4차 배선작업실험(1931.11.~1932.5.): 배선작업을 담당하는 14명의 남녀 작업자를 자연관찰한 실험으로, 일정 기간이 지나자 이들 사이에 다수의 무리가 생겨났는데, 각각의 비공식조직은 그 조직만의 작업규범을 바탕으로 공동이익을 추구함을 발견하였다.

결론적으로, 비공식조직이 생산성에 가장 큰 영향을 미친다고 볼 수 있다.

회계감사
17

기업이 작성한 회계기록을 독립적 제3자, 주로 공인회계사가 분석 · 검토하여 그 적정 여부에 관한 감사의견을 표명하는 절차로, 감사목적에 따라 재무제표감사, 이행감사 및 업무감사로 구분하나, 일반적으로 회계감사라 함은 재무제표감사를 의미한다.

회귀분석
17

독립변수와 종속변수 사이의 함수관계를 데이터에 의하여 규명하는 기법

휴리스틱
17

불충분한 정보나 시간으로 인하여 합리적인 판단이 불가하거나, 합리적인 판단이 불필요한 상황하에서 만족할 만한 해결방안을 찾는 기법으로, 발견법이라고도 한다.

MEMO

MEMO

MEMO

2025 공인노무사 1차 10개년 기출요해 [선택과목]

초판발행   2024년 10월 1일

지은이   PY경제경영연구소
펴낸이   안종만·안상준

편 집   김경수
기획/마케팅   김경수
표지디자인   이수빈
제 작   고철민·김원표

펴낸곳   (주) **박영사**
            서울특별시 금천구 가산디지털2로 53, 210호(가산동, 한라시그마밸리)
            등록 1959. 3. 11. 제300－1959－1호(倫)
전 화   02)733－6771
f a x   02)736－4818
e—mail   pys@pybook.co.kr
homepage   www.pybook.co.kr
ISBN   979－11－303－4766－0 (13360)

※ 파본은 구입하신 곳에서 교환해 드립니다. 본서의 무단복제행위를 금합니다.

정 가   22,000원